하나님의 광기
The Insanity of God

모든 인간은 하나님의 형상을 닮은 존엄한 존재입니다. 전 세계의 모든 사람들은 인종, 민족, 피부색, 문화, 언어에 관계없이 존귀합니다. 예영커뮤니케이션은 이러한 정신에 근거해 모든 인간이 존귀한 삶을 사는 데 필요한 지식과 문화를 예수 그리스도의 사랑으로 보급함으로써 우리가 속한 사회에 기여하고자 합니다.

국립중앙도서관 출판시도서목록(CIP)

하나님의 광기 / 지은이: 닉 립켄 ; 옮긴이: 이영숙. --
서울 : 예영커뮤니케이션, 2014
  p. ;   cm
원표제: Insanity of God
원저자명: Nik Ripken
영어 원작을 한국어로 번역
ISBN 978-89-8350-868-3 03230 : ₩15,000
기독교 신앙 생활[基督敎信仰生活]
234.8-KDC5
248.4-DDC21   CIP2013020075

This edition issued by contractual arrangement with Open Doors International. Originally published by B&H Publishing Group in English as *The Insanity of God*, copyright by **Nik Ripken.** All rights reserved.

하나님의 광기

초판 1쇄 찍은 날 · 2014년 1월 5일 | 초판 1쇄 펴낸 날 · 2014년 1월 10일

지은이 · 닉 립켄 | 옮긴이 · 이영숙 | 펴낸이 · 김승태
등록번호 · 제2-1349호(1992. 3. 31) | 펴낸 곳 · 예영커뮤니케이션
주소 · (136-825) 서울시 성북구 성북1동 179-56 | 홈페이지 www.jeyoung.com
출판사업부 · T. (02)766-8931 F. (02)766-8934 E-mail: jeyoungedit@chol.com
출판유통사업부 · T. (02)766-7912 F. (02)766-8934 E-mail: jeyoung@chol.com

ISBN 978-89-8350-868-3 (03230)

The Insanity of God

하나님의 광기

왜 기독교는 신앙의 자유가 있는 곳보다
잔혹한 핍박 속에서 부흥하고 있는가?

닉 립켄 지음

이영숙 옮김

예영커뮤니케이션

"네가 죽도록 충성하라."

요한계시록 2:10

준비가 되든, 안 되든

첫 번째, 고백.

내 이름은 닉 립켄이 아니다. 내가 익명으로 글을 쓰는 이유를 당신
은 곧 충분히 알게 될 것이다. 내 이야기는 이 세상에서 실제로 일어나
고 있는 이야기이며 그 안에 등장하는 사람들도 실제로 존재하는 사람
들이다. 그 중 많은 사람들은 오늘날까지도 실제적인 위험에 처해 있
다. 나는 진심으로 그들의 신변을 보호해 주고 싶다. 그래서 이 이야기
를 위해 내 이름을 바꾸었고 그들의 이름 또한 바꾸었다.

이 이야기는 내 자신의 진실되고 긴 개인적인 여정이다. 나는 이 이
야기가 위대한 모험으로 비쳐지기를 바라지 않는다. 이 순례의 대부분
의 시간들은 나에게 끊임없이 어두운 시련이자, 갈팡질팡하고 휘청거
리며 방황을 하는 것처럼 느껴졌다. 이 이야기의 시작은 분명한데 끝
은 명확하지 않다. 어쩌면 이 이야기는 하나의 이야기로 시작해서 다
른 이야기로 끝을 맺는다고 말할 수도 있다.

청년 시절, 처음으로 하나님의 은혜를 맛보았을 때, 나는 그것을

프롤로그: 준비가 되든, 안 되든   7

열정적으로 받아들였다. 하나님께 대한 나의 믿음은 어린 아이 같이 순수했고, 사랑과 구원이라는 그 분의 선물에 대한 이야기는 내 마음을 사로잡았다. 하나님께서 세상을 사랑하셨다는 성경 말씀을 읽었을 때, 나는 내가 그 세상의 일부라는 사실을 깨달았다. 구원이라는 하나님의 선물에 대해 들었을 때, 나도 그 선물을 받고 싶었다. 전 세계에 하나님의 은혜가 도달하기를 원하신다는 하나님의 뜻에 대해 들었을 때, 그 사역을 감당할 책임이 내게도 있음을 깨달았다. 또한 사도행전을 읽으며 열방을 향하여 다가가고 싶으신 하나님의 마음을 알았을 때, 하나님께서 내가 그 일을 위해 한 역할을 담당하도록 소명을 주셨다고 결론지었다.

내 인생의 초기에 그것은 매우 명확한 것이었다: **이것은 하나님께서 그의 백성에게 주시는 것이다. 이것은 하나님께서 그의 백성들을 위해 계획하신 일이다. 이것은 하나님께서 그의 백성들에게 기대하시는 것이다. 그리고 그의 백성들은 순종과 신뢰로 분명하게 응답해야 할 것이다.** 그렇다고 나의 판단이 항상 옳았다는 것을 뜻하는 것은 아니다. 실제로 그렇게 하지 못했기 때문이다. 그러나 지금도 순종하고 신뢰하는 길은 분명해 보인다. 또한 순종할 필요에 대해서는 의심의 여지가 없다.

하나님께서 큰 소리로 말씀하시는 것을 내가 들은 적이 있었는지 확신할 수는 없지만 나는 하나님의 부르심에 순종하는 것이 안전하고 안정된 인생으로 이끈다고 믿었다.

순종은 효과적인 사역과 눈에 보이는 결과들과 심지어 성공으로까지 인도하는 것을 내포한다. 나는 "가장 안전한 곳은 하나님의 뜻의 중심에 올바로 서 있을 때"라는 말을 많이 들었다. 그 말은 진실이고 마음을 안심시키는 든든한 말이다.

그러나 몇 년 후에 안전하지도 안정되지도 않은 삶을 살고 있는 나 자신을 발견하고 놀랐던 적이 있었다. 나는 희생적인 순종의 삶을 살았다고 여겼지만, 내 사역에 "효과적"이라는 평가가 매우 적게 나타나는 것을 깨닫고는 깜짝 놀랐다. 나의 삶속에 눈에 보이는 믿음의 결실들이 없었다. 그리고 나의 삶을 설명하는데 "성공"이라는 말은 결코 사용한 적이 없었다.

사실 하나님 뜻의 중심에 서 있는 것이 안전한 지도 모르겠다. 그러나 안전이라는 말이 무엇을 의미하는지 한번쯤 멈춰 서서 생각해 보는 것이 지혜로울 것 같다. 나는 내가 하나님의 부르심에 응답하며 살아왔다고 생각했다. 그러나 효과적인 사역과 눈에 보이는 결과들과 성공적인 것보다 나는 주로 상실감과 마음의 고통과 실패를 느꼈다.

하나님은 어떤 분이시기에 이런 일이 일어나도록 허용하실까? 그 질문은 나를 절망으로 밀어 넣었다. 나는 내가 믿고 배웠던 많은 것들에 대해 질문을 던지지 않을 수 없었다. 영적인 번민이 극심했다. "절망"이라는 말은 예전에는 내가 결코 알지 못했던 것이었다.

나는 낙담에 친숙했다. 내가 젊은 성도였을 때, 때때로 낙담이 예수님과 함께 삶에서 드러난다는 말을 들었다. 그러나 이것은 내가 전에는 한 번도 직면해 보지 못했던 다른 것이었다. 나는 그것을 어떻게 다루어야 할지 몰랐다. 내가 살아온 인생여정에는 절망을 다룰 수 있도록 준비된 것이 아무것도 없었다. 심지어 내게는 그것을 묘사할 단어조차 없었다. 구약 성경에 나오는 욥처럼 "내가 알기에는 나의 대속자가 살아 계시니"라고 고백할 수밖에 없었다. 그러나 나는 그가 왜 그렇게 고통스럽게 침묵했는지 이해할 수 없었다. 나는 간절히 답을 구했지만 의문은 쉽게 풀리지 않았다.

하나님은 그 분의 자녀들에게 실제로 안전을 약속하시는가?

모든 일들은 순종하는 사람들을 위하여 돌아가는가?

하나님은 정말로 우리에게 모든 것을 희생하도록 요구하시는가?

우리의 최선의 의도들과 가장 창조적인 발상들이 충분하지 않을 때 무슨 일이 일어나는가?

하나님은 어려운 곳에서도 역사하시는가? 또한 그 분은 우리가 그렇게 어려운 곳에서 그 분과 연합하기를 기대하시는가?

하나님을 사랑하면서 내가 이미 살고 있는 삶을 유지하는 것은 가능한 것이 아닌가?

하나님께서 그 분의 방법은 우리의 방법과 다르다고 말씀하실 때 그 의미는 무엇인가?

하나님은 진실로 그 분을 사랑하는 사람들에게 실패를 허용하시는가? 만약 그렇다면 하나님은 자신의 목적을 위해서 거룩한 실패도 사용하실 수 있는 분이신가?

분명히 나는 한때 믿음의 위기에 처한 적이 있었다. 결국 나는 내가 손에 쥐고 있는 선택을 보았다. 내가 통제할 수 없는 그 하나님을 신뢰하는 쪽으로 선택해야 하지 않을까? 우리의 길과는 전혀 다른 길을 가시는 그 하나님과 기꺼이 동행해야 하지 않을까? 불가능한 요구를 하시고 그 분의 임재를 약속하시는 그 하나님을 다시 한 번 의지해야 하지 않을까?

이것은 내 여정에 대한 이야기이다. 이 말을 잘 들어 주기를 부탁드린다: 나는 내 모든 질문에 대한 답을 가지고 있지 않다. 사실은 지금도 여전히 이 여정이 어디로 나를 인도할지 정확히 모르겠다. 그러나 그 질문들은 물을 만한 충분한 가치가 있는 것들이다. 또한 하나님은 가끔은 따지시는 선생님이지만 인내가 많으신 분이시다.

이 이야기가 어떻게 끝날지 전혀 모른다. 그러나 시작은 지옥으로 향하는 비행여정이었다고 생각한다.

물론 나는 그 때 목적지에 대해 잘 알지 못했다. 아무도 우리의 공식적인 비행 계획에 "지옥"이라는 말을 쓰지 않았다.

사실 나는 1992년 2월 어느 화창한 날 아침에 나이로비의 윌슨 공항(Nairobi's Wilson Airport)에서 두 개의 엔진이 있는 적십자 비행기를 탈 수 있을지 몰랐기 때문에 걱정이 되었다. 나는 이륙하기 십 분 전에야 예약을 하고 적십자 직원처럼 보이는 낙하복을 입은 서양사람(나는 그가 조종사라고 짐작했다)에게 걸어갔다. 그리고 나는 그에게 "어디로 가세요?"라고 물었다. 그는 의약품을 전달해 주기 위해 소말리랜드(Somaliland)로 간다고 대답했다. 나는 비행기 옆에 앉아 조그만 상자더미들을 보고 고개를 끄덕이며 물었다. "제가 도울 일이 있을까요?"

"도와주시는 건 언제나 환영입니다"라고 그가 대답했다. 여섯 개의 좌석이 있는 비행기 뒤쪽 화물칸으로 상자들을 실으면서 나는 내 소개를 하고 왜 내가 소말리아를 왕복하는 그의 비행에 관심이 있는지 설명했다. 또한 그에게 내가 무엇을 하기를 원하는지에 대해서도 말했다. 그리고 마지막으로 물었다. "비행기를 얻어 타도 될까요?" 돌이켜보면 믿을 수 없을 정도로 놀라운 나의 순진함을 알게 되었지만, 당시에는 여행 마지막 순간까지도 나는 내 계획들 안에 잠재된 위험을 고려했었다고 믿었다. 나는 듀펠 백(견고한 천으로 만든 둥근 모양의 가방−역주)을 가져오기 위해 아내가 기다리고 있는 차의 뒤쪽으로 급히 갔다. 나는 루스에게 일이 어떻게 되어 가는지 설명해 주고(그 날 아침 집을 떠나기 전에 세 아들을 안아 주었듯이) 굿바이 키스를 했다. 전쟁 지역으로 간다는 생각에 내 마음은 경직되어 있었다.

루스가 마지막으로 나를 안아 주면서 나를 위해서 기도하겠다고 말했을 때, 이 여행을 위해 우리가 함께 연구하고 전략을 짜고 새로운 언어를 배우고 여러 가지 계획들을 짰던 지난 몇 달간의 시간이 떠올랐다.

우리가 탄 비행기는 몇 분 후에 활주로를 따라 나아가다가 속력을 내고 이륙했다. 비행기가 적도의 아프리카 하늘을 향해 조심스럽게 날아오르고 북동부 쪽으로 경사지게 커브를 돌 때 나는 이 여정을 위해 좀 더 많이 준비했더라면 좋았겠다는 느낌 외에는 아무것도 생각나지 않았다.

지금 깨닫는 것은 누구도 내가 직면할 상황을 준비하는 것은 불가능했으리라는 것이다.

차례

1장

지옥으로 내려가다

그 날 우리의 비행경로는 소설 "아웃 오브 아프리카(Out of Africa)"의 한 장면처럼 아름답게 묘사된 비옥한 초록의 나이로비 언덕에서 출발하여 케냐 북동부의 바짝 마른 갈색 지대를 가로질러 남 에티오피아(Southern Ethiopia)의 접근이 금지된 산들과 황량한 사막을 지나갔다. 우리는 마침내 하늘에서 내려와 하르게이사(Hargeisa:소말리아 북서부에 있는 도시-역주)라고 불리는 먼지투성이 도시의 외곽에 있는, 폭격을 받아 활주로가 하나만 남아 있는 공항을 통해 지옥으로 내려왔다.

하르게이사는 식민시절 영국령 소말리랜드(British Somaliland)로 알려진 지역의 수도였다. 불과 몇 년 전에 이 지역은 독립을 선포하고 소말리아민주공화국(Somali Democratic Republic)으로부터 분리 독립을 시도했었다. 그것은 전쟁 진용을 갖춘 소말리아 대통령으로 하여금 공군에게 명하여 자신의 나라에서 두 번째로 큰 도시를 폭격하게 했고 결국 항복을 받아냈다.

거기에 도착한지 몇 분도 채 지나지 않아, 나는 이 도시처럼 억압받는 도시를 가 본 적도 없고 상상한 적도 없다는 사실을 깨달았다. 최근에 수리된 활주로 위에 놓인 거친 천 조각들은 가장 크게 갈라진 금과 폭탄 구멍들을 덮고 있었다.

공항 주변에서 일하거나 걷고 있는 남자들은 모두 자동 소총을 갖고 있었다. 공항 근처에 있는 창고 옆에서 먹을 것을 찾기 위해 지친 모습으로 쓰레기 더미를 뒤지고 있는 여자들과 아이들이 보였다.

창고 지붕은 폭격으로 피해를 입었고 세 개의 벽만이 남아 있는 창고 안에는 두 명의 소말리아 경호원들이 수제 수류탄들과 AK-47 소총들과 로켓 수류탄들과 지뢰들과 탄약들과 그 외 다른 무기들을 넣어 둔 궤짝더미 위에서 낮잠을 자고 있었다.

무기를 숨겨 둔 땅굴은 넓이가 18m, 깊이가 4.5m, 높이가 3m나 되었다. 군사훈련을 받지 않은 내가 보기에도 웬만한 사이즈의 개발도상국쯤은 무너뜨릴 수 있는 화력을 갖춘 것처럼 보였다.

개인용으로 지급된 승용차를 "택시"삼아 하르게이사까지 나를 태워 준 적십자 안내원에게 감사드린다. 그 안내원은 어디를 가든 일주일에서 한 달이 걸려야 돌아온다고 말해 주었다.

나는 그 날 공항에서 하르게이사로 오는 길에 마주쳤던 황폐함을 이해할 수 없었다. 5km의 짧은 길은 심한 파괴로 인하여 운전하기에는 길고도 불안하게 느껴졌다. 만약 '전쟁으로 짓밟힌(war-torn)'이라는 말을 설명하려고 그림으로 그린다면 그 그림은 내가 지금 보는 모든 곳에서 보이는 풍경들이었다. 거리에서 내가 본 몇몇 사람들은 걷는다기보다는 어슬렁거리는 것처럼 보였다. 그들은 희망도 거의 없고 삶의 목적도 불확실했으며 목적지가 정해지지 않은 삶의 모습을 보여 주는 것 같았다. 안내원은 나에게 7만 명의 사람들이 이렇게 괴롭힘을 당하는 도시를 고향이라고 부르고 있다고 말했다. 내가 보니 하르게이사의 모든 지역에서 온전한 지붕이 있는 집은 일곱 채뿐이었다.

소말리랜드에서 최악의 격전지는 여러 달 전에 전쟁이 끝났다. 그 도시에 폭탄 공격이 끝나면 가차 없는 박격포 공격과 로켓 수류탄 공격이 이어졌다. 그런 처벌을 가하면서 충성스러운 정부군은 그들의 관심을 남쪽으로 돌려 모가디슈(Mogadishu: 아프리카 동부 소말리아의 수도·항구 도시−역주)와 그 나라의 나머지 지역을 통제하려고 반정부 씨족들과 싸움을 계속했다.

남부 지역에 있는 씨족들의 반란은 마침내 성공하여 오랫동안 지배했던 독재자가 도망가서 망명을 했다. 곧 반란군들의 연합이 해체되자, 그들은 어떤 씨족이 궁극적으로 나라를 통제하고 지배할 수 있는지 결정하려고 서로를 향해 폭력을 가했다.

최악의 전쟁은 다른 곳으로 옮겨 갔을지도 모른다. 그러나 전쟁으로 인한 죽음과 파괴는 수 년 동안 하르게이사에 남아 있었다.

무너진 빌딩에서 나온 잡석들을 피해 우회전을 하고 폭격 맞아 움푹 패인 곳을 옆으로 피해 조심스럽게 길을 골라 가면서 안내원은 나에게 그 지역 사람들은 하루에도 50여 개의 지뢰들을 발견한다고 말했다. 또한 많은 폭발물들은 동물들이나 놀고 있는 아이들이 우연히 밟아서 폭발되었을 때만 발견되고 있다고 말했다.

소말리아는 1992년 초에 있었던, 전에 없는 극심한 가뭄으로 고통받고 있는 땅이다. 설상가상으로 그 무서운 자연 재해가 인류 역사상 가장 폭력적이고 무자비한 내전 후에 발생했다는 것이다. 그러나 비참하게도 더 많은 시간을 보내고 셀 수 없이 많은 죽음을 보고 나서야 이 나라의 불행이 마침내 세계적으로 알려지게 되었고 국제 사회에 충격을 주어 세계적인 반응을 이끌어 냈다.

하르게이사에 도착했을 때 나는 아는 사람이 한 명도 없었다. 전쟁 전에 그 나라에서 일했던 지인 한 사람이 나를 위해 자신의 친구들에게 연락을 해 주었다. 한 사람은 독일 간호사와 일하는 유럽 사람이었고, 또 한 사람은 하르게이사에서 수년 간 고아원을 운영하고 있는 네덜란드 사람이었다. 그 사람들이 내가 그 도시에서 연락할 수 있는 사람의 전부였다. 운 좋게도 안내원이 고아원을 운영하는 서양사람들을 어디에 가면 만날 수 있는지 "우연히 알았다"고 했다. 감사하게도 그들은 나를 초청하여 내가 소말리아에 있는 한 자신들의 "집"을 내 거처로 삼아도 된다고 말했다.

그들 중 세 사람은 피해를 입지 않은 집을 빌려 검소하게 살았다. 그집은 몇몇 소말리아 직원의 도움을 받아 약 30명의 아이들을 돌보고 있는 고아원 가까이에 있었다. 전기는 물론 수돗물도 없었고 서구적인 가구도 없는 집에서 그 집 주인은 조그만 숯불난로를 이용해 저녁을 준비하고 있었다. 저녁식사는 염소 고기를 넣은 묽은 스프에 감자와 삶은 야채를 곁들인 것이었다. 소말리아에서의 나의 첫 식사를 함께 하기 위해 모두 바닥에 앉았고 우리는 그렇게 앉아 오랫동안 대화를 나누었다.

그들은 고아원에서 직면하고 있는 여러 가지 어려운 도전을 비롯하여 그들과 함께 살고 있는 어린이들에 대해 이야기를 나누었다. 고아원에 있는 아이들뿐 아니라 오랫동안 고통받고 있는 소말리아 사람들을 돌보고 있는 그들의 열정과 동정심에 나는 깊은 감동을 받았다.

그 집주인은 당연히 나에 대해 좀더 자세히 알고 싶어했다. 특별히 왜 하르게이사에 왔고 무엇을 하려고 하는지에 대해 궁금히 여겼다. 나는 나이로비에 있는 루스와 아이들에 대해 말했고, 개인적인 배경에 대해서도 말했다: 미국 중부지역의 농촌에서 자랐고, 형제 중에는 둘째이고, 대학교육을 받았으며, 작은 두 교회에서 목사로 사역을 했고, 칠 년 전에 아프리카에 왔으며, 최근까지 아프리카의 다른 두 나라에서 교회 뿌리 내리기와 교회 성장을 위해 일했다고 말했다.

내 말을 듣는 사람들의 얼굴에서 흥미뿐 아니라 관심도 있음을 느꼈다. 나는 그들에게 내가 말라위(Malawi)와 남아프리카(South Africa)에서 했던 일들을 다시는 하지 않을 것이라고 말했다. 너무 엄격한 규제 때문에 서구 사람들이 종교적인 일을 하기에는 너무나 어려워 그 나라에 사는 것은 물론 심지어 들어가는 것조차 힘들었다. 최근에 일어난 내전 때문에 이제는 그런 일은 사실상 불가능해졌다.

내가 조사한 바에 따르면 소말리아 전체(인구 7백만)에서 예수님을 믿는 사람들은 내 고향 켄터키(Kentucky)의 작은 교회의 성도석을 채울 정도밖에 되지 않았다. 물론 교회가 하나만 있는 것은 아니며 소말리아 한 지역에만 집중되어 있는 것도 아니어서 작은 가정교회 모임도 있을 것이다.

그런 관점에서 나는 그 집주인에게 루스와 내가 소말리아에서 구호하는 일에 관심이 많은 몇몇의 교회에 속하지 않은 모임을 대표한다고 말해 주었다. 믿는 사람으로서 당연히 예수님의 가르침에 순종할 때 우리의 인도주의적 노력이 하나님의 사랑을 나타내기를 원했다. 우리는 목마른 자들에게 물을 주고 배고픈 자들에게 먹을 것을 주고 벗은 자들에게 옷을 주고 집을 잃은 자들에게 피난처를 주고 아픈 자들을 돌보고 자유를 잃은 자들을 찾아가라는 그 분의 부르심에 순종하기를 원했다. 예수님께서 비유로 말씀하신 선한 사마리아 사람처럼 상처를 싸매 주고 도움을 필요로 하는 이웃들 중 어느 누구에게나 그 필요를 채워 주고 싶었다.

초창기에도 우리는 교회 건물과 성직자들과 신학교 등과 같은 기독교의 "형태"들이 소말리아 같은 적대적인 여건에서는 쉽게 할 수 없는 말이라는 사실을 알았다. "교회, 선교사, 그리스도인"같은 말들은 이와 같은 여건에서는 믿는 사람들에게 해를 끼치고 일을 방해하는 말이다.

저녁을 함께 먹은 세 명의 사람들이 나를 순진한 미국인이라고 여겼다면 그들이 맞을 것이다. 그러나 그들은 내 말을 경청하였고 내가 하르게이사 주변에서 일을 시작한다면 내가 생각하는 것보다 더 많은 것을 필요로 하는 수많은 이웃들을 찾는데 전혀 어려움이 없을 것이라고 말했다.

그날 밤 늦게 나는 콘크리트 바닥에 편 침낭에 누워 단지 몇 시간 안에 보고 듣고 배운 모든 것들을 다시 한 번 생각해 보았다. 나는 이미 체감적으로 일이 많을 것이라 느꼈다. 또한 내가 이미 일을 시작했음을 알았다.

그 때까지 내가 드렸던 기도는 불평이었다: **"주 하나님, 왜 저입니까? 왜 여기입니까?"**

하나님께서 잊으셨다면 내 성장 과정이나 교육이나 직업적인 경험 중 어느 것도 소말리아 같은 곳에서 살거나 일하도록 준비되지 않았다는 점을 말씀드리고 싶었다. 그 날 밤 내 기도는 요구사항들로 가득 채워졌다: **"주님, 제가 여기에서 무엇을 하기를 원하십니까? 교회도 없고 믿는 소말리아 사람도 없습니다. 목사들도 없고, 장로들도 없고, 집사들도 없고, 주일학교도 없고, 성경 공부도 없습니다. 여기에는 제가 납득할 만한 것이 아무것도 없습니다! 제가 여기에서 무엇을 어떻게 해야 할지 모르겠습니다! 저는 희망을 잃었습니다. 저는 적진 후방에 홀로 남아 있습니다. 예수님, 제발 저를 여기에서 나가게 해 주세요!"**

이 여행에 앞서 계획하고 준비하며 지냈던 시간들은 다 잊자! 적십자 안내원을 다시 만나 그 다음날 돌아가자고 설득할 수 있다면 나는 비행기에 올라 다시는 소말리아로 돌아오지 않을 것이다.

거기에 있는 것이 괴로운 모험이라는 사실에도 불구하고 그 다음날 고아원을 방문한 일은 내 영혼에 활기를 주었다. 누구든 하르게이사 주변에서 움직이는 것은 어렵고 위험한 일이었다. 몇 분밖에 걸리지 않는 거리를 걷는 것도 간단하지 않았다. 또한 안전하지도 않았다. 버려진 뒷골목을 걸을 때 나는 집 주인의 인도를 따랐다. 우리가 목적지에 도착했을 때는 마치 세상의 끝까지 걸어간 느낌이었다.

그러나 그 고아원은 절망의 큰 사막에서 기쁨과 희망의 오아시스 같은 곳이었다. 그 작은 고아원에 사는 아이들은 내가 본 소말리아 어린이들 중 가장 잘 먹는 아이들이었다.

그 고아원은 아프리카의 뿔(Horn of Africa:에티오피아 · 지부티 · 소말리아의 3개국을 포함하는 지역의 속칭—역주)의 많은 도시들 가운데 흔한 아랍 건축 양식으로 지어졌다. 즉, 단층의 편편한 지붕 구조에 벽은 안팎이 모두 햇빛에 잘 구워진 벽돌을 쌓고 회반죽을 칠한 구조로 이루어져 있었다. 외벽에는 총알 자국들이 남아 있었다. 아이들은 밤에 이쪽 벽에서 저쪽 벽까지 매트 위에 누워 잠을 잤는데 자다가 몸을 굴려 시멘트 바닥에 떨어지기도 했다. 하르게이사에 사는 사람들이 전기 없이 사는 것처럼 고아원에 사는 사람들도 한 줌의 빛을 비추기 위해 조그만 발전기에 넣을 가솔린이 있을 때를 제외하고는 전기 없이 살았다.

물이 없었기 때문에 고아원에서 일하는 사람들은 매일 어디에서 물을 살 수 있는지 알아 보아야 했다. 화장실은 땅을 파고 구멍을 낸 구덩이가 전부였다.

그 날 방문했을 때 뿐 아니라(다음에 방문했을 때에도) 나는 아이들이 고아원 밖에 있는 것을 보지 못했다. 그들의 세계는 회반죽 칠로 인테리어를 한 고아원 내부와 조그마한 뒤뜰이 전부였다. 그들의 세계에는 장난감도 없고 책도 없고 현대적인 기구도 없고 가구도 없는 세계였다. 그러나 그런 원시적인 여건에도 불구하고 고아원 안팎의 차이는 너무나 컸다. 고아원 밖에서 나는 무시무시한 악마의 얼굴을 보았으며 온 나라를 덮는 악마의 파괴적인 영향을 보았다. 그러나 피난처 되는 고아원은 놀랍도록 안전하고 행복해서 아이들은 그 곳에서 미소 짓고 웃으며 마음껏 놀았다.

　나의 첫 번째 시도인 "정탐 활동"은 그 날 늦게 이루어졌다. 그것은 다름 아니라 고아원에서 일하시는 분을 따라 노천 시장을 따라 걸으며 아이들 저녁식사에 무엇이 좋을지 둘러보는 것이었다. 나는 그녀에게 내가 항상 붙어 다녀도 되는지 물었다. 우리 기관이 고아원에 음식과 그 외의 구호 지원을 하려면 현지에서 구입할 수 있는 것이 무엇인지 먼저 알아야 한다고 생각했다.

　"물론이죠!" 그녀는 짧게 대답했다.

　시장에서 판매하고 있는 고기는 염소고기나 낙타고기뿐이었다. 그런데 나는 그 날 그 고기들이 시장에서 신선한 상태로 팔기 위해서 의도적으로 도축된 것인지 아니면 농부들이 자신들이 키우는 짐승 중에 약해져서 갈증이나 질병으로 죽었거나, 우연히 지뢰가 설치된 지역에 들어가 죽은 사체를 가지고 사기를 침으로써 이윤을 남기려고 하는지 알 수가 없었다.

　그 날 판매되는 고기는 질적으로 "최고"라고 할 수는 없었다. 그러나 나는 그 고기들이 농장에서 직접 도축되었으리라 믿고 정육점 진열대에 매달린 고기에 대해서 까다롭게 굴지 않기로 했다. 고아원에서 일하시는 분들이 온전하게 보이는 염소고기를 골랐다. 정육점 주인이 말라빠진 염소 다리를 자르기 전에 수많은 파리 떼들을 쫓아내기 위해 칼의 평평한 면으로 사체를 내리쳤을 때 나는 마음이 위축되어 겨우 침을 삼켰다.

고아원의 어린이들은 염소 다리 하나에서 나오는 고기로는 한 조각도 얻어먹기 어려울 것이다. 그러나 맛을 내기에 충분한 작은 감자들도 있었고 다른 것들도 팔고 있었다. 약간의 양파들과 작은 크기의 쪼그라든 양배추 등이 우리가 산 식료품의 전부였다. 싸게 파는 것은 그것들이 전부였기 때문이다.

후에 나는 그 도시의 다른 곳도 둘러볼 수 있었다. 나를 놀라게 한 것은 내가 본 것이 아니라 내가 보지 못한 것들이었다. 예를 들어 7만 명이 사는 도시에 제대로 기능하는 학교를 한 곳도 보지 못하였다. 또한 질병과 굶주림으로 죽어가는 사람들을 돌보는 병원도 찾을 수가 없었다.

내 친구들이 어디를 데리고 가든 안내하는 사람들은 한편으로는 슬프게 들리는 말을 떠벌렸다. "학교가 여기 있었고요, 저 빌딩이 병원이었고, 이곳이 경찰서였고, 가게가 저기였고, 운동장이 저쪽에 있었어요."

그렇게 반복되는 말을 들으면서 나는 내 자신에게 물었다. **"삶에 기본이 되는 많은 것들이 과거형으로 일컬어지는 곳에서 상황을 변화시켜 미래형으로 만들 수 있는 희망이 있을까?"**

2장

시골에서의 성장

　가끔씩 소말리아에 처음 왔던 때를 돌아보면서 '내가 그 세계에서 도대체 무슨 생각을 하고 있었던 것일까?'라고 의아하게 생각하곤 한다. 여러 가지 면에서 그 경험은 그 때도 그랬지만 지금도 초현실적으로 여겨지기 때문이다. 켄터키(Kentucky)의 시골 마을에서 자라면서 나는 내가 국제 여행을 하며 머리털이 곤두서는 무서운 위험에 처할 줄은 꿈에도 생각하지 못했다.

　나는 일곱 남매 중 둘째이다. 내가 받은 유산은 거의 없었다. 열여덟 살이 되어 켄터키를 떠나기까지 나는 단 한 번만 켄터키를 떠났었다. 우리 가족은 가난했지만 자부심이 있었다. 나의 부모님은 자녀들에게 가족으로서 충성심을 강조하셨고 성실함과 책임감과 자립심과 강한 직업윤리 의식을 가르쳐 주셨다.

　돌아보건대 내가 특별히 행복하거나 불행한 어린 시절을 보냈다고 단정 지어 말할 수는 없을 것 같다. 나는 열심히 일했고 늘 바빴다. 그런 까닭에 나 자신이 행복한지 아닌지 생각할 겨를이 없었다.

나는 부모님과 이웃들로부터 **인생은 힘든 여정이며 행복은 가족과 친구들과 함께하는 것**이라고 배웠다. 그런 단순한 교훈이 그 이후 내내 나에게 영향을 미쳤다.

형과 내가 대학에 들어가기 전까지 우리 가족 중에 대학에 다녔던 사람은 아무도 없었다. 아버지는 건축 일을 하셨다. 어머니는 주부이셨는데 그 말은 어머니가 가축도 잡으시고 빵도 구우시고 촛대도 만드시는 등 많은 일을 하셨다는 뜻이다. 일주일 내내 우리 가족은 가까운 농지에서 농사를 지었고 일은 끝도 없이 많았다.

나는 때때로 외할아버지 댁에 가서 함께 지내며 일을 도와드렸다. 그 분들도 가난했고 평생을 소작농으로 사셨다. 그 분들은 이곳저곳으로 이사를 다니셨다. 농사짓는 일과 가축 돌보는 일을 하셨으며 여러 다른 지주들을 대신하여 땅을 돌보는 일을 하셨다.

나는 거의 매일 새벽 네 시경에 일어나 집안일을 도왔다. 그 일 가운데는 스무 마리의 젖소의 젖을 짜는 일도 있었다. 아침식사는 대개 여섯 시 전에 먹었으며 아침식사 후에는 버스를 타고 구불거리는 길을 두 시간을 달려 학교에 갔다. 하루 종일 학교에 있다가 다시 버스를 타고 두 시간 동안 시골길을 달려 외할아버지가 일하시는 곳으로 돌아왔다. 우리는 저녁식사를 마치고 다음 날 새벽에 일어나 똑같은 일을 하기 전에 잠을 충분히 자리라는 희망 속에서 일찍 잠자리에 들었다. 그와 같은 일정을 소화하는데 문제가 될 만한 일은 없었다.

우리는 일을 너무 많이 했다. 그러나 재미와 기분전환을 위해서 여름에 나의 형제들과 야구게임을 했다. 그리고 물론 블루그래스 주(Bluegrass State: 미국 켄터키 주의 별칭-역주)에 사는 모든 아이들은 켄터키대학 와일드캐츠(University of Kentucky Wildcats: 미국

켄터키대학의 명문의 남자농구부—역주)의 영향을 받아 드리블 정도
는 충분히 할 수 있다. 그리고 전설의 농구 코치인 아돌프 럽(Adolph
Rupp)이 겨울 내내 라디오에 나온다. 켄터키 주에 사는 많은 사람들
은 아돌프 럽 코치를 신적인 지위로 생각했다.

하나님에 대해 말하자면, 내가 사는 지역의 좋은 사람들은 종종 하
나님에 대해 말했다. 많은 사람들의 이름이 하나님과 연관이 있었다.
그러나 다른 이웃들에 비해 우리 집에서는 주님의 이름이 훨씬 적게,
때로는 덜 경건하게 불려졌다.

우리 부모님들은 교회에 자주 가지는 않으셨다. 부모님들을 교회 성
도석에서 볼 수 있을 때는 크리스마스 때나 부활절 때였는데 자녀들이
연극이나 그 외의 프로그램에서 역할을 맡았을 때는 언제나 교회에 가
셨다. 부모님들은 종종 주일학교에 가라고 나와 내 형제 자매들을 아
침 일찍 깨워 가장 좋은 옷을 입혀서 교회에 차로 데려다 주셨다.

나는 우리 부모님들이 매주일마다 우리들을 교회에 데려가신 신실
함의 이유가 우리의 영적 양육이나 영적 훈련 때문이 아니라 우리가
교회에 있는 두 시간 동안만큼은 아이들을 맡겨서 부모로서의 책임감
에서 벗어날 수 있었기 때문이 아니었을까 생각한다. 집에서의 영적
훈련은 크리스마스 이야기에 관하여 일 년에 한 번 성경 읽는 것이 전
부였다. 아버지는 우리에게, 그리고 당신 자신에게 우리 가족이 그 어
떤 가족만큼이나 좋으며 (그의 마음에 의심할 여지없이) 덜 위선적이
라는 사실을 우리에게 확신시키기를 원하시는 듯이 가끔씩 죄들에 대
해 비판하고 그가 아는 "좋은 교회 사람들"의 단점을 말씀하셨다.

나는 사실 주일학교에 가면 학교 친구들을 만날 수 있어서 교회 가
는 것을 좋아했다. 주일 아침에 예배드리는 것도 좋아했고, 특별히 성

가대 찬양을 좋아했다. 찬양곡을 들으면 경외감이 느껴졌다. 교회는 내 삶의 다른 부분들과는 달랐다. 그러나 그 말은 또한 교회생활과 나의 실제의 삶의 공통점이 거의 없다는 것을 의미하는 말이기도 했다.

나는 설교 말씀을 주의 깊게 들으려고 노력했지만 재미있는 이야기가 아니면 대부분 실패했다. 예배 중 내가 가장 좋아하지 않는 시간은 폐회송을 부르는 동안 일어났다. 모든 예배의 마지막 순서로 대부분의 목사님들은 결단이 필요한 사람들을 강단 앞으로 나오게 했다. 내가 지루해서 다른 일을 하려고 몸이 막 근질거릴 때, 내가 주일 저녁식사 생각에 입에 침이 막 돌기 시작할 때, 모든 것들이 자비롭고 인도적인 결론으로 끝나는 것처럼 보일 그 때, 예상은 했지만 예배는 돌연히 정지한 것처럼 정적이 흘렀다. 가장 괴로운 것은 목사님의 호소가 얼마나 길어질지 결코 모른다는 것이었다. 목사님의 호소가 때로는 개인적으로 괴로울 수도 있기 때문에 나는 그 시간이 끔찍한 시간이라고 생각했다.

어느 주일 오후, 예배 후에 형과 나는 집에서 주일 오후를 재미있게 보내려고 옷을 갈아입고 있었다. 그 때 형이 보통 때와는 다른 톤으로 나에게 말했다. "닉, 나는 이제 네가 구원을 받을 때라고 생각한다."

처음에 나는 그가 무슨 말을 하는지 이해하지 못했다. 그는 당황한 나의 얼굴을 바라보며 설명해 주었다. "오늘 주일학교에서 구원에 대해 배웠어. 나는 네가 구원받는 것이 무슨 뜻인지 충분히 알 거라고 생각해. 그러니까 다음 주에 예배가 끝날 때 목사님이 강단 앞으로 나오라고 할 때 나가. 그리고 목사님에게 네가 왜 거기 나왔는지 말만 하면 돼. 알겠지?"

나는 고개를 끄덕였다. 그러나 나는 형이 무슨 말을 하는지 완전히 이해하지는 못했다. 그 때 나는 일곱 살이었다. 그 다음 주일날, 목사님께서 마지막 찬양을 부르면서 초청을 했을 때 형이 팔꿈치로 나를 슬쩍 찔렀다. 내가 그를 쳐다보자 그는 몸짓으로 강대상 앞쪽으로 나가라고 했다. 그것이 무엇이든, 나는 그것을 위해 준비되었는지 전혀 확신이 없었다. 그러나 나는 형을 실망시키고 싶지 않았다. 그래서 성도석에서 나와 강대상 앞으로 천천히 걸어 나가기 시작했다.

목사님은 강단에서 나를 보셨고 허리를 굽혀 나에게 왜 앞으로 나왔는지 물으셨다. "형이 나가라고 해서요." 나는 대답했다. 목사님은 재미있는 표정을 지으시면서 예배를 마친 후에 같이 이야기할 수 있는지 물으셨다. 목사님이 내가 어떻게 대답해야 할지 모르는 질문으로 시작했다는 것을 제외하고는 그 날 목사님 방에서 대화를 나눈 것에 대해 많은 것을 기억한다고 말할 수는 없을 것 같다. 그 다음에 그는 나에게 다른 질문을 하나 더 하셨다. 목사님은 다른 반응을 기대하셨겠지만 나는 어떻게 대답해야 할지 몰랐다. 혼란스럽고 당황해서 나는 울음을 터뜨렸다. 그 다음에는 나의 영적 상태에 대해 조금 더 이야기하고 목사님과의 만남은 끝이 났다.

몇 년 뒤에, 나는 목사님이 무슨 일이 있었는지 말씀하시려고 그 주중에 어머니에게 전화를 걸었었다는 사실을 알았다. "저는 닉이 구원의 개념을 이해하고 있는지 확신이 서지 않습니다"라고 목사님께서 말씀하셨다. 이어서 "닉이 죄에서 구원받는 것이 무엇인지 이해하는지 모르겠습니다. 그 아이가 세례(침례)를 받지 않으면 믿음이 자라지 않을 것 같습니다"라고 말씀하셨다. 그런 이유 때문에 나는 다음 주일날 세례(침례)를 받았다. 그날 예배는 세례(침례)의 진정한 의미나 중요성을 알았기 때문이 아니라, 세례(침례) 받는 물이 차가웠기 때문에 더 기억에 남아 있다.

의미 있으면서도 영적인 첫 체험은 4년 후에 이루어졌다. 그 날은 부활절이었고 내가 열한 살 때였다. 그 날 있었던 일은 상세한 것까지 생생하게 생각이 난다.

우리가 도착했을 때 교회는 이미 사람들로 가득 차 있었다. 우리가 매주 앉던 자리도 모두 채워져 있었다. 그런 까닭에 우리 가족은 떨어져 앉아야만 했다. 나는 앞쪽 성도석에 한 자리 남은 곳으로 가서 혼자 앉았다. 그 날 아침 내 주변에 더 주의를 기울인 것은 보통 때와는 다른 느낌 때문이었던 것 같다.

그 날은 생기가 넘치는 날이었다고 기억된다. 햇빛은 빛났고 교회의 스테인드글라스는 햇빛을 받아 내가 본 그 어느 때보다 선명하고 생생한 색깔로 빛났다. 회중은 평상시보다 더 활기에 넘쳐 찬양을 불렀다. 성가대가 승리의 찬양을 부를 때 나의 영혼도 그 찬양과 함께 높이 날아오른 것 같았다.

그 날 아침 내가 체험한 특별하고도 강력한 느낌은 목사님이 설교를 시작하실 때까지 멈춰지지 않았다. 목사님이 예수님의 공생애 마지막에 예수님께 일어났던 모든 일들에 대해 자세히 말씀하실 때 나는 그 이야기에 빠져들었다.

나는 예수님과 제자들에게 거룩한 유월절 주간에 일어났던 모든 사건들에 대한 배경 설명과 목사님의 설교 말씀을 마음으로 보고 가슴으로 느끼면서 깊이 받아들였다. 최후의 만찬 이야기에서는 예수님과 제자들이 나눈 사랑과 친밀함에 대하여 느꼈고, 겟세마네 동산 이야기에서는 예수님께서 느끼신 슬픔과 실망과 두려움을 느꼈으며, 예수님을 심판하고 십자가에 못 박으라면서 예수님을 학대한 대목에서는 분노를 느꼈다. 모든 것을 바르게 하기 위하여 나는 무언가를 하고 싶었고, 또한 하나님께서 무슨 일인가 하시는 것을 보고 싶었다.

나는 생전 처음으로 예수님이 세상의 죄와 나의 죄를 위해서 대가를 치르셨다는 말씀을 이해했다. 나는 예수님께서 십자가에서 죽으시고 나서 시신을 무덤 속에 둔 이후 제자들이 느꼈을 깊은 절망을 생각해 보았다. 그들에게 그 안식일이 얼마나 절망적이었을까! 목사님이 마침내 부활절 아침에 옮겨진 무덤의 돌과 천사들과 빈 무덤과 부활하신 예수님에 대해 말씀하셨을 때 내 마음의 깊은 곳에서 "만세!"라고 크게 외치고 싶었다. 나는 종려주일날 예루살렘에 있던 사람들처럼 노래를 부르고 싶었다.

내가 실제로 그렇게 하면 무슨 일이 일어날지 상상하면서 내 주위에 있는 사람들을 살펴보았다. 아이들은 그림을 그리거나 뭔가를 쓰고 있었다. 또 몇몇 아이들은 끊임없이 움직이고 있었고 몇몇 아이들은 멍하니 앉아 공상을 하고 있었다. 대부분의 어른들은 여느 주일 여느 설교와 다를 바 없다는 듯이 목사님 말씀을 듣고 있었다.

나는 "여러분! 지금 이 말씀을 듣고 계세요?"라고 외치고 싶었다. 교회에 나온 사람들 중 몇몇 사람들이 미식 축구장에서 소리를 지르며 응원하는 것을 본 적이 있었다. **부활절 아침 교회에서 예수님의 부활에**

대해 기뻐하는 것보다 금요일 밤마다 고등학교 풋볼경기를 보면서 더 흥분한다면 어떻게 된 것일까?

그것은 열한 살 난 어린 마음에 이해가 되지 않는 일이었다. 나는 우리가 듣고 있는 예수님의 죽음과 부활에 관한 놀라운 이야기를 진심으로 축하해 주는 일에 아무도 관심을 갖지 않는 것이 어떻게 된 것인지 이해할 수 없었다.

만약 그 생각이 그 날 아침에 느꼈던 영을 그렇게 빨리 완벽하게 누르지만 않았더라면, 만약 그 주일날 교회에서 내 주변에 앉아 있던 사람들이 부활절 이야기에 들뜨지 않은 이유가 전에도 그 이야기를 많이 들었기 때문이었다면, 아마도 그들은 전에 그 이야기를 많이 들었을 테고 지금은 그들에게 그것은 단지 이야기에 불과했다.

나는 그들이 예수님께서 십자가에서 죽으심과 부활하셨음을 진리로 믿는다고 확신한다. 그러나 실제 삶과는 거의 관계가 없는 진리였다. 그것은 분명히 흥분이나 반응을 요구하지 않는 이야기였다. 또한 그것은 선한 이야기이며 위대한 이야기로서 내가 전에 들었던 즐겁고 영감을 주는 많은 이야기들과 함께 "옛날이야기"로 분류할 필요가 있었다. 그 날 아침 부활절 예배를 마치고 나오면서 내가 한 것은 부활에 관한 이야기를 "흥미롭다"고 분류한 것이었다.

그 후 7년 동안 나는 내 영을 흥미롭게 할 성경구절이나 교회나 믿음을 거의 발견하지 못했다.

3장

악마의 얼굴

몇 년 후에 나는 그 부활절 아침에 들떴던 것에 대해 생각했다. 그리고 만약 예수님의 이야기가 실제의 삶, 특별히 아프리카의 뿔에 있는 세 나라 사람들의 실제 삶과 연관이 있다면 어땠을지 궁금했다. 하르게이사 지역을 탐험할 때 나는 그 도시 안과 주변에 남아 있는 지뢰를 발견하여 제거하도록 영국 회사에서 파견된 사람들을 우연히 만났다.

잠시 동안 나는 사람들이 도리깨라고 불리는 기계를 작동하는 것에 매료되어 (멀리서!) 지켜보았다. 그 기계는 불도저같이 생긴 기계로 폭발 지역에서 멀리 떨어져 있었다. 그 기계는 회전하는 축이 앞으로 쭉 뻗어 나와 있어서 폭발되지 않은 지뢰를 폭발시키기 위하여 긴 사슬로 메어치고 있었다. 그러면 그 기계의 무거운 단면이 잔해들을 모아서 길 밖으로 밀어냈다. 그 사람들이 휴식을 취하고 있을 때 나는 그들에게 말을 걸기 위하여 기계 뒤쪽으로 걸어갔다.

그 기계는 대인지뢰를 제거하기 위해 고안되었다. 지뢰들은 보통 작은 크기의 폭발되는 부분만 땅에 묻혀 있고 윗부분은 지면과 같은 높이이거나 얇게 흙으로 덮여져 있다. 지뢰들은 금속 탐지기에 탐지되지 않도록 보통 플라스틱 상자에 넣어져 있었으며 쉽게 밟힐 수 있고 가벼운 무게에도 반응하는 간단한 압력판이나 버튼이 장착되어 있다. 이 지뢰들은 사람들을 죽이거나 최소한 불구로 만들기 위해 고안되었다. 지뢰의 본래 목적은 적군을 죽이고 작전을 지연시키고 사기를 저하시키는 데 있었다. 지뢰가 문제되는 이유는 전쟁이 끝나고 참전했던 군인들이 다 고향으로 돌아가고 난 뒤에도 수년간 혹은 수십 년간 어딘가에 숨겨진 채 위험하게 남아 있기 때문이다. 설상가상으로 지뢰는 친구와 적, 또는 무고한 시민들과 적군을 구별할 능력이 없기 때문에 누구나 다 지뢰를 폭발시킬 수 있다.

하르게이사 안과 그 주변에 수천 개(혹은 수만 개)의 지뢰가 있고 지뢰를 제거하는 기계 값이 너무 비싸기 때문에 지뢰를 제거하는 회사는 맨손으로 지뢰를 찾을 사람들도 고용해서 훈련을 시켰다. 그 위험한 일을 하려면 바닥에 바짝 엎드려 매우 천천히 그리고 조직적으로 길과 들판을 따라 조금씩 움직여야 한다. 때로는 경고문을 보면서 길고 팽팽한 줄을 조심스럽게 움직이며 면밀히 찾아보기도 한다. 손으로 지뢰를 찾는 사람들에게 요구되는 육체적이고 정신적인 요구사항은 심신을 지치게 한다. 아주 조그만 실수도 그 대가는 엄청나다. 일하는 사람들 중 한 사람이 들판에서 몇 시간 동안 제거할 지뢰를 찾았던 소말리아 일꾼들에 대해서 말했다. 휴식 시간이 되었을 때 그들은 배운 대로 길 옆에 조심스럽게 앉았다. 그 때 한 사람이 쥐가 난 다리를 펴려고 앞쪽으로 발을 뻗었고 지뢰를 건드려 두 발이 모두 날아가 버렸다고 한다.

지뢰를 제거하는 기계가 작동하는 것을 보면서, 지뢰를 제거하는 사람들이 생명을 무릅쓰고 얼마나 많을지 아무도 모르는 지뢰를 (말 그대로) 손으로 찾아 제거하는 것을 보면서 나는 소말리아에 온 첫 날부터 내 자신에게 물었던 질문이 다시금 떠올랐다: **아이들이 밖에 나가 놀 때마다 아이들이 지뢰를 밟을까 봐 걱정하는 곳은 대체 어떤 곳인가?**

성경에는 지옥이 자세하게 묘사되어 있지 않다. 또한 성경에는 지옥의 정확한 위치도 나타나 있지 않다. 그러나 많은 신학자들이 지옥에서 가장 견디기 어려운 일은 하나님으로부터의 영원한 분리라고 주장한다는 사실이 생각난다. 1992년에 소말리아에 며칠 동안 갔을 때, 나는 그 지역을 하나님과 완전히 분리된 것처럼 느끼게 하려고 결심한 악마와 그 영향력을 보았다. 소말리아는 이 우주의 모든 좋은 것들로부터 완전히 단절된 것처럼 보였다.

1992년 2월의 소말리아는 지옥에 가까웠다.

날이 어두울 무렵 바닥에 누워, 나는 악마에게 눌리는 것을 느끼면서 다시 한 번 예수님께 말했다. **"이 곳을 나가면 다시는 돌아오지 않을 겁니다!"** 소말리아 사람들에게는 친숙한 만트라(mantra; 힌두교 주문—역주)의 "한 가지에 하루가 걸리는 일"을 요구하기에는 무리였고 **"한 가지에 한 시간이 걸리는 일"**을 찾아 사는 것이 적절한 것 같았다.

심지어 방문객 임에도 불구하고 나는 너무 충격을 받았고 너무 눌려서 내가 보는 모든 상황을 파악하는 것이 불가능했다. 나는 단지 본능에 의존해서 일을 계속 진행했다.

얼마 후, 나는 나의 본능을 무시하는 방법을 찾았다. 하르게이사에서 뒷골목을 혼자 걷고 있을 때, 다섯 살 난 내 아들 앤드류와 같은 어린 아이가 조금 떨어진 골목길 맞은편에 있는 것을 보았다. 그 아이는 등을 내 쪽으로 보이며 돌아서서 손에 들고 있는 무언가에 열중해 있어서 내가 다가가는 소리를 듣지 못하는 것 같았다.

나는 약 4m 정도 떨어진 건너편 골목에 그 소년과 거의 나란히 있었다. 그 때 내 마음은 내 눈이 보는 모든 것을 기록했다. 드디어 그의 어깨 너머로 볼 수 있게 되었을 때 나는 그 소년이 무엇에 그렇게 진지하게 열중하고 있는지 알았다. 그는 오래된 받침 접시 모양으로 된 대인지뢰를 한 손으로 잡아 가슴에 대고 있었다. 그리고 동시에 다른 쪽 검지손가락은 지뢰의 버튼 가까이에 대고 있었다.

그 순간 내 심장은 멈추는 것 같았다. 내 모든 본능과 모든 말초 신경들이 소리를 지르고 있는 것을 알았다. 뛰어라! 시간은 정지한 것처럼 보였다. 그 순간 내 마음속에서 얼마나 많은 생각들과 상상들이 섬광처럼 스쳐 지나갔는지 설명할 길이 없다.

나는 아드레날린을 맞은 단거리 선수라면 5초 안에 나를 폭발 지점밖으로 데려갈 수 있지 않을까라고 생각했다. 만일 내가 돌아서서 뛰어가면 그 소년은 버튼을 누를 것이고 그러면 그 소년은 산산조각이 날 것이며 동시에 나도 결코 살 수 없으리라는 사실도 알았다.

나는 그 소년에게 다가가기 위해서 내 모든 것—내 모든 에너지, 결단력과 자제력—을 동원했다. 나는 최대한 빠르게 조용히 뒷골목을 가로질러 갔다. 그 아이가 내가 오는 소리를 듣고 겁에 질리는 것을 원하지 않았다. 동시에 나는 내 자신에게 '**그의 작은 손가락이 버튼을 누를 정도로 힘이 있지는 않을 거야**'라고 확신시키려고 노력했다. 내 마음의 다른 한쪽에서는 아이가 놀라고 두려워서 버튼을 누르고 우리 둘 다 날아가기 전에 어떻게 내가 그 죽음의 폭탄을 잡을 수 있을 지 조심스럽게 계획을 짰다.

나는 그 아이가 내 발걸음 소리를 듣지 못했다고 생각한다. 그가 미처 고개를 돌리기 전에 내가 그 아이의 어깨너머로 손을 뻗어 아이의 손에 들린 지뢰를 잡아챘기 때문이다. 그런데 내가 그렇게 한 순간 나는 내게서 떨어져 나간 지뢰의 밑부분이 뚫려 있음을 발견했다. 폭발할 것이 없는 지뢰였던 것이다. 그 아이가 가지고 있었던 것은 빈 지뢰 통으로 누르는 버튼을 위로 향하게 하고 통은 자기 쪽으로 기울여 들었던 것이다. 위로 향해진 버튼을 내가 본 것이었다.

그 소말리아 소년이 너무나 놀란 한 백인이 새로 발견한 자신의 획득물을 채어간 것에 대해 어떻게 생각할지 모르겠다. 만약 그 아이가 어른이 될 때까지 살아남는다면 그가 오늘의 사건을 기억할지 모르겠다.

나는 아직도 그 아이의 놀란 표정과 나에 대한 두려움이 가득했던 두 눈을 기억하고 있다. 나는 그 날을 잊을 수가 없다. 그 일로 인해 나는 다시 한 번 소말리아에서 악마의 얼굴과 그의 하는 일을 보았다.

나는 악마의 영향을 수도 없이 많이 보았다. 하루는 고아원 직원인 내 친구가 우리를 태워 도시 밖으로 데리고 나갔다. 이 정탐 여행에 대한 내 계획은 외곽 지역의 가장 큰 필요가 무엇인지 관찰하고 문서화하여 비정부기구인 NGO가 하르게이사 주위의 외곽에서 일을 시작할 가능성이 있는 프로젝트를 구상하려는 것이었다.

아프리카의 마실 물 대부분이 전기에 의존한다는 사실을 아는 것은 중요하다. 생존을 위해 옛날 마을 우물물에 의존했던 대부분의 지역사회는 작은 휴대용 발전기를 사용하는 전기펌프를 이용하여 물을 끌어올린다. 그런 기본적인 "기술"은 상대적으로 비용이 적게 들고 유지비도 적게 들뿐만 아니라 전통적인 방식으로는 지하수에 접근하기 어려운 지역에서 물 공급을 하기에 믿을 만하고 효과적인 수단이다.

불행하게도 그런 간단한 장비는 훔치기 쉽거나 파괴되기 쉽다. 한번은 도시 밖으로 나갔는데 그 곳에서 공동으로 사용하는 모든 우물들이 쓸모가 없게 되었음을 발견했다. 그 마을의 발전기는 모두 도난당했고 펌프는 이리저리 이동되어 어디에서나 사용되고 있었다. 그 도둑들은 아마도 자신들이 훔친 것을 팔아먹었을 것이다.

이해하기가 더 어려운 점은 구식 손펌프에 의존하는 몇몇 마을에 가해진 파괴와 잔인함이었다. 떠돌아다니며 공공물을 파괴하는 사람들이나 무장한 침입자들이나 적군들이나 내전 중 이편이든 저편이든 사람들은 펌프를 파괴하였고 바위나 모래로 우물을 채워 영원히 못 쓰게 만들었다.

범죄자가 누구든, 동기가 무엇이든, 근처 모든 마을에서 결과는 같았다. 모든 염소 떼가 풀들이 자라지 않는 들판에서 굶어 죽었다. 썩은 낙타의 사체가 길을 덮었고 대기 중에는 죽음의 악취가 넘쳐났다.

마을 외곽에 수많은 빈집들이 버려져 있었다. 거기에 살았던 사람들은 기근으로 죽었거나 절망 속에서 더 좋은 일이 있으리라는 막연한 희망을 갖고 도시로 갔을 것이다.

이 마을의 사람들은 다른 선택의 여지가 없었다. 한때는 생산적인 삶을 주었던 땅이 이제는 사람이 살 수 없는 땅이 되었다.

나는 하르게이사와 그 도시 주위에 필요한 것들을 알아보려고 소말리아로 온 것이다. 하르게이사 외곽을 둘러본 후 나는 즉시 결론을 내렸다: **이 사람들이 필요로 하지 않는 것은 아무것도 없다.**

구호활동을 하기 위해 필요한 것은 무엇인가? **모든 것이다!**

나에게 좀 더 적절한 질문은 다음과 같았다: 이 마을들과 이 사람들의 삶을 향상시키기 위하여 하나의 구호단체가 할 수 있는 실제적인 일은 무엇인가? 모든 사람이 빈곤한 곳에서 우리는 어디에서부터 구호활동을 시작해야 할까?

'압도되다(overwhelmed)'라는 말은 하르게이사 외곽을 둘러보고 난 후 나의 반응을 묘사하기에는 부족한 말이다. 나는 구호활동에는 초보자일 것이다. 그러나 나는 많은 전문가들과 이야기를 나누었고 아프리카에서 충분히 오래 살아서, 사람들에게 기본적으로 필요한 것들을 거론하기 전에, 구호단체들은 자신들에게 기본적으로 필요한 것들이 무엇인지 우선적으로 알아야 한다는 사실을 안다.

1. 안전
2. 일을 하기에 적절한 믿을 만한 운송 수단

3. 필요한 일용품과 공급
4. 일을 하기 위한 전문성을 갖춘 인력

　도시로 돌아오면서 나는 힘든 현실을 직시해야만 한다는 것을 알았다. 나는 실제적인 구호활동을 위한 기본적인 필수조건들 중 그 어느 것도 충분히 가지고 있지 않았다. 심지어 그 날 내가 하르게이사 주변을 둘러보면서 파악한 엄청난 요구사항들을 처리하기 위한 준비조차도 할 수 없었다. 어떤 면에서 보면 나는 많은 소말리아 사람들의 눈에서 본 절망의 깊이를 이해하기 시작했다.

　하르게이사 외곽을 둘러보고 새겨진 깊은 인상은 하르게이사 시장을 방문하면서 목격한 사건에 대한 나의 반응의 강도를 설명하는 데 도움이 될 것이다. 시장을 방문했을 때 다른 곳과 차이는 없었다. 비슷한 상인들이 비슷한 노점에서 비슷한 가격으로 물건을 팔고 있었다. 시장에서 별다르게 구입할 상품이 없어서 나는 옆쪽으로 비켜서서 사람들이 오가는 것을 지켜보았다.
　갑자기 멀리 어느 곳에선가 무거운 차량 소리가 들려왔다. 그 소리는 천천히 가까이 다가왔다. 드디어 대형 차량들이 시장을 향해 다가와 모습을 드러냈다. 트럭이 꼬리에 꼬리를 물었다. 모두 15대였다. 트럭마다 무기들로 가득 차 있었으며 각각의 트럭 뒤쪽에는 무장한 군인들이 서서 타고 있었다. 모든 군인들은 한쪽 어깨에 AK-47을 메고 총알로 가득 찬 탄띠를 가슴 쪽에 드리우고 있었다. 몇몇 트럭에는 50

구경 자동기관총이 실려져 있었다. 그리고 적어도 한 차에는 항공기를 공격할 대공포가 장착되어 있었다.

그들의 화력보다 나를 더 놀라게 한 것은 감정 없는 그들의 얼굴이었다. 그들의 오만한 표정은 힘든 전쟁을 마치고 로마로 행진하여 들어오는 로마 백부장의 얼굴 같았다.

나는 곧바로 생각했다. "하나님 감사합니다! 호위대가 도착했어요. 음식과 그 외에 여러 가지를 공급할 트럭들이 하르게이사에 도착했습니다." 갑자기 사람들이 떼 지어 시장으로 가는 것을 보니 내 판단이 맞는 것 같았다. 나는 사람들이 트럭을 재빠르게 에워싸는 것을 보고 공간을 만들어야겠다고 생각하면서 건물 맞은편으로 갔다. 호송 차량의 무장 경비병들은 차에서 그 귀한 물품들을 내릴 공간을 만들기 위해 사람들을 뒤로 밀었다.

나는 그 즐거운 날 하르게이사 전체에 저녁식사를 위해 어떤 새롭고 놀라운 물품들이 주어질지 상상하면서 사람들의 들뜬 기대감을 함께 나누며 보고 있었다. 첫 번째 상자가 열렸을 때 사람들이 앞으로 밀어닥쳤다.

그 다음에 내가 본 것은 나를 구역질나게 해서 거의 토할 뻔했다. 그 상자에서 나온 것은 식료품이나 캔 음식이나 주스나 우유병이 아니었다. 나는 아프리카에 오래 살아서 그것이 무엇인지 즉시 알았다. 상자 안에 있는 것은 잘 포장된 커트(khat: 아프리카의 화살나뭇과(科)의 상록 관목: 잎은 마약성이 있고, 씹거나 차를 달임-역주) 묶음이었다. 커트는 주로 케냐와 아프리카의 고산지대에서 자라며 줄무늬로 된 이파리들이 많은 줄기로부터 나 있다. 사람들은 마약 효과를 보기 위해 그것을 씹는다. 사람들은 커트를 단순히 기분전환용이라고 여기지만 어떤 사람들은 그것이 강도 면에서 엑스타시(Ecstasy:강한 환각 작용을 지닌 합성 마약의 총칭-역주)와 함께 암페타민(amphetamine: 각성제·식욕 감퇴제로 씀-역주)과 같은 역할을 한다고 말한다.

나는 내가 본 것을 믿을 수가 없었다. 수만 명의 사람들이 피난처도 없고, 수돗물도 없고, 음식도 없고, 의약품도 없는 곳에서 누군가가 중무장에 필요한 물자인 15대의 트럭으로 중독성이 있는 마약을 그 나라에 들여오고 있는 것이었다.

나를 더욱 놀라게 한 것은 사람들의 반응이었다. 많은 사람들은 가족을 위해 음식을 살 돈이 거의 없었다. 그런 그들이 여기에 온 것이다. 스테레오 스피커와 다른 전기 장비들을 어깨에 메고 온 남자들이 지금은 쓸모없어진 그것들을 얼마간의 커트와 교환했다. 나는 또 다른 남자들이 그들의 부인들이 착용했음직한 금줄과 보석들을 가지고 오는 것을 보았다. 그 물건들은 한때는 어떤 여자의 생명 보험 같은 것이었을 것이다. 그들은 그 보석들과 하룻밤 정도는 그들의 불행을 잊을 수 있게 해 주는 씹는 마약과 교환했다. 그들은 마치 지옥 같은 소말리아에서 탈출할 수 있는 유일한 희망이 단지 몇 시간 지속되는 마약으로 인한 잊힘에 있다고 믿는 것 같았다.

단숨에 모든 상자들이 비어졌고 남아 있던 사람들은 하나 둘씩 흩어졌다. 그 때 경험한 생생하고도 놀란 기억은 20년 동안 내 기억에 깊이 남아 있다. 그 날 오후 하르게이사 시장에서 보낸 짧은 시간 동안 나는 트럭경비병들이 절망적인 사람들에 의해 에워싸여지는 것을 보면서 악마가 다시 한 번 가면을 벗고 그의 얼굴의 단면을 드러내는 것을 보았다.

나는 그 때 선을 위한 공급선보다 악마를 위한 공급선이 더 잘 구축되

어 있고 훨씬 더 효율적이라는 사실을 깨달았다. 그리고 내가 나이로비로
돌아갔을 때 변화를 주기 위해 뭔가를 할 수 있을지 확신할 수가 없었다.

다행스럽게도 아프리카에서는, 특히 외국인들 사이에서는 소문이
매우 빨리 퍼졌다. 고아원에서 일하는 유럽 사람인 내 친구들이 적십
자 비행기가 내일 들어온다고 말해 주었다.

그들은 나에게 두 번 말할 필요가 없었다. 소말리아를 떠나는 것이
감격스러울 만큼 내가 원했던 것은 나이로비에 있는 가족들에게 돌아
가 루스와 아들들을 만나는 것이었다. 그 때는 휴대폰과 위성 통신이
아프리카에서 가능하지 않을 때였다. 나는 3주 동안 가족들에 관한 소
식을 전혀 들을 수 없었고 그들도 내 소식을 들을 수 없었다.

만일 나에게 낙하산이 있었다면 나이로비에 있는 윌슨 공항에 도착
하기 전에 비행기에서 뛰어내렸을 것이다. 내가 오는 것을 루스에게
알릴 수 없었기 때문에 나는 그녀를 놀래 주기 위해 택시를 타고 집으
로 왔다.

소말리아의 낯선 곳에서 2주간을 보낸 후 내 세상-내 집 문을 열고
닫고 다니며 가족들과 함께 식탁에 앉아 정상적인 식사를 하고 내 침
대에 누워 나에게 친숙한 삶을 사는 것-으로 가는 것이 초현실적으로
여겨졌다. 나는 하루 만에 천국과 지옥을 오간 것처럼 느껴졌다.

그 얼마나 모순되는 느낌인지! 한 편으로 나는 내 가족과 함께 있을 생각을 하면서 기분이 매우 좋았다. 그런데 샤워를 하면서 죄책감에 빠졌다.

나는 언제 어디서나 가능하면 수백 장의 사진을 찍었다. 또한 사진을 인화해서 가족들과 사진에 대한 내용을 함께 나누었다. 루스와는 내 여행의 상세한 점까지 다 이야기하려고 했다. 그리고 그녀는 나에게 많은 질문을 했다. 나는 좀 더 상세한 내용이 기억나면 그것을 덧붙여 좀 더 많은 이야기를 해 주었다. 그것이 내가 소말리아에서 3주간을 보내면서 경험하고 느끼고 배운 것들을 마지막으로 정리하는 방법이었다.

나는 아직도 한 구호단체가 그 곳에서 무엇을 할 수 있을지 잘 모르겠다. 심지어는 어디에서부터 시작해야 할지도 모르겠다. 그러나 나에게 정직한 평가를 원한다면 소말리아는 이 땅에서 가장 필요한 것이 많고, 가장 희망이 없으며, 이 지구상에서 발견되는 가장 지옥 같은 곳이라고 말해 주고 싶다.

나는 그 말이 틀렸다는 것을 곧 알게 되었다. 소말리아의 수도인 모가디슈는 하르게이사보다 더 상황이 나빴다. 그래서 나는 다음 일정을 그 곳으로 정했다.

4장

그러나 나는 수의사가 되고 싶었다

열한 살 때 부활절에 있었던 일 이후에도 나는 교회에 계속 출석했다. 그러나 어린 시절 종교와의 짧은 만남 이후 나는 대부분의 시간과 에너지와 흥미를 일과 스포츠에 바쳤다. 나는 시골에서 사는 것–많은 채소를 기르고 동물들을 돌보고 말을 타는 것–을 좋아해서 수의사가 되는 꿈을 꾸기 시작했다. 학교생활이 장래를 위하여 중요할 것이라는 사실은 알았지만 학교생활에 크게 신경은 쓰지 않았다.

고등학교 졸업반 봄의 어느 날 오후에 아버지가 학교에 오셔서 교실 밖으로 나를 불러내서 나를 조금 놀라게 하셨다. 아버지는 가을에 대학에 가는 것에 대해 말씀하셨고 아버지와 어머니는 내가 켄터키대학에 가서 수의학을 배우면서 장학금을 타면 좋겠다고 말씀하셨다(내가 장학금을 받으면 아버지는 나를 자랑스럽게 여기시리라는 것이 아버지가 말씀하시는 내용이었다).

아버지는 장학금을 받더라도 차비나 그 외 책값이나 경비들로 돈이 필요하다는 사실을 아셨다. 아버지는 말씀을 이어나가셨다. "그래서 나는 네가 대학에 가기 전에 돈을 조금이라도 벌 수 있게 일자리를 알아보았다."

아버지는 돈이 별로 없는 소작농이었지만 우리가 사는 지역 내에서는 일을 열심히 하는 사람으로 알려져 존경을 받았다. 비록 재정적으로 직접 나를 도와주시지는 못했지만 내가 자립할 기회를 주기 위해 교우관계나 평판, 개인적 접촉 등 아버지가 가진 모든 것으로 최선을 다 하셨다. 나는 그 점을 감사하게 생각한다.

"일자리를 알아보셨다고요?" 내가 물었다.

"그래." 아버지가 설명하셨다. "내가 크라프트 푸드 치즈공장(Kraft Foods Cheese Factory)에서 일하는 친구들에게 말해 놓았다. 네가 한다고만 하면 일할 것을 준다고 한다."

"정말로요?" 내가 물었다.

그 큰 식품회사는 근처에 치즈를 가공하는 공장이 있었다. 지역에 많은 사람들이 그 곳에서 일하면서 가족을 부양하기에 충분한 돈을 벌었다. 아버지는 내가 가을에 대학 가기 전에 여름에 돈을 벌 수 있는 일을 찾고 있다는 것을 아셨다. 그리고 아직 일을 찾지 못하고 있는 것도 아셨다. 우리는 치즈회사에서 일할 수 있는 기회가, 내가 찾는 그 어느 일보다 더 가능성이 있다는 것을 알았다.

"그게 좋겠어요, 고마워요 아버지." 나는 아버지께 말했다.

그러나 아버지는 자신의 말을 끝까지 듣고 감사하라고 말씀하셨다. "문제는 일이 오늘 밤부터 시작된다는 것이란다. 오늘 밤 7시에 시작해서 내일 새벽 3시 30분에 일이 끝나는데 월요일부터 금요일까지 그렇게 일한단다. 네가 대학에 들어갈 때까지 한 주에 40시간 일하게 된단다."

'오늘밤이라고요?' 나는 그 결과가 어떨지 마음속에 생각하면서 아버지를 쳐다보았다. '대학 가기 전에 아직 9주나 남아 있고요. 야구 시즌이 이미 시작되었고요. 그리고 학교 연극에서 맡은 역할도 있어요.'

그 생각을 하면서 아버지에게 크게 말했다. "학교 수업 외에는 과외활동을 못하겠네요."

아버지는 그 말에 동의하셨다. "그래, 그럴 거야." 아버지는 내가 생각하는 것이 무엇인지 아셨다. "공장에서 오늘 밤 일할 사람을 찾고 있다는구나. 네가 학교를 졸업할 때까지 그 자리를 비워 둘 수 없다는 거야."

"솔직히 말하면 닉, 나는 네가 그 일을 잘할 수 있으리라고 생각한다. 너는 언제나 열심히 일했고 일도 빨리 배우지. 나는 네가 그 치즈공장에서 멋지게 잘하리라는 것을 안단다." 아버지께서 말씀하셨다.

"하지만 내 관심거리는 네 학교 공부란다." 아버지는 이어서 말씀하셨다. "남은 기간 동안 이런 일정으로 일하면서 남은 9주 동안 성적을 유지할 수 있겠니?"

"큰 도전이 될 것 같아요." 나는 그 점을 인정했다. "그 점에 대해 생각해 봐야겠어요."

그런데 생각할 시간이 많지 않았다. 그 때 아버지가 치즈공장에 도착하여 차를 세우시면서 만일 내가 일을 하기를 원한다면 지금 바로 인사과 사람들에게 가서 말해야 한다고 말씀하셨다.

아버지가 나를 학교에서 데리고 나온 지 한 시간이 채 안 되어 나는 크라프트 회사에 지원하는 지원서를 쓰고 그 날 밤부터 일하기 위해 고용되었다. 결정은 매우 빨랐지만 그렇게 하는 것이 쉬웠다는 의미는 아니었다.

나는 2루수이자 두 번째로 공을 잘 치는 선수로서 야구팀을 그만 두게 되었다고 코치에게 말하기가 두려웠다. 드라마 선생님께 연극을 그만두게 되었다는 말을 하기는 더욱 어려웠다. 나는 내 친구들과 급우들과 특히 야구팀에 있는 친구들이 이해해 주기를 바랐다. 그러나 나는 내가 포기해야 하는 것들에 대해서는 두 번 다시 진지하게 생각하지 않았다. 나는 무엇이 옳은지, 그리고 실행해야 할 실제적인 일이 무엇인지 알고 있었다.

내 새로운 직장은 집에서 2마일 정도 떨어져 있었다. 그 일은 힘든 일이었지만 괴로울 정도로 힘든 일은 아니었다. 그러나 밤을 새며 일하는 것은 비인간적인 일이었다. 저녁식사 후에 일을 시작하는 것은 나쁘지 않았다. 그러나 매일 새벽 3시 30분에 일이 끝난 후 내가 할 수 있는 일의 전부는 지쳐서 비틀거리며 집으로 가서 말 그대로 잠에 곯아떨어지는 것이었다.

나는 매일 아침 간신히 침대에서 나와 낡은 소형 트럭을 타고 3마일 떨어진 학교로 갔고, 남은 학기 동안 한 번도 결석하지 않았다. 졸지 않으려고 모든 노력을 기울였음에도 우리 반에 들어온 모든 선생님들마다 내가 수업 시간에 조는 것을 곧 알게 되었다. 선생님들 중에 한 분은 내게 무슨 일이 있는가 물으셨고 나는 가을에 대학을 가고자 필요한 돈을 벌기 위해서 아버지가 찾아 주신 일자리에 대해 말했다. 틀림없이 나에 대한 말이 돌았고 내 마지막 학기 동안 선생님들은 나에게 특별히 관대하셨다.

졸업을 하고 아침마다 잠을 잘 수 있게 되자 일이 훨씬 더 수월해졌다. 시간은 지나갔고 월급날은 돌아왔다. 그리고 나는 미래에 초점을 맞추기 시작했다. 대학의 실체가 나의 시야에 점점 더 크게 들어왔다.

크라프트 공장에서 내가 하는 일은 재미있거나 흥분되는 일이 아니었다. 그 일은 신경을 쓰는 일이 아니라 몸을 쓰는 일이었다. 그 일로 인해 나는 대학교육을 받으리라고 지혜롭게 결정했다. 그 일은 나의 부모님들이 내게 주입시켜 준 간단한 직업윤리가 적용되는 일이었다: **인생은 일이다. 일은 어렵다. 일은 있는 그대로의 것이다. 너는 사람들의 기대에 부응해야 하고 잘해야 한다.**

어느 여름날 밤 나는 응고된 우유가 담긴 5백 파운드 용량의 컨테이너의 뚜껑을 닫으려고 애쓰면서 크라프트 치즈공장 뒤쪽에서 혼자 일을 하고 있었다. 우리는 공장의 제품을 수송하기 위해 준비 중이었고, 또 다른 공장에서는 추가로 처리한 다음, 식품점에서 최종적으로 팔릴 완성된 커티지 치즈(cottage cheese: 치즈명—역주)를 포장하였다.

공장이 너무 조용해서 나는 "닉! 회사 다니는 것이 피곤하니?"라는 음성이 들렸을 때 깜짝 놀랐다. 그 말이 너무 가깝게 들려서 나는 누가 소리 없이 나에게 다가왔나 보려고 주위를 둘러보았다.

그러나 아무도 없었다. 이상한 일이었다. 나는 잘못 들었다고 생각하며 다시 일에 집중했다. 그런데 10분 후에 나는 "닉, 회사 다니는 것이 피곤하니?"라는 같은 음성을 들었다. 주위를 둘러보았지만 아무도 없었다. **도대체 무슨 일이지?**

나는 경계를 하면서 다시 한 번 주위를 둘러보았다. "닉, 회사 다니는 것을 그만두고 나를 섬길 준비가 되어 있니?"라는 세 번째 음성을 들었을 때도 주위에 아무도 없었다. 나는 동료가 나를 놀리는 것이 아닌가 의아해했다. 그러나 곧 나에게 말씀하시는 그 음성이 하나님의 것임을 마음으로부터 깨달았다.

나는 성령을 의심하거나 무시할 수 없다고 생각했다. 공장 뒤쪽에서 혼자 일하고 있을 때 그런 일이 일어난 것에 너무 놀라서 그런 여건에서는 단 하나의 대답만이 가능하다고 생각했다: 나는 내 삶을 하나님께 드렸다. 다른 것에 대해서는 이야기 들은 바가 없었기 때문에 나는 **한 사람이 구원과 부르심을 동시에 받을 수 있다**는 것을 단순히 받아들였다. 그것이 내가 확실히 믿는 것이었고 그 일이 나에게 그대로 일어났다. 나는 하나님의 음성에 응답했고 내 삶을 하나님의 인도하심에 맡겼다.

한편으로 그 날 밤 내게 일어난 일은 혼란스럽고 예기치 못한 일이었다. 오래도록 나는 수의사가 되는 것 외에는 다른 것을 생각해 본 적이 없었다. 그 꿈을 위해 첫 발을 디딘 것이 한 달도 채 되지 않았다. 내 짧은 경험으로 "하나님을 섬기는 것"은 "목사님들"이 하는 일이었다. 그리고 켄터키 작은 교회의 목사가 되는 것에는 그다지 관심이 없었다.

그러나 이제 하나님께서 내가 그 일을 하기를 원하시는 것처럼 여겨졌다. 하나님은 어떤 마음은 갖고 계실까? 하나님은 자신이 하시는 일을 알고 계실까?

한편, 그 날 밤 공장에서 일어난 일이 너무 생생해서 나는 누군가에게 말을 해야 했다. 그 이야기를 하지 않을 수 없었다. 그 다음 날 나는 하나님께서 나에게 어떻게 말씀하셨는지 부모님께 말씀드렸다. 그 분들에게 내가 구원받았다는 사실도 말씀드렸다. 예수 그리스도를 내 마음에 받아들이고 내 삶을 그 분께 의탁했을 뿐 아니라 그 분을 "섬기고자" 한다고 말씀드렸다.

부모님들의 반응은 부정적이지는 않으셨지만 긍정적이지도 않은 중립적이었다. 지금 와서 돌아보면 내 이야기가 그 분들에게는 이상했을 것이다. 부모님들은 내가 말씀드린 내용에 대해 어떻게 해야 하는지 그들의 개인적인 경험을 통한 언급은 없으셨고 또한 내게 일어난 일에 대한 의미를 이해하려고 하지도 않으셨다. 부모님들 입장에서는 내가 신비한 영적 체험처럼 보이는 것을 위해 갑자기 수의사가 되겠다는 꿈을 버린 것처럼 보였을 것이다. 나는 부모님들도 나와 마찬가지로 "하나님을 섬기는 것"을 설교하는 것과 같은 것으로 안다고 확신했다.

나는 부모님이 내가 설명 드리는 것을 이해도 못하시고 받아들이지도 못하시는 것에 실망하여 우리 가족을 아시는 나이 드신 목사를 찾아갔다. 그 분은 내가 그 날 공장에서 들은 "음성"과 하나님을 섬기겠다는 내 말을 미소를 지으며 흥미롭게 들으셨다. 내가 하나님을 섬긴다는 부르심에 대해 말씀드리려고 하자 그 목사의 반응은 놀랍게도 부모님들의 반응보다 더 부정적이었다. 그 분은 나를 똑바로 보시면서 말했다. "닉, 너는 진짜 목사가 되기를 바라지 않을 거야. 교회가 너를 가만두지 않을 거야. 그 일은 죽을 만큼 힘든 일이야."

나는 그렇게 심한 그 분의 반응에 놀랐다. 그러나 나는 그 분이 무슨 말씀을 하시는지 알았다. 나는 작은 시골 마을에서 자랐고 대부분의 마을 사람들은 세 교회 중 한 교회에 나갔다. 그러면서도 항상 다른 두

교회 사정을 잘 알고 있었다. 나는 할아버지 할머니와 함께 여러 시골 교회를 다녀 봤고, 형이 고등학교 시절 4중창단을 하면서 다닌 많은 교회에 함께 갔었다. 그런 까닭에 나는 내가 목회에 대한 좁은 관점을 갖게 되었으리라 추측하며 그러한 것들이 하나님을 섬기기 위한 어떤 결정에 따르는 단점들일 것이라고 단순히 추측하였다. 나는 다만 하나님께 굴복해야겠다고 생각하고 말씀드렸다. "알겠습니다, 하나님. 당신이 하나님이시기 때문에 이 일을 해야만 할 것 같습니다. 그러나 나는 그 일을 좋아할 것 같지는 않습니다."

나는 대학 입학 몇 주를 남겨 두고 수의학을 공부하겠다는 꿈을 버리고 더 크고 더 흥분되는 세상을 찾았다. 나는 내가 하나님께 하겠노라고 말씀드린 것을 알았다. 나는 순종할 것이고 주님을 섬길 것이다. 그런데 갑자기 그 일을 하면서 어렵고 별 재미 없는 삶을 사는 것에 대해 내 자신을 비난하지는 않을까 의구심이 들었다. 내가 개인적으로 믿음의 첫 발을 디딜 때 그 목사의 반응은 질문과 의심을 갖게 했다.

다행히도 나는 근처 교회 목사와 치즈공장에서 일어난 회심에 대한 이야기를 나누었을 때 훨씬 더 많은 긍정적인 답변을 들었다. 내가 그에게 하나님께서 나를 부르신 것을 느꼈다고 이야기하자 그는 매우 좋아하며 자신의 친구 목사에게 나를 소개시켜 주었다.

나는 다음에 무엇을 할지 몰랐다. 그러나 하나님께서 나를 부르셨다는 사실은 확실히 알았다. 그 부르심을 받아들이고 순종하는 것 외에 다른 선택을 할 수 있으리라고 믿지 않았다. 나는 그리스도를 받아들이는 것과 그 분이 나를 통해 하실 수 있는 것을 하시도록 내 삶 전체를 그 분께 드리는 것 사이에는 분리가 없다는 사실을 알았다. 그 때 당시 나의 작은 믿음과 순종이 나를 켄터키의 작은 마을에서 나를 이

끌어 사막과 낙타가 있는 소말리아로 올 줄은 전혀 몰랐다.

나는 켄터키대학의 장학금을 포기했다. 내가 꿈꾸는 유일한 관심사는 신학교에 가서 목사가 되기 위해 훈련을 받는 것이었다. 그 해 가을, 나는 집에서 차를 타고 한 시간 정도 되는 거리에 있는 조그만 신학교에 입학했다. 내 전공은 역사와 종교였다. 두 과목 모두 전에는 접해 보지 못한 과목이었다.

나는 한 번도 수영 레슨을 받지 못하고 수영장 깊은 곳에 던져진 느낌이었다. 치즈공장에서 하나님을 만나고 몇 주 후에 이 곳 신학교에 들어와 사람들에게 내가 목사가 되기 위해 준비했던 일을 말하고 있었던 것이다. 대학 캠퍼스에서 만나는 사람들마다 나보다 다 나은 사람들처럼 여겨졌다.

나는 새롭게 성경을 읽기로 결심했다. 그러자 성경에서 흥미로운 이야기들을 발견했는데 그들 중 대부분은 전에 들어 보지 못한 내용들이었다. 나는 성경이 그리스도인들이 믿는 모든 것의 기본이라는 사실을 알고 있었다. 그러나 성경에는 내가 이해하지 못하는 내용들도 많이 있었다. 성경을 읽고 이해했지만 종종 그것을 어떻게 내 삶에 적용시켜야 할지 알 수 없었다.

내 신학 이론은 내가 성경을 읽는 것보다 깊지 못했다. 다만 내가 진실로 아는 것은 성경이 하나님의 책이라는 사실과 내가 진실로 성경을 믿는다면 성경에서 말씀하시는 대로 행해야 한다는 것이었다.

마태복음을 28장까지 읽는 데에는 시간이 많이 걸리지 않았다. 거기에서 예수님은 제자들에게 세상에 나가서 복음을 전하고 제자를 삼으라는 마지막 명령의 말씀을 하신다. 그것을 읽었을 때 나는, **와우! 그건 정말 위대한 일 아닌가? 켄터키 밖으로 조금밖에 나오진 못했지만.**

그 말씀을 읽을수록 예수님께서 그를 따르는 모든 사람들에게 그 말씀을 하셨다는 사실이 분명해졌다. 그것은 제자 한 사람이나 몇몇 사람을 특별히 불러서 하신 말씀이 아니었다. 그것은 제자들 모두에게 그렇게 하기를 원하시는 예수님의 마지막 말씀이었다.

세상으로 가라.

그 말씀을 읽었을 때 나는 그 말씀이 하나님께서 내게 분명히 말씀하시는 것 같았다. 나는 가야만 한다는 사실을 깨달았다. 나는 그 분이 내가 가기를 원하신다는 사실도 깨달았다. 더 이상 선택의 여지도 없었다. 그 분이 나를 멈추실 때까지, 또는 멈추지 않으신다면 나는 가야만 했다. 나는 그런 일이 어떻게 가능한지 알지 못했다. 그러나 하나님의 말씀을 있는 그대로 받아들였다.

나는 완전히 어울리지 않는 자리에 있다고 느꼈다. 감사하게도 많은 교수님들과 학생들이 나와 친구가 되었다. 신입생 시절 4학년 학생들이 나를 데리고 이웃 주들에 있는 교회를 방문해서 젊은이들의 부흥을 이끌었다.

돌이켜보건대 그들은 내가 목사가 되기로 부르심을 받았다는 사실을 안 이후에 나를 격려하고 훈련시키려는 순수한 마음이 있었던 것 같다. 그러나 나는 그들의 팀에 나를 합류시킨 또 다른 이유가 있음을 곧 알게 되었다. 주말이나 주일 아침 예배 시간에 내가 젊은이들의 부흥에 대한 말씀을 할 때면 언제나 그 날 밤에 사람들이 "시골 소년"이 이야기하는 것을 듣기 위해 다시 왔다.

대체로 대학 1학년 때는 긍정적이었고 경험을 많이 했던 시기였다. 나는 기대했던 것보다 대학 생활을 즐겁게 했다. 아직도 배울 것이 많이 있는 것은 알았지만 편안한 마음으로 2학년이 되었다.

2학년 때 가장 기억에 남는 경험 중 하나는 실제적인 목회 현장을 보게 된 것이다. 부처 박사(Dr. Butcher)라는 사람이 캠퍼스를 방문했다. 그는 채플에서 30분 동안 강연을 하면서 태국에서의 목회 경험을 나누었다. 그는 좀 더 많은 젊은이들이 해외에 나가 하나님을 섬기라는 부르심에 응답해야 한다며 분명하면서도 강력한 강연을 했다. 나는 그에게 관심이 끌렸다. 예배가 끝난 후 나는 개인적으로 그를 만나려고 기다렸다가 그에게 물었다. "저에게 좀 더 자세히 말씀해 주시겠어요? 예수님에 대해서 사람들에게 말하기 위해 이 세상 어느 곳이든 갈 수 있으며 그 일을 할 수 있도록 지원을 받을 수 있다고 말씀하셨죠?"

그는 재미있다는 듯이 나를 보고 미소를 지으면서 고개를 끄덕였다. "지금까지 그와 같은 질문을 받아 본 적이 없네. 하지만 그게 바로 내가 이야기하는 점일세."

"제가 어디에 가서 등록을 할까요?" 나는 "세상으로 가라"는 명령을 이행할 어떤 방법이 있다는 사실을 알고 마음이 들떴다. 나는 그 때 즉시 떠날 준비가 되어 있었다.

그러나 떠나기 전에 배워야 할 것이 너무나 많았다. 2학년 가을에 나를 누구보다 많이 가르쳐 줄 수 있는 한 사람을 만났다. 그녀가 없었다면 나는 아마 아프리카에 절대로 오지 못했을 것이다.

5장

미소에 깨어지다

  내가 소말리아를 방문한 1992년 즈음 모가디슈는 어떻게든 살아남으려는 열두 개도 넘는 씨족들이 관련된 내전의 중심지였다. 두 개의 가장 큰 반란군 세력은 그 도시—궁극적으로는 그 나라—를 장악해서 통제하려고 도심에서 격렬하게 싸우고 있었다.

  내전의 결과는 그 나라의 농산물과 공급 채널을 황폐하게 만들었다. 소말리아의 파괴는 이미 운송수단과 통신과 공공의 기간 시설들을 부적합하고 원시적으로 만들었고, 정부의 규제나 통제를 모두 마비시켰으며, 은행과 사업과 산업이 존재하지 않는 경제를 만들었고, 더 이상 국가적인 통화(currency)가 인정되지도 받아들여지지도 않았다. 그것은 사회 전반에 걸친 붕괴였다.

  아프리카의 뿔에서 수년간 일한 에이전시를 포함하여 모든 서구 사람들이나 국제적인 그룹들은 사실상 1991년 말에 소말리아를 떠났다.

  아마도 백만여 명 가까이 추방된 사람들이 피난민들의 무리와 합쳐져서 소말리아 국경으로 홍수같이 밀려 들어와 케냐, 에티오피아, 지부티(Djibouti; 아프리카 동북부의 공화국)로 가거나 걸프 만을 건너 예멘으로 향했다(가장 운이 좋은 피난민만이 서유럽이나 북미로 탈출할 수단을 가지고 있었다). 그와 함께 믿을 수 없는 고통스럽고 무서운 이야기들이 떠돌았다.

첫 방문지였던 소말리아에서 나이로비로 돌아온 후 루스와 나는 소말리아의 다른 곳들도 방문하여 필수품이 무엇인지 알아볼 길을 찾기 위해 노력했다. 우리는 하르게이사를 파악하기 위해 사용했던 전략을 기본적으로 사용했다. 먼저 나이로비의 중심가를 다니면서 소말리아 사람처럼 보이는 사람들을 찾았다. 그 다음에 그들을 따라서 커피숍이나 시장으로 가서 대화를 나누면서 친분을 쌓고자 노력했다.

그들을 격려하고 그들의 이야기를 들으면서 마침내 소말리아에서 고통받고 있는 사람들에게 도움을 주려고 한다는 우리의 희망사항도 함께 나누었다. 몇몇 피난민 친구들은 우리를 신뢰해서 우리가 자신들의 고국에 들어갔을 때 도움을 주기를 원하는 같은 씨족인 친척들의 이름을 알려 주고 그들에 관한 이야기도 해 주었다.

몇몇 소말리아 사람들은 우리에게 서구 구호단체에서 일하는 사람들과 소말리아에서 강제 추방당한 많은 믿는 성도들에 대해서 언급을 했다. 그 사람들은 나이로비에 자리 잡은 소말리아 이민 사회나, 케냐와 소말리아 국경 근처나 남 에티오피아의 사막 지역에 흩어져 있는 수십 만의 소말리아 피난민들과 함께 일하고 있었다.

우리가 가장 믿을 수 있는 소식통들은 현재 모가디슈 주변을 중심으로 한 폭력 사태에 대하여 주의를 주었다. 그리고 그들은 작금의 내전이 끝나거나 또는 최소한 내전의 장소가 바뀔 때까지 모가디슈를 방문하는 것은 안전하지 않을 것이라고 말했다. 그러나 외부 세력의 개입

없이는 내전이 끝날 것 같지 않았다.

불행하게도 소말리아의 고통은 국제 사회로부터 거의 관심을 끌지 못했다. 마침내 유엔 사무총장이 전쟁을 치르는 씨족들에게 휴전을 요청하기에 이르렀다. 유엔의 개입이 실현되려면 상황이 개선될 가능성이 있어야 하고 필요한 물자들의 뒷받침도 이루어져야 했다.

유엔이 일시적인 휴전을 위한 중재자로 나서겠다고 했을 때, 루스와 나는 소말리아에 들어가서 모가디슈에 필요한 자원을 알아볼 수 있는 기회를 얻었다. 소말리아에서 나온 몇몇의 서구 사람들은 그들의 조직이 그 나라에 다시 세워지기를 바랐지만 그 곳은 돌아가기에는 너무 위험한 곳이라고 생각했다.

내전 기간 중 얼마나 많은 모가디슈 시민들이 살해당하고 얼마나 많은 사람들이 탈출했는지는 아무도 몰랐다. 게다가 극심한 가뭄 때문에 모가디슈는 다른 지역에서 온 피난민들로 넘쳐났다. 하르게이사에 있을 때와 같이 소말리아의 수도인 모가디슈에 있는 사람들도 가진 것이 아무것도 없어서 모든 것을 필요로 했다. 그러나 형편은 하르게이사보다 이곳이 더 절망적이었다.

씨족들이 "휴전"에 동의를 했음에도 불구하고 모가디슈를 점령하려는 전쟁은 계속되었다. 밤낮으로 총소리가 들렸는데, 많은 경우 무시해도 좋을 정도로 멀리에서 들렸고, 어떤 경우는 아주 가까이에서 들려왔다.

어느 날 나는 무장 군인에게 왜 싸우냐고 물었다. 그는 나를 흘끗 쳐다보더니 담배 연기를 내뿜으며 대답했다. "오늘은 목요일입니다. 금요일 날은 회교사원에 가서 기도하기 위해 쉽니다. 오늘이 목요일입니다. 우리는 목요일에 싸웁니다."

모가디슈에 도착한지 하루 이틀 되었을 때 내가 소개받은(그리고 너무 공개적으로 만나지 말라고 경고를 들은) 몇몇 소말리아 사람들이 내가 머물고 있는 유엔 공관으로 찾아왔다. 그들은 내 이름을 물었다. 나는 그들이 내가 그 곳에 머물고 있는 것을 어떻게 알았는지 전혀 알 수가 없었다. 그러나 나는 아프리카에 오래 살아서 성령의 놀라운 능력과 입으로 전하는 비밀 정보망의 효율성을 잘 알고 있었다.

나는 그들의 동료들로부터 부탁받은 인사를 전하고, 모가디슈에 가장 필요한 것이 무엇인지 조사하는데 있어서 내가 어떻게 다른 단체와 연관되어 있는지 설명해 주었다. 새로운 소말리아 친구들은 가치 있는 정보를 많이 알았고 그 날 이후에도 안내를 계속해 주었다. 그들은 소말리아가 당면한 위기—90%의 실직율과 85%에 이르는 기아와 심한 영양실조, 지난 6개월 동안 30만 명의 사람들이 기아로 죽었는데 이는 하루에 천육백여 명이 기아로 죽는 것이었다—에 대해 내가 들었던 내용들이 맞는다고 확인해 주었다.

그들은 나에게 도시 전부를 보여 주었다. 한때 보안이 철저하고 가장 부유한 동네였던 곳을 알려 주었고, 시골의 피난민들이 자리 잡은 애처로운 누더기 캠프도 보여 주었다. 그런 곳에서 피난민들은 임시변통으로 넝마와 판지로 둥글게 만든 집에서 살고 있었다. 하르게이사와 마찬가지로 나는 한때 정상적이고 일상적이었던 곳—학교와 병원과 가게 같은—을 보았다. 모가디슈에 남아 있는 삶은 "정상적"인 것과는 거리가 멀고 "미친" 것에 가까웠다. 그런 광기의 기미는 어느 곳에서나 볼 수 있었다.

살이 여윈 엄마들이 앙상한 손가락과 부러진 나뭇가지를 가지고 마른 땅을 파헤치고 있었다. 나는 그들이 무엇을 하고 있는지 몰랐다. 알고 보니 그들은 죽은 아이를 잘 묻으려고, 돌로 덮기에 충분한 깊고 작은 무덤들을 만들기 위해 딱딱한 땅을 파고 있는 것이었다.

　끊임없이 이동하는 전선("녹색 라인")은 두 명의 가장 힘 있는 군사령관을 따르는 사람들에 의해서 점령된 영토로 나누어졌다. 그들은 같은 혈통을 가졌음에도 불구하고 지금은 가장 적대적인 라이벌이 되었다.

　그 당시 모가디슈는 예수님을 알지 못했고 예수님이나 그의 말씀을 전혀 들어보지 못했던 구약시대의 세상을 생각나게 했다. 바알과 골리앗과 느부갓네살이 이 세상에 있는 것 같았다. 예수님은 마태복음 12장-"스스로 분쟁하는 나라마다 황폐하여질 것이요 스스로 분쟁하는 동네나 집마다 서지 못하리라"(마12:25)-에서 바리새인들에게 경고의 말씀을 하셨을 때 그분은 마음속으로 이런 종류의 세상을 이미 알고 계셨음에 틀림없다.

　또한 마태복음 12장 말씀에서 예수님은 소말리아에 대한 예언과 같은 유사한 말씀을 하셨다. "더러운 귀신이 사람에게서 나갔을 때에 물 없는 곳으로 다니며 쉬기를 구하되 쉴 곳을 얻지 못하고 이에 이르되 내가 나온 내 집으로 돌아가리라 하고 와 보니 그 집이 비고 청소되고 수리되었거늘 이에 가서 저보다 더 악한 귀신 일곱을 데리고 들어가서 거하니 그 사람의 나중 형편이 전보다 더욱 심하게 되느니라 이 악한 세대가 또한 이렇게 되리라"(마12:43-45).

나는 그 말씀이 모가디슈의 형편을 완벽하게 묘사한다고 느꼈다.

소말리아 안내인이 나를 데리고 현재 지도자들이 군사령부와 거주를 위해 점령한 곳(나중에 들으니 전에 살았던 가족들을 모두 학살했다고 한다)을 보여 주었을 때 그들의 악행의 극치를 보았다. 중무장한 군인들이 지키는 문을 지나 안으로 들어가니 군사령관과 그를 따르는 사람들이 자체적인 전기를 만들거나 위성 TV를 보면서 마치 왕들처럼 먹고 있었다.

밖에는 수백 명의 절망적인 아이들이 영양실조로 배가 부푼 상태로 군 사령부의 벽쪽에 모여 있었다. 아이들은 비록 매일은 아니지만 종종 일어나는 일을 고대하며 기다리고 있었다. 지도자들의 저녁식사를 위해 도살된 동물들의 잔해가 벽쪽으로 던져지면 굶주린 아이들이 메뚜기처럼 달려들어 피 묻은 동물 가죽은 씹기 위해서 그리고 덩어리들은 약간의 영양 가치를 위해서 찢고 뜯었다.

상황은 무시무시했다. 나는 "악마"라는 단어의 정의와 땅에 떨어진 인간성에 대해 다시 한 번 생각하지 않을 수 없었다.

나는 하늘을 바라보며 울었다. "하나님, 당신은 어디에 계십니까? 이곳에서 무슨 일이 일어나는지 알고 계십니까?"

과연 하나님은 어떤 분이시기에 이런 일이 벌어지는 것을 허용하시는 것일까?

나이로비로 안전하게 돌아와서 나는 루스에게 내가 본 것을 말해 주었다. 나는 또한 다른 구호단체들도 만났고 내가 본 것을 알려 줄 내 후원자들을 만났다는 말도 해 주었다. 나는 이메일과 편지들을 썼고 인터뷰를 했고, 소말리아에서 팽배해 가는 위기에 즉각적으로 대응할 것을 주장하는 기사들도 발표했다. 고통받는 사람들이 매일 수천 명씩 죽어가고 있었다. 누군가 **지금 당장** 그러한 광기에 대하여 무언가를 할 필요가 있었다.

　동의하지 않는 사람은 아무도 없었다. 그러나 내 말을 들은 사람들은 여건이 더 좋아지고 그 나라에 더 안전하게 접근할 수 있을 때까지는 할 수 있는 일이 거의 없다고 대답했다. 그러나 그들은 내가 무엇이든 할 수 있는 일을 위해서 가능한 한 자주 나를 소말리아에 보낼 수 있다는 사실을 기뻐했다. 그리고 나는 조건이 더 안정되어 좋은 기회가 왔음을 확인하기를 기대하면서 종종 소말리아를 방문했다.

　그 다음 여정은 수도에서 서쪽으로 30km 떨어진 아프고이에(Afgoie) 지역이었다. 세 번째 방문은 내가 의심했던 점들을 확인시켜 주었다: 소말리아 나라 전국이 절망적인 상황이었고 생명유지에 필요한 물품들을 필요로 한다는 것이었다. 그런 결론에 이르게 한 잊지 못할 경험을 했다.

　나는 수십 년 전 러시아 사람들이 아프고이에에 지었다는 병원에 대해서도 들었다. 말할 것 없이 그 도시도 내가 가기 전에 내전을 치렀다.

　전쟁 중 지붕 일부분이 없어졌고 외벽은 손상을 입었다. 병원에서 러시아에서 의학 공부를 하고 수년 째 아프고이에서 일하고 있다는 중년의 소말리아 의사를 만났다. 영어를 매우 잘하는 그녀는 나에게 최근 그 지역의 전쟁 중에 심하게 다친 사람들이나 화상을 입은 어린이들을 포함하여 수많은 어린 환자들을 살리기 위해 노력하고 있다고 말했다. 그녀는 전기도 없고, 수돗물도 없고, 전문적으로 훈련받은 직원들도 없는 병원에서 그 일을 하고 있었다.

나는 아프고이에 방문한 처음 시간들을 그녀의 "조수"로 일하며 그녀를 도왔다. 그 말은 그녀가 마취제도 없이 환자들의 부러진 뼈를 맞추고 상처들을 꿰맬 때 환자들이 움직이지 못하도록 내가 잡고 있었다는 뜻이다. 그녀와 함께 일하며 나는 병원에서 필요한 것이 무엇인지 파악하고 구호단체들이 어떻게 도울 수 있는지 알아보려고 왔다고 말했다.

"이 쪽으로 오세요. 우리 시설들을 보여 드릴게요"라고 그녀가 말했다.

우리가 들어간 첫 번째 방의 "침상" 중 여섯 개가 금속 틀과 스프링 외에는 아무것도 없이 놓여 있었다. 그 방에 있는 환자 중 한 명의 모습이 나를 겁나게 했다. 굶어 죽어가는 작은 아이가 움직임도 없이 깡마른 동상처럼 앉아 있었다. 그 아이는 우리가 병실에 들어갔다는 사실을 알지 못한다는 듯이 앞만 똑바로 보고 있었다. 그 아이가 너무 작고 야위어서 혼자 앉기에도 버거운 것처럼 보인다고 내가 말하자 의사는 나에게 충격적인 말을 해 주었다. "이 아이는 세 살이고 몸무게는 9kg입니다."

어린이들에 대한 내 사랑이 두려움을 이기게 했고 나는 의사가 병원이 필요로 하는 것들을 말하는 사이에 무의식적으로 병실을 가로질러 갔다. 내가 그 아이에게 가까이 다가갔을 때 그 아이는 미동도 하지 않고 앞만 쳐다보며 내가 나타난 것에 대해 어떤 반응도 보이지 않았다.

아이는 눈꺼풀을 들어 올릴 힘조차 없어 보였다. 의사의 말을 들으면서 나는 그 아이에게 가서 아무 생각 없이 그 아이의 볼을 쓰다듬어 주었다.

그 순간 아이의 작은 얼굴에서 환하게 피어나는 더 없이 행복해 보이는 미소를 보고 나는 깜짝 놀라서 주춤했다. 그 순간에, 그런 곳에서, 조화가 맞지 않는 그 아이의 반응이 너무 놀라워서 나는 하늘을 바라보며 소리 없이 울었다. **"도대체 저 미소는 어디에서부터 오는 것입니까?"** 나는 의사를 보려고 몸을 돌렸다. 그녀는 슬프게 미소 지으며 머리를 가로저었다. 그녀는 내가 그 병원의 비인간적인 여건에 감정이 흔들렸다고 생각했다.

그러나 **나는 그 어린 아이의 미소 때문에 깨진 것이었다.**

여정을 계속 이어나가기 위해 그 병실을 나오면서 나는 의사에게 다음에 방문할 때는 필요한 것들을 가져오겠다고 약속했다. 그렇게 필요한 것들이 많은 병원에 내가 어찌 응답하지 않을 수 있었을까?

그 날 오후 갔던 길을 되돌아오면서 나는 복도에 멈춰 서서 우리가 방문했던 첫 번째 병실을 들여다보았다. 그 어린 아이가 침대에 없는 것을 보고 나는 아이가 어디로 간 것인지 물었다. 그 의사는 유감스러운 표정으로 목소리를 낮춰 나에게 말했다. "불행히도 그 여자아이는 죽었어요."

그 곳에 없어서 그녀의 작은 몸이 실려 나가는 것을 보지 못해서 다행이었다. 나는 그 아이의 미소를 기억하는 것이 훨씬 더 좋았다.

그 후 몇 주 동안 나는 그 어린 여자아이에 대한 말을 많이 했다. 반응은 거의 같았다. 구호단체에서 도와줄 필요가 있다는 것을 확신했지만, 그들은 소말리아에서 일하기 전에 안전이 우선되어야 한다고 주장했다. 기독교 구호단체들의 거절은 나를 더욱 실망시켰다. 나는 내가 속해 있는 그룹을 비롯해서 비기독교 단체들은 소말리아 피난민들을 위해서, 또한 소말리아 자체를 위해서 계속해서 일하고 있는 것을 알고 있었다. 심지어 서구의 건설회사와 그 도급업체들도, 비록 돈을 벌기 위해서이긴 했지만 소말리아 현지에서 일하고 있었다. 그런데 기독교 단체들은 어디에 있는가?

많은 사람들이 돈을 벌기 위해서든 인도주의적인 입장에서든 기꺼이 죽기를 각오하며 소말리아에서 일을 하고 있는데, 많은 기독교 단체들은 세상으로 "가라"는 예수님의 명령에 순종하기 위해 안전해질 때까지 기다려야 한다고 주장하는 것은 어찌된 일인지 의아했다.

곧 분명하게 알게 된 사실은, 소말리아에 있는 모든 기독교 단체들과 그들을 위해서 일하는 소말리아 사람들은 이슬람 극단주의자들의 표적이 되고 그들의 분노를 살 위험이 있다는 것이었다. 그 사실을 알면서도 루스와 나는 소말리아에 들어가서 구호와 위생과 그 외에 발전적인 프로젝트를 하기 위하여 우리 자신의 NGO를 발족하였다. 우리의 목적은 전쟁으로 피폐해진 사람들을 잘 돌보고 그렇게 함으로써 예수님의 이름으로 "시원한 물 한 잔"을 주자는 것이었다.

많은 기독교 단체들은 우리의 목적에 박수를 쳤지만 실제적인 일에는 의문을 나타냈다. 우리를 사랑하는 많은 사람들이 "그건 너무 위험하다"고 말했다. 우리가 예수님께서 제자들에게 세상 모든 곳–"세계에서 **안전한 곳**"뿐 아니라–으로 가라고 명령하셨다는 말을 하면, 그들은 마지못해 동의하면서 우리가 할 수 있는 일의 가능성을 알아보라고 말했다.

그럼에도 불구하고 우리와 같은 마음을 가진 많은 사람들이 필요한 곳마다 **"시원한 물 한 잔"**을 가져다주라는 말씀에 순종하여 풋내기 같은 우리 구호단체로 모여 들었다. 우리는 이동건강센터를 갖추고 음식과 구호용품을 나누어 주기 위해 기부금을 받았다.

우리가 먼저 해야 할 일은 소말리아 직원–지역 내에서 평판이 좋고 말이 없으며 과거에 서구 구호단체에서 일한 경험이 있는–을 뽑는 일이었다. 첫 번째로 뽑은 직원 부부는 마침 소말리아 기독교인이었다: 소말리아 사람들 중 대부분은 이슬람교도들이었다. 그 때는 소말리아 7백만 인구 중에 기독교인으로 알려진 인구는 백여 명이 조금 넘었다. 소말리아에서 예수님을 믿는다는 것은 극심한 박해와 종종 죽음으로까지 이어지는 문을 열어 놓는 것이었다.

우리는 우리와 함께 일하는 소말리아 사람들은 모두 그들의 이웃들로부터 의심을 받는다는 사실을 금방 깨달았다. 소말리아 사람들의 관점에서 보면, 소말리아에서 일하는 서구 단체들은 누구나 "기독교 단체"로 받아들여졌다. 그런 까닭에 우리와 함께 일하는 소말리아 사람들은 그리스도인으로 의심을 받았다. 그러나 나는 그들의 종교와 관계없이 경험 많고 아는 사람이 많은 최고의 소말리아 사람들이 필요했다.

국제적인 소식통들과 소말리아 소식통들의 충고에 따라 우리는 소말리아의 대여섯 개의 주요 씨족으로부터 직원을 뽑았다. 그렇게 하는 것은 우리가 소말리아 어디에 가든 우리에게 충고를 해 주고, 문화적인 지식을 알려 줄 그 지역 사람들을 알게 되며, 우리가 일에 대해 구체적인 결정을 내릴 때 세상 물정에 밝은 사람을 만나게 될 것을 보장받는 것이었다.

전문적인 구호단체로서 우리는 가능한 한 가장 높은 도덕적 기준과 윤리적 기준을 가지고 일을 함으로써 경건한 증인이 되기를 바랐다. 예를 들어, 임대할 건물을 알아볼 때 우리는 문제가 없는 소유주와 계약하도록 했다. 한번은 내가 한 건물을 살펴보고 있는데 건물 안으로 들어가자마자 소말리아 직원이 내게 와서 속삭이듯이 말했다. "닉 선생님, 이 집은 계약하지 마세요. 이 집은 약탈한 집이에요. 이 집 사람들은 정말 나쁜 사람들이니까 아무 말씀도 하지 마시고 주위를 둘러보면서 흥미가 있는 척 좋은 표정을 지으세요. 우리가 너무 빨리 떠나면 그들을 화나게 할 수 있어요." 집 구경을 할 때 자동 무기를 지닌 집주인이 문을 열어 주는 것은 부동산 거래에 새로운 풍경이 되었다.

우리는 차량을 확보할 때도 비슷한 윤리적 문제에 직면했다. 만연한 무장 강탈과 함께 차량을 등록하거나 면허를 내 주는 공식적인 시스템이 없어서 차의 연식을 알 수 있는 믿을 만한 방법이 없었다. 옛 속담에 "가진 사람이 임자"라는 말이 소유의 기준이 되었다.

모가디슈에서 그리스도를 닮은 윤리적인 사업을 시작하려고 했을 때 직면했던 어려움에도 불구하고 우리의 초보적인 조직은 곧 일을 하기 시작했다. 우리는 먼저 충분한 기초 의료 용품을 가지고 일차 건강 검진을 해 주는 이동건강센터를 차리기 위해 몇몇 간호사들과 함께 마을들로 갔다. 소말리아에서 필요로 하는 많은 것들에 비해 슬프게도 우리의 자원은 너무 제한되어 있어서 더 많은 도움을 필요로 했다. 우리는 또한 유엔이 약속한 구호의 도움을 기다릴 수 없는, 수십만의 굶주리고 영양실조인 사람들이 있음을 알았다. 우리를 필요로 하는 사람들이 있었기 때문에 우리가 할 수 있는 모든 일을 가능한 한 빨리 처리했다.

휴전 협상이 있고 난 후, 얼마 안 되어 유엔은 소말리아의 상황을 알아보기 위해 수십 명의 국제평화유지군들을 보내기로 의결했다. 그러나 소말리아의 다른 곳은 물론이고 모가디슈를 둘러보기에도 충분한 숫자가 아니었다.

몇 주가 지난 후, 유엔에서 소말리아에 파견할 평화유지군들의 수를 늘리는 표결을 했을 때 우리는 좀 더 희망을 가질 수 있었다. 유엔은 대량의 식량과 의약품과 그 외의 다른 구호품들을 소말리아에 보낼 것이라고 발표했다. 또한 수백 명의 유엔연합군들을 공급품들과 함께 파견할 것이며, 유엔에 속한 국가들의 시민들을 보호함과 동시에 국제적인 구호 사업을 하기 위해 그들과 동역하는 모든 구호단체도 보호할 것이라고 발표했다.

1992년 8월 유엔의 주요 구호활동이 시작되었을 무렵, 우리는 몇 달 동안 소말리아에 있으면서 십여 개 또는 그 이상의 단체들과 공조하면서 우리 자신의 구호와 발전 프로젝트를 구축하고 있었다. 우리는

모가디슈와 그 외 여러 곳에 지부를 두고 있었고 우리 자체적인 프로
그램을 가동하고 있었기 때문에 유엔 관리들은 우리를 협력 단체로 인
정했다.

그 때 우리는 구호품들을 공급하기 위해 수만 달러를 가지고 일하고
있었다. 그런데 갑자기 수백만 달러에 해당하는 국제적인 원조 물품을
소말리아 사람들에게 전달해 달라는 요청을 받았다.

서로 라이벌인 씨족들은 유엔이 모가디슈 공항과 인도양 항구에 안
전하게 들어오는 것을 승인하는 데 동의했다. 그러나 곧 그 동의가 연
극임이 드러났다. 구호품들은 소말리아에 들어온 즉시 도난을 당했
다—그리고 대부분의 물품들은 도움을 주려고 했던 사람들을 전혀 돕
지 못했다. 사실 구호품의 80% 이상이 도난을 당했다.

나는 사람들이 어떻게 그렇게 무감각한지 의아했다. 내가 실망감을
표현했을 때 미국인 직원 중 한 사람이 자신이 평생 들어온 소말리아
속담에 대해 말해 주었다. 슬프게도 그것은 많은 뜻을 포함하고 있다.

나와 소말리아는 세상을 등지고 있다오;

나와 내 씨족은 소말리아를 등지고 있다오;

그리고 나와 내 가족은 내 씨족을 등지고 있다오;

나와 내 형제들은 내 가족을 등지고 있다오;

그리고 나는 내 가족을 등지고 있다오.

그것은 끔찍한 말이다. 그러나 그 속담은 악마의 얼굴의 이면에 있
는 실체를 어렴풋이 보여 주었다. 그것은 아마도 악마의 광기를 실제
적으로 설명해 주는 악마의 가치관에 대한 암시일 것이다.

6장

하나님의 선물: 루스

나는 내게 가장 중요한—내 세계관에 가장 큰 영향을 미친—선생님을 대학 2학년 초 오리엔테이션에서 처음 만났다. 그 때 나는 기독교학생연합(Christian Student Union)에 새로운 학생들을 가입시키기 위해 노력하고 있었다. 한 매력적인 여학생이 왔을 때 나는 이미 신입생을 맞을 준비를 다 마치고 있었다. 나는 루스(그녀의 이름표에 그렇게 적혀 있었다)에게 대학에 들어온 것을 환영하며 기독교학생연합에 들어오라고 초청했다.

루스는 나를 잠깐 쳐다보고 엷은 미소를 지으면서 예의 바르게 대답했다. "우리 아버지가 목사님이셔서 저는 대학에서 많은 기독교 단체 활동을 하게 될 것 같아요." 그 말을 남기고 돌아서 나갔다.

나는 이미 그녀에게 마음을 빼앗겼다. 그녀가 가는 것을 보면서 나는 내 친구들에게 "나는 언젠가 저 여학생과 결혼할 거야"라고 말했다.

그 당시 나는 관계를 맺는 법에 대해 잘 몰랐다는 표현이 맞을 것 같다. 나는 "서로 반대되는 사람들이 끌린다"는 말은 들었다. 만약 그 말이 맞는다면 루스와 나는 하늘에서 맺어준 짝이었다. 나는 처음부터 우리가 완전히 반대되는 성향의 사람들임을 깨달았다. 그것이 내가 그녀에게 반한 주요 요인이었다.

우리는 둘 다 PKs였다. 그녀는 목사님의 딸(Preacher Kid)이었고, 나는 신앙심이 없는 집안의 아들(Pagan Kid)이었다.

그녀는 다양한 환경 속에서 자랐고, 나는 전 생애를 작은 시골 마을에서 자랐다.

그녀는 미국의 많은 주를 방문해지만, 나는 열여덟 살 때까지 켄터키를 떠난 적이 없었다.

루스는 모든 상황에 잘 어울리는 것처럼 보였고, 나는 둥근 구멍에 네모난 나무못을 박을 수 없다는 속담처럼 상황에 잘 어울리지 못한다고 느낄 때가 많았다.

그녀는 세련된 도시 소녀로 나를 매료시켰다. 나는 그에 비하면 시골 청년에 불과했다.

루스는 문법과 언어에 통달하여 그녀의 목소리는 내게 매우 우아하게 들렸다. 전 세계에 있는 영어선생님들은 내가 입을 열 때마다 너무 놀라서 움찔할 것이다.

그녀는 완벽했고, 나는 고칠 것이 너무 많았다.

그녀는 자신이 기억하는 한 오랫동안 예수님을 알았고 사랑하며 따랐다. 그녀는 매일 성경책을 읽었고 지금까지 살아오면서 규칙적으로 영적 개념과 성경적 개념을 토의했다. 그녀는 기회가 있을 때마다 많은 교회 활동에 관여하고 있었다. 나는 대학에 들어오기 몇 주 전 치즈공장 뒤쪽에서 처음으로 하나님을 만날 때까지 진실되고 개인적인 믿음이 없었다.

루스는 개인적으로 많은 선교사들을 알고 있었다. 그들은 그녀의 교회에서 말씀을 전하고 그녀의 집을 방문했다. 나는 루스를 만나기 몇 주 전에 처음으로 선교사를 만났다.

루스는 초등학교 시절에 이미 선교 현장으로 부르시는 부르심에 응답하여 강단 앞으로 나갔다. 그녀는 6학년 때 아프리카에 관한 글을 썼다. 그 때 그녀는 하나님께서 자신이 그 곳으로 가기를 원하신다는 사실을 알았다. 나는 대학에 들어오고 나서 마태복음을 읽으면서 예수님의 지상명령에 대해 들었고 그 말씀이 내게 무슨 의미가 있는지 알아보려고 노력하는 중이었다.

루스는 나에게 완벽하게 보였다. 그러나 나는 그렇지 못했다.

두 사람은 완전히 반대인가? 그렇다.

서로 잘 어울리는가? 확신할 수 없다.

나는 처음부터 루스에게 반했지만 어떻게 하면 사랑스럽고 경건한 교제를 할 수 있을지 몰랐다. 얼마 지나지 않아 나는 내가 그녀를 깊이 사랑한다는 사실을 깨달았다. 그러나 그것이 내가 그녀와 어떻게 지내야 할지를 알았다는 의미는 아니었다. 나는 그녀가 내 남은 생애를 함께 보낼 여자라는 사실은 알았지만 내가 원하는 결혼에 대한 비전은 가질 수 없었다.

여섯 아들의 교제에 대해서 충고 한 마디 없으셨던 아버지가 루스를 처음 보시고 나서 나에게 "그녀를 지키지 못하면 집에 돌아오지 마라"고 말씀하셨다.

그 때 아버지의 말씀을 들었어야 했는데 나는 그러지 못했다.

루스와의 교제는 불안정했다. 그것은 내 책임이었다. 그 중 한 가지 문제는 내가 성공적인 결혼 생활을 본 적이 없다는 것이었다. 본받을 예나 모델이 없었다. 루스와 나는 3년 동안 만나고 헤어지기를 반복했다. 루스는 인내심이 있었고 나를 용서해 주었다. 나는 매우 혼란스러웠다.

대학 졸업식이 가까워지자 모든 일들이 불안정했다. 졸업 후 나는 가을에 다른 신학교에 입학할 때까지 대학에 남아 일하기를 원했다. 루스는 훨씬 더 흥이 난 여름 계획을 세우고 있었다-그녀는 잠비아(Zambia)로 단기 선교 여행을 가서 여름을 보낼 예정이었다.

그녀가 선교 여행에 필요한 짐을 싸기 위해 집으로 가던 날, 캠퍼스 건너편에 있는 그녀를 발견했을 때 나는 잔디 깎는 기계에 앉아 잔디를 깎고 있었다. 내가 손을 흔들자 그녀는 인사를 하려고 내게로 왔다.

지금 와서 생각하면 부끄럽지만 나는 그녀와 이야기하기 위해 잔디 깎는 기계에서 내려오는 것도 귀찮았다. 그녀가 오랫동안 꿈꾸었던 선교 여행을 가려는 것도 알았고, 그녀가 돌아올 때쯤이면 나는 다른 신학교에 가 있을 것을 알고 있었기 때문에, 잔디 깎는 기계를 끄지도 않고 나는 "여름에 좋은 시간 보내"라고 내가 할 수 있는 말의 전부를 그녀에게 했다.

그녀도 나에게 같은 말을 하고 성의 없이 손을 흔들고 가 버렸다. 그때 당시 내 마음 깊은 곳에서는 루스와 미래를 함께하지 않으리라 생각했다. 삼 년 전에 이미 그녀에게 반했지만 나는 여전히 어떻게 건전한 교제를 이어 갈지 알 수가 없었다. 그리고 이제 그녀는 자신의 인생의 꿈을 따라 저만큼 가고 있었다. 나는 그녀의 감정을 알아보거나 물어보려는 시도조차 하지 않았다. 나도 또한 내 자신의 감정에 대해서도 잘 알지 못했다.

잔디 깎는 기계에 앉아서 그녀가 걸어가는 것을 보면서 내 마음 속 한편에서는 내가 무슨 일을 했는지 깨달았다. 나는 결단코 그럴 의도가 아니었다. 누군가 나에게 물었다면 그것은 내가 결코 하지 말았어야 할 일이라고 진심으로 말했을 것이다. 그런데 어쨌든 나는 루스에게 그렇게 했고 루스의 마음에 상처를 남겨 주었다.

사람의 빈자리는 더 좋아하는 마음을 갖게 할 뿐 아니라 더 현명하게 하는 것 같다. 나는 그 해 여름에 마침내 나를 더 성숙하게 만든 폭넓은 감정적인 성장을 했던 것 같다. 캠퍼스에 남아 마음에도 없는 일을 하고 지내면서 나는 지난 4년간 내게 일어났던 모든 일들을 되새겨 보는 시간을 가졌다. 이유야 어떠하든지 외로웠던 여름이 끝나갈 무렵, 나는 안녕이라는 말도 제대로 못했던 마지막 날 뿐 아니라, 그 동안 루스를 대하는 데 있어서 큰 실수를 했다는 사실을 깨달았다. 파란만장한 3년간의 교제 끝에, 나는 그런 교제가 갑자기 끝났다는 사실에 놀랐다.

나는 루스와의 관계를 다시 바로잡고 싶었다. 그런데 어떻게 해야 할까?

나는 자존심 따위는 접어 두고 사과하는 것부터 시작해야겠다고 결심했다. 루스가 아프리카에서 돌아온 지 얼마 되지 않아 용기를 내서 그녀에게 전화를 걸었다. 그러나 그녀의 첫 마디는 너무나 냉랭하여 나는 당황했다. 나는 재빨리 인사를 나누고 여름에 있었던 일들에 대해 짧은 대화를 나누었다. 나는 그녀가 선교여행을 가기 전에 무덤덤하고 무례한 인사를 나눈 것에 대해, 우리 관계를 지속적으로 유지하지 못한 것에 대해, 그 외 등등에 대해서 그녀에게 사과했다.

루스는 내가 말한 것에 대해 아무런 대답도 하지 않았다. 그녀는 그저 나의 사과를 듣기만 했다. 그러나 나는 그녀가 아무 말이 없는 것으로부터 분명한 메시지를 전달받았다. 우리의 대화는 "전화해 줘서 고마워요, 닉. 안녕!"이라는 그녀의 냉랭한 말로 끝이 났다. 그리고 그녀는 전화를 끊었다.

나는 짓구겨졌다. 그러나 그녀를 다시 돌아오게 할 수 있다면 무엇이든 할 것이다. 그런데 어떻게 해야 하나?

일주일 후에 다시 루스에게 전화를 걸어 말했다. "내가 지금 사역하고 있는 작은 교회에서 특별히 선교 사역 강조 주간을 갖게 되었어. 그래서 네가 우리 교회에 와서 여름에 잠비아에 갔다 온 사역에 대해 성도들과 나누었으면 해. 잠비아에서 네가 만났던 사람들, 네가 보게 된 필요한 것들, 네가 본 주님이 역사하시는 방법 등 네가 나누고 싶은 모든 것들 말이야. 내년에 선교 여행을 갈 학생들에게 큰 도움을 줄 거 같아."

해외 선교에 부름을 받아 처음으로 해외 선교를 다녀 온 사람이 그에 대한 이야기를 할 기회를 어떻게 거절할 수 있을까? 루스는 나의 제안을 거절하지 않았다. 그녀가 허락할 때 들뜬 기색을 감지하지는 못했지만 나는 그녀에게 데이트를 제안한 것이고 그 주일날 아침에 태우러 가겠다고 말했다. 그녀는 자신이 직접 차를 운전해서 가겠다고 말했다. 나는 그녀에게 그것이 "나를 귀찮게 하는 일"이 아니며 이정표도 없는 시골길에서 교회를 찾기는 어려울 것이라고 말했다.

"선교 주일"에 루스가 내 차에 탔을 때, 그녀는 나만큼 기뻐하지는 않았다. 내가 잠비아 여행에 대해 물었을 때 그녀는 간결하게 대답했다. 가을 학기에 대해 물었을 때도 그녀는 많은 대답을 하지 않았다. 내가 거의 말을 했고 그녀는 아무 말 없이 내 말을 듣고 있었다. 우리 사이에는 내가 전에 느끼지 못했던 차가운 장벽이 있었다.

　그날 아침에 그녀가 아프리카 단기선교에 대한 간증을 전했을 때 성도들은 큰 감명을 받았다. 나 역시도 그녀가 꽤 잘했다고 생각했다. 그러나 그녀는 예배가 끝난 후에도 내게 냉랭했다. 학교로 돌아오는 길에는 긴장감이 어느 정도 줄어들었다. 그녀를 기숙사에 내려 줄 때쯤 해서 나는 내가 최소한 기회를 얻었음을 느꼈다. 루스가 마음문을 열었고, 우리는 다시 한 번 교제를 할 수 있게 되었다.

　우리 관계는 이번에는 달라 보였다. 대부분은 내가 달라졌다. 나는 내가 진지한 약속을 할 준비가 되어 있다고 느꼈다. 루스의 많은 친구들은 나에게 기회를 주지 말라고 그녀에게 충고했다. 그러나 루스는 이번에는 어느 정도 나의 약속을 믿었다. 그 해 말에 내가 그녀에게 청혼을 했을 때 그녀는 기꺼이 받아들였다.

　우리가 그녀의 부모님을 찾아 뵈었을 때, 그녀의 아버지는 나에게 아무것도 묻지 않으시고 루스를 돌아보시며 물으셨다. "선교에 대한 부르심은 어떻게 되는 거니? 아프리카에 대한 부르심은 어떻게 되는 거니?" 루스는 미소를 지으면서 대답하며 그녀의 아버지를 안심시켰다. "닉도 항상 해외 선교를 원했어요. 우리는 함께 그 일을 할 거예요."

그것이 그녀의 아버지가 듣고 싶었던 모든 것이었다. "만약 너희들이 주님께 순종하면 너희들은 축복을 받을 거야"라고 그가 우리 둘에게 말씀하셨다.

우리는 그 다음해 여름에 루스의 고향 교회에서 결혼식을 올렸다. 나는 결혼에 대한 기대로 마음이 떨렸다. 루스도 자기 역시 그렇다고 대답했지만 결혼식에 입장하면서 너무 울어서 그녀의 아버지는 그녀를 진정시키느라 결혼식을 몇 분 지연시켰다. 아름다운 결혼식이었고 놀라운 저녁이었다.

결혼식 후, 어머니를 보니 어머니도 울고 계셨다. 어머니는 우리를 안아 주시면서 "어떤 일이 있어도 내가 너희 두 사람을 사랑한다는 사실을 꼭 기억해라"라고 말씀하셨다.

어머니가 밖으로 나가시자 루스가 당황스런 표정으로 나에게 물었다. "어머니가 하신 말씀이 무슨 뜻이지?"

"글쎄, 나도 잘 모르겠는데….."라고 대답을 한 후 내 머릿속에 직관적으로 섬광처럼 지나가는 생각이 있었다. "내 생각에는 어머니가 아버지를 떠날 것 같아."

목사인 그녀의 아버지가 우리의 결혼식을 집례하셨다. 루스는 내가 자란 세상을 전혀 경험하지 못했다. 결혼식에 온 하객들이 새로 결혼한 신혼부부를 보려고 교회 밖에 모여 있을 때 어머니가 사람들 사이에서 나와 떠나셨다는 사실을 나중에야 알았다. 어머니는 그 후 집으로 돌아오지 않으셨다.

우리 부모님의 결혼 생활은 내 결혼 생활이 시작되는 날 끝이 났다. 돌아보건대 루스를 가장 당황시킨 것은 내가 그 소식을 쉽게 받아들였다는 것이다. 아마도 그런 점이 내가 믿음의 기초를 터득하기에 어려움을 겪는 것처럼, 관계의 기초를 터득하기에 어려움을 겪는 점을 설명할 수 있을 것이다.

7장

"우리 아기를 데려가 주세요!"

20년이 지난 후, 루스와 나는 소말리아에서 엄청난 필요에 직면하고 있었다. 우리는 사람들이 우리의 작은 팀에 합류하면서 여러 나라에서 보내 준 구호품을 나눠 주고 구호가 필요한 새로운 지역을 알아보았다. 점점 커지는 우리 팀의 핵심 멤버 중 한 사람은 J.B.라고 불리는 청년이었다. 그와 나는 소말리아 남부 중심 지역을 정탐하기로 하였다. 그 지역은 여러 해 동안 외부방문객을 본 적이 없는 지역이었다.

우리가 갔던 지역은 버려진 유령 도시처럼 보였다. 사람이 살지 않는 것처럼 보이는 집과 어두운 유리창, 그리고 먼지바람이 빈 거리에 불고 있었다. 그러나 우리가 나타나자마자 사람들이 집과 가게에서 떼지어 쏟아져 나왔다. 수백 명의 깡마른 마을 사람들이 거리를 가득 채웠다.

사이렌 소리와 격앙된 목소리에 놀라서 나는 주변을 둘러보았다. 놀랍게도 우리가 고용한 안전요원들이 소말리아 언어로 욕을 하면서 우리가 주는 식량을 받기 위해서 트럭 옆으로 몰려드는 사람들을 막으려고 그들을 향하여 소총을 휘두르고 있는 것이 보였다.

나는 처음에는 본능적으로 우리가 도우려고 온 사람들을 향한 안전요원들의 폭력적인 대응에 항의를 했다. 그러나 안전요원들에 대한 나의 실망은 곧 놀람으로 바뀌었다. 우리를 둘러싸고 있는 사람들은 우리의 공급품을 받으러 온 것이 아니라 사실은 그들이 가진 것 중에 가장 귀한 것을 주기 위해 왔다는 사실을 깨달았기 때문이었다.

한 여인은 우리가 탄 차를 따라 달리며 미친 듯이 울부짖으며 애원했다. "우리 아기를 데려가세요! 다른 아이들은 다 죽었어요. 제발 이 아이는 살려 주세요!" 나는 울부짖으며 간청하는 한 어머니의 심정을 이해할 정도로 이제 소말리아를 잘 알게 되었다. 그녀는 우리 차의 열려진 창문으로 아기를 집어넣으려고 애썼다.

내가 충격에 빠져 앉아 있을 때, 운전기사가 창문을 닫아서 다른 엄마들이 내 무릎에 굶어 죽어가는 아이를 떨어뜨리지 못하게 했다.

운전기사가 군중들 사이로 운전을 해 나갔다. 우리는 마을 사람들이 차에 치이지 않도록 조심했다. 마을에서 몇 마일 떨어졌을 때, 우리는 차를 멈추고 그동안 있었던 일에 대해 짧게 보고를 들었다.

한편으로 우리는 우리가 가지고 있는 식량과 연료 때문에 죽을 뻔했고, 또 한편으로는 그 어머니들의 절망에 마음이 압도되었다. 만약 내 가족이 그렇게 굶고 있다면 나는 무엇을 할 수 있을지 생각해 보았다. 내 아들이 살 수 있는 유일한 방법이라면 나도 그렇게 내 아들을 다른 사람에게 줄 수 있을까? 그 질문이 내 머릿속에서 떠나지 않았다.

다음 마을에 들어갔을 때, 우리는 준비가 더 되어 있었다. 그 때부터 우리는 해가 진 후에만 마을에 들어갔다. 어둠 속에서 버려진 건물을 발견하고 그 곳에 캠프를 세웠다. 다음날 일찍 차를 위장하여 숨겨놓은 뒤에 운전기사와 경호원들을 남겨 두고, 우리 중 몇 명만 사람들이 바쁘게 모이는 마을 중심가로 걸어서 갔다. 거기에서 우리는 식량이나 차량 때문에 방해받지 않고, 그 지역에서 최근에 일어난 일에 대해 대화를 나누며 가장 필요로 하는 것이 무엇인지 물어보았다. 그 곳에서 필요한 정보를 알아낸 뒤에 우리는 몇몇 아이들의 주의만을 끌면서 차량이 있는 곳으로 되돌아왔다.

둘러보기를 더하면 할수록 마음만 더 아플 뿐이었다. 어떤 마을은 완전히 비어 있었다. 마을의 전 인구가 살기 위해 고향을 버리고 떠났던 것이다. J.B.와 나는 죽은 사람들의 뼈들과 부패한 시체들이 길 옆에 즐비하게 늘어선 마을을 발견하기도 했다. 나는 무슬림 직원에게 양해를 구하고 죽은 사람들을 존중하여, 간단하지만 종교적으로는 필수적인 적절한 절차를 거쳐 우리가 처음 본 몇몇 시체들을 묻을 무덤을 마련해 달라고 부탁했다. 그런데 마을에 들어서자 더 많은 시체들이 거기에 있었다. 우리는 그 사람들을 모두 묻을 시간이나 에너지가 없었다.

J.B.가 모랫바닥에 무릎을 꿇고 앉아 총검으로 조그만 구덩이를 파고 난 후 뼈만 남은 시체를 누더기에 싸서 그 구덩이에 넣고 모래와 돌들로 덮은 다음에 모자를 벗고 그 남자의 무덤 앞에서 기도했던 모습을 지금도 생생히 기억난다. 무슬림 경호원들은 미국에서 온 한 백인

남자가 죽은 사람을 존중하며 기도하는 모습을 보았다. 그것은 인상 깊은 장면이었다. 아마 그것은 또한 종교를 초월하는 증거였다.

으스스하게 조용하고 빈집들이 모여 있는 곳으로 갔을 때, 우리는 그 곳에서 무슨 일이 있었는지 깨닫기 시작했다. 우리가 오는 길에 발견해서 길가에 묻어 준 사람들은 분명히 그 마을의 남자들—누군가의 남편들이고, 아버지들이며, 형제들—로 자신들은 여전히 강하나 너무나 절망적이어서 죽어가는 가족들과 이웃들을 위해서 도움 받을 길을 찾아 나선 사람들이었다. 그러나 그들 중 대부분이 그리 멀리 가지 못했다.

그들이 남기고 온 사랑하는 사람들은 더 좋아지지 않았고, 아마도 더 오래 살지도 못했을 것이다. 마을 주변에 푸르게 우거진 수풀들은 열대 천국이라는 기만적인 느낌을 주었다. 새들은 노래하고 꽃들도 피어 있었다. 그러나 풀로 지붕을 덮고 나무 막대들을 엮어 만든 전형적인 아프리카의 오두막집들의 침묵은 또 다른 이야기를 하고 있었다. 거친 구조물들은 세월의 흐름을 보여 주었고 버려진 것은 몇 년은 아니더라도 몇 달쯤 전이었던 것 같다.

오두막집들의 안은 훨씬 더 참혹했다. 한때는 한 가족의 가정이었던 곳들이 이제는 봉인되지 않은 무덤들로 되어 버렸다.

한 오두막집 안에서 우리는 내 아들 나이쯤 되는 두 여자아이들의 시체를 발견했다. 한 아이는 침대에 누워 있었는데 그녀의 손은 헝클어진 머리를 빗질이라도 할 양으로 머리빗을 쥐고 있었다. 그것은 마치 그녀가 가장 좋은 모습을 보이며 죽기를 바랐던 것 같았다. 그녀의 동생은 솥에 있는 푸른 풀 같은 것을 저으려고 사용했던 오래된 스푼을 손에 쥔 채 깡마른 할머니 옆 바닥에 쓰러져 있었다.

그렇게 슬픈 장면-죽음에 대한 초현실적인 그림 같은-은 그들이 그들의 삶을 살던 곳과 함께 죽음을 기다렸을 곳에서 매일 허드렛일을 하던 모습처럼 보였다.

그런 장면을 접하자 아무런 할 말이 없었다. 소말리아 직원 중 한 사람이 우리 차로 돌아와 한숨을 깊이 쉬면서 냉정하게 자신이 관찰한 것을 말했다. "닉 박사님, **사람들은 소말리아를 제3세계의 나라라고 말하지만 이제 우리는 세상이 생기기 전 나라라고 합니다.**" 그의 목소리에 담긴 감정적인 고뇌는 마음을 매우 고통스럽게 했다.

우리의 원정은 이 마을 저 마을로 계속 이어졌다-많은 마을들이 완전히 버려졌거나 또는 죽은 사람들만으로 채워져 있었다. 우리가 찾은 살아 있는 사람들 대부분은 살아 있다고 보기가 어려웠다. 그들의 눈에 가득한 공허함은 그들이 모든 희망을 잃어버렸다는 것을 말해 주고 있었다.

한 마을은 자녀들이 모두 아프거나 죽은 슬픔에 찬 부모들로 가득했다. 우리는 그들의 슬픔과 고통을 위로해 주는 것 외에 할 수 있는 것이 없었다. 며칠 후, 우리는 아이들을 살리기 위해 마지막 남은 음식을 아이들에게 주고 모든 어른들이 기아로 죽은 한 마을을 발견했다. 우리는 두 번째 마을의 고아들을 첫 번째 마을로 옮기고 거기에서 즉시 재형성된 가족이 그들에게 위로가 되기를 기도했다.

정탐 2주차가 되었을 때, 우리는 더 많은 마을들을 찾을 수 있으리라는 희망을 가지고 있었다. 그러나 그 지역 사람들은 앞으로 지나가야 할 길이 지뢰밭으로 연결되어 있다고 경고했다. 남쪽이든 서쪽이든 더 나아갈 안전한 길은 길에서 멀리 떨어져 강바닥을 따라 운전하는 것이라고 말했다. 그러나 계절적으로 "우기"인 까닭에 그 역시 위험한 제안이었다.

그 시점에서 우리는 남부 소말리아에 대한 좀 더 광범위한 조사를 마무리하려던 우리의 계획을 포기했다. 우리는 공급품 대부분을 세상에서 배척당한 사람들에게 주고 키스마요(Kismayo) 해안 도시로 향했다. 거기에서 우리는 한 여성구호요원을 알게 되었는데 그녀는 우리가 모가디슈로 돌아올 때 큰 도움을 주었다. 모가디슈에서 우리는 나이로비로 돌아왔고 나이로비에서 국제적인 구호단체 대표들과 함께 우리의 마음을 비통하게 했던 마을들에 대한 정보를 나누었다.

내가 지도를 보며 우리가 어디에 갔었고, 어떤 마을들이 버려졌고, 어느 마을에 생존자들이 있었고, 어느 마을에서 사람들이 기아로 죽어가고 있는지 말했을 때, 국제연합에서는 그 정보에 고마워했다. 그들은 4년 전인 1988년 내전이 시작된 이래, 그런 마을들을 찾아갔던 우리의 탐험이 국외자로서는 처음이었다고 말했다.

그 모임에서 가장 낙담되었던 사실은 위험한 상황과 모가디슈에서 떨어진 지역이기 때문에 우리가 조사한 지역에는 공급품 분배처를 설치할 방법이 없다고 너무 빠르게 결론을 내린 점이었다. 그러나 그 모임에 있던 사람들은 비행기를 천천히 낮게 날게 해서 식량을 담은 가방과 기본적인 의약품들을 가장 절망적인 지역 가까이 공터에 떨어뜨려 주기로 동의했다.

나는 우리가 더 많은 일을 할 수 없다는 점에 대해 실망했다. 그러나 우리의 노력이 최소한 좋은 일이라는 점에 힘을 얻었다. 그리고 그 힘은 … 첫 번째 공중 낙하에 대해 들었을 때까지만 계속되었다.

분명히 좋은 의도를 가진 구호요원들이 한 마을에 공중 낙하하는 날짜와 시간을 알려 주는 실수를 했다. 나는 사람들이 떼로 몰려와 우리의 트럭을 감싸는 것을 봤기 때문에, 비행기의 엔진 소리가 가까워질 때 땅에서는 어떤 장면이 연출될지 상상할 수 있었다. 내가 상상할 수 없었던 것은 그 다음에 일어난 비극이었다. 비행기가 30m 상공을 날면서 비행기 뒤쪽으로 밀과 쌀과 옥수수가 든 커다란 가방을 들판을 향해 떨어뜨려 주었을 때 마을에서 쏟아져 나온 수많은 사람들이 흥분해서 서로 먼저 그것을 잡으려고 뛰어들었다. 그들의 희망이 한 순간에 처참하게 부서지면서 아비규환으로 변해 버렸다. 수십 명이 다쳤고 몇몇 사람들은 그들의 삶을 구해 주기 위해 공중에서 떨어뜨린 구호품을 받으려다가 맞아 죽었다.

절망감에 차서 나는 다시 한 번 울었다. **소말리아 같은 곳에서 어느 누가 상황을 더 낫게 할 수 있을까? 단 한 번 깊이 생각하지 못한 실수가 비극으로 치달았다! 우리는 여기에서 무엇을 하고 있는 것일까?**

때로 문제는 좋은 뜻을 가진 사람들의 단순한 순수함이 아니다. 문제는 가장 좋은 의도를 말로 다할 수 없는 비극으로 왜곡시키는 악마이다.

어느 날 아침, 우리 팀은 작고 초라하고 전쟁으로 약탈당한 한 마을에 트럭 한 대분의 식량과 기본적인 의료품을 전달했다. 각 가정당 할당량을 정하여 어머니들에게 나누어 주면서 우리는 굶주린 아이들의 표정에 띤 기대감을 보았다. 우리는 자신의 자녀들을 살릴 수 있다고 믿는 부모들의 고마워하는 눈빛에서 다시 소생하는 희망을 보았다. 우리가 중요한 일을 했다는 것을 알기에 우리는 기쁨에 겨워 집으로 돌아왔다.

나중에 우리는 그 곳에서 무슨 일이 일어났는지 알았다. 며칠 후에 이웃 씨족이 우리가 구호품을 주고 온 마을을 침략하고 공격했다. 침략자들은 "더 많은 것을 받을 만한 가치가 있는" 자신들보다 더 먼저 구호품을 받았다면서 불쌍한 마을 사람들을 저주하고 비난한 후 남아 있는 것들을 모두 빼앗아 갔다. 떠나기 전에 그 침략자들은 그 마을의 부녀자들을 강간하고 무기력하고 모욕을 당한 남자들을 고문했다.

그 일에 대해 들었을 때 나는 몸이 아팠다. 그러나 우리가 도움을 주려고 했던 마을 사람들이 이웃 마을 사람들에게 "그 사람들에게 식량을 받지 마라. 다른 씨족이 와서 공격하고 죽일 것이다"라고 말했다는 사실을 알고 몸과 마음이 더욱 아팠다.

가장 좋은 의도도 사악한 무기로 왜곡시켜 놓고, 결과적인 고통에 대한 책임을 우리에게 전가하는 악마에게 분노가 솟았다. 나는 소말리아 같은 곳에서는 주는 사람들이나 받는 사람들 모두의 몸과 마음에 깊은 상처를 줄 수 있는 위험한 적이 있음을 깨달았다.

나는 소말리아에 들어가거나 나올 때면 언제나 충격을 받았다. 시간이 얼마 걸리지 않는다는 점만 제외하면 마치 다른 행성을 여행하고 온 것 같다.

소말리아로 들어가는 길은 구약의 세상으로 들어가는 것만 같다.

소말리아에서 나는 비정상적이고 적대적인 곳에서 눈을 떠야만 했다. 악마가 지배하는 지옥, 살아가기에 충분한 음식이 없는 세상, 아이들은 학교에 갈 수 없고 사춘기까지 사는 아이들이 거의 없는 세상, 부모들은 자신의 자녀들이 어른이 될 때까지 볼 수 있으리라 기대할 수 없는 세상, 그 곳이 소말리아다.

그리고 아마 바로 그 날 저녁 나이로비에서 나는 전혀 다르고 정상적인 세상(마치 천국과 같은 세상)에서 잠자리에 든다. 이곳은 나의 아내와 세 아들들이 내가 집으로 돌아온 것을 축하하며 특별한 디저트를 곁들인 식사를 할 수 있는 나의 집이다. 소말리아와는 전혀 다른, 우리 아들들이 학교를 다니고, 그들이 농구 게임을 할 때 내가 심판을 보며, 의사와 병원들이 있고, 전기와 수돗물과 식품점과 주유소 등이 있는 정상적인 세상이다. 나는 내가 같은 행성일 뿐만 아니라, 같은 대륙의 이웃 나라에서 전혀 다른 삶을 산다는 사실을 조화롭게 받아들일 수 없었다.

두 개의 세상을 분리해서 다루는 것이 현명한 방법인지 잘 몰랐다. 마침내 나는 비행기가 소말리아를 떠나는 그 순간에 내 정신적인 스위치를 돌리는 방법을 알았다.

"나는 이제 루스와 아들들이 있는 집으로 간다!"고 내 자신에게 말하곤 했다. 그러면 서서히 방어하는 마음을 내려놓고 휴식을 취하게 된다. 반대로 소말리아로 들어올 때도 내 정신적인 스위치를 돌리곤 했다. **"나는 이제 다른 세상으로 돌아가고 있다!"**고 내 자신에게 말하곤 했다. 나의 모든 감각들은 본능적으로 매우 긴장한 상태가 되어 소말리아에서 일하고 살고 머무는 것에 다시 한 번 초점을 맞추게 된다.

그러한 전환이 항상 즉각적으로 일어나는 것은 아니었다. 두 개의 세상의 조화가 완전히 이루어진 것은 아니었다. 나는 가장 흔한 가족 간의 일에 두 개의 상반된 반응을 보이는 내 자신을 볼 때마다 그 점을 깨닫는다. 예를 들어, 아들들이 다투는 소리를 들으면 내 안에서 분노가 끓어오르는 것을 느낄 수 있다. 나는 그들에게, 그 나이 또래의 대부분의 아이들이 죽거나 죽음으로 몰리는 소말리아 대신에 케냐(Kenya)에 사는 것에 얼마나 감사해야 하는지 그들에게 가르쳐 주고 싶다.

그러나 곧 아들들을 보면서 내가 얼마나 축복을 받았는지 느끼고 감정에 압도되어 눈물을 흘리곤 했다. 나는 그들을 세게 껴안고 숨 막히도록 뽀뽀해 주고 싶곤 했다.

그 때쯤 나는 수십 번에 걸쳐 소말리아를 드나들었다. 그 곳에 며칠 머무를 때도 있었고 몇 주간 머물 때도 있었다. 우리는 우리가 하는 일을 아이들이 자세히 알아서 걱정하기를 원하지 않았다. 그러나 그들은 소말리아 상황에 대해서는 확실히 알았다.

남부 소말리아를 조사하고 난 후, 우리가 하는 일이 얼마나 위험한지 되새기면서 나는 내 마음에 있는 것을 나누기 위해 진지한 가족회의를 여는 것이 필요하다고 느꼈다. 루스와 나는 아이들을 모이게 했다. 쉐인이 열세 살이었고 티모시가 열한 살, 그리고 앤드류가 여섯 살 때였다. 아이들을 보고 내가 말했다.

"얘들아, 우리가 미국에서 살 때, 너희들이 태어나기도 전에 너희 엄마와 나는 매우 중요한 질문에 답을 해야 했단다. 그 질문은 '우리들은 예수님을 위해 기꺼이 살 준비가 되어 있는가?' 라는 것이었다. 너희들이 아는 바와 같이 너희 엄마는 어렸을 때 그런 결정을 했고, 너희들이 들었다시피 나는 열여덟 살에 예수님을 따르고 그 분을 위해 살기로 결심했단다. 그래서 엄마와 나는 결혼하기 전에 예수님을 위해 살기로 결정했단다."

"나중에 우리들이 해외에서 사역하는 것에 대해 생각하고 있을 때, 우리는 또 다른 중요한 질문에 답을 해야 했단다. **우리는 기꺼이 예수님과 함께 다른 세상으로 가서 그 분을 위해 살 수 있는가? 우리는 다시 한 번 '네'라고 대답하고 아프리카에 왔단다."

"이제 우리는 소말리아에 사는 수많은 사람들—어린이들, 부모들, 전 가족들—을 먹이고 그들의 삶을 구하기 위해 식량과 의약품을 가져가려고 케냐에 왔단다. 이런 일을 하는 이유는 예수님과 그 분의 사랑에 대해 알 기회가 한 번도 없었던 소말리아 사람들에게 하나님의 사랑을 보여 주려는 것이란다. 그러나 지금 소말리아 사람들이 너무 힘들고 위험하고 열악한 나라에서 살고 있기 때문에 너희 엄마와 나는 또 다른 매우 어려운 질문에 답을 해야만 한단다. 우리는 항상 예수님을 위해서 살겠노라고 말해 왔고, 예수님과 함께 갈 것이라고 결정을 했지. 우리는 그러한 질문들에 대해서 '그렇게 하겠노라'고 대답을 해 왔단다."

"그러나 지금 우리는 우리 자신에게 물어야 하는 또 하나의 질문이 있단다. '**예수님을 위해서 기꺼이 죽겠는가?**'"

우리는 아이들을 놀라게 하고 싶지 않았다. 우리가 죽기를 원하지 않는다는 사실을 그들이 확실히 알기를 바랐다. 그들은 우리가 확실히 죽기를 원하지 않는다는 사실을 알았다. 우리는 그들에게 우리가 모든 일에 조심할 것이며 우리 자신을 보호할 수 있다는 확신을 주었다. 그러나 소말리아의 상황을 경험하고 위험을 이해하고 난 후에 우리는 그들이 상황의 심각성을 이해하기를 원했다. 예수님께서 우리를 부르셔서 하라고 하시는 일이 얼마나 중요한 일인지 그들이 알기를 원했다. 우리 아이들이 자신들의 아빠가 기꺼이 죽기를 원한다고 생각하게 하고 싶지는 않았다. 아이들이 예수님의 다스림을 받기를 원했다. 그들이 삶의 모든 부분에서 예수님을 신뢰하기를 원했다.

순종하기로 결단한 만큼 그러한 헌신이 앞으로 올 몇 달 내지 몇 년 안에 그것이 무엇을 의미하는지 몰랐던 것은 좋은 일이다. 만약 무슨 일이 다가오는지 알았더라면 내가 그 때 아프리카에 머물겠다는 선택을 했을지 전혀 확신할 수 없다.

8장

모기들이 이기다

아프리카의 뿔 지역에 있던 시간은 내가 지금까지 살면서 받아 온 교육 훈련이나 직업 훈련 중 어느 것도 소말리아 경험에 직면할 수 있도록 준비시킨 것은 없다는 확신을 갖게 만들었다. 나는 서로 다른 문화에 걸쳐 살 수 있도록 나를 준비시키는 데 가장 큰 역할을 했던 사람에게 편지를 썼다.

사랑하는 아버지,
우리가 아프리카에 살아온 이래로 이 곳에 오기 전에 받은 교육이나 직업 훈련 중 아프리카에 살면서 아프리카를 사랑하고 그들과 함께 일할 수 있도록 저에게 준비시켜 준 것은 거의 없다는 사실을 깨달았습니다. 그러나 우리 가정에서 자라면서 아버지와 어머니가 가르쳐 주셔서 제 안에 스며든 것들-개인적으로 책임감을 가질 필요, 사람들을 올바르게 대하는 것의 중요성, 강한 직업윤리, 손으로 일하는 것의 가치, 매일 대하는 평범한 사람들과 교제하기—이러한 것들이 여기에서 제가 매일 사용하는 교훈이고 삶의 기술입니다. 또한 씨앗을 심고 농작물을 기르고 동물들이 새끼를 낳아 그 가축들을 돌보는 것부터 우리가 먹을 식량을 수확하고 동물을 도살하는 데 이르기까지 그러한 경험들은 이 땅에서 땅을 경작하거나 낙타나 염소 떼를 기르는 것을 더 잘 이해하게 해 주고 사람들과의 교제도 더 잘하게 해 줍니다.

저는 자라면서 행하고 배웠던 일상의 많은 일들을 당연하게 생각했습니다. 그러나 지금은 다른 세상의 사람들과 살도록 저를 준비시키시려고 하나님께서 저를 아버지의 아들이 되게 하셨다는 사실이 제게 분명해졌습니다. 제가 농장에서 아버지 옆에서 일을 하고 건축 일을 하면서 배웠던 것을 지금 여기 해외에서 사용하고 있습니다. 아버지는 남들은 거의 하지 않는 방식으로 저를 훈련시키셨고, 대학이나 신학교에서 저에게 결코 가르쳐 주지 않은 것들을 가르쳐 주셨습니다. 제가 얼마나 우리 가정의 유산을 가치 있게 생각하고 감사하는지 아버지가 아셨으면 좋겠습니다. 감사합니다, 아버지.

사랑하는 닉으로부터

루스와 나는 원래 내가 학업을 마치자마자 해외로 나갈 계획을 세워 두고 있었다. 그러나 어머니와 아버지가 이혼하셨을 때 남동생 두 명과 여동생 한 명이 고향집에서 살고 있었고, 부모의 이혼으로 인한 충격과 후유증을 감당해야만 했다. 그래서 우리는 고향집 가까운 곳에 살면서 동생들을 격려하고 정서적인 지원을 해 주는 것이 좋겠다고 생각했다.

우리는 졸업을 한 후에 고향집 가까이에 살았고 나는 조그만 도시 교회의 목사가 되었다. 거기에서 루스는 첫 아들인 쉐인을 낳았다. 그리고 우리는 켄터키의 작은 도시에 있는 다른 교회로 옮겨갔다. 거기에서 우리 둘째 아들인 티모시가 태어났다.

나는 목사로서 만족했지만 내 역할에 흥미를 느낀 적이 결코 없었다. 나는 내가 목사로서 숙련되었다고 생각했지만 켄터키의 작은 교회에서 목회를 계속하는 것이 하나님께서 내게 원하시는 일이라고 생각한 적은 한 번도 없었다.

1980년 초, 우리는 해외 사역자 한 분을 우리 교회에 초청하여 집회를 가졌다. 그는 메시지를 전한 후에 결단하기를 원하는 사람들을 강단 앞으로 나오게 했다. 그 때 루스와 나는 서로 떨어져 있었고 앞으로 나가자고 같이 의논도 하지 않았는데 해외에서 주님을 섬기겠다는 우리의 결단을 새롭게 하고 기도를 받기 위하여 앞으로 나갔다. 우리는 그 때 하나님께서 우리에게 동시에 같은 말씀을 하셨다고 느꼈고, 해외 봉사를 위한 지원 절차를 즉시 시작하기로 결단했다.

나는 사도 바울이 첫 해외 전도 여행을 하기 전에 얼마나 많은 서류를 작성했는지 모른다. 그러나 바울이 사역을 시작한지 2천 년이 지난 지금, 대부분의 교파들과 성직자들은 그들이 생각하기에 성경을 기본으로 한 관료적인 사무 절차를 발전시켰다. 우리의 지원 절차는 몇 달이 걸리고 나서야 행정위원회와 일대일 면접을 할 수 있었다. 행정위원회는 해외사역을 승인하는 책임이 있었다. 우리는 마침내 그들과 이야기할 기회를 갖게 되었다.

행정위원회의 위원들은 시작부터 루스에게 감동을 받았다. 그녀는 초등학교 3학년 때 해외에서 하나님을 섬기라는 부르심을 받은 이야기를 했고, 6학년 때는 어떻게 글쓰기를 통해 특별히 아프리카로 부르시는 부르심을 확신했으며, 대학시절에 잠비아에서 여름에 했던 경험이 어떻게 그녀에게 제3세계에서 사는 것에 대한 현실적인 그림을 제시했는지, 그리고 그녀가 혹시 가졌을지도 모를 장래 계획에 대한 의심을 어떻게 떨쳐내게 했는지에 대해 이야기했다.

그들이 나에게도 같은 질문을 하면서 언제 부르심을 받았냐고 물었을 때 나는 "마태복음 28장을 읽었을 때"라고 대답했다.

그들은 내가 아마도 질문을 잘못 이해했다고 생각하는 것 같았다. 그들은 누구든 해외로 나가서 사역을 하기 전에 특별한 부르심이 있어야 한다고 인내심을 가지고 설명했다. 나는 무례하게 보이지 않으려고 노력하면서 대답했다. "아니요, 여러분들이 이해하지 못하고 있는 것 같습니다. 저는 마태복음 28장을 읽었고, 거기에 예수님께서 제자들에게 '가라!'고 말씀하시는 내용이 나옵니다. 그래서 제가 가려고 여기에 있습니다."

그 말은 구원에 대한 부르심과 사역에 대한 부르심 사이의 차이를 30분간 설명하는 것으로 이어졌다. 그들은 내게 복음을 들고 세상으로 나가라는 부르심을 요구했고 심지어는 특정 지역으로의 부르심이 있어야 한다고 말했다. 그리고 그들은 그들이 했던 말에 대해 내가 어떻게 생각하는지 물었다.

나는 젊고 순진해서 그들이 그렇게 물었을 때 정말 내 의견이 무엇인지 알기를 원하는 줄 알았다. 그래서 나는 그들에게 내 의견을 이야기했다. 그래서 나는 "제가 보기에는 여러분들이, 예수님께서 이미 우리 모두에게 가라고 명령하신 것에 대해 사람들로 하여금 사명에 불순종하게 하는 새로운 '부르심'을 만든 것 같습니다"라고 말했다.

그것은 최선의 말은 아니었다. 아무도 내 말에 응답하기를 원하지 않는 것으로 보여서 나는 내 아내를 보았다. 그녀는 조용히 울고 있었다. 나는 갑자기 깨달았다. **"오, 맙소사, 교파에서 쓰는 용어를 몰라서 아프리카로 부르신 그녀의 부르심을 성취할 기회를 놓치게 했구나."**

어쨌든 그 위원회는 우리의 임명을 승인하기 위해서 투표를 했다. 나는 떨리기는 했지만 그들이 구원에 대한 부르심과 사역에 대한 부르심에 차이를 두는 것에 대해 이해를 하지 못했다.

솔직히 지금도 나는 그것을 이해하지 못한다.

요즘 교회에서 말씀을 전할 때, 나는 사람들에게 마태복음 28장을 읽어보라고 권면한다. 마태복음 28장을 보면 예수님은 사람들에게 '가든지 말든지'라고 말씀하시지 않는다: **그 분은 당신이 어디로 가야 하는지에 대해 말씀하신다! 하나님께서는 갈 곳에 대한 지시를 하실 수도 있다. 가라고 명하신 것에 대해서는 타협의 여지가 없다—**하나님은 우리의 최우선적인 임무를 분명히 하셨다. 1983년 임명위원회에 설명했을 때 우리는 우리의 임명 절차를 끝마쳤다.

우리는 1983년 8월 11일에 말라위로 가라는 공식적인 임명을 받았다. 그 곳으로 가기 전에 몇 달 동안 특별한 훈련과 준비과정을 거쳤다.

1984년 1월 1일, 우리는 말라위로 가기 위해 산더미 같은 짐과 함께 공항에 도착했다. 4년간 살림을 하기 위한 모든 짐들은 이미 포장해서 배에 실려 보냈다. 그러나 배가 1년 후에 도착할 것이기 때문에 그 이전에 필요한 옷들과 개인용품과 그 외에 필요한 것들은 비행기로 가지고 가야만 했다.

항공사 직원이 우리의 짐을 보며 물었다. "도대체 어디로 가시는 겁니까?" 우리는 그에게 우리가 4년 동안 말라위에서 살게 될 것과 우리가 무슨 일을 할 것인지에 대해 설명해 주었다. 그는 다섯 살 난 쉐인과 세 살 난 팀을 보면서 "이 아이들도 같이 가는 거예요?"라고 물었다. 우리는 그에게 대답했다. "물론이죠!"

그는 우리 어깨 너머로 우리를 배웅하기 위해 모인 루스의 모든 가족과 우리 모든 가족을 쳐다보았다. 그의 눈에 눈물이 가득 고였다. 그는 컨베이어 벨트에 우리 짐을 싣기 시작했다. 그는 우리 아들들에게 컨베이어 벨트를 타 보고 싶지 않냐고 물었고, 우리 짐을 다 실은 후 쉐인과 팀을 컨베이어 벨트에 태웠다. 그는 아이들 옆에서 걸었고 컨베이어 벨트가 움직이자 우리의 시야에서 사라졌다. 그는 우리 아이들을 태우고 루이빌 국제공항(Louisville International Airport)의 뒤쪽 끝까지 갔고(9/11 테러가 있기 오래 전이었다), 거기서 우리 아이들은 우리 짐들이 어디에서 비행기에 실리는지를 볼 수 있었다. 그는 잠시 후에 우리 아이들을 비행기에 탑승시키기 위해 아이들과 함께 돌아왔다. 아마도 우리 아이들은 첫 번째 비행기 여행을 결코 잊지 못할 것이다.

그 날의 헤어짐은 힘들면서도 한편으로는 기쁜 것이었다. 루스의 가족들도 당연히 감격스러워했다. 우리 가족들 대부분은 왜 우리가 그 일을 해야만 한다고 느끼는지 이해하려고 애썼다.

나는 작은 것 하나에도 마음이 들떴고, 유치원에 다니는 우리 아들들처럼 무슨 일이 일어날지 예상할 수도 없었다. 나는 한 번도 해외에 나간 적이 없었고, 여권을 가져보지도 못했고, 국제적인 여행이나 시차 등에 대해서도 아는 바가 없었다.

말라위에 도착하자 우리는 약 30명 정도의 사람들-말라위 교회 지도자들과 미국인 사역자들-이 "립켄 가족을 환영합니다"라는 현수막을 들고 있었다. 우리는 앞으로 27년 동안 아프리카가 고향처럼 느껴질 것임을 알기 전임에도 불구하고 고향에 돌아온 것만 같았다.

몇 주 동안 치체와어(Chichewa: 말라위에서 부족 간의 공통어로 쓰이는 언어-역주)를 공부한 후에 우리에게 언어를 가르쳐 주는 코치가 그 나라를 구경시켜 주었다. 우리는 살 곳과 일할 곳을 선택했다. 우리가 결정을 하면 두 번째 부족 언어를 배워야 했지만 우리는 말라위 북쪽의 대도시인 음주주(Mzuzu) 근처 산 속에 사는 텀부쿠(Tumbuku)족들과 함께 살기로 했다. 거기서 우리는 개척 교회들을 도와주었고, 근처 텀부쿠 교회들과 함께 일했다. 또한 치체와어를 사용하는 많은 교회들을 개척하여 관리하였다.

우리는 매우 빠르게 말라위 사람들을 사랑하게 되었다. 그들은 우리를 따뜻하게 환영했고, 믿을 수 없을 정도로 예수님에 대해 배우기 위해 마음 문을 활짝 열었다. 그들은 또한 우리가 만났던 사람들 중에 가장 사랑스럽고 관대하며 사려 깊고 호위적인 사람들의 부류에 속해 있었다. 만일 내가 숲속에서 자야 한다고 말한다면 그들은 길이 아무리 멀고 험할지라도 개의치 않고 내가 편히 잘 수 있도록 침대와 매트리스를 들고 올 것이다.

우리는 말라위 사람들과 일하면서 우리의 남은 인생을 행복하게 살수 있었을 것이다. 우리 모든 가족은 그 땅과 그 땅의 국민들을 사랑했다. 그런데 불행하게도 우리는 그 선택을 할 수 없었다.

아프리카에서 2년차 되던 해에, 우리 가족들은 아프기 시작했다. 루스는 심한 두통으로 아팠고, 쉐인은 배가 아팠고, 팀은 목이 아파서 고생했다. 그러한 우환들이 계속 이어졌다. 우리는 마지막으로 말라리아까지 앓았다. 우리 가족 모두가 말라리아 진단을 받은 것이었다.

모든 치료가 실패한 후에 우리는 슬프고 실망스럽게도 더 이상 말라위에 머물 수가 없었다. 어느 날 아침 나는 너무나 춥고 떨려서 루스에게 침대에 들어와 나를 따뜻하게 해 달라고 부탁했다. 이불을 덮자마자 그녀는 "여보, 당신 몸에 열이 불같이 나요"라고 말했다. 그녀는 일어나서 병원으로 급히 가서 우리 가족에게 처음으로 말라리아 진단을 한 의사 친구를 데리고 왔다.

나는 의사 친구가 "닉, 예수님을 보고 싶어?"라고 물었을 때 그가 농담을 한다고 생각했다. 나는 즉시 생각했다. **'이 질문에 대한 답을 알고 있지.'** 그리고 나는 그에게 말했다. "물론 그 분을 뵙고 싶지."

그는 나를 보며 진지하게 말했다. "만약 자네가 곧 이 나라를 떠나지 않으면 빠른 시일 내에 그 분을 뵙게 될 걸세."

9장

나는 왜 그 순간 입을 다물지 않았을까?

　우리는 말라위에서 2년 정도 살았다. 우리 가족들은 모두 말라리아에 감염되었고 시간이 지날수록 더 아팠다. 기도와 토론을 거친 후 지도층에서는, 마음은 아프지만 우리가 말라위에 더 이상 머물 수 없다는 결론을 내렸다. 그들은 우리에게 선택을 하게 했다. 선택은 미국으로 돌아가든지 말라리아의 위험이 없는 남아프리카(South Africa)로 가는 것이었다. 부르심을 생각할 때 그것은 쉬운 선택이었다.

　우리가 말라위를 떠날 때 우리의 지도자는 "하나님을 섬기는 것은 장소의 문제가 아니라 순종의 문제"라고 말하면서 마지막 인사를 건넸다.

　미국에 있는 우리 가족들과 친구들은 우리가 미국으로 돌아와서 치료를 더 받기를 간절히 원했다. 그러나 우리는 아프리카에 있는 의사들이 열대병을 다루는 데는 전문가라는 사실을 알았다. 우리는 다른 나라에서 우리의 일을 계속하기로 결정했다. 우리를 어디로 인도하시든 부르심에 순종하고 싶었다.

　말라위에서 남아프리카로 가는 일은 간단한 일이 아니었다. 그것은 마치 다른 세계로 옮겨 가는 느낌이었다.

말라위에서는 어느 곳에서나 새로운 교회들이 세워지고 있었다. 말라위는 사도행전의 현대판인 것 같았다. 하나님의 영이 역사하시고 있었고, 우리는 그의 일부분이었다. 거기에서는 사람들의 영적인 갈급함이 최고조에 달해 있었다.

남아프리카는 매우 다른 곳이었다. 유럽 사람들이 250년 전에 주님의 복음을 남아프리카에 전했다. 지금은 그 나라의 어느 곳에 가나 교회 건물들을 볼 수 있다. 기독교 문화가 잘 형성되어 있어서(잘못 적용된 것도 있지만) 새로운 교회를 세우는 일에는 크게 관심을 갖지 않았다.

우리가 말라위에서 느꼈던 따뜻한 환대와 그에 따른 즉각적인 소속감은 이 지구상에서 가장 친절하고 관대하고 사랑하는 사람들의 마음과 영을 반영한 것이었다. 우리가 남아프리카에 도착했을 때는 인종차별정책이 최고조에 이르렀을 때였다. 인종차별의식이 마음의 기저에는 있지만 말로 표현하지 않는 (그러나 늘 존재하고 분명히 있는) 긴장감과 신중함과 두려움과 분노가 국민들 사이에, 그리고 온 나라 전체에 흐르고 있었다. 인종차별정책으로 인한 적대감은 그 나라 사람들의 마음과 영을 좀먹는 악성 종양과도 같았다.

나는 내가 인종적인 선입관과 편견에 관한 심리에 대해 조금은 알고 있다고 생각했다. 그러나 남아프리카에서 알게 된 인종차별주의는 매우 뿌리가 깊었고 널리 만연되어 있었다.

우리는 대개 코사족(Xhosa: 남아프리카의 흑인 부족 중 하나—역주) 사람들과 일을 했다.

그것은 우리가 3년 안에 세 번째 아프리카어를 배우게 되었다는 사실을 의미했다. 대부분의 코사족 사람들은 트란스케이(Transkei:

1976년 10월 독립을 선언했으나 남아프리카 공화국만이 승인—역주)의 블랙 홈랜드(black homeland: 인종 격리 정책에 의하여 설정되었던 흑인 주민의 자치구—역주)에 살도록 강요되었기 때문에 우리도 그곳에 살기로 결정했다.

우리가 거기에 살게 된지 얼마 지나지 않아 남아프리카의 백인 정부 관리와 이야기할 기회가 있었다. 나는 그에게 우리가 어디에 사는지 말해 주었다. 그는 우리 가족이 함께 일하는 흑인들과 같이 살기로 했다는 사실을 알고 조금 놀라는 듯했다.

한편으로는 호기심과 또 다른 한편에서는 논쟁의 일환으로 나는 그에게 물었다. "우리가 사역하는 블랙 홈랜드에서 우리 가족이 사는 것이 허용되었는데, 그 지역에 사는 흑인 목사님들 중 한 사람이 그가 원한다면 트란스케이 밖 남아프리카 공화국 내에서 나와 함께 자유롭게 살 수 있습니까?"

그 사람이 전에도 그와 같은 질문을 받았는지 잘 모르겠다. 그는 조금 망설이더니 억지로 미소를 지으며 냉랭하게 말했다. "당신은 어느 곳에서나 자유롭게 가족과 함께 살 수 있습니다. 그러나 흑인 목사는 그런 선택권이 없습니다."

물론 그러한 "설명"이 인종차별정책에 적용된 (명시되어 있든 안 되어 있든) 규칙들에 대한 오해를 명료하게 풀어 주지는 못했다. 내 아들들이 트란스케이에서 자전거를 타면 우리 아이들이 남아프리카의 백인 아이들인 줄 알고 흑인 아이들이 돌을 던졌다. 나는 종종 백인이 블랙 홈랜드 지역에서 운전하는 것을 이상하게 생각한 흑인 경찰에 의해 정지당하고 질문을 받았다.

반대로 트란스케이 밖에서는 남아프리카 경찰이 나를 정지시키고 경찰서로 데려가 어떻게 가족들을 "그런 사람들"과 함께 살게 하는지 물었다. 나는 모든 사람들이 하나님의 사랑과 은혜를 필요로 하기 때문에 내가 사랑하는 "그런 사람들"과 함께 사는 것이라고 설명을 해도 나에게 질문한 사람들은 그러한 설명에 만족하지 않는 것 같았다.

우리는 보람 있는 사역을 즐거이 행하였으며 흑인 사회와 백인 사회에 친한 친구들이 있었고 셋째 아들이 태어나 이름을 '앤드류'라고 지었다. 우리는 남아프리카에서 6년을 살았다.

그 때 루스와 나는 함께 사도행전을 다시 읽기 시작했다. 우리가 초대 교회 성도들에 대해 공부하고 이야기를 나누었을 때, 마태복음 28장에 있는 예수님의 지상명령이 사도행전의 사도들의 예를 따르는 것임을 이해하게 되었다. 우리는 복음이 전해지지 않은 곳과 사람들이 그리스도를 잘 모르는 곳으로 갈 필요가 있다는 것을 절실히 느꼈다. 남아프리카에도 해야 할 중요한 일들이 있었지만 루스와 나는 예수님이 수세기 동안 선포되는 나라에서 계속 일하라고 부르신 것은 아니라고 느꼈다.

1991년 5월 초, 우리는 교회가 없는 곳이나 복음이 전해져야 하는 곳으로 보내 달라고 말하기 위해 지도층에 연락을 했다. 그들은 우리 말을 경청하였고 수단이나 소말리아에서 일할 가능성을 타진하고 있다고 말해 주었다. 루스와 나는 두 나라 중 한 나라에서 일할 가능성을 놓고 조사하고 기도하기 시작했다.

5월 말, 나는 케냐에서 열린 컨퍼런스에서 지도자들 중 한 사람을 만나 우리의 생각에 대해 좀 더 이야기했다. 그는 내가 케냐 해변가에 있는 유엔 난민촌을 방문할 수 있도록 주선해 주었다. 거기에는 고향을 버리고 온 수천 명의 소말리아 사람들이 머물고 있었다.

그 때 우리 조직에는 이슬람교도들과 함께 일하는 사람들이 아무도 없었다. 그래서 나에게 도움이 될 만한 충고를 해 줄 동료가 없었다. 내가 들은 유일한 말은 케냐에 있는 베테랑 선교사에게서 들은 한 마디 말이었다: "조심하세요, 닉. 소말리아 사람들은 99.9%가 이슬람교도들이고 당신 같은 그리스도인들은 가만 두지 않을 거예요."

나는 케냐로 비행기를 타고 가서 택시로 몸바사(Mombasa: 케냐 남부의 산호초로 된 섬에 있는 항구 도시—역주) 북부에 있는 첫 번째 난민촌에 도착했다. 나는 "소말리아 피난민들을 위한 장래 프로젝트의 가능성을 조사하려는 인도주의 조직을 대표하여"라는 제목으로 출입 허가를 위한 서류들을 제출했다.

나는 소말리아와 케냐의 국경에서 남쪽으로 몇 마일 떨어지지 않은 곳에 있는 만여 명의 소말리아 사람들을 수용한 난민촌의 문 밖에 서 있었다. 나는 무엇을 해야 할지 몰랐다. 그 때까지 소말리아 사람을 만나기는커녕 본 적도 없었고, 이슬람교도와 만난 적도 없었다. 또한 소말리아 언어나 문화에 대해 아는 바가 전혀 없었다. 더구나 경험이 많은 사람을 데려올 생각도 못해서 나 혼자서 그 곳에 와 있었다.

나는 심호흡을 하고 급히 문 안으로 들어갔다. 안으로 들어가자 수많은 소말리아 사람들이 나를 둘러싸고 그들의 사정을 이야기하기를 간절히 원했다. 처음에는 영어를 할 줄 아는 사람들이 너무 많아서 놀랐다. 그 다음에 나는 그렇게 누추한 난민촌에 사는 사람들이 소말리아 사회의 특권층의 일부일 것이라는 사실을 깨달았다. 그 나라에서 교육 수준이 높고 전문직에 종사하며 잘 사는 사람들만이 끔직한 자신들의 모국에서 탈출할 수 있는 충분한 수단을 갖고 있었다.

나는 곧 압디 바쉬르라는 친절한 대학생을 알게 되었다. 그는 나를 자신의 친구들에게 소개해 주었는데, 그들은 미국인 방문객인 나와 영어를 연습하고 싶어 했다. 나는 그들에게 많은 질문을 했고 그들의 이야기를 들었다. 모든 사람들이 할 이야기가 있는 것처럼 보였다.

나는 난민촌 사람들이 교육받은 소말리아 사람들-교사들, 사업가들, 전직 정부 관리들-로 구성되어 있으며, 그들은 적극적인 자세로 무언가를 할 수 있는 사람들처럼 보였다. 많은 사람들은 소말리아의 폭력에서 탈출하기 위해 자신들과 가족들이 가진 것을 모두 써 버렸다. 그들은 자신들과 가족들의 더 나은 삶을 희망하고 꿈꾸면서 그들이 가졌던 모든 것을 두고 나왔다. 모든 것이 제한되고 사람들로 붐비는 울타리 친 난민촌 텐트에 살면서 수돗물도 없이 공중 화장실을 사용하며 사는 것은 그들에게는 품위가 떨어지는 일이 아닐 수 없었다. 그들은 가진 것도 거의 없었고 돈도 없었으며, 다음에는 언제 어디로 가게 되는지도 몰랐다. 슬프게도 그들은 소말리아에 있었을 때보다 미래에 대해 더 할 말이 없었다.

내가 받았던 경고 때문에 나는 위협을 느끼지 않을 수 없었다. 내가 예수 믿는 사람이라는 것이 노출되어서는 안 된다는 것이다. 그 충고에 따르기로 한 결정은, 한 뜻있는 기독교 단체에서 난민촌에 만 권의 성경책을 전달한 후 무슨 일이 일어났는지 알았을 때 더욱 굳건해졌다. 사람들은 진흙탕에 성경책을 쏟아 놓아 인도를 만들었고 나머지는 화장실에서 사용하였다. 거룩한 성경책을 그렇게 불명예스럽게 다룬다는 것은 이슬람교가 우세한 곳에서 그들의 신앙이 얼마나 강하고 기독교에 대해서는 얼마나 적대적인지를 보여 주는 단적인 예였다. 나는 이슬람교도가 만 명이고 나 혼자만 기독교인인 곳에서 그들을 자극하고 싶지 않았다.

나는 젊은 친구인 압디 바쉬르에게 "내 친구 예수 그리스도를 아니?"라고 간단히 물음으로써 반응을 보기로 했다. 그러나 다음에 일어나는 일에 대해서는 전혀 준비가 되어 있지 않았다. 그는 즉시 옆에 있는 다른 젊은 사람에게 가서 말했다. 곧이어 대여섯 명의 사람들이 밀려들며 앞뒤에서 서로 소리쳤다. 나는 내가 소란을 일으켰다고 생각했다. 레이저 전선이 설치된 금속 울타리를 등지고 있어서 나는 더 이상 갈 곳이 없었다. 곧이어 십여 명 그 다음에는 삼십여 명의 젊은이들이 말싸움을 하듯 언성을 높이며 과격한 몸짓을 하고 침을 뱉으면서 내 주위로 몰려들었다.

나는 그것이 소말리아 사람들의 정상적인 행동이라는 사실을 깨닫지 못했다. 소말리아 사람들은 통상적으로 감정을 적극적으로 표현하는 사람들이다. 나는 이쪽에서는 "예수 그리스도", 저쪽에서는 "예수"라는 소리를 들었다. 나는 생각했다. **'나는 왜 그 순간 입을 다물고 있지 않았을까?'**

마침내 압디 압쉬르가 나에게로 와서 말했다. "우리는 당신의 친구인 예수 그리스도를 몰라요! 그러나 마흐모드는 그 사람에 대해서 들었을 거예요. 그는 길 아래쪽에 있는 다른 난민촌에 살고 있을 거예요. 그러니까 밖으로 나가서 왼쪽에 있는 옆 난민촌에 가 보세요. 거기에 가서 예수 그리스도에 대해 물어보세요. 그러면 그를 찾을 수 있을 거예요."

그들의 반응에 너무 놀라서 나는 그의 충고를 따라 가능한 한 빨리 그 자리를 떠났다. 나는 다른 난민촌을 찾아 길을 따라 내려가는 대신에 몸바사로 와서 집으로 도망치듯 돌아왔다. 그리고 다시는 그 난민촌에 가지 않았다.

이상이 이슬람교도인 소말리아 사람과 예수님에 대해 이야기하려던, 안 하니 만도 못한 나의 첫 경험의 이야기이다.

남아프리카로 돌아와서 나는 루스에게 말했다. "나는 그들처럼 잃어버린 사람들을 만나본 적이 없어. 어디부터 시작을 해야 할지 모르겠어." 그럼에도 우리는 계속해서 하나님께서 우리에게 소말리아 사람들 사이에서 사역하기를 원하신다는 것을 느꼈다. 우리는 하나님께서 인도하신다는 느낌을 우리 지도자들과 함께 나누었다. 그들은 우리 조직 중 아무도 거기에서 사역한 적이 없다는 사실을 냉정하게 알려 주었다. 그들은 이제 거기에 누군가를 보내야 한다는 의견에 대해 난감하게 생각했다. 그러나 갈 필요성은 절실했다. 그래서 그들은 이 엄청난 도전을 감당하도록 우리를 초청했다.

두 달 후에 우리는 베이스캠프를 세우기 위해 케냐로 이사를 갔다. 우리는 그 지역 언어를 배우라는 요청에 따라 스와힐리어(Swahili어: 아프리카의 대표적 언어-역주)를 배우기 시작했다. 그러나 나는 그 언어를 배운다는 것이 의미가 없다고 생각했다. 왜냐하면 우리는 즉시 소말리아 언어로 일을 시작해야 할 것 같았기 때문이다. 그러나 나의 요청은 받아들여지지 않았다. 어찌 되었든 그럼에도 불구하고 나는 아프리카어에 소질을 보였다. 루스와 나는 14주 후에 스와힐리어—우리가 7년간 공부하는 중에 네 번째 언어—시험을 통과했다. 그리고 그 다음에서야 소말리아어를 배울 수 있었다.

계획을 진행하는 가운데 우리는 멘토들을 만나 상의하고 조언을 구하기 위해서 미국을 잠깐 방문했다. 우리는 해외 선교 담당 최고지도자를 생각지 않게 만나서 이야기를 하게 되었다. 그와의 만남은 매우 놀랍고 기뻤다. 그는 타문화 간 의사소통에 능통한 전문가였으며 세계적인 선교학자 중 한 사람이었다.

루스와 내가 그의 사무실에 들어갔을 때 그는 "두 분이 소말리아에 예수님의 복음을 들고 가려는 용감한 부부입니까?"라고 말하며 우리를 맞아 주었다.

나는 그에게 우리가 그 일을 위해 하나님께 부르심을 받은 것을 느낀다고 말했다. 나는 그에게 그 필요성을 상기시키기 위해 "우리는 물론 소말리아 사람들이 복음을 받아들이지 않는다는 사실을 알고 있습니다"라고 말했다.

내 말에 대한 반응으로, 그 온화해 보이고 교수처럼 보이는 작은 체형의 학자는 말 그대로 주위에 있는 종이들이 흩어질 정도로 의자에서 벌떡 일어났다. 그가 "많은 소말리아 사람들이 복음에 대해 전혀 들은 바가 없어서 복음에 응답할 기회조차 주어지지 않았는데 어떻게 그들이 복음에 응답하지 않는다고 말할 수가 있겠습니까?"라고 힘주어 말할 때 나는 그가 책상을 넘어 내게로 날아오는 줄 알았다.

그 만남에서 질책과 도전을 받은 루스와 나는 준비를 계속하기 위해서 케냐로 돌아왔다. 그 후 얼마 지나지 않아 나는 1992년 2월에 하르게이사로 첫 정탐 여행을 갔다. 나는 앞으로 올 일을 준비하기 위한 적절한 충고나 훈련이나 인생 경험은 더 이상 없다고 결론지었다.

10장

피상적인 도움

1992년 8월에 미국은 유엔 구호품을 소말리아에 수송하는 것을 돕기 위하여 열 대의 군용 화물 비행기를 유엔에 위임했다. 그 후 5개월 동안 그 비행기들은 '원조 제공 작전(Operation Provide Relief)'에 투입되어 거의 오십만 톤의 식량과 의약품들을 전달했다.

1992년에 소말리아는 여전히 변한 것이 아무것도 없었다. 폭력과 무정부상태가 여전히 그 나라를 지배하고 있었고 기아로 죽는 사람이 오십만 명을 넘었다. 그리고 백오십만 명이 난민들이었다. 소말리아로 쏟아져 들어가는 많은 공급품들은 계속해서 약탈을 당했다. 약탈당하지 않은 많은 구호품들은 공항에 있는 보관소에 보관되어 있었다. 유엔은 구호품이 절실한 사람들에게 직접 구호품을 전달할 조직적인 시스템을 갖추고 있지 않았다.

국제적인 미디어들은 대량의 구호품과 그 구호품들을 사람들에게 나누어 주려고 애쓰는 모습을 보도했다. 수년간 소말리아의 내전과 기근을 무시하다가 국제 사회는 갑자기 소말리아의 어려움에 주목하기 시작했다. 고통받는 소말리아의 생생한 이미지가 전 세계에 방송되었다.

미국의 조지 부시(George H.W. Bush) 대통령은 통합특수임무군(UNITAF;Unified Task Force)을 이끌 전투 부대를 투입했다. 통합특수임무군은 구호 사업을 지원할 32,000명으로 구성된 유엔이 승인한 다국적군이었다. 유엔은 1992년 12월 부시 대통령의 제안을 받아들였다. 같은 날 부시 대통령은 25,000명의 군대를 소말리아로 파병해 성공적인 구호를 위하여 새롭게 이름 지은 '희망 회복 작전(Operation Restore Hope)'의 선봉을 맡도록 명령했다.

4일 후에 나는 모가디슈에 있는 우리가 임대한 건물의 지붕에 서서 미국 해병이 파도와 같이 해안으로 밀려 들어오는 것을 지켜보고 있었다. 그 과정은 수많은 카메라와 기자들에 의해 생방송으로 보도되었다.

강한 군대의 존재는 몇 달 동안 방해가 되었던 안전의 문제를 즉시 해결해 주었다. 보관소에 쌓여 있던 공급품들은 안전하게 보호되어 약탈이 줄어들었다. 그리고 소말리아 씨족 시민군들은 우리가 공급품들을 분배할 때 전달 경로를 안전하게 해 주고 호위해 준 미국 해군과 다국적군과의 직접적인 대결을 피했다.

효과적으로 일을 하기 위해 유엔은 모가디슈를 여러 구역으로 나누었다. 우리는 모가디슈 외곽에서 이동건강센터를 계속해서 운영했다. 우리는 또한 우리의 노력을 더욱 기울여 모가디슈 안과 그 주위에 다섯 개의 배식센터를 운영하며 봉사했다. 각각의 배식센터에서 매일 만 명에게 음식을 제공했다. 그것은 1993년 초에 우리가 매일 5만 명을 기아에서 벗어나게 해 주었다는 것을 의미했다. 또한 우리는 계속해서

의료적인 구호와 생존에 필요한 기본적인 물품들을 제공했다.

우리가 도움을 주었던 대부분의 사람들은 가뭄 때문에 시골에서 도시로 몰려든 피난민들이었다. 그들은 일도 없었고, 돈도 없었고, 가진 것마저 아무것도 없었다. 그들은 버려진 건물이나 임시로 친 텐트나 사람들로 뒤범벅이 된 대피소에서 잠을 잤다.

우리 팀이 식량을 나눠 주는 곳에 처음 도착했을 때 사람들이 우리에게 처음으로 묻는 질문은 하얀 옥양목 천이 있느냐는 것이었다. 우리는 이슬람교도를 묻을 때 흰 천으로 감싸야 한다는 관습이 있다는 말을 듣고 나서야 그 요청이 무슨 뜻인지 이해했다. 우리는 사람들이 밤사이에 죽은 그들의 아이들이나 친척들을 묻기 위해 하얀 천을 요청한다는 사실을 알았다. 그 책임을 다하고 나서야 그들은 다른 요구를 할 수 있었던 것이다. 우리가 어디에 가든 우리는 식량과 물뿐 아니라 하얀 옥양목 천도 필요하다는 사실을 알게 되었다.

나는 그보다 훨씬 더 중요한 교훈을 하나 배웠다. 그 교훈은 소위 "사랑의 오만함"에서 나를 벗어나게 해 주었다. 내가 도움을 주려는 사람들은 그렇게 끔찍한 여건 속에서 살고 있었기 때문에 내 대응은 오로지 그들에게 무엇이 부족한 지에 맞춰져 있었다. 나의 일반적인 질문은 내가 무엇을 생각하고 있는지를 잘 드러내 주었다. 나는 사람들을 만날 때 이렇게 물었다.

"식량이 필요하세요? 여기 있어요. 몸이 아픈가요? 약이 있어요. 아이들에게 입힐 옷이 필요한가요? 옷이 여기 있어요. 가족들에게 피난처가 있나요? 담요와 궂은 날씨에 보호해 줄 두꺼운 비닐이 있어요. 장례식에 쓸 천이 필요한가요? 그 또한 있습니다."

우리는 곧 그 질문들이 가장 중요한 질문이 아니라는 사실을 깨달았다. 우리가 여유를 가지고 사람들의 말을 듣기 시작하자 그들은 스스로 자신들이 가장 필요로 하는 것이 무엇인지 말했다.

하루는 허리가 구부러지고 나이가 들어 보이는 여자를 만나서 말했다. "무엇이 가장 필요한지 말씀해 주세요. 무엇을 해 드릴까요?" 그녀는 나이가 든 것처럼 보였지만 그녀가 한 이야기를 내가 제대로 이해했다면 그녀는 사십대 쯤 된 것 같았다.

"저는 여기서 며칠을 걸어가야 하는 마을에서 자랐어요." 그녀가 나에게 말했다. "우리 아버지는 낙타와 양을 키우는 유목민이었죠(그리고 그녀는 자신이 자랄 때 이야기를 잠깐 해 주었다). 나는 낙타를 돌보는 목부와 결혼을 했어요. 그는 좋은 사람이었죠. 우리는 행복했고 네 명의 아이들을 낳아 길렀어요(그런 다음에도 그녀는 자신의 결혼 생활과 가족에 대해 말을 했다). 그 후 전쟁이 났고 군인들이 우리 마을을 지나가면서 우리 가축의 대부분을 훔쳐가거나 도살했어요. 제 남편이 마지막 남은 낙타를 가져가지 못하게 하자 그들은 제 남편을 때리고 권총을 그의 머리에 겨누었어요(눈물이 그녀의 볼을 타고 흘러 내렸다). 남편이 살해되고 나서 나는 아이들을 보호하려고 애썼죠. 그런데 이번에는 가뭄이 닥쳐왔어요. 이웃 사람들이 도시로 떠나면서 가져 갈 수 없는 것들을 저에게 주었죠. 그래서 그것들을 가지고 어떻게든 살아보려고 했는데 충분하지가 않았어요. 그러던 중 큰 아들이 아파서 죽었어요. 마지막 식량이 거의 떨어져 갈 때 나는 우리 아이들과 함께 걷기 시작했죠. 도시로 오면 사는 게 더 나아질 줄 알았어요. 그런데 그렇지가 않았죠—오히려 더 힘들어졌어요. 총을 든 남자들이 어디에나 있어요. 그들은 나를 때리고 강간했고, 내 딸아이들을 데려갔어요. 이제 제일 어린 아이만 제 곁에 남아 있어요. 여기에는 여자가 혼자 할 수 있는 일이 없어요. 마지막으로 남은 아이를 어떻게 돌봐야 할지 모르겠어요. 이곳에는 아는 사람이 한 사람도 없어요. 그렇다고 달리 갈 곳도 없어요.”

비슷한 사정이 있는 많은 사람들이 우리가 주려고 준비했던 도움보다 더 절실한 도움을 필요로 했다. 그들이 훨씬 더 절실하게 원했던 것은, 누가 되었든 심지어 그들의 언어를 배우려고 하는 외국인이 되었든, 잠깐 앉거나 아니면 그냥 선 채로 그들의 이야기를 들어달라는 것이었다. 나는 그 점을 알았어야 했다. 나는 인간이 존재하는 내면의 힘을 보고 놀랐다.

나는 그들이 필요로 하는 것을 정확히 안다는 자부심이 있었다. 그러나 내 목록에는 “대화”나 “인간관계”에 대해서는 적혀 있지 않았다. 다시 한 번 나는 매우 겸손해졌다.

모든 이야기들을 다 들어 줄 수도 없었다. 내겐 그럴 만한 시간이 없었다. 그러나 내가 듣는 이야기들은 이 고통받는 소말리아 사람들에게 육신적인 필요보다 훨씬 더 필요한 것들이 있다는 사실을 가르쳐 주었다. 그들의 이야기는 그들을 먹이고 피난처를 제공하는 것으로 충분하지 않다는 점을 확신시켜 주었다. 그것은 동물들에게도 할 수 있는 일이었다.

서구의 정부들은 이 굶주린 사람들을 먹이라고 우리를 보냈다. 소말리아 사람들은 매일 우리가 나눠 주는 5백 파운드의 먼지투성이의 가공되지 않은 밀이나 옥수수를 받기 위해 햇빛 아래 몇 시간씩 서 있어야만 했다. 그 곡물들은 켄터키에서는 동물들에게나 먹이는 것이었다.

배식하는 곳의 끝없는 줄은, 뿌리 깊은 악을 경험하고 끔찍한 삶의 여건을 견뎌 내고 마음의 심한 고통과 상실감으로 인해 본연의 인간성을 잃어버린 한 사람 한 사람으로 이어져 있었다.

때로 우리는 그들의 이야기를 들어 주었다. 때로는 그들이 사연이 있다는 사실을 기억하는 것으로 충분한 때도 있었다! 그렇게 함으로써 우리는 그들에게, 그들이 중요하다는 사실을 일깨워 주었다. 단지 듣기만 함으로써 그들이 충분히 중요한 사람들이라는 점을 말해 주었고, 인간성을 회복시켜 줄 수 있었다. 종종 그렇게 하는 것이 한 번 더 의료품을 제공하거나 하루 더 식량을 제공하는 것보다 더 중요하고 더 변화를 줄 수 있다고 느꼈다.

내가 염려했던 것은 소말리아 사람들의 인간성이 아니라 나 자신과 직원들의 인간성이었다. 어느 날은 해가 지기 전에 스무 명이 넘는 아이들을 묻는 것을 도와주어야 했고, 우리가 음식을 줄 수 있는 5만 명보다 훨씬 더 많은 사람들이 이 나라에서 굶고 있다는 현실이 우리로 하여금 침대에서 일어나는 것조차도 힘들만큼 절망스럽게 만들었다. 만일 그리스도께서 한 사람 한 사람을 위해 십자가에서 죽으셨다면 그 고통과 그 죽음과 그 비인간성을 어떻게 견디셨을까?

우리는 울부짖는 엄마들이 아기들을 묻는 것을 도와줄 때마다 슬퍼할 마음의 여유가 없었다. 또한 내 아들 또래의 굶고 있는 아이의 절망적인 눈을 볼 때마다 마음 아파할 수도 없었다. 동시에 우리는 우리 주변에 있는 사람들의 슬픔과 고통을 나누지 않을 수도 없었다. 우리는 우리의 마음을 딱딱하게 하지 않으면서 우리의 감정을 강철처럼 강하게 해야 했다. 그것은 결코 쉬운 일이 아니었다.

매일 그렇게 어려운 딜레마와 씨름하는 것은 구호하는 일을 육신적으로는 부담스러운 일로, 감정적으로는 소모가 많은 일로 만들었다. 우리는 휴식할 시간이 없었다. 낮에는 열대성 더위가 맹위를 떨쳤다. 바쁜 일들로 말미암아 소말리아 사람들의 비극적인 고통에 대해 생각할 여유가 없었다.

그러나 밤이 되면 바쁜 일이 없어서 그들의 고통에 대해 생각하지 않을 수 없었다. 종종 나는 우리가 사는 집의 평평한 지붕 위에 침낭을 갖다 놓고 자면서 안식을 취했다. 거기에는 수많은 별들 아래 바닷바람이 불어, 열대의 극심한 더위와 모기들로부터 피해 편안한 안식을 취할 수가 있었다. 바닷바람과 달빛 아래 보이는 모가디슈의 건물들의 풍경은 포격소리와 밤하늘을 밝히는 섬광 같은 폭발과 완전히 대조를 이루었다.

인간은 적응을 잘하는 피조물이다. 나는 어쨌든 이런 세상에 적응을 했다. 폭격과 폭발 속에서도 잠을 잘 수 있는 법을 배웠다. 그러나 결코 경계를 소홀히 할 수 없었다. 밤에도 내 감각은 깨어 있었으며 가장 작은 소리나 움직임에도 반응을 했다. 항상 그럴 수는 없었지만 어쨌든 마음 놓고 푹 쉬는 것은 불가능했다.

우리는 우리가 하는 모든 일이 위험하다는 사실을 알았다. 그러나 시간이 지날수록 감수해야 할 위험과 피해야 할 위험을 결정하는 일이 점점 더 어려워졌다. 지난 몇 달 동안 우리는 직원을 증원했다. 소말리아 직원들이 하는 일을 보충하기 위해 또 다른 사람들이 우리에게 연합하여 늘어나는 우리의 구호 사업을 도와주었다. 처음에는 다른 아프리카 나라에서 온 서구 사람들에게 의존했다. 우리는 도전적인 환경 속에서 산 경험이 있는 사람들이 소말리아 상황에 적응할 준비가 더 잘되어 있을 것이라고 생각했다.

어느 날 나는 우리의 첫 번째 미국인 부부 직원이 모가디슈 본부에 온 것을 환영했다. 나는 나단과 레아 부부에게 우리가 머무는 곳을 보여 준 후 모가디슈를 보여 주기 위해 그들을 지붕으로 데리고 올라갔다.

내가 나단에게 물탱크와 라디오 안테나를 보여 주었을 때 레아는 집 아래쪽을 더 잘 보기 위해 지붕 끝쪽으로 갔다. "어머나! 저 소리 좀 들어 보세요." 그녀가 말했다. "여기는 모기들이 아주 많은가 봐요!"

그녀의 말을 듣는 순간 나는 마음을 다잡았다. 나는 낮 동안에는 모기가 없다는 것을 안다. 그녀 쪽으로 가면서 나는 그녀가 들었던 소리를 듣기 시작했다. 나는 마음을 가라앉히고 그녀에게 말했다. "레아

씨, 당신이 들은 것은 모기 소리가 아니에요. 그 소리는 총알 소리에요." 내가 더 말을 하기 전에 그녀는 이미 납작 엎드려 배로 기어서 문쪽으로 갔다. 그것이 소말리아에 온 레아를 환영하는 환영식이었다: 그녀는 다행히 빨리 잘 적응했다.

우리는 정상적인 것이 무엇인지를 기억하기 위해 애썼다. 또한 이해하기조차 불가능한 상황에도 적응해야만 한다는 사실을 깨달았다. 정확하게 있어야 할 곳에 있었고, 하나님께서 우리가 있기를 원하시는 곳에 정확하게 있음을 확실히 느꼈다. 그러나 우리는 거의 매일 하나님께서 왜 그러한 고통들을 허용하시는지 의아해했다. 인간을 견디기 어려운 고통에 빠지게 하는 요소는 분명했다: 부패와 탐욕과 죄가 우리의 질문에 대한 명백한 답이었다. 그 당시에 우리가 분명하게 볼 수 없었던 것은 하나님의 사랑과 권능이었다. **하나님은 소말리아에 계시는가? 어디에 계시는가? 하나님은 무엇을 하고 계시는가? 하나님께서 극적으로 간섭하시기까지 상황은 얼마나 더 나빠질 것인가?**

우리는 소말리아처럼 미친 세상에서 빛과 소금이 되어야 한다는 의식 있는 선택을 했다. 그리고 그 빛이 이 어두운 광기의 세상에서 빛나기를 기도했다.

11장

부바가 노래하다

다국적군 덕분에 우리는 구호품들이 절실하게 필요한 주요 도시의 외곽에 사는 소말리아 사람들에게 좀 더 많은 구호품들을 안전하게 전달할 수 있었다. 그러나 군대의 덕을 본 것은 대가를 치러야 했다. 사실, 유엔의 역할이 증대되면서 우리의 일은 점점 더 어려워졌다.

소말리아의 삶의 참상이 전 세계에 알려지자 원조가 물밀듯이 쏟아져 들어왔다. 소말리아 사람들의 희망도 높아져 갔다. 구호품들이 극적으로 투입되자 그와 동시에 경제적인 변화가 일어나기 시작했다. 사업이나 서비스를 제공하는 비용이 하룻밤 사이에 치솟았다. 그전에는 우리가 머무는 곳의 임대료가 한 달에 5백 달러였는데 갑자기 한 달에 5천 달러가 되었다. 처음에는 한 달 차량 임대료가 150달러 달러였는데 이제 한 달에 1,500달러가 되었다. 우리가 쓸 수 있는 자원은 변동이 없었는데 써야 하는 비용은 천 퍼센트나 치솟았다.

구호활동을 하는 곳마다 갑자기 미군이 보이기 시작하자 소말리아 사람들 사이에서는 적대감이 증대되었다. 그전에는 우리가 느껴 보지 못했던 적대감이었다. 처음에 군대가 들어왔을 때는 "십자군"으로 보였다. 그러나 군대가 계속해서 주둔하자 그들은 "점령군"으로 보였다. 갑자기 모든 서구 사람들이 요주의 인물들이 되었다. 전에는 우리의 구호 노력들이 감사함과 호기심으로 비춰졌었다. 이제 소말리아 사람들의 반응은 의심스런 눈초리와 분개로 바뀌었다. 전에는 사람들이 나를 잘 알아보았기 때문에 혼자서 혹은 몇몇의 소말리아 직원들과 함께 안전하게 도시 주변을 걸을 수 있었다. 그런데 지금의 나는 침입자나 점령자로 보여지고 있었다. 나와 서구 직원들은 무장한 안내인 없이는 어디에도 갈 수 없게 되었다. 마치 그들이 우리 등 뒤를 목표로 삼고 있는 것처럼 느껴졌다. 우리의 구호활동은 군대의 보호가 필요해지기 시작했다.

나는 낙담이 되었다. 우리가 세심하게 돌봐 주었던 사람들—우리가 배식센터에서 음식을 주며 살리려고 노력했던 사람들—이 순식간에 적대적이 되었다. 상황이 너무나 긴박해서 군 지도부에서는 우리에게 매일 아침 6시에 배식센터에 오라고 요청했다. 만약에 그 시간에 군 지원이 없으면 우리는 즉시 그 곳을 떠나야 한다는 지시를 받았다. 그러나 군인들이 있다고 해서 안전하고 통제된 여건이 보장되는 것은 아니었다. 상황은 순간적으로 변할 수 있었다.

통상적으로 군에서는, 수천 명의 사람들이 우리 배식센터를 둘러싸기 때문에 그들을 레이저 줄로 통제하려고 했다. 우리 직원들도 질서를 잡는 일을 도와주었다. 특히 미국인 직원 중 한 사람이 그 일에 도움이 되었다. 그는 부드럽고 온화한 심성을 가진 덩치가 큰 사람이었다. 우리는 그를 부바라고 불렀다. 그의 큰 덩치 하나만으로도 문제를 일으키려는 사람들에게는 위협적이었을 것이다. 그러나 그의 가장 큰 장점은 아마도 그의 단순하고도 열린 사랑의 마음이었을 것이다. 그는 늘 친절하고도 즐거운 태도로 사람들을 대했다.

어느 날 여느 때와 다름없이 하루가 시작되었다. 우리는 새벽녘에 배식센터에 도착했다. 그 곳에는 무장한 미군 분대가 있었고, 5톤의 곡물들이 경호원들과 함께 도착해 있었다. 그리고 굶주린 소말리아 사람들이 이미 길게 줄을 서서 기다리고 있었다. 그것은 배식센터의 일상적인 모습이었다. 적어도 그렇게 보였다.

기온이 높이 올라갔기 때문에 밀 공급이 줄어들었다. 기온은 정오가 되기 전에 섭씨 38도를 넘었다. 수백 명의 소말리아 사람들이 줄을 선 채로 남아 있었다. 그들은 우리 직원들이 한 사람당 2kg씩을 계량해서 주기를 기다리고 있었다. 그 할당량은 하루에 네 사람을 먹일 수 있는 양이었다.

우리는 긴장감이 더해지거나 사람들의 인내심이 줄어드는 어떤 특별한 변화도 인지하지 못했다. 돌이켜 보건대 날씨는 너무 더웠고 배고픈 사람들은 지칠 대로 지쳐 있었다. 때때로 작은 일이 사람들을 성난 군중으로 돌변하게 할 수 있다.

그런데 나이 많은 한 여자가 문제의 발단이 되었다. 지금까지도 나는 무엇이 그녀를 그렇게 화나게 했는지 잘 모르겠다. 아마도 그녀는 몇 시간 동안 햇빛 아래서 기다리며 인내심이 바닥이 나서 매우 화가 났을지도 모른다. 또는 아마도 그녀의 집에는 심하게 굶주린 손주들이 기다리고 있을지도 몰랐다. 어쨌든 무슨 일이 있었는지 정확히 알 수는 없었다. 그러나 그녀는 밀 할당량을 받은 후에 배식센터의 규칙을 어기고 부바에게로 갔다. 그녀는 그를 올려다보며 그에게 심한 말을 퍼부었다. 그럼에도 불구하고 부바는 예의 그 온화한 태도로 그녀에게 미소를 지어보였다. 그가 미소를 지으면 지을수록 그녀는 더욱 화를 냈다.

소란해지자 소말리아 경호원들이 그녀가 있는 쪽으로 다가가자 사람들 사이에서 동요가 일어나는 것이 보였다. 나에게는, 모여 있는 사람들 머리 위로 흐트러지지 않은 모습의 부바만 보였다. 그는 누군가에게 미소를 짓고 있었다. 차분하게 대응하는 그의 반응은 그 여인의 화만 돋웠다. 그녀의 격앙된 목소리를 듣고 내가 그 곳에 갔을 때 그녀는 부바에게 심한 저주의 말을 하고 있었다. 다행히 그는 그녀가 하는 말을 이해하지 못했다.

나는 그녀의 불만이 무엇인지 알게 되었다. 그녀는 "동물 사료"와도 같은 질이 낮은 식량을 나누어 주는 것에 화가 나 있었다. 아마도 그녀의 말이 맞을 것이다. 그 식량들은 유엔에 기부하는 나라들조차도 원하지 않고, 팔 수도 없는 것이며, 다른 용도로 쓸 수도 없는 잉여 농작물이었다.

덩치가 큰 미국 사람이 계속해서 미소를 짓자 그녀는 그와 말이 통하지 않는다는 사실을 알았다. 그녀는 낙담하여 화를 심하게 내고 허리를 굽혀 플라스틱 통을 바닥에 놓고 두 주먹 정도의 더러운 밀과 먼지 묻은 곡물들과 왕겨들을 손에 쥐었다. 그러더니 허리를 최대한 펴고 그 더러운 곡물들을 부바의 얼굴을 향해 힘껏 던졌다.

미군의 모든 분대가 무슨 일이 있을 경우를 대비해 즉시 모든 총에 탄환을 재는 금속성의 소리를 내자 모든 사람들은 죽은 듯이 조용해졌다.

순간 모든 것들이 얼어붙은 듯했고 모든 사람들은 부바의 반응을 기다리며 지켜보고 있었다. 한 소말리아 남자가 나서서 사람들 앞에서 그렇게 모욕을 준 여인을 때릴 수도 있었을 것이다. 그리고 그 남자의 행동과 분노는 전적으로 정당화되었을지도 모른다.

부바는 상처 입은 사람들을 돕기 위해서 자비로 지구 반 바퀴를 돌아와 3개월간의 휴가 시간을 쓰고 있었다. 그런데 이것이 그가 받은 고마움의 표시였단 말인가? 그는 더웠고, 땀을 흘리고 있었으며, 심히 지쳐 있었다. 그는 사람들 앞에서 수치스런 일을 겪었다. 그가 화를 낼 이유는 충분했다. 그런데 그는 화를 내는 대신에 눈 속에 들어간 티끌을 빼내기 위해 한 손으로 눈을 비비면서 그 여자에게 한 번 더 큰 미소를 지어 보였다. 그러면서 그는 노래하기 시작했다. 그가 노래한 것은 노래 그 이상의 것이었다.

물론 그녀는 그 노래를 이해하지 못했다. 그러나 그녀는 물론 모든 사람들이, 부바가 50년대 엘비스 프레슬리의 노래를 힘차게 부르자 감탄하며 조용히 듣고 있었다.

당신은 사냥개에 불과하죠
항상 짖어대기만 하죠
당신은 사냥개에 불과하죠
항상 짖어대기만 하죠
그래요, 당신은 토끼 한 마리도 잡을 수 없죠
당신은 내 친구도 될 수 없죠

그가 다음 소절을 노래하기 시작했을 때 그 늙은 여인은 낙담하며 무거운 발걸음으로 돌아섰다. 그리고는 그녀가 가도록 미소를 지으며 길을 내주는 소말리아 사람들 사이를 화를 내며 힘겹게 걸어갔다. 그

녀가 가는 것을 보면서 부바는 노래의 마지막 소절을 그녀가 듣도록
더욱 크게 소리를 높여 불렀다.

> 사람들은 당신이 상류층이라고 말하죠
> 그것은 완전히 거짓말이죠
> 사람들은 당신이 상류층이라고 말하죠
> 그것은 완전히 거짓말이죠
> 당신은 토끼 한 마리도 잡을 수 없죠
> 당신은 내 친구도 될 수 없죠

긴장은 당연히 풀어졌다. 소말리아 경호원들 중 몇몇이 부바에게 가
서 안도와 감사의 표시로 그의 등을 두드리며 말했다. "우리는 당신이
가수인 줄 몰랐어요!"

"아, 네." 그는 그들에게 씩 웃으며 말했다. "나는 미국에서 유명한
가수예요. 사람들은 나를 '엘비스'라고 부르죠." (그가 미국으로 돌아갔
을 때 그는 "엘비스의 명곡" CD를 골라 자신의 사진을 케이스에 붙여
서 모가디슈에 있는 우리 소말리아 직원들에게 선물로 보냈다. 지금까
지도 몇몇 소말리아 사람들은 엘비스가 노래하는 구호요원으로 1990
년대 초 모가디슈에서 일했다고 믿고 있다.)

그 몇 분 동안에 일어났던 일들을 생각해 보았을 때, 나는 가장 인상
깊은 예수님의 사랑의 표현 중 하나를 보았다고 결론지었다. 친절하고
온화하며 경건한 겸손함과 인간성이 몇 초 안에도 변할 수 있는 상황
의 긴장감을 누그러뜨렸다. 부바는 단지 제자들에게 "네 원수를 사랑
하라"고 가르쳐 주신 예수님의 미친 듯한 가르침을 따라서 했을 뿐이

었다. 부바는 분노한 적대감을 단지 미소와 노래로 대응하였고, 하나님께서는 그것들을 사용하셔서 위협적인 위기의 순간을 예수님이 하셨던 것처럼 신성한 순간들로 변화시켰다. 그 때 나는 서로 다른 문화의 관계에 대해 좋은 교훈을 배웠다. 처음에는 초보자였기에 놓쳤던 것을 알게 되었다. 그것은 예수님의 사랑보다 더 귀한 것은 없다는 것이었다.

20년간 일하면서 그 일은 부바에 대한 가장 생생한 기억이었다. 나는 그의 유머와 긍정적인 사고방식에 반했었다. 부바에 대해 생각할 때면 그 날이 기억났다. 그러나 그 일만이 아니라 또 다른 일도 기억났다.

그 날의 일 역시 배식센터에서 있었던 일이었다. 수천 명의 굶주린 소말리아 사람들이 뜨거운 열대의 태양 아래서 줄을 서서 있었다. 그리고 미군 분대가 안전을 위해 지키고 있었다.

열두 살 쯤 되어 보이는, 배식 줄에서 멀리 떨어져 있던 소말리아 소년 하나가 우리가 있는 배식하는 곳을 향하여 걸어왔다. 줄을 서서 기다리고 있던 사람들 사이에 작은 동요가 일어나는 것 같았고, 그가 그들을 지나갈 때 사람들의 시선이 그에게 집중되었다. 그가 줄 앞쪽까지 가까이 왔을 때 나는 그가 무기를 가지고 있는 것을 보았다.

미군 병사 하나가 나와 거의 동시에 위험을 감지하고 소리쳐 명령했다. "무기를 내려놔!"

그 소년은 명령을 무시하고 계속 걸어왔다. 미군 병사가 세 번인가 네 번 같은 말을 되풀이했다. 나는 몇몇 병사들이 소총을 당길 준비를 하는 소리를 들었다. 그 소년은 계속 걸어왔다. 그 소년이 갖고 있는 무기는 구식 AK-47처럼 보였다. 그 소년은 총을 꽉 쥐고 있었지만 총구는 여전히 땅을 향해 있었다.

순간 모든 사람들이 얼어붙었다. 그 소년이 우리에게 가까이 와서 손에 든 총을 우리를 향해 들어올리기 시작했을 때 몇 명의 병사들이 소리쳤다. "꼬마야, 무기를 내려놔!" 그 소년이 그 말을 듣지 않자 병사 중 하나가 그 소년의 가슴에 총을 쐈고 그 소년은 그 자리에서 숨졌다.

그 소년이 부바의 발쪽으로 쓰러졌다.

군인들은 그들이 훈련받은 대로 그 자리에 서서 무장한 사람이 더 있는지 살펴보았다. 줄을 서고 있었던 소말리아 사람들 중 아무도 그 소년에게 가고자 하지 않았다. 소년이 병사들과 대치한 시간은 시작부터 끝까지 30초가 되지 않았다.

부바는 열 두 살쯤 되어 보이는 죽은 소년을 내려다보면서 눈물을 흘렸다.

갑자기 소말리아 사람들 한 떼가 부바를 둘러싸기 시작했다. 그들은 소년을 보며 그를 애도하는 대신에 부바의 눈물을 흘리는 것을 보고 그를 비판하기 시작했다. 그들이 부바에게 한 말은 다음과 같았다.

"눈물을 그치세요!"
"이 아이가 바보예요! 이 아이가 병사들을 죽이려고 했다면 거리가 떨어졌을 때 그랬어야 했어요!"
"이 아이는 바보 같은 일을 해서 죽었어요."
"이 아이는 죽어 마땅해요."

"여자처럼 울면서 당신 자신이나 우리를 당황시키지 마세요. 남자는 이런 일에 울지 않습니다!"

몇 분 후에 사람들은 부바에게 배식하는 것을 도와달라고 요청했다. 그들은 "기다리는 것에 지쳤고, 죽은 아이에게 시간을 쓰는 것은 시간 낭비"라는 점을 명백히 했다.

지난 20년 동안, 나는 그 폭력적인 참상의 기억을 돌이켜 보고 싶지 않았다. 그 대신에 한 늙은 소말리아 여인에게 엘비스의 노래를 불러준 부바의 이야기를 "가장 인상 깊은 예수님의 사랑과 은혜의 표현 중 하나"로 기억하기로 했다.

그러나 생각해 보건대 내가 오랫동안 이해하지 못했던 또 하나의 예가 있다. 성경에서 예루살렘에 대한 예수님의 고뇌처럼 나는 이제 마음의 눈으로 그 날 모가디슈에서 슬퍼하던 두 사람을 본다.

나는 이제 부바—그리고 예수님—가 그 소년의 죽음에 눈물을 흘렸다는 사실을 깨닫는다.

희망 회복 작전 초기에 우리 구호 사업이 빠르게 확장된 것은 우리의 전임 직원들의 일을 보강해 준 훌륭한 단기 자원봉사자들 덕분이었다.

나는 소말리아에서의 일을 잘 관리하기 위해서 소말리아, 북동부 케냐, 지부티, 소말리아, 에티오피아를 계속해서 드나들었다. 동시에 루스는 케냐에 있으면서 수십 명의 자원봉사자들을 뽑고 여정을 조정해 주었고, 빠르게 확산되는 구호 사업을 위한 재정을 관리해 주었고, 세 아들들을 기르면서 국제적인 구호 사역을 어떻게 성장시키고 관리해야 하는지를 배웠다. 그녀는 전쟁 지역에서 구호 사업을 하는 우리에게 사랑하는 사람들을 보내 준 미국의 가족들을 진정시키는 데에도 시간을 썼다. 그녀는 항상 자신의 남편이 어디 있는지 궁금해했다. 그리고 만일 안전하다면 언제 나이로비에 있는 집으로 돌아오게 될지 궁금해했다.

다섯 개의 배식센터를 감독하고 수많은 마을에 음식과 의약품을 나눠 주고, 신선한 물과 농사짓는 기구들을 외곽 마을에 제공하고, 소말리아의 곳곳을 다니면서 나는 고통받는 수많은 사람들을 보았다. 우리는 우리가 하는 일에 자부심을 느꼈다. 그러나 해야 할 일이 너무나 많았다. 그리고 우리가 고칠 수 없는 다친 사람들도 너무나 많았다.

1993년 봄에 루스와 나는 컨퍼런스에 참석하기 위해 미국으로 돌아갔다. 우리는 우리를 위해 기도해 준 몇몇 사람들을 만났고, 우리를 지지해 주는 사람들에게 사역을 보고하고 조언을 구하며 시간을 보냈다.

같은 기간에 우리는 가족과 친구들을 만나기 위해 켄터키에 잠깐 들렸다. 집에 갔던 날, 아버지는 시내 작은 레스토랑에서 점심을 사 주셨다. 나는 몇 년 동안 고향에 가지 못했었다. 내가 아버지를 따라 레스토랑에 들어갔을 때 아버지의 은퇴한 많은 친구분들이 일어나서 박수를 쳤다. 나는 당황스러웠다. 나는 무슨 일인지 알지 못했다. 몇몇 분들은 내 등을 두드려 주시며 악수를 청했다. 아버지와 내가 빈 테이블로 가는 동안 몇몇 분들이 "잘했다" 또는 "좋은 일했다"라고 말씀하셨다. 자리에 앉자 나는 아버지에게 물었다. "아버지, 대체 무슨 일이에요?"

아버지는 이 세상에서 가장 표현이 없으시고 말씀이 없는 분이셨다. 내가 아프리카에 있었던 시간 내내 나는 아버지로부터 단 한 번의 연락을 받았을 뿐이었다. 우체통에서 아버지의 글씨가 쓰여 있는 편지 봉투를 본 순간 나는 무슨 나쁜 일이 있는지 의아하게 생각했던 적이 있었다. 편지 봉투를 열지 않은 채 나는 곧장 집으로 들어갔다. 그 편지 안에 어떤 나쁜 소식이 들어 있든 루스의 강인함과 도움이 필요할 것이라고 생각했다.

내가 집에 들어간 순간 루스는 뭔가 나쁜 일이 있는 것이 틀림없다고 생각했다. 나는 아버지의 편지를 그녀에게 주면서 편지를 열어 보기가 두렵다고 말했다. 우리는 함께 그 편지 봉투를 열었다. 그 안에는 종이 한 장이 있었고, 그 안에는 단 한 줄만이 적혀 있었다.

"사랑하는 아들아, 내가 편지를 써야만 한다고 생각했다. – 아버지로부터."

이 분이 내가 기억하는 한 내 일생에 단 한 번 말로 사랑을 표현한 분이시다.

한 번은 몇 가지 이유로 전화를 설치하였다. 아버지와 짧은 통화를 한 후 전화를 끊기 전에 내가 아버지께 "사랑해요, 아버지"라고 말했고 아버지는 그에 대한 답으로 "나도 너를 사랑한다"라고 말씀하셨다. 나는 너무 놀라서 아버지가 그 말을 취소하시기 전에 얼른 전화를 끊었다.

그 분이 내가 지금 레스토랑에서 얼굴을 마주 대하고 있는 분이시다. 나는 아버지께 다시 한 번 여쭤 보았다. "저 분들이 왜 그러시는 거예요? 우리가 들어왔을 때 왜 그런 반응들을 하신 거예요?"

아버지는 눈에 자부심이 가득 찬 표정으로 나에게 미소를 지어 보이시며 말씀하셨다. "닉, 내가 생각에는 내가 그들에게 네가 하는 일에 대해서 이야기한 것 때문인 거 같다."

"제가 무슨 일을 했는데요, 아버지?"

"네가 소말리아를 구하기 위해서 전 세계의 군대들을 모았다고 말했지."

"아버지!" 나는 소리를 낮춰 아버지께 말씀드렸다. "저는 그런 일을 하지 않았어요!"

아버지는 나를 보며 말씀하셨다. "네가 그 누구보다 먼저 그 나라에 가지 않았니?"

내가 누구보다 먼저 간 것은 맞는 말이었다. "너는 다른 사람들이 그 나라를 떠날 때 그 곳에 머물지 않았니?" **그렇다. 나는 그 곳에 머물며 나쁜 일들이 벌어지는 것을 보았을 때 그들을 도우려고 노력했다.** "그리고 너는 신문에 글을 써서 사람들에게 거기 상황이 얼마나 안 좋은지 알리지 않았니? 그리고 소말리아 사람들이 얼마나 많이 굶주리고 있는데 한 편에서는 나쁜 사람들이 식량을 절실하게 필요로 하는 사람들에게 줄 식량을 약탈한다면서?" **그렇다. … 내가 그들을 도와주는 일을 하기는 했다. … 맞는 말이다.**

아버지의 마음속에서는 매우 분명한 사실이 있었다: "그래서 네가 미국 사람들과 다른 나라 사람들에게 거기에서 무슨 일이 있는지 알게 했고, 그래서 그들이 처음에는 구호품을 보내 주었고 그 다음에는 그 나라를 돕기 위해서 군대를 투입시킨 것이지."

나는 아버지를 설득시키는 것이 어렵다는 사실을 알았다. 아버지의 눈에는, 그리고 친구분들이 믿도록 분명하게 확신하신 것은, 내가 부시 대통령과 클린턴 대통령과 다른 나라의 지도자들(나는 그들 중 어느 누구도 만나지 않았다)로 하여금 32,000명의 군대를 보내서 대대적으로 다국적인 구호활동을 펼치도록 설득시키는 데 가장 중요한 역할을 한 사람이라는 것이었다. 아버지는 그 모든 일들이 내가 한 일이라고 믿기를 원하셨다. 또한 마을분들은 나를 자랑스러워할 이유가 있다고 생각하셨다.

나는 아버지가 자신의 아들이 "고향에서 환영받는 선지자는 없다"는 말에 예외가 되기를 원하신다고 해서 아버지를 비난할 수는 없었다.

그러나 나도 그 말에서 예외일 수는 없었다.

켄터키 시골에 사시는 아버지와 친구분들은 "소말리아를 구하는" 일에 내가 많은 일을 하고 있다고 믿기를 원하셨다. 그러나 사실은, 아프리카의 뿔 지역에 있었을 때 내 주위의 엄청난 필요들은 종종 내가 예상했던 것보다 훨씬 더 나를 두렵게 했다. 나는 나와 우리 단체에서 나와 함께 일하는 좋은 사람들의 노력이 실제적으로 어떤 변화를 가져올 수 있을지 의아하게 생각하고 있었다.

12장

소말리아를 위한 눈물

켄터키에 계신 아버지의 친구들만이 흥미와 관심을 가지고 동아프리카의 발전을 지켜보고 있는 것이 아니었다. 희망 회복 작전에 관한 미디어의 관심은 소말리아 역사가 지닌 장기간에 걸친 고통과 끔찍함에 대하여 미국인들에게 알게 해 주었다. 필요한 물품들에 대한 말이 퍼져 나가자 미국과 전 세계에 있는 신실한 친구들과 지원자들이 넉넉하게 도와줘서 우리 일은 빠르게 확산되어 나갔다. 때때로 우리는 우리 일이 우리의 능력으로 관리하기에는 너무 커졌다고 느낄 때도 있었다.

우리는 작은 규모로 구호 사업을 시작했었다. 그것이 갑자기 커져서 이제는 네 나라에 지부를 두고 150명의 소말리아 직원들과 35명의 서구 직원들로 이루어진 전문적인 다국적 단체가 되었다. 처음 7년 동안은 루스가 나이로비에 있는 우리 집의 작은 사무실에서 우리 단체의 행정 일을 맡았었다.

우리가 나눠 주는 구호품 대부분은 유엔에서 보내 주고 있음에 깊이 감사했다. 또한 우리 단체는 성도들이 지속적으로 보내 주는 안정적인 자금을 필요로 했다. 그러한 지원은 필요한 직원들을 뽑을 수 있게 해 주고 비용이 들어가는 일에 자금을 쓸 수 있게 해 주었다.

그 당시 가장 크게 달랐던 점은 물질적인 지원 뿐 아니라, 소말리아 사람들과 그들이 영육 간에 필요한 것들을 위해 기도로써 우리를 지원해 준 수천 명의 사람들이 있었다는 것이었다.

우리가 한 달 간 쓰는 비용과 급료는 순식간에 증가하여 나는 다른 나라들을 다닐 때 십만 달러를 현금으로(100달러짜리 지폐로) 가지고 다녀야 했다. 나는 그 돈을 서너 개의 묶음으로 나눠 차 안이나 몸에 따로 숨겨서 가지고 다녀야 했다. 만약 내가 강도를 당한다면 그들은 자신들이 찾은 첫 돈 묶음만 보고 너무 흥분되어서 나와 남은 돈을 남겨 두고 더 이상은 찾지 않은 채 가버릴 것이다. 그러나 나는 한 번도 강도를 당하지 않았음에 감사드린다.

그런데 나의 감독관들은 내가 어떻게 자금을 소말리아에 들고 들어가는지 알고는 놀라서 다시는 그렇게 하지 못하도록 했다. 나는 그들에게 더 좋은 계획이 있는지 물어보았다. 모가디슈에는 가동되는 금융 기관이 없었고 소말리아 화폐는 법적으로 인정되지 않아 통용되지 않았다. 유일한 선택은 전과 같이 지폐를 가지고 다니거나 아니면 모든 일을 접고 소말리아에서 나가야 했다.

그들은 그 방법보다 더 좋은 방법을 제안하지 못했다. 그래서 나는 그들의 허가 없이 전과 같이 지폐를 가지고 다녔다. 그러나 그들은 내가 그렇게 하고 다니는 것을 잘 알고 있었고 말로 표현은 하지 않았지만 우리 일을 축복해 주었다. 우리 단체가 소말리아에서 6년간 일하는 동안 자금을 다루는 다른 방법을 생각해 내지 못했다.

우리 단체가 소말리아에서 그렇게 많은 일을 하고 그렇게 오랫동안 할 수 있었던 이유는 헌신적인 소말리아 직원들 덕분이었다―그들은 거의 모두가 이슬람교도였다. 그들은 일자리가 거의 없는 상황에서 우리가 일자리를 제공하고 많은 소말리아 사람들을 돕고 있는 것을 보았기 때문에, 우리를 위해 일하던 소말리아 사람들은 우리가 서구 사람들이라는 사실을 기꺼이 받아들였다.

소말리아 직원들은 엄선된 사람들이었다. 우리가 고용하거나 만난 몇 안 되는 성도들은 경건한 사람들이었다. 그리고 이슬람교 직원들은 내가 만난 가장 희생적인 사람들 부류에 속해 있었다. 실업률이 90%나 되었기 때문에 우리는 여러 가지 배경을 가진 사람들 중에서 자질이 우수한 사람들―전직 교수, 간호사, 농업전문가, 수의사, 수질관리사, 사업가, 교육가, 회계사 등―을 고용할 수 있었다. 우리가 지불하는 상대적으로 적은 임금은 그 당시 소말리아에서는 적지 않은 금액이었다. 우리는 할 수 있는 한 많은 가정을 돕는 데 돈을 쓰고자 노력했다.

우리 직원들 중 중요한 자리에 있으면서 우리의 오른 팔 역할을 하는 오마 아지즈는 믿을 만한 친구였다. 그는 가장 총명하고 인정 많은 사람들 중 하나였다. 어느 날 그가 울면서 사무실로 들어왔다. 나는 무슨 일이 일어났는지 몰랐고 어떻게 그 문화에 맞게 대응해야 하는지도 몰랐다. 나는 자연스럽게 보이는 행동을 취했다: 그가 눈물을 그치기를 기다린 것이었다.

그는 곧 눈물을 그치고 자신이 왜 울었는지에 대해 나에게 말했다.

그는 자신의 이웃 근처에 있는 길을 따라 심부름을 가고 있었는데 작은 나무 그늘에서 나무에 기대어 아기에게 젖을 주고 있는, 영양이 부족하여 힘없이 앉아 있는 한 여자를 만났다. 오마 아지즈는 지나가면서 인사를 했다. 그녀는 미소로 답을 했지만 그녀의 아기는 계속해서 먹고 있었다.

오마는 일을 마치고 한 시간이 채 되지 않아 같은 길로 다시 돌아오고 있었다. 그는 같은 평화로운 장면–같은 여자가 같은 나무 아래에서 같은 포즈로 같은 아기를 안고 있는–을 보았다. 그가 아무 생각 없이 걷고 있는데 이번에는 어린 아이의 우는 소리가 들렸다. 그가 그 곳을 바라보았을 때 그는 직감적으로 뭔가 잘못 되었다는 사실을 감지했다. 아기는 엄마의 팔에 안겨 버둥거리며 울고 있었다. 그러나 그 여자는 이상하게 꼼짝을 하지 않고 있었다. 잠깐 동안 오마는 그녀가 자고 있다고 생각했다. 그러나 그가 그녀 곁으로 가까이 다가가자 사실을 알게 되었다. 그가 그 길을 따라 내려간 후 그 젊은 엄마가 죽은 것이었다! 그는 그녀에게 다가가서 허리를 굽혀 엄마 품에서 아기를 조심스럽게 꺼내 안았다. 그리고 아기를 달래려고 노력했다.

그는 그녀의 신분증을 찾을 수가 없어서 근처 마을로 가서 집집마다 노크를 하면서 그녀를 아는 사람을 찾았지만 허사였다. 그는 그녀를 묻기 위해 사람들은 모았지만 아기를 맡길 만한 사람은 찾지 못했다.

이 때 오마 아지즈의 얼굴에는 다시 눈물이 흘러 내렸다. 그는 "그 아기에게 무엇을 해 줘야 할 지 모르겠어요!" 그는 분노한 목소리로 말했다. "가난한 우리나라! 우리는 어떻게 되는 거죠?"

(그 아기의 이야기는 비극으로 끝날 줄 알았는데 그보다는 행복으로 끝났다. 오마 아지즈가 아기를 잃은 한 엄마에게 그 아기를 맡긴 것이

었다. 그녀는 아기를 돌보게 되어 기쁘다고 했다.)

나는 오마가 그 날 만난 그 여인보다 더 충격적인 장면들을 많이 보았다는 사실을 알고 있다. 그러나 사람이 날마다 수없이 일어나는 인간의 고통과 비인간적인 폭력들을 다뤄야만 할 때 감정적인 반응은 결코 예견할 수 없는 것이다. 때로는 차분해질 수도 있고 때로는 의연해질 수도 있다. 때로는 아무런 전조도 없이 감정의 댐이 무너져서 격한 감정에 휩쓸리기도 한다. 그러한 감정적 홍수를 유발시키는 것은 항상 극적인 것은 아니다. 그것은 고아가 된 또 한 명의 아기를 보는 것처럼 단순한 일일 수도 있다.

또 때로는 끊임없이 생각나는 상처들로 인해서 생긴 셀 수 없는 아주 미묘한 것들이 누적된 결과일 수도 있다. 우리는 때로 작은 친절에 의해 큰 감동을 받기도 한다.

압박감과 슬픔에 대해 참을 수 없게 되었을 때, 나는 그 때가 나이로비로 가서 가족과 함께 시간을 보낼 때라는 사실을 알고 있다. 우리 직원들의 규칙은 배우자와 한 달 이상 떨어져 있으면 안 된다는 것이다. 루스와 나도 그 규칙에 따라 살려고 노력하고 있다. 나는 루스가 나의 정박지라는 사실을 알고 있다.

나는 전문적인 구호 사업 고유의 위험에서 나를 보호하려는 그 이상의 목적으로 정박지를 필요로 했다. 종종 제한된 인원과 자원 때문에 어느 마을들은 가고 어디는 갈 수 없는지 선택을 해야 할 때가 있었다. 내가 매일 하는 그 날 그 날의 결정에 따라 누가 살고 누가 죽느냐가 결정되었다. 그러한 결정은 매우 중요하고 두려운 일이었다. 그것은 굉장한 책임감이 주어지는 일이었다. 우리의 프로젝트가 수천 명의 사람들에게 영향을 미쳤다. 우리에게는 항상 기본적인 관점을 잃고 우리 손에 달려 있는 힘에 대해 생각하는 보이지 않는 유혹이 있었다. 그러나 우리는 창조주 하나님만이 삶과 죽음에 대한 궁극적인 주권을 가지고 계심을 기억하고 서로에게 상기시켜 주려고 노력했다. 우리는 그러한 권위는 우리가 결코 생각하지도 말아야 할 것이라는 사실을 알고 있었다.

만약 열 개의 마을을 위한 식량과 물이 있다면, 그 지역에 그 식량과 물을 필요로 하는 절망적인 스무 개의 마을이 있다는 사실 아래 선택을 해야만 했다.

나는 내 결정이 내 기도 시간과 하나님과의 관계와 떨어져서 이루어질 수 없음을 깨달았다. 나는 나의 소관이 아닌 책임과 권한의 수위를 넘는 것을 경계했다. 내가 소말리아에서 내 일에 열중하는 것과 관계없이 내 기반이 되는 것은 루스와 내 아이들과의 연결이었다. 내가 나이로비에 도착할 때마다 나를 반겨 주는 그들은 나로 하여금 하나님께서 주신 남편과 아버지로서의 역할 또한 내 사역에 매우 중요하다는 사실을 상기시켜 주었다.

루스는 우리 사역의 동역자였다. 소말리아에 있을 때 나는 구호 사업에 온 힘을 다했다. 나이로비에서 루스는 다양한 일을 수행했다. 내가 없을 때 그녀는 아이들에게 엄마와 아빠 역할을 동시에 해야 했으며 바쁜 집안일을 혼자서 감당해야 할 책임도 있었다. 그녀는 우리 사업의 베이스 역할을 하면서 그 모든 일을 해냈다.

우리가 소말리아에서 살았을 때 루스는, 일주일에 네 번 차로 10마일을 가서 네 개의 20갤론짜리 플라스틱 통에 마실 물을 사서 집으로 돌아왔다. 물을 넣을 때는 차에 있는 플라스틱 통에 호스를 이용해서 넣을 수 있었지만 집에 와서는 20갤론짜리 통을 차 밖으로 옮길 수가 없었다. 그래서 그녀는 물을 작은 통에 옮겨 집으로 가져왔다. 안전한 물을 확보해야 하는 것은 매일 다루어야 하는 많은 일들 중 하나였다.

우리 가정은 가족 그 이상의 의미였다. 우리 집은 사역의 중심지였으며 네 개의 다른 나라에서 행해지는 다국적 사역의 본부였다. 루스는 우리 단체에 와서 여러 가지 역할을 하는 사람들, 즉 최고경영자(CEO), 업무담당최고책임자(COO), 재무담당최고책임자(CFO), 개인감독, 홍보담당최고책임자(CCO), IT책임자, 비서실장, 법인여행대리인, 정비기술책임자의 멘토가 되어 그들을 격려하였다(초기에는 그녀가 그 모든 역할을 스스로 감당했다).

그녀가 나를 위해서 했던 가장 중요한 역할은 지혜롭고 신뢰할 수 있는 상담가이며 영적인 지원과 격려를 해 주고 내 말을 잘 들어 주는 내 개인치료사이며 무엇보다 우리 단체를 하나로 만들어 주는 역할이었다. 우리는 그것을 '**회원 관리**'라고 불렀다.

나이로비에서 우리가 출석하는 케냐 교회도 내가 안전하게 정박해서 가져온 모든 짐들을 내려놓을 수 있는 영적인 항구 역할을 했다. 내가 나이로비에 갈 때마다 만나는 네 명의 믿는 형제들도 같은 역할을 했다.

내가 나이로비에서 회복의 시간을 갖는 동안, 루스는 가장 스트레스를 받는 일과 재정적인 일과 개인적인 일들을 내게 말했다. 우리는 다음 몇 주를 위해 전략을 짜고 우선순위를 정하는 일을 했다. 그런 다음 그녀는 나를 공항까지 태워다 주고 전쟁지역으로 가는 비행기에 또 다시 나를 태우곤 했다. 그녀는 내가 집으로 돌아오기까지 얼마가 걸릴지라도 그녀가 할 수 있는 일은 나를 위해 기도하고 나를 돌보시는 하나님을 신뢰하는 일이라는 사실을 알고 있었다.

13장

예수님의 피 흘리심과 죽으심

1993년 소말리아에서 폭력은 더욱 심해졌다. 시간이 지날 때마다 상황은 더 혼란스러워지는 것처럼 보였다. 6월 초 24명의 파키스탄 평화유지군이 살해되었다. 1993년 8월에, 점증하는 폭력을 통제하고 진압하기 위한 일환으로 미군 특수부대(Task Force Ranger)가 반군의 뿌리를 뽑기 위하여 소말리아에 배치되었다. 그해 10월에 반군 지도자를 추적하는 과정에서 특수부대가 올림픽 호텔을 강습하여 17시간에 걸친 전투를 벌였고 그 결과 미군들 중 18명이 희생되었고 84명이 부상을 입었다(우리는 나중에 7백 명이 넘는 소말리아 사람들이 죽었다는 것을 알았다). 그 교전은 나중에 "모가디슈의 전투(Battle of Mogadishu)"라고 명명되었고, 『블랙호크다운(Blackhawk Down: 소말리아에 파견되었던 무적의 전투기 블랙호크 슈퍼 16과 블랙호크 슈퍼 64가 소말리아 반역군에 의해 격추당한 것을 뜻하는 말—역주)』이라는 책과 영화로 유명해졌다.

자주 발생했던 폭력은 그 비극적 사건 이후에 잠시 동안 누그러졌다. 그러나 평화에 대한 전망과 전투가 끝나리라는 희망은 없어 보였다. 전쟁을 하는 씨족들을 한 자리에 모으는 일에 실패를 거듭하자, 유엔은 소말리아 사태에 개입한 것에 대해 회의를 갖기 시작했다. 내 생각에 메시지는 분명했다: "소말리아는 생명을 대가로 치를 만한 곳이 아니다. **고맙다**는 말을 할 줄도 모르는 사람들을 구하기 위해 치르는 비용이 너무 비싸다."

우리는 잔인한 내전과 가뭄과 기근으로 쫓겨난 170만 명의 사람들에게 많은 관심을 가졌다. 그들은 무정부상태의 폭력과 정치적 소요와 복잡한 사회적 붕괴 때문에 희생이 되고 있었다. 유엔의 구호품들과 많은 단체들의 구호사업 덕분에 모가디슈에 홍수처럼 유입된 대부분의 난민들은 생존에 필요한 식량을 공급받고 있었다. 그러나 그것은 일시적인 것이었다. 소말리아는 제대로 기능하는 국가를 재건하기 위해 엄청난 자원을 필요로 했다―그리고 그 과정은 매우 오래 걸릴 것이다. 유엔은 소말리아에서 6개월 더 주둔하기로 결정했는데 우리 단체는 우리가 소말리아에 들어갈 수 있는 한, 그리고 폭력이 난무해서 우리가 일을 할 수 없는 때가 오지 않는 한 우리 일을 계속하기로 했다. 우리는 악이 선을 이기는 것을 그대로 두지 않으리라 다짐했다.

1993년 12월에서 1994년 초까지 몇 달에 이르는 미국에서의 휴가는, 소말리아에서 거의 2년 동안 보내면서 받은 육체적인 피로와 감정적인 스트레스를 일시적으로나마 잠재워 주었다. 그 기간에 우리는 우리를 지원해 주는 사람들도 만나고 우리에게 조언해 주는 사람들도 만났다.

미국에 있는 동안 소말리아에 대해 말할 때 우리는 종종 상반되는 감정을 느꼈다. 고통받는 소말리아 사람들에 대한 나의 약속은 단호한 것이었다. 소말리아에서 필요로 하는 것들은 너무나 많았다. 나는 우리가 하는 일에 열정을 가지고 임했다. 또한 우리의 노력에도 강한 자부심을 가졌다. 우리 팀은 아무것도 없이 빈손으로 시작했지만 빠른 시간 안에 영향력 있는 국제구호단체가 되었다. 우리는 소말리아의 주요 인사들을 채용했고, 절망적인 수만여 가정에게 생존에 필요한 수백만 달러어치의 구호품을 나눠 주었다.

소말리아 사람들의 육적인 필요에서 볼 때 우리 팀은 놀라운 영향력을 발휘했다. 그러나 소말리아 사람들의 영적인 면을 생각해 보면 우리 노력에 대한 평가는 긍정적이지 않았다. 사실 우리가 소말리아 친구들이나 동료들과 맺은 개인적인 관계 이외에, 영적인 필요들을 채워 주는 데 있어서는 "성공"했다고 말할 수 있는 것이 거의 없었다. 나는 그 점에 대해 깊은-그리고 죄책감까지 느끼며-관심을 가졌다.

내가 성경에서 만나는 예수님은 제자들에게 굶주린 자에게 먹을 것을 주고 목마른 자에게 물을 주고 아프고 상처 입은 사람들을 치유해 주고 고통받고 핍박받는 자들을 돌보아 주라고 가르치셨다. 그것이 우리가 소말리아에 있는 명백한 목적이었고 나는 그 점에 있어서는 잘되고 있다고 생각했다.

동시에 예수님은 제자들에게 세상으로 가서 세상 사람들을 제자로 삼으라고 가르치셨다. 우리는 "세상으로 가라"는 그 분의 말씀은 잘 들었다. 그러나 "제자 삼으라"는 말씀을 이루는 일은 실패했다.

우리는 예수님께서 명하신 두 개의 큰 주제를 잘 연결시킬 수 있는 방법을 찾을 수가 없었다. 이상하게 들릴지 모르겠지만 소말리아에서 육적인 필요에 부응하는 일은 쉬웠다. 그러나 영적인 필요를 언급하는 일은 불가능해 보였다. 사람들과 예수님에 대하여 이야기하는 일은 우리가 가장 간절히 바라는 일이었다. 그것이 우리의 열정이고 우리의 목적이었다. 그것이 우리가 하는 일의 중점이었고 하나님께서 우리에게 주신 임무였다. 그러나 종종 우리 앞에 있는 장애를 극복하는 것은 불가능해 보였다.

오늘날까지도 그 중요한 고민에 대한 쉬운 답이 없다는 사실을 인정한다. 예수님에 대해 언급하는 것이 법에 저촉되는 나라에서, 예수님에 대해 말로 담대히 증언하는 일이 어떻게 가능할까? 새로운 믿음을 갖는 것이 죽음에 이르는 줄 아는 나라에서, 친구들을 인도하여 예수님을 믿게 하는 일이 어떻게 가능할까? 우리는 소말리아에 오기 오래 전부터 이와 같은 질문을 놓고 토론했었다─그런데 갑자기 그런 질문들이 더 이상 이론적인 질문이 아닌 것이 되었다. 우리는 갑자기 실제로 그렇게 사는 사람들과 그들의 삶에 대해 이야기하게 되었다. 만약 내 친구와 예수님에 대해 이야기하는 것이 그를 죽음에 이르게 하는 것이라면 내 믿음을 나눌 수 있을까? 어찌되었든 나의 믿음을 나누어야만 하는가? 그 다음에 무슨 일이 일어나든 기꺼이 살아갈 수 있을까? 이런 질문들이 심히 우리를 혼란스럽게 하였고, 우리는 밤낮으로 그런 질문들과 싸웠다.

소말리아로 부르심을 받았다고 느꼈을 때부터 루스와 나는 모든 사람에게 통찰력과 지혜를 구했다. 우리는 큰 구호단체의 지도자들과 대화를 나누었다. 여러 단체에서 온 성도들과도 이야기를 나누었다. 또한 하나님의 방법과 기도에 대해서 아는 것처럼 보이는 사람들과도 대화를 나누었다. 시간이 지날수록 우리의 의문은 더 커졌다: "예수님이 누구이신 줄 전혀 모르는 사람들에게 어떻게 효과적으로 그리스도의 사랑을 전하고 나눌 수 있을까? 믿음에 대해 그렇게 적대적인 곳에서 어떻게 우리가 영적인 영향력을 끼칠 수 있을까? 예수님을 믿는 사람들을 욕하고 핍박하는 것이 정당한 것이라고 생각하는 사람들 속에서 어떻게 예수님을 위하여 순수하게 증언할 수 있을까? 우리에게 동기를 주는 것은 그리스도의 사랑이라고 말하지 않는다면 사람들이 어떻게 그 분의 사랑을 깨달을 수 있을까? 하나님의 사랑이 어떻게 사람들의 미움을 이겨낼 수 있을까?"

우리가 이야기한 대부분의 사람들은 별다른 제안을 하지 못했다. 몇몇 사람들은 그 점에 대해 생각하고 기도하겠다고 말했다. 분명한 사실은, 우리만이 그런 질문들로 고민하는 것이 아니며 우리만이 답을 찾지 못하는 것은 아니라는 점이었다.

미국에 있는 동안 나의 멘토 중 몇몇 분들이 많은 도움을 주었다. 그들은 "닉, 우리는 소말리아 같은 곳을 보지 못했네. 그런 곳에서 그리스도를 위해 산다는 것은 우리가 감히 시도조차 못한 일일세. 그것이 자네를 혼자 그 곳에 보내게 된 이유가 아닌가 생각되네"라고 말했다.

이상하게 나는 내 멘토들과 동료들이 내 질문에 답을 갖고 있지 않다고 인정하는 말을 듣고도 실망하지 않았다. 사실 나는 자유로웠다. 나는 믿음을 가진 사람들이 소말리아 같은 곳에서 살고 일하는데 필요한 전략을 조사하기 위해 직접 가 보라는 자유가 내게 주어졌음을 느꼈다. 우리가 따라야 할 전략이 없었기 때문에 우리는 우리의 길을 만드는 데 자유롭다고 느꼈다.

그 때 루스와 나는 우리와 같은 사람들―이 세상에서 가장 어려운 곳에 살면서 사역하고 있거나 소말리아 같은 곳에서 하나님의 사랑을 간절히 나누고 싶어 하는 사람들―을 찾거나 또는 필요하다면 제자 양성을 위한 자료들과 실제적인 지침서를 만들거나 발전시키는 꿈을 자유롭게 꿀 수 있다고 느꼈다. 한편으로 쉬운 답은 없었다. 그러나 또다른 한편으로는 우리 자신의 길을 찾으려고 노력할 수 있는 기회가 있어서 매우 기뻤다.

아프리카에서 새롭게 찾은 자유를 실행하기 전에 우리는 켄터키에서 가족들과 시간을 좀 더 가졌다. 지난 번 아버지와 만난 이후 나는 이번에는 아버지께 소말리아에 대해 좀 더 많이 말씀드려야겠다고 생각했다. 아버지는 "블랙호크다운" 사건과 최근 소말리아에서 미군 병력을 대부분 철수했다는 사실에 관심을 가지셨다. 나는 아버지께 미군이 철수한 것에 대해 친구분들에게 어떻게 말씀하실 거냐고 물었다.

아버지는 슬픈 표정으로 고개를 흔드시며 말씀하셨다. "벌써 친구들한테 말했단다. 미군이 만약 네 말을 들었다면 아직 거기에 있었을 거라고 말했지. 그리고 그들이 거기에 있었다면 모든 일들이 안정되었을 거라고도 말했지!"

나는 웃을 수밖에 없었다. 나는 다시 한 번 아버지의 아들에 대한 자부심의 거품을 터뜨리기를 망설였다. 언젠가는 나도 소말리아에서 소말리아 사람들과 함께했던 일들이 어떤 차이를 만들어 냈는지 여전히 의아해 할 것이라는 것을 말씀드리지 않았다.

우리가 케냐로 돌아왔을 때 별다른 변화는 없었다. 나는 그 해 초봄에 소말리아로 갔다. 사람들은 여전히 도움을 필요로 했다. 전쟁 중인 씨족 지도자들은 여전히 화해할 기미가 보이지 않았다. 상황은 여전히 무시무시했지만 유엔은 6개월간만 더 구호 지원을 해 주기로 결정했다. 그것은 우리 단체가 할 일이 많다는 사실을 의미하는 것이었다.

나는 항구에서는 더 많은 배를 보았고 거리에서는 더 많은 차량들을 보았다. 그리고 더 많은 물품들이 도착하고 있었다. 그리고 몇몇 가게는 문을 열고 영업을 하고 있었다. 동시에 유엔군의 숫자가 반으로 줄어들어 상황은 훨씬 덜 안전해 보였다. 그 결과 우리가 안전하게 다니는 지역과 우리가 일을 할 수 있는 곳은 더 적어졌다. 나는 유엔이 몇 주 혹은 몇 달 후면 그 나라를 떠날 것이라는 사실을 알았다. 또한 희망 회복 작전은 희망이 얼마 남아 있지 않아 보였다.

물론 우리의 일이 유엔의 결단을 요구하는 일은 아니었다. 우리를 소말리아로 보낸 것은 어떤 단체가 아니었다. 그리고 어떤 단체가 우리를 거기에 머물게 한 것도 아니었다.

우리는 더 높은 곳의 명령을 받았다. 그러나 우리는 소말리아에 쏟아 부은 국제적인 원조에 감사드렸다. 슬프게도 그 원조는 소말리아에 도착하기가 무섭게 사라져 버렸다. 우리는 유엔이 소말리아를 주목했을 때 우리가 필요로 하는 모든 것을 가졌다고 생각했다. 우리는 미국과 연합군들이 합세했을 때 희망을 가졌었다. 이제 전 세계가 빠르고 조용하게 상처 입은 땅과 황폐해진 사람들에게서 물러나고 있는 것처럼 보였다.

믿음이 있는 사람들조차 소말리아에 대해 흥미를 잃어 가고 있었다. 실패와 상실과 희생에 직면해서 계속해서 헌신하는 것은 어려운 일이었다. 우리는 지원이 빠져 나가는 것을 느낄 수 있었다. 그러나 하나님은 소말리아를 포기하지 않으셨다.

아프리카에 오랫동안 돌아가지 못하고 있었는데 그 때 가장 의미 있고 영적인 경험을 하게 되었다. 어느 날 나는 어느 모임에 초대를 받았다. 그런 모임은 소말리아에 살 때는 물론 내 인생에서 처음 있었던 모임이었다. 그 모임은 다른 단체에서 일하는 친구가 네 명의 소말리아 성도들이 드리는 특별 예배에 나를 초대함으로써 이루어졌다.

일곱 명—세 명의 서구 사람과 네 명의 소말리아 성도—이 모가디슈 중심가에 있는 버려진 빌딩에서 예정된 시간에 만났다. 우리들은 각각 다른 곳에서 왔다. 함께 모여서 서로 인사를 나눈 후에 내 친구가 기도 시간과 친교 시간을 인도했다. 우리는 가벼운 식사를 함께 나누었다. 2천 년 전에 예수님의 제자들이 그랬던 것처럼, 우리는 주님의 마지막 만찬을 기억하고 우리 죄를 대속하시기 위해서 십자가에서 기꺼이 죽으신 예수님의 죽음을 기념하며 식사를 나누었다.

우리는 우리를 위해 십자가 위에서 죽으신 예수님의 몸을 기억하면서 빵을 먹었다. 나는 지난 세대 동안 믿는 사람들이 얼마나 자주 상처받은 이 나라의 수도에서 함께 빵을 떼었을지 궁금했다. 그에 대해 알 길은 없었으나 내 생각에는 오랫동안 그런 일은 없었을 것 같았다(20년이 지나고 난 다음에 돌아보면 그 이후로 모가디슈에서 주님의 마지막 만찬은 없었다).

우리는 우리를 위해 흘리신 예수님의 피를 기억하며 포도주스를 마셨다. 나는 이름도 알려지지 않은 무명의 소말리아 성도들이 얼마나 많이 이 나라에서 믿음을 위해 핍박을 받고 고통을 당하며 죽었을지 궁금했다. 나는 이 믿지 않는 나라의 믿지 않는 사람들 사이에서 기꺼이 자신들의 몸과 피를 드리는 위험을 감수하는 네 명의 형제들과 주님의 만찬을 함께하며 예배를 드리는 것에 대해 명예심을 느꼈다.

그전에는 제자들과 함께하신 예수님의 마지막 만찬에 대한 진정한 의미를 결코 알지 못했다. 만찬을 함께하는 순간은 거룩한 순간이었다. 또한 네 명의 믿는 형제들에게 진심으로 관심을 갖게 되는 순간이었다. 소말리아 친구들의 신중한 표정은 나에게 무언가를 강력하게 생각나게 했다. 그것은 2천 년 전 우리 주님의 죽으심과 희생 뿐 아니라 그 분의 변치 않는 사랑과 그 분의 신실하심과 그 분의 임재가 오늘날에도 용감하고 신실하게 그 분을 따르는 사람들에게 함께하신다는 사실이었다.

의미 있는 주님의 만찬을 경험한 것은 불행하게도 끔찍한 여름 아침의 사건을 경험한지 오래되지 않은 내게 더욱 감정적인 통렬함을 느끼게 해 주었다.

14장

너무나 큰 대가

그날 아침은 여느 날과 다름이 없었다. 나는 브리핑을 받는 방에서 군 지휘관이 현재의 소말리아 상황에 대하여 말하는 것을 듣고 있었다. 상황은 매일 변했고 새로운 상황에 대한 브리핑이 정기적으로 이루어졌다. 브리핑이 거의 끝나가고 있는데 한 동료가 문을 확 열고 들어왔다. 원래는 그런 모임을 방해하면 안 되는 것이었지만 그는 뭔가 일이 생겨서 떨고 있는 것 같았다. 군 지휘관의 브리핑을 방해하면서 그가 전한 내용은 다음과 같았다.

"여러분들이 아시다시피 우리 단체는 수십 년간 소말리아에서 일해 왔습니다. 오늘 아침에 저는 우리와 함께 일해 온 네 명의 소말리아 성도가 출근하는 길에 각각 습격을 받아 살해당했다는 소식을 들었습니다. 우리는 이미 우리 단체가 소말리아에서 나가지 않으면 우리를 위해 일하는 사람들을 모두 죽이겠다는 최후통첩을 받았습니다."

눈물을 흘리며 그가 덧붙여 말했다. "우리는 떠날 수밖에 없습니다!" 그 말과 함께 그는 들어올 때와 같이 재빠르게 방에서 나갔다.

공포가 나의 온몸을 전율케 했다. 더 자세히 듣지는 못했지만 나는 그가 이야기한 것보다 더 많은 것을 알고 있었다. 나의 의혹이 맞지 않기를 바랐지만 나는 그 날 살해된 네 명의 소말리아인들이 몇 주 전 우리와 같이 주님의 마지막 만찬을 나누었던 사람들이라는 사실을 곧 알게 되었다. 미리 계획된 살인 음모 가운데 그 날 아침 네 명의 습격자들이 네 명의 성도들을 각각 순식간에 습격한 것이었다.

이슬람 근본주의는 무죄를 주장했다. 살인자들은 소말리아 성도들을 잔인하게 살해했을 뿐 아니라 시신을 가져가서 죽은 사람들의 시신은 한 구도 발견되지 않았다.

살해사건이 있고 난 다음 날, 나는 무장한 경호원과 함께 모가디슈 거리를 걸어가고 있었다. 내 시야에 들어오는 모든 곳에서 나는 파괴와 고통을 보았다. 살해된 친구들에 대해 생각했을 때 적들에 대해 너무 화가 나서 구약 성경에 나오는 선지자들처럼 그들을 멸하여 달라고 하나님께 울부짖었다.

"주님, 왜 이 사람들을 멸하지 않으십니까?" 나는 하나님의 뜻을 알기를 원했다. "그들은 이미 이 나라에서 당신의 모든 자녀들을 거의 다 죽였습니다. 그 사람들은 그 누구도 주님의 구원과 은혜를 받을 자격이 없습니다!"

하나님의 영이 즉시 내 마음에 말씀하셨다: **너도 그렇다, 닉! 너도 그**

들과 다를 바가 없다. 그러나 내 은혜로 너는 들을 수 있고 이해할 수 있고 믿을 수 있는 환경에서 태어났다. 이 사람들은 그런 기회를 갖지 못했다.

하나님은 나로 하여금 성경에 있는 한 진리의 말씀을 기억나게 하셨다. **"우리가 아직 죄인 되었을 때에 그리스도께서 우리를 위하여 죽으심으로"**(롬 5:8) 그리고 또 하나의 생각이 내 마음 속에 떠올랐다: **그리스도께서는 너만을 위해서가 아니라 아프리카의 뿔 지역에 있는 모든 소말리아 사람들을 위해서도 죽으셨단다.**

오랫동안 나는 내가 그리스도의 십자가의 은혜를 받을 만한 자격이 없다고 생각했었다. 나는 그렇게 이해했었다. 나는 하나님의 은혜의 결과로 구원받았다는 사실은 알고 있었다. 그러나 그 모든 것을 지식적으로만 알고 있었다.

그러나 나는 갑자기 영적인 깊은 진리를 깨닫게 되었다. 나는 내 죄를 더욱 분명하게 보았다. 나의 악한 심성을 보았다. 그리고 예수님이 아니면 누구에게도 희망은 없다는 사실을 깨달았다. 소말리아에서는 사람들을 어떤 범주에 넣는 것은 쉬운 일이었다: 좋은 사람, 나쁜 사람, 악한 사람, 경건한 사람, 이기적인 사람, 베푸는 사람, 감사하지 않는 사람, 친절한 사람, 미운 사람 등등. 우리는 거의 자동적으로 사람들을 특정 범주 안에 넣었다. 그러나 나는 이 순간 여기에서 그리스도의 은혜가 없는 모든 인간의 상실된 존엄성을 보았다.

악에 대한 나의 분노는 합당한 반응이었다고 믿는다. 사실 하나님은 의로우신 격노로 악을 미워하신다. 그러나 하나님을 믿는다고 말하는 사람들은 죄와 죄인을 구별할 필요가 있다. 그것은 내가 매일 투쟁하는 점이었고 어느 날은 특별히 더 어려웠다. 솔직히 말하자면 20년이 지나고 난 뒤에도 그것은 내가 여전히 투쟁하고 있는 점이다.

나는 여기에서는 이슬람교도들이 진정한 적이 아니라는 점을 기억하기 위해서 열심히 노력해야 했다. 잃어버림이 적이었다. 적은 목자 없는 양 같은 사람들을 사악하게 유혹하여 함정에 빠뜨리는 악마였다. 소말리아 사람들은 희생자들이었다. 그들은 그들의 나라에서 악의 근원도 아니었고 악의 원인도 아니었다. 그들은 무자비한 악으로 인해 고통받는 희생자들이었다.

네 명의 친구들이 죽은지 며칠 후에 나는 우리 단체와 연결된 모든 소말리아 성도들에 대해 걱정했다. 그들은 상대적으로 적은 수였지만 우리는 우리가 연결된 것을 개방하지 않으려고 조심했다. 나는 그들 중 대부분의 사람들과 가까이 지냈고 그들을 가족처럼 사랑했으나 계속적으로 관계를 유지하는 것이 그들로 하여금 다음 표적이 되게 하지 않을까 두려웠다. 나는 내가 그들의 삶에 고통의 원인이 될지도 모른다는 생각 때문에 심히 두려웠다.

놀랍게도 위험에 처해 있는 사람들은 소말리아 성도들뿐만이 아니었다. 이슬람교도 경호원 세 명이 내게로 와서 자신들의 이름이 테러리스트들이 공개한 "소말리아 이교도인들/반역자들" 명단에 있다고 떨면서 말했다. 그 명단은 모든 서구 단체에 전해졌고 도시 주변에 붙여져 있었다. 그 안에는 기독교로 개종했다고 의심되는 사람들, 기독교 믿음에 관심을 갖고 있는 사람들, 기독교인과 친구로 지내는 사람들의 신상이 적혀 있었다. 이 모든 사람들은 죽여도 된다고 그 명단은 말하고 있었다.

세 명의 소말리아 직원들은 그 명단을 들고 내 사무실로 급히 들어와서 말했다. "닉 박사님! 닉 박사님! 당신이 알다시피 우리는 좋은 이슬람교도예요!" 나는 그들의 말에 그 사실을 잘 알고 있다고 대답했다. 그들은 그들의 이름이 적힌 명단에 대해 내가 어떻게든 조치를 취해야 한다고 말하며 많은 사람의 이름이 적힌 여러 장의 명단을 내게 넘겨 주었다.

나는 그들에게 내가 도울 수 있는 길을 모르겠다고 말했다.

"이건 너무 잘못된 일이예요!" 그들이 강력하게 주장했다. "우리는 그리스도인들이 아니라 이슬람교도입니다. 당신이 그들에게 가서 그들의 명단이 잘못되었다고 말해 줘야 합니다!"

그들이 너무 강력하게 주장하고 두려움에 너무 떨고 있어서 나는 그들에게 내가 그 명단에 대해 무엇을 할 수 있다고 생각하는지 물었다. 그들은 내게 테러리스트 본부에 가서 그들이 이슬람교에 대해 얼마나 열심인지 증명해 달라고 요청했다.

그 생각은 완전히 말도 안 되는 것이었다. 나는 이슬람 테러리스트 본부에 가서 내 이슬람 직원들의 믿음이 얼마나 좋은지 보증하며 말하는 것을 상상해 보았다. 나는 하마터면 어이가 없어서 크게 웃을 뻔했다. 이 미친 세상에서 제대로 격식을 갖추고 정상적으로 사는 것이 얼마나 불가능한지 다시 한 번 생각해 보았다.

그들의 제안은 완전히 터무니없어 보였다. 그러나 그들은 너무 심각했다. 나는 마지못해 그렇게 노력해 보겠다고 대답했다. 우리는 그 나라에서 가장 호전적인 이슬람교 본부를 찾아갔다. 나는 혼자서 안으로 걸어 들어갔다. 나는 할 수 있는 대로 비꼬면서 그들에게 그 명단을 우리에게 가져다 준 것에 대해 감사를 표했다. 나는 세 명의 이슬람교도 직원들의 이름을 가리키면서 그들에게 말했다: "이것은 실수인 게 틀림없어요. 여기 명단에 적힌 세 사람은 우리에게 중요한 직원들일 뿐만 아니라 좋은 이슬람교도들입니다. 그들은 매주 회교 사원에 가며 메카를 향하여 하루 다섯 번씩 기도합니다. 그들은 라마단 기간 동안 금식을 하며 그들 중 한 명은 메카 순례를 다녀왔습니다. 당신들도 이 사람들을 죽이고 싶진 않을 겁니다. 그들은 신실한 이슬람교도들이니까요. 그들의 이름을 이 명단에서 지워 주시기 바랍니다."

그들은 그 문제를 명확하게 해 준 것에 대해 내게 감사했고 우리 직원들의 이름을 명단에서 지웠다. 나는 그들의 이성적인 반응에 놀랐다. 돌아서 나오려 하다가 나는 멈추어 서서 그들에게 물었다. "그런데 왜 150명이나 되는 사람들을 명단에 넣어 공개한 거죠? 소말리아 전체에 그만큼의 기독교인들이 없는데요."

나는 그 말이 얼마나 어리석은 말인지 깨달았다. 나는 입을 다물었어야 했다.

그러나 그들은 내 질문에 대답을 했다. "당신이 옳습니다." 그들이 동의했다. "우리는 사십에서 오십 명의 소말리아 기독교인들이 이 나라에 남아 있다고 믿습니다. 그러나 우리가 이미 알고 있는 기독교인이라고 의심되는 사람들을 덧붙이면 모든 기독교인들을 잡을 수 있을 것입니다."

그것은 냉혹하게 계산된 전략이었다! 그리고 그것은 하루 이틀 뒤 내가 지역 신문에서 독자와 편집자간의 끔찍한 대화내용을 읽고 확인한 전략이었다. 한 호전적인 이슬람교도가 한 신문 편집자에게 다음과 같이 물었다. "왜 소말리아 기독교인을 죽이는 것인가? 개종한 사람들과 연결되어 있는 서구 사람들을 죽이는 것이 더 효과적인 전략이 아닌가?"

편집자는 이렇게 답했다.

> "서구 사람들을 죽이는 것은 그들을 순교자로 만드는 것이다. 서구 기독교인들을 죽이는 것은 헌신적인 기독교 성도들로 하여금 우리나라로 오도록 영감을 주어 결국 순교자가 되게 함으로 효과적이지 못하다."

편집자는 이어서 말했다. "그러나 우리가 개종한 사람들을 죽이면 서구 그리스도인들은 두려워할 것이며 자신들의 나라로 떠날 것이다." 편집자의 결론은 냉정했다. "서구 기독교인들은 개종자들이 죽임을 당하는 것을 차마 볼 수 없을 것이다. 그래서 개종한 사람들이 죽임을 당하면 서구 기독교인들은 떠날 것이다."

그 말에 할 수 있는 한 반대하고 싶었지만 나는 그 편집자의 말이 옳다는 것을 알고 있었다. 네 명의 소말리아 성도들이 살해되었을 때, 소말리아 안팎의 구호단체에서 일하는 서구 사람들은 70명 정도였다. 두 달 후에 네 명의 서구인들만이 소말리아에서 일하고 있었다.

오늘날까지 나는 내가 왜 소말리아를 떠나지 않았는지 모르겠다. 나는 그 때 소말리아를 떠나는 것은 내 친구들이 소말리아에서 예수님을 위해서 행한 희생을 헛되게 하는 것이라고 생각했던 것을 기억한다. 나는 네 명의 내 친구들을 생각했다. 어쨌든 나는 내가 소말리아에 머무는 것이 그들의 죽음을 명예롭고 가치 있게 하는 것이라고 생각했다.

많은 사람들의 조언에도 불구하고 우리 단체는 소말리아에 남아 있기로 했다. 우리는 하나님께서 우리를 사용하셔서 변화를 이루셨다고 느낄 때까지 소말리아에 머물기로 했다. 지금까지 우리의 경험으로 미루어 볼 때 오직 예수님의 사랑만이-국제적인 원조나 서구 문화나 어떤 종류의 정부나 외교술이나 군 병력이 아닌-이 슬프고도 고통받는 땅의 잔인한 상처를 치유할 수 있으리라고 확신했다.

우리가 소말리아에서 일을 시작했을 때 믿는 사람들의 수는 아주 적었다. 우리가 일하던 초기에 그 수가 조금 증가했다. 그러나 네 명의 친구들이 살해당했을 때는 살아 있는 소말리아 성도의 수가 얼마 되지 않았다. 우리가 소말리아에서 일을 시작했을 때 성공이라는 측면에서 무엇을 기대했는지 모르겠다. 그러나 나는 성공하지 않았다고도 확신할 수 없었다.

우리가 일을 시작했을 때 소말리아의 성도의 수는 켄터키의 작은 교회를 채울 수 있을 정도였다. 그러나 지금은 성도석 한 줄을 채우기에도 부족했다.

우리는 하나님의 부르심에 순종하여 상처 입은 사람들을 돕기 위하여 왔다. 우리는 우리가 도착하기 전에는 소말리아에 성도들이 있다는 것을 알지 못했다. 그러나 슬프게도 우리의 가장 큰 희망과 꿈에도 불구하고 새 성도들에게 개인적으로 예수님에 대하여 말할 수가 없었다.

설상가상으로 얼마 되지 않는 신실한 사람들을 강하게 하고 훈련시키기에는 우리가 그리 일찍 도착한 것은 아니었다. 우리는 그들의 죽음을 목격할 시기에 도착했던 것이다.

소말리아 성도들이 죽임을 당하거나 그 나라를 떠났다는 사실에도 불구하고 우리는 예수님께서 여전히 그 곳에 계신다고 확실히 믿었기 때문에 소말리아에 머물렀다. 오래 전에 예수님께서는 우리가 그 분을 따르는 사람들로서 "가장 작은 자"-굶주리고 목마르고 아프고 벌거벗고 핍박받는 사람들-에게 한 것은 무엇이든 그 분에게 한 것이라고 말씀하셨다. 우리는 소말리아에서 가장 작은 자에게 하는 일이 예수님께 하는 것이라고 믿었다.

15장

당신의 최선이 역부족일 때

이 어두운 날들 동안, 우리는 소말리아 사람들이 우리가 누구인 것과 우리가 말하는 것과 우리가 행하는 것을 좋게 평가한다고 느꼈다. 때때로 우리는 그들이 우리 일에 동기부여를 하는 가치들에 주목하는 것을 느끼기도 했다. 적어도 그들이 그 가치를 알고 있기를 바랐다.

예를 들어, 우리가 때때로 첫 번째로 음식을 줄 사람을 정하거나 또는 다음에는 어떤 마을을 도와줄 것인가를 결정하는데 뇌물을 받지 않는다는 사실을 알고 놀라는 소말리아 사람들을 만날 때가 있다. 그들의 문화는 그들로 하여금 모든 사람들이 부패할 수 있다고 확신하게 했다. 하루는 해안가 마을에서 감사를 표하기 위해 온 소말리아 사람들이 우리에게 말했다. "당신들은 우리 마을에 오면서 어떤 뇌물도 받지 않았어요. 그리고 음식을 나눠 준 후에도 그에 대한 대가를 받지도 않았고요."

그것이 사실이었기 때문에 나는 고개를 끄덕였다. 나는 그런 다음 무슨 말을 해야 할지 몰랐다. 그들이 이어서 말했다. "당신도 알다시피 우리는 이슬람교도로 특정한 음식을 먹을 수가 없어요. 그런 음식들은 부정하기 때문이죠. 그래서 당신들을 위해 이것을 사 왔어요."

그들은 두 개의 큰 아이스박스를 열어 신선한 인도양 바다가재를 보여 주었다. 그들은 "우리에게 먹을 것을 주셨으니까 이것을 뇌물로 생각하시면 안 돼요. 이것은 우리 마을에서 드리는 감사의 선물이예요. 서구 사람들은 바다가재를 좋아한다고 들었어요."

우리는 바다가재 잔치를 즐겼다. 그리고 그들이 우리의 사는 모습과 일하는 모습을 눈여겨보고 감동을 받아 한 행동이었기 때문에 그 선물에 깊이 감사했다.

우리는 소말리아 사람들이 우리가 진지하고 책임감 있게 구호 사역을 하는 것을 보고 감사했을 때 큰 격려를 받았다. 사실, 이슬람교도들이 우리가 궁극적으로 섬기는 한 분 하나님의 능력과 실존을 인지했던 때가 있었다. 큰 위험에 닥쳤을 때 우리 이슬람교도 직원들과 친구들은 종종 나에게로 찾아와 기도를 부탁하곤 했다. 또 어느 때는 의학적인 위기에 처했을 때 우리 이슬람교도 간호사들은 응급 처치를 중단하고 말했다. "당신은 항상 아픈 사람들을 위해 기도하셨어요. 그러니 먼저 당신이 하나님께 도움을 요청해 주시면 그 다음에 우리가 이 아이를 치료하겠어요." 우리는 하던 일을 멈추고 병이 낫도록 짧고 간결하게 사람들 앞에서 큰 소리로 기도했다. 그런 다음에 응급조치가 취해졌다.

우리는 어두움의 커다란 공간에 한 줄기 작은 빛을 창출해 내기를 바랐다. 그러나 많은 날들 동안 우리는 의아해했다. 나는 여전히 주님께서 나를 이곳에 보내셨다고 믿었다. 그러나 우리의 노동과 희생의 영적인 열매는 어디에 있는가? 우리가 도착했을 때 소말리아에는 교회도 없었고 믿는 사람들의 모임도 없었다. 몇 년이 지난 지금은 모든 곳의 상황이 더 나빠 보였다. 지금은 성도를 거의 찾아볼 수 없게 되었다. 나는 소말리아에서 선이 악을 이길 수 있는 희망이 있는지 의아해했다.

1995년 봄에 유엔이 모든 직원들을 철수시켰을 때, 앞으로 무엇을 기대해야 할지 아무도 몰랐다. 사실 보통의 소말리아 사람들에게는 변화가 거의 없었다. 가난한 사람들은 여전히 생필품을 얻기 위해 애쓰고 있었고 서로 적대적인 씨족들은 여전히 싸우고 있었다. 어떤 날은 더 좋았고 어떤 날은 더 나빴다. 소말리아 사람들은 수년간 고통을 받았기 때문에 1990년대 중반이 가장 좋은 때이거나 가장 나쁜 때는 아니었다.

그러나 유엔이 철수하자 우리 일의 성격과 범위가 달라졌다. 소말리아에 대한 관심이 줄어들자 재정 지원이 빠르게 줄어들었다. 또한 교통 수송과 안전 문제도 수월하지 않았다. 우리에게는 고통스럽고 위험한 시간들이었다. 우리는 수년 동안 우리를 위해 일한 직원들을 내보내지 않을 수 없었다. 그들을 내보낼 때마다 그들이 작은 사업을 해보겠다는 계획서를 제출하면 장려금으로 5백 달러씩을 줌으로써 그들의 고통을 줄여 주었다. 그 돈은 당시 소말리아 사람들에게는 굉장히 많은 돈이어서 현명하고 수완이 좋은 사람이라면 가족들을 부양할 수 있는 가게를 열거나 작은 사업을 시작할 수 있었다.

벽에 누군가가 쓴 낙서가 보였다: '우리가 소말리아에서 일할 수 있는 기회가 끝나가고 있는 것 같다.'

나는 그러한 현실을 받아들이기가 특히 더 어려웠다. 우리 단체의 사람들은 피와 땀과 눈물로 헌신했지만 눈에 보이는 실제적인 결과는 거의 없었다. 우리는 분명히 소말리아 사람들의 고통을 경감시켜 주었고 수만 명의 생명을 구했다. 그러나 얼마나 오랫동안 그렇게 할 수 있을까? 그리고 어떻게 끝이 날까? 지금의 소말리아는 우리가 처음 도착했을 때보다 더 나아졌는가?

솔직히 나는 그 질문에 대한 답을 알 수 없었다. 이 시기에 이러한 갈등으로 말미암아 나는 깊은 영적 위기에 봉착하게 되었다. 나는 하나님께서 희생적인 순종을 확실한 성공으로 보상하시겠다는 약속을 하시지는 않았다는 것을 알고 있었다. 동시에 나는 우리의 희생의 결과물이 왜 그렇게 작은지 의아했다. 아마도 우리가 볼 수 없는 결과물도 있으리라고 생각했다. 소말리아는 여전히 어두운 날들이었다.

나는 고집스러울 정도로 소말리아를 포기하거나 떠나는 것을 거절했다. 내가 떠나는 것이 악이 이겼다고 말하는 것이 되지 않을까 두려웠기 때문이다. 나는 밤에는 울음과 눈물로 지내지만 아침에는 기쁨이 온다는 시편기자인 다윗의 확신을 굳게 붙잡았다. 그러나 슬프게도 소말리아에서 6년을 보냈지만 매일 아침을 더 많은 눈물로 맞아야 했다.

아마 내 생애 처음으로 나는 고칠 수 없는 것을 다루고 있었다. 기도와 순종과 열심히 일하는 것과 좋은 훈련과 경건한 의도와 희생—이것들 중 어떤 것도 변화를 가져오는 것은 없는 것처럼 보였다. 내가 비행기를 타고 하르게이사에 처음 온 이후로 소말리아에서는 상황이 천천히 그리고 조금씩 변화되었다. 하나님께서 소말리아를 바로잡으시는데 영원한 시간이 걸린다면 그것을 인정하기가 당황스럽긴 하지만 소말리아 문제가 하나님께 너무 큰 문제는 아닌지 의아했다.

내가 배운 바에 의하면, 내가 훈련을 더 많이 하고, 일을 더 열심히 하고, 기도를 더 오래하고, 더 많이 희생하고 더 넓게 씨를 뿌리면 하나님께서는 풍성한 수확을 얻게 하신다는 것이었다. 그러나 소말리아에서는 그렇지가 않았다.

우리는 우리가 순종적이었다는 사실을 알고 있다. 우리는 우리 팀과 우리 팀이 열심히 일한 것에 대해 자랑스러워했다. 그러나 우리의 노력의 결과—미완성된 구호 사업, 영적 열매의 부족 등 우리가 성취하지 못한 모든 일들—를 목록화하려고 할 때는 의심과 의문이 내 마음에 가득 찼다. 우리의 노력이 시간과 돈과 에너지가 투자된 만큼 값어치가 있었는가? 이것이 우리가 지불한 대가에 합당한 결과인가?

물론 이런 어려운 질문들이 곧이어 훨씬 더 개인적인 질문으로 다가올 것이라는 사실을 예상할 길은 없었다.

16장

우리 집에 찾아온 죽음

우리 둘째 아들 티모시는 일곱 살 때부터 천식으로 고생을 했다. 우리가 이사 다닐 때 주로 더 심해졌고 그 아이의 몸은 늘 새로운 환경에 적응해야 했다. 우리가 나이로비에 온 이래로 1996년 몸바사로 수학여행을 떠날 때까지는 심각한 일은 없었다. 그는 곰팡이가 심하게 낀 습기 찬 호텔방에 머물면서 심한 증세를 보여 수학여행의 안전을 책임진 책임자가 병원 응급실로 급하게 데리고 갔다. 응급실에서 의료진들이 재빨리 호흡을 안정시켰다. 여행 후, 교사들이 우리에게 그 일에 대해 말했을 때 우리는 즉시 담당의사를 찾아갔다.

담당의사는 팀이 좋아졌다고 우리를 안심시켰지만 계속해서 관심을 가지라고 말했다. 좋은 소식은 팀의 폐가 수년 간 천식을 유발하는 감염균과 싸우느라 강해졌다는 것이었다. 그는 지금은 튼튼하고 건강한 청년이 되었다. 나쁜 소식은 팀이 너무나 쾌활하고 그의 몸이 천식과 너무 잘 싸우고 있어서, 다른 심각한 증세를 몰랐다는 것이다. 그것은 심장이 마비되는 증세가 이미 시작되었다는 것이었다.

우리는 의사의 경고를 매우 심각하게 받아들였다. 우리는 증세가 처음 나타날 때 사용하는 심장 박동수를 올려 주는 펜(pen)도 샀다. 일 년 동안은 아무 일도 없었다.

　1997년 부활절 새벽에 팀이 루스와 나를 깨웠다. 새벽 1시 30분이었다. 그는 비틀거리며 우리 방에 들어왔다. 팀은 이미 말을 할 수 없을 정도로 호흡에 어려움을 겪고 있었다. 우리는 전에는 한 번도 심장 박동 수를 올려 주는 펜을 사용한 적이 없었다. 그러나 나는 즉시 그의 허벅지에 그것을 꽂았다. 그러나 호흡이 좋아지지 않았다. 나는 두 번째로 심장 박동 수를 올려 주는 펜을 꽂았다. 그러나 아무런 변화가 없었다.

　나는 루스와 다른 아이들은 집에 남겨 둔 채 팀을 차에 태우고 가장 가까운 응급실로 갔다. 병원에 반쯤 갔을 때 팀의 심장이 정지되었다.

　나이로비의 길은 삭막했다. 나는 어두운 쇼핑센터에서 한 남자가 나올 때까지 도움 받을 사람을 찾지 못했다. 나는 내 차로 그의 차를 가로막고 뛰어 내려가서 무슨 일인지를 설명했다. 나는 그에게, 내가 차 뒷좌석에서 아들에게 심폐소생술을 하는 동안 병원까지 내 차를 운전해 달라고 부탁했다. 고맙게도 팀의 심장은 거의 즉시 뛰기 시작했고 다시 숨을 쉬기 시작했다. 우리가 병원에 도착했을 때 의료진들은 팀에게 응급조치를 취했다. 그러는 동안 루스가 병원으로 왔다.

　그 때 팀은 의식은 없었지만 숨은 쉬고 있었다. 루스와 다른 친구들이 병원에 왔을 때 우리는 함께 모여 기도했다. 그런 후 의사들을 보았을 때 말을 듣지 않아도 그들의 눈이 무슨 일이 일어났는지 말해 주었다.

　팀이 죽은 것이었다. 그 아이의 나이 열여섯 살 때였다.

우리가 침대에 기대어 팀을 붙잡고 있는 동안, 시간은 정지된 것처럼 느껴졌다. 그 순간 내 안에 있는 무엇인가가 죽었다. 그 때 우리는 팀이 하늘나라에 있는 것을 확신했다. 천국의 실제는 우리에게 확실한 것이었다. 그러나 나는 나 자신의 상실감에 눌려 있었다. 그날 밤 루스는 "부활"이라는 말을 했다. 나는 십자가에 달린 것만 같았다. 고통은 참을 수 없는 것이었다.

병원에서 할 일이 아무것도 없었기 때문에 우리는 집으로 왔다. 그리고 미국에 있는 가족들에게 전화를 걸어서 부활절 새벽에 무슨 일이 일어났는지 말해 주었다.

그 날 아침 늦게 우리는 다른 아들들과 앉아서 무슨 일이 있었는지 말해 주었다. "오늘 일어난 이 엄청난 일에 대해 어쩔 수가 없었단다. 우리가 어떻게 견디어 낼지 모르겠구나. 그러나 우리가 팀의 죽음을 헛되이 해서는 안 된다는 것은 확실히 해야 할 것 같구나. 어쨌든 이 일을 통해서도 하나님께 영광을 돌리기 위해 최선을 다해야 할 것이다."

미국에 있는 사랑하는 가족들은 마음은 아팠지만 너무 멀리 있었다. 우리는 그들이 우리를 사랑하는 줄 알았지만 8천 마일이나 멀리 떨어진 가족들에게서 위로를 받는 것은 어려운 일이었다. 우리 가족 중 대부분은 여권이 없었다. 그러나 루스의 오빠가 즉시 나이로비로 올 계획을 짰고 그 다음 날 왔다.

슬픈 소식은 빠르게 퍼져 나갔고 우리는 전 세계적인 사랑과 위로를 받았다. 우리와 가까이 사는 친구들이 우리 집으로 몰려들었다(팀이 죽은 3월 28일부터 우리가 미국으로 떠난 6월까지 우리는 식사 준비를 한 적이 없었다. 거의 3개월 동안 친구들과 이웃들이 우리를 위해서 식사를 준비해 주었다).

우리는 팀의 시신을 켄터키 고향에 묻을 수도 있었다. 그러나 우리는 다른 소망을 갖고 있었다. 고등학교 2학년으로 그는 이미 미국에 있는 대학에 가고 싶지 않다고 우리에게 말했었다. 그는 아프리카에 남아 교사가 되고 싶어 했다. 아프리카가 그의 고향이었던 것이다.

팀의 이러한 소원을 알았으므로 우리는 팀을 나이로비에 있는 그의 학교에 묻기로 결정했다. 학교 측에서 우리의 요청을 수용하고 땅을 조금 내어 주겠다고 한 것은 기적과 같았다. 더 큰 기적은 정부 측에서 우리의 요청을 승인해 줬다는 사실이다.

장례식은 그 다음 주 토요일에 하기로 했다. 그 동안 우리 집은 매일 매시간 사람들로 가득 찼다. 팀의 학교 친구들과 케냐 교회의 친구들이 사랑과 관심을 갖고 우리를 위로해 주었다.

아마도 가장 놀라운 일은 그 주 목요일 날, 우리 직원 중 한 사람으로 모가디슈에 살고 있는 오마 아지즈가 우리 집에 찾아온 일이었다. 나는 그가 하는 말을 듣고 놀랐다. "여기까지 걸어왔어요. 우리의 아들 티모시를 묻는 것을 도와주려고요."

팀의 죽음에 대한 소식을 듣자마자 이 소중한 이슬람교도 친구는 5일간의 힘든 여정을 시작했다. 그는 지뢰밭과 사막과 산들을 걸어왔다. 또한 강을 건너고 국경을 건너왔다. 그는 차를 얻어 타기도 하고 소를 태운 차를 타기도 했다. 그리고 수백 마일 떨어진 우리 집에 도착한 것이다.

나는 그렇게 감동받았던 적이 없었다. 그리고 그와 같이 진한 우정을 본 적이 없었다.

장례식에서 오마 아지즈는 루스와 나 사이에 앉았다.

장례식은 학교 강단에서 이루어졌다. 수백 명의 사람들이 강단에 앉아 있었다. 놀라운 일은 우리 맏아들이 학교 성가대와 함께 찬양을 했다는 것이다. 고등학교 교목인 루스의 오빠와 케냐 교회 목사님이 각각 예배의 순서를 맡아 진행했다. 팀의 같은 반 친구들과 다른 친구들, 그리고 선생님들이 팀을 기억하며 추도했다.

그 날의 주제는 하나님의 사랑과 은혜였다. 그 자리에 참석한 모든 사람들-나이로비 각처에서 온 젊은 사람들, 힌두교도와 이슬람교도인 이웃들, 동네 가게 주인들-에게 분명한 메시지가 전해졌다. 예배 후에 사람들은 우리를 위로해 주며 말했다. "당신의 아들은 우리에게 예수님에 대해 이야기해 준 거예요." 또는 "팀은 우리 딸(또는 아들)과 친구였어요." 팀이 그렇게 많은 사람들과 함께했다는 사실에 얼마나 위로가 되었는지 모른다!

예배 후에 우리는 강단에서 50m쯤 떨어진 곳에 팀을 묻었다.

우리는 친구들의 사랑과 관심으로 견딜 수가 있었다. 하나님은 신실하심을 스스로 증명하셨다. 우리는 그 분의 약속 안에서 확신을 가졌다. 그러나 우리는 여전히 슬픔과 상실감으로 공허하고 상처입고 부서져 있었다. 소말리아에서 몇 년 동안 우리가 느낀 고통이 더 가까이 다가왔다. 외형적으로 우리는 잘 지내는 것처럼 보였다. 그러나 내면적으로는 절망 속에서 지냈다.

우리는 휴식도 하고 가족들도 방문할 겸 미국에 여행갈 계획을 세웠다. 그런데 미국에 가기 전 8천 마일 떨어진 곳에서 전하는 슬픈 소식을 들었다. 루스의 아버지가 전화로 루스의 어머니가 돌아가셨다고 말씀하셨다. 또 하나의 죽음이었다. 또 하나의 십자가의 고통이었다. 우리는 루스 어머니의 장례식에 맞춰 미국에 갈 수는 없을 것 같아 슬픈 마음이 더욱 더 무거웠다.

미국에 돌아가기 전 나는 모가디슈에 마지막 인사차 가 봐야겠다는 생각을 했다. 공항에 도착하자 오마 아지즈가 나를 맞아 주었다. 나는 여전히 구호 사역에 애쓰는 몇몇 직원들을 만났다. 그들은 얼마가지 않아 우리 단체가 일을 끝낼 것이라는 사실을 알고 있었다. 나는 그들에게 수년간 신실하게 우리가 하는 일을 도와 소말리아 사람들을 도와준 사랑에 대해 감사했다. 또한 팀이 죽어서 슬퍼할 때 오마 아지즈를 보내 준 것에 대해서도 감사했다. 나는 우리 집 문 앞에 서 있는 그를 보았을 때 내가 얼마나 놀라고 감동했는지에 그에게 말했다. 장례식에 그가 참석한 것이 얼마나 위로가 되고 기쁨이 되었는지에 대해서도 말했다.

오마가 케냐에 와서 장례식에 참석했던 것에 대해 이야기할 기회를 가졌다.

"그 장례식에 대하여 내가 이해할 수 없는 일이 하나 있어요." 오마는 그의 소말리아 친구들에게 양해를 구했다. "닉과 루스가 그들이 진심으로 사랑하는 아들인 티모시를 묻었어요. 장례식 동안에 많은 사람들이 팀에 대해서 이야기했어요. 사람들은 노래를 부르기도 하고 울기도 했어요. 그러나 거기 모인 모든 사람들은 팀이 천국에 있는 것을 아는 것처럼 보였어요! 그런데 우리 이슬람교도들은 왜 사람들이 죽었을 때 천국에 있는 것을 알지 못할까요? 왜 예수님을 따르는 사람들만 죽음 후에 어디로 가는지 정확하게 알고 있는 걸까요? 우리도 사람들을 묻지요. 우리도 웁니다. 그러나 우리는 사랑하는 사람들이 어디에 있는지 알지 못합니다. 왜 알지 못할까요? 왜 예수님을 따르는 사람들은 그 사실을 우리에게 알려 주지 않았을까요?"

그의 말은 비록 의도하진 않았지만 그의 동료들에게 힘 있는 증언이 되었다. 그러나 그의 말은 내게 심각한 도전이 되었다. 예수님을 따르는 사람들은 진실로 왜 2천 년 동안 그러한 사실을 소말리아 사람들에게 알려 주지 않았을까?

나는 오마 아지즈가 너무 말을 많이 하는 것은 아닌지 염려가 되었다. 그가 안 할 말까지 한 것은 아닌지 두려웠다. 그가 소말리아 사람들의 폭력이나 또는 이슬람교도 직원들의 폭력에 의해 희생자가 되는 것은 아닌 지 걱정이 되었다.

오마가 제기한 질문에 대한 답을 기다린다는 듯이 방 안에 있는 모든 사람들의 시선이 나에게 집중되었다. **왜 기독교인들은 수 세기 동안 소말리아를 무시하고 예수님을 그들에게 전하지 않았을까?**

그들은 대답을 기대했다. 그러나 나는 마땅한 답을 줄 수 없었다.

대신에 다른 질문이 내 마음을 사로잡았다. 그것은 하나님께 대한 질문이었다: **주님, 우리가 여기에서 일을 끝내려고 할 때, 왜 이제야 저들로 하여금 올바른 질문을 할 마음의 준비를 하게 하십니까?**

나는 또한 그에 대한 답도 찾을 수 없었다. 그리고는 떠날 시간이 되었다. 그 마지막 순간에 나는 직원들에게 그들이 수년간 소말리아 사람들을 먹이고 입히며 수고한 것에 대해 자부심을 가져야 한다고 말했다. 나는 그들이 얼마나 많은 사람들을 구했는지 상기시켜 주었다. 그런 다음 나는 "여러분들을 축복하고 싶습니다. 내가 여러분들을 위해 기도해도 괜찮겠습니까?"라고 물었다.

그들은 그러기를 갈망했다. 나는 모세가 민수기 16장에 기록한 축복의 말씀을 그들과 나누었다. 그 말씀은 구약 시대와 다르지 않은 땅에 사는 사람들을 위해 적절한 말씀이었다.

나는 이슬람교도들이 기도할 때처럼 손을 모으고 가장 친한 친구들 중에 속해 있는 그들을 위해 큰 소리로 축도했다:

"주님께서 당신에게 복 주시고 지켜 주시기를 축복합니다. 주님께서 그 분의 얼굴을 당신에게 향하셔서서 당신에게 은혜 주시기를 축복합니다. 또한 당신에게 평화를 주시기를 축복합니다. 아멘."

공항으로 가는 길에 나는 오마 아지즈와 그가 팀의 장례식에 대하여 말했던 것을 함께 나누었다. 오마는 나이로비에 있는 동안에 팀이 자신의 꿈에 계속 나타났었다고 말했다. 오마가 나에게 그 이야기를 했을 때 나는 구약 성서 중 사무엘과 엘리 제사장에 대한 말을 해 주었다. 나는 그에게 소년 사무엘이 엘리 제사장이 불렀다고 생각한 꿈에 대하여 말해 주었다. 그는 엘리 제사장이 무엇을 필요로 하는지 알기 위해 잠자리에서 일어났다. 그러나 그 때마다 엘리 제사장은 그를 부른 적이 없다며 사무엘을 돌려보냈다. 마침내 엘리 제사장은 사무엘이 하나님의 음성을 들은 것이라고 깨닫고 사무엘에게 하나님께서 하시는 말씀을 잘 들으라고 말했다.

나는 오마 아지즈에게 사무엘에 대한 이야기를 다시 한 번 상기시켜 주었다. 나는 "하나님께서 수년 동안 많은 사람들을 통해 자네에게 말씀하고 계신다고 믿네. 그 분이 자네를 예수님께로 인도하고 계시네. 소말리아에서 이 어려운 시대에 자네가 아마 주님을 찾게 되는 마지막이고 유일한 사람이 될 걸세"라고 말하였다.

그것은 내가 내 친구에게 인사를 하며 남긴 도전이었다.

나이로비로 비행기를 타고 오는 길에 나는 밤낮으로 나를 따라다니며 괴롭히는 의심과 씨름하고 있었다. **그렇게 많은 사람들에 의해 시간과 비용과 에너지가 소모되고 희생이 치러졌는데 우리가 소말리아에서 보낸 수년간 실제로 성취한 것은 무엇인가?**

나는 예수님께서 씨 뿌리는 농부에 대해 하신 말씀이 생각났다. 우리는 단지 씨를 뿌린 것이었다. 소말리아에서 매일의 삶 가운데 수천 일도 넘게 수천 가지의 행동들과 수천 번의 자연스러운 영적인 대화를 통해 우리는 멀리 그리고 넓게 씨를 뿌렸다. 6년이라는 길고도 어려운 시간 동안 우리는 지켜보았고 기다렸다. 몇몇 사람들이 주의 깊게 나와 오마 아지즈와의 관계를 지켜 보고 있었을 지도 모르며 씨를 여기

저기에 성공적으로 뿌렸을지도 모른다는 사실을 상기시켜 주었다. 그러나 언제 어떻게 그 씨앗들이 자랄 것인가? 또한 누가 물을 주고 돌볼 것인가? 수확할 것이 있더라도 누가 거기에 있어 수확을 할 것인가?

비행기에서 내려다보니 대부분이 건조하고 생명 없는 사막과 바위 투성이의 지형으로 이루어진 황량한 땅이 보였다. **예수님께서 말씀하신 비옥한 땅은 어디에 있는가? 나는 바위와 건조한 땅과 잡초와 엉겅퀴로 인해 지쳐 있었다. 소말리아에 좋은 땅이 어디에 있는가? 좋은 땅이 있기는 있는가? 이런 곳에서 씨앗이 자랄 수 있는가?**

우리 영혼은 지쳐 있었다. 끝이 가까워졌음이 분명했다. 그 곳에서 많은 상실과 고통을 겪었다. 미국으로 돌아왔을 때도 그런 의문으로 휴식을 취할 수 없었다.

우리가 소말리아에서 한 구호활동이 가치가 있었는가, 아니면 그렇지 않았는가? 우리가 매일 음식을 나눠 준 5만 명의 사람들도 결국 언젠가는 죽을 것 아닌가? 우리가 무엇을 다르게 할 수 있었을까? 우리가 무엇을 다르게 했어야만 했는가? 예수님을 믿는 믿음이 그런 적대적인 곳에서, 부흥하는 것은 말할 것도 없고 살아남을 수나 있는가? 지금 우리는 어디로 가야 하며 다음에는 무엇을 해야 하는가?

팀의 죽음은 우리를 변화시켰다. 그런 일을 겪은 후에 우리는 하나님의 부르심에 우리 자신과 가족의 위험을 감수할 의지가 아직까지 우리에게 있는지 의문이 들었다. 솔직히 말하자면 나는 그 질문에 대한 답이 이미 정해져 있었다고 생각했다-그러나 지금 생각해 보면 확신이 없었다.

    나는 마침내 예수님의 제자들이 예수님이 십자가에 죽으신 날과 빈 무덤을 보았던 날 사이인 안식일에 그 어둠 속에서 어떻게 느꼈을지 깨달았다. 그 어두운 시간에서조차 나는 나를 위해 기꺼이 십자가에 죽으신 예수님의 사랑의 깊이를 의심하지 않았다. 또한 그 어두운 시간에서조차 나는 예수님의 부활을 의심하지 않았다.

    그러나 내가 힘든 점은 이것이었다: 소말리아에서는 예수님의 부활의 권능을 볼 수 없었다는 것이다. 나는 선이 악을 이긴 어떤 증거도 제시할 수 없었다. 나는 어디에서도 사랑이 악을 이기는 것을 볼 수 없었다.

17장

새로운 길

    우리는 본능적으로 여러 가지 일들이 완전히 달라지고 있음을 알았다. 상황이 많이 변했다. 그리고 우리도 많이 변했음을 마음은 아팠지만 깨닫게 되었다. 그것은 명백한 사실이었다. 우리는 나이로비에 있는 우리 집에 다시는 돌아갈 수 없다는 것이 무엇을 의미하는지 깨달았다. 나이로비에는 돌아갈 수 없었지만 하나님의 사람들의 은혜와 돌봄 덕분에 우리 가족은 머물 곳을 찾았다.

    우리 모교에서 휴가 기간 동안 학교 아파트에 살면서 캠퍼스에서 사역을 하도록 우리를 초청했다. 그 기회로 말미암아 우리는 가족들과 가까이 살게 될 것이며 의미 있는 일도 하게 될 것이다. 캠퍼스에 있다는 것-그리고 우리가 그렇게 사랑하는 사람들과 함께 있다는 것-은 적응을 수월하게 하고 치유를 도와줄 것이다.

우리 가족은 다시 한 번 하나님께서 루스에게 주신 사람들로부터 도움을 받았다. 나이로비에서 루스는 우리 가정을 정서적으로 상처 입은 사람들에게 안식처이자 피난처이며 회복하는 곳이 되게 만들었다. 루스는 캠퍼스에서도 같은 방식으로 같은 세상을 만들었다. 그러나 처음에는 우리 가족들만 함께했다. 곧 헌신적인 그리스도인 학생들이 식사하기 위해서 또는 재미나 교제를 위해서 우리 집을 채웠다. 아마도 그 학생들은 잘 몰랐겠지만 그들은 의미 있는 방식으로 우리 온 가족을 섬겼다. 즉, 학생들의 에너지와 사랑과 그리스도를 향한 열정이 우리를 치유하는 데 도움이 되었다.

시간이 지나면서 나는 소말리아에서 고심했던 이슈들과 문제들에 대해서 되돌아볼 수 있게 되었다. 고통스럽게도 나는 분노와 좌절과 절망을 느꼈던 어둡고 낙담되었던 시간들을 생생하게 기억하고 있었다.

나는 나의 질문들과 고심했던 문제들을 자주 나의 관심 밖에 둠으로써 소말리아의 광기에서 살아남을 수 있었다는 것을 깨닫기 시작했다. 불가능한 일을 다루는 한 가지 단순한 방법은 그 문제에 대해 생각하지 않는 것이다. 나는 수년간 그렇게 했음을 깨달았다. 그 때는 고심했던 문제들을 이해할 시간이 없었다. 나는 장차 언젠가는 이해할 시간이 있지 않을까 생각했었다. 그리고 갑자기—그리고 분명하게—지금이 그 때라는 생각이 들었다.

지금 편안한 곳—사랑하는 사람들에게 둘러싸여서—에서 나는 그 문제를 다루기로 했다. **하나님은 진실로 악을 이기실 수 있는가? 사랑은 정말로 미움보다 강한가? 사람은 어떻게 조그마한 희망 하나로 어두운 곳에서 견딜 수 있는가? 소말리아처럼 광기어린 환경 속에서 믿음을 계속 유지하는 것이 어떻게 가능한가? 세계에서 가장 힘든 곳에서 어떻게 예수님께서 약속하신 풍성한 승리의 삶을 살 수 있는가? 기독교는 서구 외에 질서가 잘 잡히고 발전한 나라들에서는 사역을 잘 할 수 있는가? 그렇다면 그 방법은 무엇인가?**

나는 우리가 아프리카의 뿔 지역에서 했던 일들을 또다시 하려고 했을 때 루스와 내가 얼마나 준비가 안 되었었는지 깨달았다. 우리는 내전이 한참 중인 호전적인 이슬람교 국가의 수도인 모가디슈에 다음과 같은 사실을 알지 못한 채 도착했다. 첫째는 핍박 속에서 살아야 한다는 것, 둘째는 예수님에 대해 무지하거나 적대적인 사람들에게 증인이 되어야 한다는 것, 셋째는 새 신자에게 적대적인 문화에서 살아남는 법을 가르쳐야 한다는 것이었다. 우리는 소말리아에서 만나게 될 악의 광기를 전혀 상상하지도 못했었다. 또한 그것을 다루는 법에 대해서도 훈련받지 못했다.

우리를 보낸 단체가 우리를 교육시키지 않고 무조건 보낸 것은 아니었다. 문제는 그것이 아니었다. 지역 교회에서 우리가 교육받은 것들은 소말리아에서는 전혀 소용이 없었다. 우리가 믿음 안에서 배우고 성장하고 양육 받은 방법들은 어떤 사람도 소말리아를 위하여 준비되게 할 수 없었다. 우리만 그렇게 준비가 안 된 것은 아니었다는 사실은 우리에게 위로가 되지 않았다.

새로운 가족이 된 대학생들은 우리가 정서적으로 치유 받고, 우리의 기억 속에 깊이 박혀 있는 낙담과 절망을 씻어버리는 데 매우 중요한 역할을 했다. 우리는 학생들에게 우리의 삶의 이야기들을 허심탄회하게 말했다. 그들은 해외에서 예수님을 증거하도록 부르심을 받은 느낌에 대해 더 알기를 원했다. 또한 개인적으로 부르심을 받았을 때와 부부로 부르심을 받았을 때의 느낌이 어떠했는지에 대해서도 알기를 원했다. 우리는 정직하게 우리의 실수와 두려움과 어리석음과 한계에 대해 말했다. 우리는 또한 우리가 실수하는 가운데서도 역사하시는 하나님의 권능에 대해서도 말했다. 학생들은 우리가 말라위와 남아프리카에 있을 때 하나님께서 역사하심을 듣고 감동했다.

　많은 학생들이 언젠가는 해외에서 하나님을 섬기는 것에 대해 진지하게 고려하고 있었기 때문에 우리는 그들이 경험하게 될 것에 대해 현실적인 그림을 제시해야만 했다. 우리는 학생들에게 그런 부르심의 좋은 점과 나쁜 점에 대해서 솔직하게 말했다. 그렇게 함으로써 우리는 우리 자신의 감정을 잘 다룰 수 있게 되었다.

　그들에게 선교사로서 따뜻하고 영감이 넘치는 성공한 이야기를 하는 것은 재미있었다. 그러나 우리는 또한 악의 광기와 사람들의 무자비함과 실패의 고통에 대해서도 말했다. 우리는 우리를 뒤흔든 두려움에 대해서도 말했다. 믿음에 대해 의심하고 고심했던 것도 인정했다. 우리는 그들에게 우리를 괴롭혔던 것과 같은 어려운 질문도 하라고 말했다; **이 세상의 가장 어두운 곳에서 복음의 좋은 소식이 악의 힘을 이길 정도로 충분한 힘이 있었는가? 그렇다면 왜 우리는 소말리아에서 그렇게**

많은 십자가의 고통을 본 반면에 부활의 능력은 거의 볼 수가 없었는가?

우리는 학생들에게 솔직하게 말할 수 있을 정도로 편안함을 느꼈다. 우리는 그들에게 만약 세계의 다른 곳에서 하나님을 섬기라는 부르심에 응답을 했다면, 가족이나 친구들이나 그들이 출석하는 교회조차도 그들이 온전한 정신인지 물을 때(그것도 여러 번)가 올 것이라고 말해 주었다. 때로는 그 질문들이 답을 하기에 어려울 수도 있을 것이다: **"여기에도 잃어버린 사람들이 많이 있는데 예수님을 증거하기 위해 왜 굳이 세계로 나가려고 하는가? 변화를 원하지도 않고 변화가 필요하다고 생각하지도 않는 사람들의 마음을 변화시키기 위해 왜 생명의 위험을 무릅써야 하며 시간을 허비하고 에너지를 투자하고 개인과 천국의 많은 자원들을 소비해야만 하는가?** 우리는 학생들에게 하나님의 부르심에 대해 결단을 하기 전에 이런 질문들을 이곳에 있을 때 해 보라고 권면했다.

그리스도의 가르침으로 위로를 받은 학생들은 말씀 안에서 마음의 문을 열었다. 예수님께서 가르치신 것 중 많은 것들은 인간의 관점에서 보면 이해할 수 없는 것들이다. **네 원수를 사랑하라. 위대한 자가 되기를 원한다면 먼저 섬기는 자가 되는 것을 배워라. 누가 네 왼뺨을 때리거든 오른뺨도 때리게 하라. 만일 누가 네 겉옷을 원하거든 네 속옷도 벗어서 그에게 주어라. 누구든지 죽고자 하는 자는 살겠고 살고자 하는 자는 죽을 것이다.** 제 정신이 아닌 것처럼 보이는 예수님의 가르침은 이 외에도 많이 있다.

예수님께서 말씀하신 것 중 가장 의아한 말씀은, 잃어버린 사람들에게 복음을 전하라고 제자들을 둘씩 짝지워 보내시면서 하신 말씀이다. 예수님은 그들을 "이리 가운데 양"을 보내는 것이라고 말씀하셨다. 예수님은 그들이 이기기를 기대하셨다. 이 세상의 역사에서는 이리와 싸워 이긴 양은 없다. 그 생각 자체가 정상적이지 않다.

우리는 그것에 대해 학생들과 많은 이야기를 나누었다. 예수님께서 오늘도 자신을 따르는 사람들을 부르셔서 "이리 가운데 양"으로 가서 살라고 하신다. 우리는 소말리아로 갈 때 의식적으로 그렇게 사는 것을 선택했다고 말했다. 그리고 우리가 거기에서 한 일들이 완전히 미친 짓이라고 느꼈던 것에 대해서도 말했다. 이 시점에서는 이리가 이긴 것처럼 인정할 수밖에 없었다.

우리는 교회에서 우리 일에 대해 말할 때 그와 같은 것들을 말하는 것은 결코 쉬운 일이 아니었다. 그러나 우리와 함께한 대학생들로 인하여 우리는 마음의 문을 열고 우리의 개인적이면서도 가장 깊은 고심거리에 대하여 정직하게 나눌 수 있었다.

루스와 나는 그 다음 단계에 대한 고심거리에 대해서도 그들과 나누었다. 우리는 만약 상황이 좋아진다면 기꺼이 소말리아로 다시 돌아갈 의향이 있는지에 대해서 확신이 없었다. 우리는 "이리 가운데 양"으로 기꺼이 갈 것인지에 대해서도 확신이 없었다. 만약 그런 일이 일어난다면 이리 가운데 어리석은 양이 되고 싶지는 않았다. 또한 우리는 다른 양들을 위험하게 하는 무지함과 준비 부족과 어리석은 실수를 하고 싶지도 않았다.

우리는 학생들에게 다음에는 더 잘 준비된 양이 되기 위하여, 우리가 어디로 가야 하는지, 누구와 의논해야 하는지, 무엇을 배워야 하는지 주님께서 우리에게 보여 주시기를 기도해 달라고 부탁했다. 그 때 루스와 나는 우리의 미래에 대하여 진지하게 모색하기 시작했다. 하나님께서 어떻게 우리로 하여금 이리 가운데 더 잘 준비된 양으로 준비시키실 지 궁금했다.

루스와 나는 예수님께서 예루살렘에서 기다리고 있는 위험과 죽음을 향하여 정면으로 부딪힐 준비를 하셨을 때의 예수님의 제자인 베드로와 같다고 느꼈다. 예수님을 따르는 사람들 중 많은 사람들이 두려워하며 등을 돌리고 예수님을 떠났다. 예수님께서 남은 제자들에게 그들도 역시 떠날 것인지에 대해 물으셨을 때 베드로는 "우리가 어디로 가겠습니까?"라고 대답했다.

　루스와 나는 **'만약 예수님이 인간의 문제에 대한 답이 아니시라면 이 세상에는 답이 없다'**고 확신했다.

　우리가 기도하며 기다리고 있을 때 한 가지 생각이 우리 마음에서 떠나지 않았다. 우리가 소말리아 같은 곳에서 사는 법을 배우고자 한다면 **소말리아 같은 곳**을 방문하는 것이 지혜로운 일일 것이다. 당시에 그것은 명백한 결론인 것처럼 보였다. 그러나 동시에 그러한 결론에 대하여 확신은 없었다. 이 세상에 믿는 사람들이 그렇게 핍박받으며 사는 곳이 또 있는가? 믿는 사람들이 어떻게 그렇게 박해받으며 살 수 있었는가? 어떻게 그럴 수가 있었는가? 믿는 사람들이 어떻게 그렇게 잔인한 증오와 적대감 가운데서 살아남을 수가 있었는가? 그런 사람들이 이 세상 어딘가에 있다면 그들을 찾아서 그들에게 배우는 것이 가능한가?

　기도하고 공부를 계속하는 동안 우리는 다시 질문을 하기 시작했다. 우리는 우리의 마음을 사로잡는 한 가기 생각에 붙잡혔다: **성도들이 어딘가에서 그들의 믿음으로 인해 고통을 받아왔고 지금도 고통스럽다고 해도, 우리는 그들이 직면했던 어려움에서 배운 영적인 생존 전략과 믿음의**

교훈을 기꺼이 나눌 수 있는 지혜롭고 신실한 사람들을 찾을 수 있을 것이다. 아마도 그들의 개인적이고 실제적이며 증명이 된 성경에 기초한 조언들이 우리를 도울 수 있을 것이다. 그리고 아마도 그들의 지혜가 우리처럼 소말리아와 같은 불가능한 곳에서 사역하는 다른 믿는 사람들을 도울 수 있을 것이다. 믿음이 그런 곳에서 성장하는 것이 가능할까?

그 생각은 우리에게 생기를 북돋아 주었다. 그러나 우리는 어떻게 해야 할지, 어느 곳에서부터 시작해야 할지 알 수 없었다.

루스와 나는 그 일을 우리 스스로의 힘으로 할 수 있는 자원도 없었고 지혜도 없었다. 우리는 이 일에 대하여 우리에게 조언도 해 주고 함께 동역할 파트너도 되어 줄 박해전문위원회(Persecution Task Force)를 만들었다. 뛰어난 전문인들이 위원으로 동참하였다. 우리를 파견하는 단체에서 온 경험 많은 지도자들, 전직 교사들, 개인적인 멘토들, 그리고 여러 다른 교파와 신학교에서 온 선교학자들 등이었다. 그들이 기꺼이 우리를 돕겠다고 해서 우리는 매우 기뻤다. 우리는 박해받는 지역에 사는 성도들을 방문하여 겸손히 그들로부터 배울 것이다.

우리는 성도들이 핍박을 받고 있다고 생각되는 나라들의 목록을 작성하기 시작했다. 특히 앤드류 형제(『하나님의 밀수꾼, God's Smuggler Fame』)의 국제적 선교 단체인 오픈 도어즈 인터내셔널(Open Doors International)에서 일 년에 한 번 출간하는 기독교 탄압 국가 목록인 「월드 워치 리스트(World Watch List)」의 도움을 받았다. 우리는 그 목록을, 세계에서 박해받는 교회에 특별한 관심을 갖고 있는 또 다른 단체의 목록과 비교했다. 우리에게 조언을 해 주는 팀이 준 자료가 추가되자 성도들을 심하게 박해한다고 생각되는 나라의 수는 모두 45개국이었다.

어떤 경우에는 이미 자신들의 나라를 떠난 난민들을 어떻게 찾아야 할지도 몰랐다. 그러나 우리는 가능하다면 성도들이 현재 살고 있는 문화적 배경에서 성도들을 만나고 인터뷰하고 싶었다. 우리는 어찌하든지 박해 속에서 살아남았을 뿐 아니라 그 힘든 곳에서 빛과 소금의 역할을 한 성도들의 말을 듣고 싶었다.

우리의 꿈을 이룰 자금이 여의치 않자 우리를 파송한 단체에서는 우리로 하여금 2년 동안만 우리의 프로젝트를 추진하도록 결정했다. 우리는 대학과의 관계를 유지했으며 우리 자신을 지원하기 위해서, 그리고 독립적인 조사 활동을 착수하기 위해서 자금을 모으기 시작했다. 이 새로운 프로젝트가 우리의 생각이었다고 주장하고 싶을 만큼 지금 생각해 보아도 그것은 하나님의 선물임이 확실했다. 우리는 우리의 질문에 대한 답이 그 곳에 있음을 확신했다. 이제 우리는 답을 찾을 수 있는 조그만 빛을 가지고 있다.

우리는 박해전문위원회 위원들이 우리를 도와 만든 조사 방법들이 서로 다른 문화에서 우리가 필요로 하는 정보들을 수집하는 데 적합하기를 기원했다. 루스와 나는 첫 조사 여행을 계획하기 시작했다. 최근 러시아와 다른 동유럽 나라들의 공산주의가 붕괴되고, 20세기에 주로 행해진 그 지역에서의 종교적인 억압이 문서에 의해 충분히 입증되어서 우리는 러시아와 몇몇 그 이웃 나라들이 조사 여행을 시작하기에 타당하다고 결론지었다.

우리는 러시아와 그 이웃 나라에서 만날 가능성이 있는 사람들의 목록을 적어 나갔다. 우리는 그들에게 편지를 쓰고 전화를 하고 이메일을 보내서 인터뷰를 할 수 있거나 아니면 최소한 우리가 찾을 수 있는 사람들의 목록을 작성했다. 우리는 전혀 만난 적이 없었지만 러시아에서 우리를 영접해 주겠다고 한 사람들도 알게 되었고 기꺼이 통역으로 봉사하겠다는 사람도 알게 되었다. 루스는 내 여행 일정을 마무리 짓고 비행기 티켓을 사서 예전 철의 장막의 나라들을 6일간 방문하는 데 필요한 절차를 밟아 주었다.

18장

러시아에서 답 구하기

나는 공산주의 국가나 이전에 공산주의였던 국가를 방문한 적이 없었다. 러시아에서 무엇을 기대해야 할지 몰랐다. 지난 15년 동안 나는 단지 피부색 때문에 자동적으로 "이방인"이 되는 문화에서 살았다. 이상하게도 나이로비나 모가디슈에서 느꼈던 것과 같이 모스크바에서도 내가 눈에 띈다고 느껴졌다.

나의 **다른 점**은 러시아에서 비행기에서 내린 순간 맞닥뜨려졌다. 모스크바 공항은 그렇게 크지는 않았지만 내가 본 아프리카의 주요 공항보다는 조금 더 "현대적"이었다. 그러나 공항에서의 느낌은 차갑고 비인격적이고 획일적이어서 내가 아는 아프리카 사람들의 환대와는 거리가 멀어 보였다.

6월달이었지만 날씨는 흐리고 공항처럼 차가웠다. 도심에 있는 호텔도 다르지 않았다. 호텔을 나와 그 도시의 중심가와 정부 청사가 있는 곳과 크레믈린과 붉은 광장을 지날 때 나는 더 혼란스러웠다. 나는 단 한 사람과도 눈 맞춤을 할 수 없었다: 한 사람도 내 눈을 보지 않았다. 나는 나를 다르게 만드는 것이 피부색이 아니라 내가 입고 있는 옷의 색깔 때문이라는 사실을 깨달았다. 내 옷은 평범하고 소박한 것이었는데 그 옷은 모든 사람들이 입고 있는 갈색과 회색의 옷과 대조가 되었다.

모든 사람들이 나를 의식하고 있는 것처럼 보였다. 공개적으로 쳐다보기보다는 그들은 옆 눈으로 힐끗 나를 바라보았다. 사람들이 본능적으로 경계하는 것은 실제로 적대적이라기보다는 영혼이 지치고 약해서 그런 것으로 보여 더 연민을 자아냈다. 그러나 러시아 사람들을 처음 보고 난 후, 그 다음날로 예정된 인터뷰에서 무엇을 배울 수 있을지 궁금했다.

지하철과 러시아어 표지판을 잘 몰랐기 때문에 그 다음 날 아침 도심을 가로지르는 여정은 하나의 모험이었다. 어쨌든 나는 러시아에서 가장 큰 개신교 교회 중 하나인 교회의 본부에 가까스로 약속에 맞춰 갔다. 나와 연락했던 서구 사람이 나를 몇몇 러시아 성도들과 만나게 약속을 잡아 주었다. 그는 나를 위해 통역도 해 주겠다고 약속했다. 그런데 그가 병원 응급실에 급히 가게 되어 계획이 바뀌었다. 나를 도와주고 통역하는 일은, 은퇴하기 전 같은 교단의 지도자였던 나이든 러시아 목사인 빅토르에게 맡겨졌다.

빅토르는 나를 교단의 몇몇 지도자들에게 소개했고 그들은 간단히 인사하며 나를 환영했다. 그런 다음 빅토르와 나는 그 곳에 초청되어 온 두 사람의 성도를 인터뷰하기 시작했다. 나는 그들의 개인적인 삶에 흥미를 가졌고 수십 년간의 공산주의가 예수님을 따르는 그들의 삶에 어떻게 영향을 미쳤는지 알고 싶었다.

친밀감을 형성하기 위해서 나는 내 자신의 신앙 여정을 나누었다.

나는 간략하게 하나님의 부르심에 대해 이야기했다. 아프리카에서 봉사했던 시간들에 대해 말했고, 말라위와 남아프리카와 소말리아에서 보냈던 시간들에 대해 간단히 설명했다. 소말리아에서는 박해가 너무 심해서 성도들이 죽임을 당하고 그 나라에서 쫓겨났다고 말했다. 나는 슬프게도 그런 환경에서 성도들의 믿음을 성장하게 하는 방법을 모르겠다고 말했다. 그런 다음 나는 믿음 때문에 많은 성도들이 죽는 것을 보았다고 말함으로써 내 이야기의 끝을 맺었다. 나는 아프리카에서 미국으로 돌아갈 때의 낙담과 슬픔에 대해서도 고백했다.

"그래서 어려운 여건 속에서 그리스도를 섬긴 성도들에게서 배우려고 러시아에 왔습니다. 저는 여러분들에게서 영적인 교훈을 배우고 싶습니다. 그리고 여러분들이 어떻게 살아남았고 무엇이 여러분들의 믿음을 자라게 했으며 어떻게 그것을 다른 사람들과 나누었는지에 대해서도 알고 싶습니다. 저는 여러분들의 경험과 지혜로부터 배우기를 원합니다"라고 내가 러시아로 온 배경을 설명했다.

그 때 두 사람이 말하기 시작했다. 그들은 공산주의 정부와 러시아 사회가 지난 20세기에 80여 년 동안 조직적으로 고통을 준 박해에 대해 말했다. 그들은 자신들의 경험을 이야기했을 뿐 아니라 다른 성도들과 가족들의 경험에 대해서도 이야기했다.

두 사람은 조부모님들이 러시아 혁명 전 교회 활동을 헌신적이고 적극적으로 했던 가정에서 자랐다. 공식적인 승인 아래 공산주의 청년 단체와 교육 체제가 아이들로 하여금 그들의 믿는 부모와 조부모를 멀리하게 했다. 그리고 유치원에서는 선생님들이 성경책을 들고 그와 같은 것을 집에서 본 적이 있는지 유치원생들에게 물었다. 만약 아이들이 그렇다고 말을 하면 그 지역의 담당관이 아이들이 그 날 수업을 마치기도 전에 집을 방문했다.

그들은 감옥에 갇힌 목사들과 평신도들에 대해 말했다. 강제 노동수용소에서 사라져서 다시는 소식을 듣지 못한 가족들에 대해서도 말했다. 무엇이 그들로 하여금 역경과 핍박의 시간 동안 믿음을 지킬 수 있게 했느냐는 내 질문에 그들은 믿는 사람들을 고무시킨 가족들의 이야기를 해 주었다. 그와 반면에 믿음을 저버리고 타협한 사람들의 슬픈 이야기도 들었다.

정부는 목사들에게 일주일에 한 번 당에서 지정한 담당관과 만나도록 명령했다. 당의 담당관은 목사들에게 교회에 출석한 사람들에 대한 정보와 지난주에 일어난 일에 대한 정보를 요구했다. 설교 제목은 승인을 받아야 했고 결국 당의 담당관들이 모든 교회 활동에 대해 "제안"을 했다. 타협하기를 원하는 교회 지도자들은 처음에는 작은 것들을 타협했지만 시간이 지날수록 점점 더 큰 것을 양보했다. 그들은 정부의 관리 아래 자신들의 지위를 유지하며 계속해서 주일 예배를 드릴 수가 있었다. "협조적"이지 않은 목사들은 당이 선택한 더 고분고분한 목사로 대체되었다. 때로는 아무 이유 없이 교회들의 문이 닫혀졌고 교회 지도자들이 사라졌다.

첫 날의 인터뷰는 매우 성공적이었고 정보도 많이 얻었다. 그들은 모든 질문들에 대해 대답해 주었다. 내가 공식적인 질문 대신 그들에게 그들의 가족과 그들의 삶과 그들 자신들의 영적인 여정에 대해 단순한 질문을 했을 때 나는 훨씬 더 도움이 되는 말을 들었다. 빅토르와 나는 또 다른 인터뷰를 위하여 다음 날 아침에 다시 오기로 했다.

다음 날 인터뷰를 하러 갔을 때 우리는 빌딩 로비에 앉아 있으라는 요청을 받았다.

우리는 거기에서 오랫동안 기다렸다. 아무도 우리를 사무실로 초청하지 않았다. 또한 아무도 우리에게 차 한 잔 가져다주지 않았다. 시간이 지연되는 것에 대해서 빅토르가 사과했다.

우리가 거기에서 더 오래 앉아 있을수록 그는 더욱 안절부절했다. 그는 "무슨 일인지 모르겠네요!"라고 말했다.

마침내 한 사람이 로비로 와서 나에게 인터뷰를 더 이상 허용할 수 없다고 말했다. 그는 본부에서 나를 반기지 않으므로 나에게 즉시 빌딩에서 나가라고 말했다.

교단에서 인터뷰하는 것을 반대하자 그 날 우리와 인터뷰하기로 한 사람들이 너무 화가 나서 빅토르에게 전화를 걸어 사무실 밖에서 은밀히 나와 만나자고 제안했다. 전에 우리를 만나기를 꺼려했던 사람들조차 갑자기 나를 만나고 싶어 했다. 그 다음 날 새벽 일찍 우리는 한 아파트로 갔다. 우리와 인터뷰를 하기로 한 사람은 아침에 출근하기 전에 인터뷰하기를 원했다. 우리는 밤늦게까지 다른 사람들도 인터뷰했다. 처음에 계획했을 때보다 훨씬 더 많은 사람들이 인터뷰에 응했다.

우리가 교단 본부에서 환영을 받지 못한 이유가 곧 분명하게 밝혀졌다. 나는 어떤 비밀스런 동기나 의도가 전혀 없었다: 나는 믿음이 박해로 인해 어떻게 영향을 받았는지 알고 싶었다. 앞서 두 사람을 인터뷰할 때는 사무실에서 문을 열어 놓은 채 행해졌다. 우리가 인터뷰를 할 때 사람들은 자유롭게 복도를 걸어 다녔다. 그들이 만일 우리말을 들기를 원했다면 충분히 그럴 수 있었다. 지도자들 중 몇몇 사람들이 우리가 인터뷰한 내용을 들었을 때 우리가 하는 일을 보류하라고 심각하게 말했다.

첫 번째 비밀스런 인터뷰에 따르면 교단의 몇몇 지도자들이 예전 공산주의자들이 몰수해 간 교회 빌딩과 재산을 되찾기 위해서 러시아 정부와 협상을 하고 있다고 했다. 그들은 또한 러시아 정교회가 매년 받은 지원과 같은 지원 뿐 아니라 재정적인 손해배상도 청구하고 있다고 한다.

새로운 정부의 공무원들 중 몇몇이 구 공산주의 체제에서 일을 했었기 때문에 교회 지도자들은 그들의 지위에 부정적으로 영향을 미치는 어떤 일도 하기를 원하지 않았다. 공산주의가 무너지고 나서도 믿음이나 종교적 박해에 대해서 공개적으로 말하는 것은 안전하지 않았다.

인터뷰하는 가운데 다음과 같은 의로운 분노가 표출되었다: 몇몇 사람들이 "지난 수십 년 동안 정부는 우리가 실제 생활에서 믿음으로 사는 것을 금지했어요. 지금 교회 지도자들은 우리가 조용하기를 원하고 있습니다! 어찌되었든 공산주의자들과 마찬가지로 그것은 영적인 탄압입니다. 이는 모두 돈과 재정 문제로 인한 것입니다. 우리가 그들이 원하는 대로 침묵한다면 그것은 부끄러운 일일 것입니다"라고 말했다.

정확한 이유는 모르겠지만 그런 "비밀스런" 인터뷰는 교단본부에서 허락받은 것보다 더 자유롭게 느껴졌고 정보도 더 많이 얻었다. 주제가 정해져 있지 않은 가운데 그들은 자신들과 다른 많은 성도들이 단지 믿는다는 것 때문에 어떻게 불충성한다는 의혹을 받았는지 이야기했다. 그들은 특히 미국의 지미 카터(Jimmy Carter) 대통령의 임기

기간 동안 소련의 성도들, 특별히 침례교인들은 거듭난 침례교인으로 알려진 미국 대통령을 위한 스파이라는 의심을 받았다고 말했다. 소련 군부에서 믿는 성도들은 불가능하진 않았지만 승진하기가 어려웠다. 카터 대통령의 임기 기간 동안 소련 군부 내 침례교인들은 가장 낮고 평범한 일들이 주어졌다.

목사들과 평신도들이 체포되고 감옥에 갔혔다. 그들의 아내들은 이혼을 종용받았고 아이들은 감옥에 간 아버지들로 인해 낙담하였다. 성도들의 자녀들로 알려진 아이들은 방과 후 학교에 남아 자신들의 가족의 믿음을 모욕하는 선생님들로부터 질문을 받고 괴롭힘을 당했다. 때때로 믿는 성도들의 아이들은 전교생이 다 모이는 조회시간에 앞으로 불려 나가 선생님들과 학생들로부터 가족들이 "반역적이고 반 공산주의적"이라고 조롱을 받았다. 믿는 가정의 아이들은 부모의 종교를 비판하지 않으면 대학에 들어가는 것이 허용되지 않았고 가장 천한 직업이나 허드렛일만이 허용되었다. 정부의 전략은 분명했다. 즉, 어떻게 해서든 예수님을 믿는 믿음이 다음 세대로 이어지는 것을 막자는 것이었다. 그들의 가장 큰 관심은 믿음의 족보였다.

열네 시간씩 걸린 며칠 동안의 인터뷰를 마칠 때쯤 나는 많은 성도들이 구 소련 체제 아래서도 믿음을 지켰다는 사실에 놀랐다. 체제에 복종하지 않는다는 것은 냉혹한 결과를 가져왔다. 그러나 그렇게 많은 사람들이 살아남았을 뿐만 아니라 강건하고 신실하게 믿음을 지켰다는 사실에 나는 매우 깊은 감동을 받았다.

빅토르는 내가 할 일을 자신의 일로 받아들였다. 그는 "본부에서 온 다른 사람들이 당신과 이야기를 하고 싶어 해요. 그러나 내일은 내가 추천하는 사람을 만났으면 해요. 나는 그 사람을 잘 모르지만 그 사람

의 간증은 알아요. 그는 믿음 때문에 큰 고통을 받았어요. 나는 당신이
그 사람의 이야기를 들었으면 해요"라고 말했다. 호기심이 생겨서 나
는 즉시 그 다음날 새벽 다섯 시에 빅토르와 차를 가지고 올 그의 친구
를 만나기로 동의했다. 빅토르는 "그 사람이 모스크바에서 수백 킬로
미터 떨어진 곳에 살고 있어서 차로 가야 해요"라고 말했다.

저녁에 빅토르와 헤어지기 전에 나는 그에게 그 전날 내가 없는 사
이에 누군가 내 호텔 방에 왔다 간 흔적을 보았다고 말했다. 나는 누군
가 내 방을 수색한 것이 틀림없다고 생각했다.

빅토르는 나를 보더니 누군가 듣는 사람이 없는지 주위를 둘러 본
후 고개를 끄덕였다. "대부분의 외국인들에게 흔히 있는 일이예요. 그
리고 그것이 바로 우리가 호텔에서 인터뷰를 하지 않으려는 이유입니
다"라고 그가 말했다.

다음 날 새벽에 빅토르와 그의 친구가 나를 태우러 왔다. 우리는 모
스크바 북쪽 시골로 네 시간쯤 걸리는 여정을 시작했다. 그 곳까지 가
는 동안 빅토르는 믿음 때문에 많은 고통을 당한 드미트리에 대해 알
고 있는 바를 나에게 말했다. 나는 또한 빅토르와 그의 친구가 그들의
신앙 여정과 삶의 이야기를 나누는 것을 들었다.

우리는 마침내 작은 마을에 있는 그의 작은 집 앞에 도착했다. 드미
트리가 문을 열고 나와 우리를 환영하면서 그의 작은 집 안으로 우리
를 안내했다. "여기 앉으세요"라고 그가 말했다. "당의 담당관들이 나
를 체포하러 왔을 때 제가 거기에 앉아 있었어요. 그 후 17년간 감옥에

갇혀 있었죠."

나는 꼼짝도 하지 않고 앉아서 드미트리가 몇 시간에 걸쳐 잊지 못할 자신의 이야기를 할 때 주의를 집중하고 열심히 그의 이야기를 들었다.

드미트리는 믿는 가정에서 태어나서 자랐다고 말했다: 그의 부모들은 그가 아이였을 때 그를 교회에 데려갔다. 수십 년에 걸쳐 공산주의는 천천히 교회를 파괴했다. 많은 목사들이 감옥에 갇히거나 죽임을 당했다.

그가 어른이 되었을 때, 남아 있는 가장 가까운 교회는 3일을 걸어야 하는 거리에 있었다고 했다. 그의 가족들이 일 년에 한두 번 이상 교회에 출석하는 것은 불가능했다.

드미트리는 계속 말을 이어 나갔다. "어느 날, 제가 아내에게 말했어요. '당신은 내가 미쳤다고 생각하겠지만……. 내가 어떤 신앙적인 훈련을 받지 못했다는 것은 알지만 우리 아들들이 예수님에 대하여 배우지 못한 채 자라는 것이 신경 쓰여요. 미친 생각이라고 들리겠지만……. 일주일에 한 번쯤은 아이들을 모아 성경 이야기를 해 주고, 교회가 없으니까 우리가 아이들을 훈련시키는 걸 어떻게 생각해요?'"

드미트리가 몰랐던 것은 그의 아내가 자신의 남편이 그와 같은 일을 하기를 수년간 기도했다는 것이다. 그는 일주일에 한 번 그의 가족들을 가르치기 시작했다. 드미트리는 오래된 성경책을 꺼내어 읽었다. 그런 다음에 그는 아이들이 이해할 수 있도록 읽은 부분을 아이들에게 설명해 주었다.

그가 성경 이야기를 반복하여 가르쳐 주고 읽어 주었을 때 그의 아들들은 곧 따라오기 시작했다. 그리고는 드미트리 부부와 아이들은 성경의 익숙한 이야기들을 서로 주고받곤 했다. 더 많이 배울수록 아이들은 가정 예배 시간을 더 좋아하는 것처럼 보였다.

아이들은 또한 더 많은 질문을 하기 시작했다: "아빠, 우리도 사람들이 교회에 다닐 때 불렀던 찬송가들을 부를 수 있어요?" 그래서 드미트리와 그의 아내는 아이들에게 믿음에 관한 전통적인 노래들을 가르쳐 주었다.

드미트리 가족이 성경을 읽고 노래를 할 뿐만 아니라 함께 모여 기도하는 시간을 갖는 것이 자연스럽게 되었다.

작은 마을에서는 오랫동안 숨길 수 있는 것은 아무 것도 없었다. 집들은 서로 가까이 있었고 창문들은 종종 열려 있었다. 이웃 사람들은 드미트리 가족이 무엇을 하는지 알아차리기 시작했다. 그들 중 몇몇은 그의 집으로 와서 성경 이야기를 듣고 익숙한 노래들을 함께 부를 수 있는지 물었다.

드미트리는 자신은 훈련받은 사람이 아니고 목사도 아니라고 말했지만 그런 말이 이웃 사람들을 단념시키지는 못했다. 곧 소그룹이 형성되어 함께 모여 성경 이야기를 읽고 나누며 노래를 부르고 기도를 했다.

소그룹의 인원이 25명쯤 되었을 때 당국자들이 소그룹 모임을 알아차렸다. 그 지역의 담당관들이 드미트리를 만나기 위해 왔다. 그들은 예상했던 대로 드미트리를 협박했다. 드미트리를 더욱 당황시켰던 것은 그들의 고발 내용이었다. 불법적인 교회활동을 하고 있다는 것이었다.

드미트리는 "어떻게 그런 말을 할 수 있죠? 저는 종교적인 훈련을 받지 않았어요. 그리고 목사도 아니에요. 우리 집도 교회가 아니에요.

단지 가족과 친구들이 함께 모이는 모임일 뿐이에요. 우리가 하는 일은 성경을 읽고 찬양하고 기도하는 것뿐이에요. 그리고 가끔 가난한 이웃 사람들을 도와주기 위해 돈을 모으기도 합니다. 그런데 어떻게 그걸 교회라고 할 수 있습니까?"라고 항의했다.

(나는 그가 주장하는 바가 아이러니해서 하마터면 웃을 뻔했다. 지금 와서 돌아보건대 하나님의 역사하심을 가장 정확하게 알 수 있는 방법 중 하나는 얼마나 반대가 심한가를 보면 알 수 있다. **박해가 심하면 심할수록 믿는 사람들의 영적인 생명력은 의미가 더 깊어진다.** 놀랍게도 박해자들은 믿는 사람들이 자신들이 하고 있는 일의 의미를 깨닫기도 전에 하나님께서 역사하심을 먼저 감지한다! 드미트리의 경우에도 그 자신이 그 일의 의미를 깨닫기 전에 담당관들이 먼저 그 의미를 알아차렸다.)

당의 담당관이 드미트리에게 말했다. "우리는 당신이 그 모임을 뭐라고 부르든 관심이 없습니다. 우리에게는 그 모임이 교회처럼 보입니다. 만약 당신이 그 모임을 계속한다면 좋지 않은 일이 벌어질 것이오."

소그룹 모임이 50명으로 커졌을 때 당국자들은 협박했던 것들을 실행에 옮겼다. 드미트리는 "저는 공장에서 해고되었고 저의 아내는 교사직을 잃었어요. 아이들은 학교에서 쫓겨났지요"라고 말했다.

"그것은 **작은 일**들에 불과했어요." 드미트리가 덧붙였다.

모임의 인원이 75명이 되었을 때 사람들이 앉을 자리가 없었다. 마을 사람들은 드미트리의 집 안에서 비좁게 서 있었다. 집 안으로 들어오지 못한 사람들은 창문 밖에 서서 이 하나님의 사람이 예배를 이끄는 것을 들었다. 그러던 어느 날 밤 드미트리가(내가 앉아 있는 의자에 앉아서) 이야기를 할 때 그의 집 문이 갑자기 벌컥 열렸다.

한 담당관과 군인들이 사람들을 해산시키고 드미트리의 멱살을 잡고 그의 양쪽 뺨을 번갈아 가며 때렸다. 그리고는 그를 벽쪽으로 강하게 밀쳐내며 차가운 목소리로 말했다. "우리가 몇 번이고 경고하지 않았소. 이제부터 경고는 없소! 만약 당신이 그 모임을 계속한다면 오늘 일은 앞으로 일어날 일에 비할 바가 아닐 것이오."

담당관이 문쪽으로 갔을 때 한 할머니가 앞으로 나와서 담당관의 얼굴에 손가락질을 하면서 말했다. 구약 성서에 예언자들이 말하듯이 그 할머니가 선언했다. "당신은 하나님의 사람에게 손을 댔어요. 당신은 살아남지 못할 거예요."

그 일은 화요일 저녁에 있었던 일이었다. 그리고 목요일 밤에 그 담당관은 심장마비로 갑자기 죽었다. 하나님께 대한 두려움이 온 동네를 휩쓸었다. 그 다음 모임에는 150명이 넘는 사람들이 참석했다. 당국자들은 그 모임을 그대로 둘 수가 없었다. 그들은 드미트리를 잡아 17년간 감옥살이를 시켰다.

드미트리가 그의 집에서 내 앞에 앉아 있기 때문에 나는 이 특별한 박해 이야기가 궁극적으로 승리의 이야기라는 것을 안다. 그 이야기는 분명히 행복한 결말로 끝나는 이야기였다. 그러나 그렇다고 해서 그 이야기가 "좋았다"거나 듣기가 수월했다는 것은 아니었다.

그것은 분명히 고통스러운 이야기였다. 드미트리는 17년간이라는 길고도 가슴이 미어졌던 감옥 생활에 대해 조용히 말했다. 그는 아버지 없이 자란 아들들에 대해서 이야기했다. 가난과 힘든 역경을 겪은 가족들에 대해서도 말했다. 그것은 우리에게 영감을 주는 간증이 아니었다. 그것은 생생하게 살아 있는 성경적인 믿음이었다. 또한 이것은 예수님을 부인하기를 거절했을 뿐 아니라 가족과 이웃들에게 복음에 대해 침묵하기를 거절한 한 사람의 이야기였다.

여기까지의 이야기들 외에 드미트리의 나머지 이야기는 내가 들은 간증 가운데 가장 주목할 만하며 삶을 변화시킨 간증이었다.

19장

감옥에서 노래하다

　당국자들은 드미트리를 가족으로부터 일천 킬로미터 떨어진 곳에 있는 감옥에 가두었다. 그가 갇힌 감방은 너무나 작아서 침대에서 일어나 문까지, 반대편 벽에 있는 세면대까지 그리고 "멀리" 떨어진 구석의 더러운 양변기까지 한 발자국밖에 되지 않았다. 드미트리에 따르면 더욱 더 나쁜 상황은 1,500명의 죄수 중 믿는 사람은 단지 드미트리 한 사람 뿐이었다.

　그는 예수 믿는 사람들로부터 떨어져 고립되어 있는 것이 육체적인 고문보다 더 힘들었다고 말했다. 그를 고문하는 사람들은 그를 넘어뜨릴 수 없었다. 그는 아버지에게서 배운 두 가지 영적인 습관이 있었고 그것은 감옥에서도 행한 훈련이었다. 만약 그 훈련이 없었다면 그의 믿음은 계속 이어지지 못했을 것이라고 드미트리는 말했다.

　그는 감옥에 갇혔던 17년 동안 매일 아침 새벽에 일어났다. 그는 자신의 습관대로 동쪽을 향하여 두 손을 들고 하나님을 찬양했다. 그런 다음 예수님께 진심을 다하여 찬양을 드렸다. 다른 죄수들의 반응은 예상대로였다. 드미트리는 그가 받은 비웃음과 저주와 조롱에 대해서도 자세히 말해 주었다. 다른 죄수들은 화가 나서 금속으로 된 컵으로 쇠창살을 두드리며 항의했다. 그들은 매일 새벽 그 어두운 곳을 비추는 유일한 참빛을 끄려고 음식물을 던지기도 하고 때로는 배설물을 던지기도 했다.

드미트리는 또 하나의 훈련에 대해서 나에게 말했다. 그는 감옥에서 종잇조각을 발견할 때마다 자신의 감방으로 몰래 가지고 들어왔다. 그런 다음에 자신이 구한 몽당연필이나 목탄을 가지고 작은 종잇조각 위에 자신이 기억하는 성경 구절이나 성경이야기, 찬송가를 될 수 있는 한 아주 작게 적었다. 그런 다음 종이가 다 채워지면 항상 물이 떨어지는—습기가 얼어붙는 겨울을 제외하고—콘크리트 기둥이 있는 감방 구석으로 갔다. 그리고는 하나님께 드리는 찬양의 표현으로 가져간 종잇조각을 할 수 있는 한 높이 축축한 기둥에 붙였다.

물론 교도관들 중 한 사람이 기둥 위에 붙인 종잇조각을 발견하면 감방 안으로 들어와 그 종이를 떼어내서 읽은 후에 드미트리를 심하게 때리고 죽일 수도 있다고 협박을 했다. 그러나 드미트리는 두 가지 훈련을 멈추지 않고 계속했다.

매일 아침 그는 새벽에 일어나 찬양을 불렀고, 종잇조각을 발견할 때마다 성경과 찬양으로 채워 넣었다.

이 일은 해를 거듭하며 계속 이어졌다. 교도관들은 그를 제지시키려고 노력했다. 당국자들은 그의 가족들에게 말로는 형용할 수 없는 일을 행했다. 그들은 그의 아내는 살해당했고 아들들은 당국에서 데려갔다는 사실을 믿으라고 했다.

그들은 그를 잔인하게 비웃었다. "우리가 당신 가정을 파멸시켰지.

당신 가정은 없어졌어."

드미트리의 결심이 결국 무너졌다. 그는 하나님께 더 이상 할 수가 없다고 말씀드렸다. 그는 교도관들에게 말했다. "당신들이 이겼소! 당신들이 서명하기를 원하는 어떤 진술에도 서명하겠소. 내 아이들이 어디에 있는지 알아보기 위해서 이곳에서 나가야겠소."

그들은 드미트리에게 말했다. "오늘밤 당신의 진술서를 준비하겠소. 당신은 내일 거기에 서명하면 될 것이오. 그 다음에 당신은 자유의 몸이 될 것이오." 몇 년을 그렇게 지낸 후 그가 해야만 했던 한 가지 유일한 일은 자신이 예수님을 믿는 사람이 아니며 소련을 멸망시키려는 서구 정부들에게서 돈을 받은 첩보원이라는 서류에 자신의 이름을 서명하는 것이었다. 그가 서명하기만 하면 그는 자유의 몸이 될 것이었다.

드미트리는 자신의 의사를 되풀이해서 말했다. "그 서류를 내일 가져 오시오. 그러면 내가 서명하겠소!"

그날 밤 그는 감방 침대에 앉아 있었다. 그는 포기했다는 사실을 슬퍼하면서 깊은 절망 속에 빠져 있었다. 그 때 일천 킬로미터 떨어진 곳에 있는 그의 가족들─그의 아내, 아버지 없이 자란 아들들과 그의 형─은 성령을 통해 감옥에 있는 그의 절망을 감지하고 있었다. 그의 사랑하는 가족들은 내가 드미트리의 이야기를 들으며 앉아 있는 바로 이곳에 모였다. 그들은 둥그렇게 모여 무릎을 꿇고 앉아 드미트리를 위해 기도하기 시작했다. 기적적으로 살아 계신 하나님의 성령께서 드미트리로 하여금 가족들이 기도하는 소리를 듣게 하셨다.

그 다음날 교도관이 서류를 가지고 그의 감방으로 왔을 때 드미트리는 등을 똑바로 세우고 어깨를 펴고 얼굴과 눈에 힘을 주고 있었다. 그는 교도관을 쳐다보면서 "나는 어느 것에도 서명하지 않을 것이오!"라고 선언했다.

교도관들은 믿으려고 하지 않았다. 그들은 그가 구타를 당해서 뭔가 잘못되었다고 생각했다. "무슨 일이 일어난 거지?" 그들은 대답할 것을 요구했다.

드미트리는 미소를 지으며 그들에게 말했다 "밤에 하나님께서 나를 위해 기도하는 내 아내와 아이들과 형의 음성을 듣게 하셨오. 당신들은 나에게 거짓말을 했어요! 이제 나는 내 아내가 살아 있고 잘 있다는 것을 알아요. 그리고 아이들도 엄마와 함께 잘 있다는 것도 알아요. 또한 그들이 그리스도 안에 있다는 것도 알아요. 그래서 나는 어느 것에도 서명하지 않을 것이오!"

그를 박해하는 사람들은 계속해서 그를 낙담시키고 조용히 시키려 했다. 드미트리는 변함없이 신실했다. 어느 날 그는 하나님께서 주신 특별한 선물에 감격했다. 감옥 마당에서 온전한 종이 한 장을 발견한 것이었다. "그리고 하나님께서 그 옆에 연필을 준비해 두셨어요!"라고 그가 말했다.

그는 계속해서 말했다. "나는 내 감방으로 뛰어 들어가 내가 기억하고 있는 모든 성경 말씀과 모든 찬양을 썼어요. 아마 어리석어 보일지도 몰라요. 하지만 나는 그럴 수밖에 없었어요. 나는 할 수 있는 한 많은 성경 구절을 종이 양면에 적었어요. 그리고 그것을 젖은 콘크리트 기둥에 붙였어요. 그러고 나서 그것을 보았어요. 그것은 나에게 감옥에서 내가 예수님께 드릴 수 있는 최대한의 예물로 보였어요. 물론 교도관도 그것을 보았어요. 나는 매를 맞고 벌을 받았어요. 그리고 사형을 받을 것이라는 협박도 받았어요."

드미트리는 감방에서 끌려 나왔다. 그가 감옥 중앙의 복도를 따라 끌려 나올 때 매우 이상한 일이 발생했다. 마당으로 연결된 문에 이르기 전에-사형장으로 발을 내딛기 전에-1,500명에 이르는 죄수들이 그들의 침대 옆에 차려 자세로 서 있었다. 그들은 동쪽을 바라보며 노래를 부르기 시작했다. 드미트리는 그 노래가 역사상 가장 훌륭한 합창단의 노래처럼 들렸다고 말했다. 1,500명의 죄수들은 그들의 팔을 들어 올리고 드미트리가 그 때까지 매일 아침 불렀던 노래를 부르기 시작했다.

교도관들은 즉시 잡고 있던 드미트리의 팔을 놓으며 두려움 가운데 그의 뒤로 물러났다.

그들 중 한 사람이 "당신은 누구요?"라고 물으며 대답하기를 요구했다. 드미트리는 등을 똑바로 펴고 할 수 있는 한 당당하게 서 있었다.

드미트리가 그 질문에 대답했다: "나는 살아 계신 하나님의 아들이오. 예수는 그의 이름입니다!"

교도관은 그를 다시 그의 감방으로 데리고 왔다. 그러고 나서 얼마 후 드미트리는 석방되어 가족에게 돌아왔다.

몇 년이 지난 지금, 나는 드미트리가 말로 형용할 수 없는 고통과 하나님의 변함없는 신실하심에 대해 말하고 있는 것을 듣고 있었다. 나는 드미트리처럼 박해받는 곳에 있는 성도들을 도울 수 있는 훈련 자료를 만드는 것에 비전을 가졌던, 소말리아에 있었던 때를 생각하고 있는 나 자신을 발견했다. 그 생각이 지금은 얼마나 우스워 보이는지 몰랐다. **이 사람에게 예수님을 따르는 것에 대하여 무엇을 가르칠 수 있는가? 아무것도 없다!**

나는 드미트리의 이야기를 듣는 것만으로도 매우 감격했다. 나는 두 손으로 머리를 잡고 마음으로 울었다: **오 하나님, 이와 같은 이야기에 제가 무엇을 할 수 있습니까? 저는 항상 하나님의 능력을 알고 있었습니다—그러나 이와 같은 하나님의 능력을 본 적이 없었습니다!**

생각에 깊이 빠져서 나는 드미트리가 계속 말하고 있다는 것을 잊고 있었다. 나는 "죄송합니다. 못 들었어요!"라고 사과했다.

드미트리는 머리를 약간 흔들고 미소를 지으며 내 염려를 일축시켰다. 그는 "괜찮습니다. 나는 당신에게 말하고 있었던 것이 아니에요"라고 말하며 설명을 이어 나갔다. "당신이 오늘 아침에 도착했을 때 하나님과 나는 무언가에 대해 토론을 하고 있었어요. 그런데 당신의 방문이 그것을 방해했죠. 지금 당신이 당신 자신의 생각에 빠져 있는 동안 주님과 나는 아침에 나눈 대화를 마쳤어요."

그 순간 나는 무엇을 질문해야 할지 알았다.

"드미트리 형제님, 저를 위해서 뭔가 해 주실 수 있습니까?"라고 내가 물었다. 나는 잠시 망설였지만 그의 눈이 나에게 계속하라고 말하였다. "나를 위해 그 노래를 불러 주실 수 있으신지요?"

드미트리는 테이블에서 일어나서 3,4초 정도 내 눈을 뚫어지게 쳐다보았다. 그 짧은 시간이 내게는 영원처럼 느껴졌다. 그는 천천히 동쪽을 향해 돌아서서 등을 꼿꼿이 하고 차려 자세로 섰다. 그런 다음 그는 두 팔을 들고 찬양하기 시작했다.

러시아어를 몰라서 나는 그의 찬양을 한 마디도 알아들을 수가 없었다. 그러나 말이 중요한 것이 아니었다. 드미트리가 팔을 들고 감옥에서 17년 동안 매일 아침 불렀던 찬양을 부르자 우리들의 얼굴에 눈물이 흘러내렸다. 그 때 나는 예배의 의미와 마음을 다하여 부르는 찬양의 중요성을 깨닫기 시작했다.

나는 답을 찾기 위해서 러시아에 왔다. 세상에서 가장 적대적인 환경 속에서도 믿음을 지킬 뿐만 아니라 성장할 수 있는지 의문을 품고. 드미트리는 내 여정의 첫 인도자들 중 하나가 되었다. **나는 이 여정이 훈련 자료를 수집하기 위함이 아니라 어려운 여건 가운데서 예수님과 함께 걷는 것에 대한 것임을 깨닫기 시작했다. 나는 드미트리가 살아온 삶, 즉, 예수님을 알고 예수님을 사랑하고 예수님을 따르고 예수님과 함께 사는 삶에 관심이 끌렸다.**

나는 러시아 여행에서 많은 성도들을 만났다. 드미트리의 이야기는 빅토르에게도 영감을 주었음에 틀림없다. 그는 우리가 만나서 이야기할 사람들을 찾고 연결하는 것과 우리가 들을 필요가 있는 이야기들을 찾아내는 데에 열심을 내었다.

소말리아에서 상실감으로 낙담하며 몇 년을 보낸 후에, 이 곳 러시아에서 박해를 당하는 가운데 영적으로 인내한 사람들의 이야기들은 나에게 큰 희망을 주었다. 나는 내 안에서 솟아나는 희망으로 인해 매우 놀랐다.

어느 날 아침 빅토르는 자신의 친구들―러시아 목사들, 선교사들, 장로들―을 만나도록 약속을 잡아 놓았다. 나는 그들이 감옥에 "5년 동안" "3년 동안" 또는 "7년 동안" 갔다온 것에 대해, 그리고 "맞은 것"과

"차갑고 축축한 감방에서 벌거벗은 채 자게 되었던 것"과 "몇 달 동안 곰팡이 난 빵과 끓인 양배추만 먹은 것"에 대해 아무렇지도 않게 말하는 것을 보고 놀라며 들었다. 그들은 "아내와 아이들이 감옥에 면회를 왔을 때"와 "감옥에 믿는 사람과 함께 갇혀 서로를 격려해 주었을 때", 그리고 "감옥에 있었을 때 교회가 가족들을 돌봐 준 것"에 대한 즐거운 기억을 함께 나누었다.

점심식사를 위해 이야기를 멈췄을 때 나는 그들에게 말했다. "여러분의 이야기는 놀라운 이야기입니다. 왜 기록을 해 두지 않았죠? 여러분의 이야기는 성경 속의 이야기들이 현실에서 되살아난 것 같아요! 그걸 책이나 비디오로 기록하지 않았다니 믿을 수가 없어요. 전 세계에 예수님을 믿는 사람들이 여러분의 이야기를 들어야 해요. 그리고 여기에서 하나님이 박해받는 사람들 가운데 역사하신 일들을 듣고 용기를 얻어야 해요."

그들은 내가 하는 이야기를 듣고 혼란스러워하는 것처럼 보였다. 우리는 서로를 잘 이해하지 못하는 것이 분명했다. 그 때 나이 많은 목사들 중 한 분이 일어나서 나에게 자신을 따라오라는 몸짓을 했다. 그리고 그는 그 집의 앞쪽에 있는 큰 창문으로 나를 데려갔다. 창문 앞에 함께 섰을 때 그 목사는 보통의 목소리로 그러나 매우 강조하는 어조의 영어로 나에게 말했다. "당신에게는 아들들이 있지요. 닉, 그렇죠?"

나는 "그렇다"고 대답했다. 그는 머리를 끄덕이더니 나에게 물었다. "닉, 새벽이 오기 전에 아들들을 깨워서 지금같이 유리창 쪽으로 데려온 적이 몇 번 있었나요? 얼굴을 동쪽으로 향하여 아들들에게 '애들아, 잘 보아라. 오늘 아침 너희들은 동쪽에서 떠오르는 태양을 보고 있다. 몇 분 안에 금방 해가 떠오를 것이다. 준비하고 있거라, 아들들아!' 아들들에게 몇 번 그렇게 해 봤죠?"

나는 웃으면서 말했다. "한 번도 그런 적이 없어요. 그렇게 하면 아마 제 아들들은 제가 좀 이상하다고 생각할 거예요. 해는 항상 동쪽에서 뜨고 매일 뜨잖아요!"

그 목사는 미소를 지으며 고개를 끄덕였다. 나는 그가 말하는 요점을 이해하지 못했다.

나는 그가 말을 계속하고 나서야 그가 말하는 요점을 알아차렸다. "닉, 그것이 바로 당신이 들은 이야기들을 책이나 영화로 만들지 않는 이유에요. 우리들에게 박해란 매일 아침 동쪽에서 떠오르는 해 같은 것이죠. 그것은 항상 있는 일이에요. 특별할 것도 없고 기대할 것도 없어요. 우리 믿음에 대한 박해는 항상 있어 왔고 아마 앞으로도 그럴 것 같아요. 박해는 우리 삶의 한 부분이에요."

그의 말에 나는 숨이 멎을 것 같았다. 나는 그가 하는 말을 이해했지만 그의 말이 사실인지 의아했다. 이와 같은 이야기들을 들어본 적이 없었다. 사실 나의 마음 한편에는 그의 말에 반대하고 싶은 마음이 있었다. 나는 박해를 받는 것이 악이 승리하는 것을 의미하는지 의아했다. 그리고 "해가 동쪽에서 뜨는 것" 같이 박해가 일상적인 곳에서 실제적으로 믿음이 부흥할 수 있다고 믿는 것이 제 정신인지 의아했다.

나는 항상 박해란 비정상적이고 예외적이며 특별하며 평범하지 않은 것이라고 생각했다. 내 생각에 박해는 피해야 할 것이었다. 그것은 해결해야 할 문제이며 좌절이며 장벽이었다. 나는 다음과 같은 생각에 사로잡혔다: 박해가 정상적이고 믿는 사람들에게 예견된 것이라면 어떻게 되는 것일까? 또한 박해가 믿음을 자라나게 하는 땅이라면 어떻게 되는 것일까? 박해가 옥토가 될 수 있다면 어떻게 되는 것일까?

나는 미국에 있는 교회가 어떤 의미가 있는지에 대해서 생각하기 시작했다. 또한 소말리아의 잠재적인 교회가 어떤 의미가 있는지에 대해서도 생각하기 시작했다.

20장

믿음의 족보

나는 러시아에서 좀 더 많은 간증들을 들었다. 예를 들어 1950년대 초에 카리스마가 있는 세 명의 목사들이 가정교회를 이끌었을 때 일어났던 한 사건에 대해 들었다. 그들은 더 큰 영적 운동을 통해 신나는 성장을 경험했다: "회중"이 10명에서 20명으로 구성된 새로운 가정교회들이 매주, 매년 규칙적으로 늘어났다. 안전상의 이유로 가정교회의 성도들은 서로를 신뢰할 수 있는 잘 아는 사람들로 구성되었다.

나는 그런 상황에서 청소년들과 젊은이들이 교회와 그리스도의 몸을 어떻게 이해하는지 궁금했다. 그들의 믿음의 경험은 한 주에 한 번 부모님과 다른 몇몇 사람들과 함께 집에서 예배드리는 것으로 한정되어 있었다. 그들의 눈에는 그것이 교회였다. 그들은 그보다 더 큰 하나님 나라를 알 수 없었고 다른 가정교회에서 하나님께서 어떻게 역사하시는지에 대해서도 몰랐다. 다른 나라에서 일어나는 일은 더욱 몰랐다. 젊은이들은 영적인 친구들과 더 큰 모임을 필요로 했다. 그들은 소외되고 외로웠으며 낙담하고 있는 것처럼 느껴졌다.

영적 운동을 이끌고 있는 세 명의 목사들은 무슨 일이 일어나고 있는지 깨달았고 어떤 일을 하고자 결심했다. 그들은 매우 담대한(사람들이 **어리석다고** 말할지도 모르는) 아이디어를 생각해 냈다. 모스크바에서 젊은 사람들의 모임을 계획한 것이다. 그리고 서로 만나서 격려할 수 있도록 하기 위해서 다양한 가정교회의 18세에서 30세까지 결혼하지 않은 모든 젊은이들을 초청했다. 그들은 각각 다른 가정교회에서 온 사람들끼리 영적인 교류가 있기를 기대했고 좀 더 넓은 범위에서 하나님께서 하시는 일을 알기를 기대했다.

몇몇 사람들이 "어리석다"고 한 모임에서 생각한 것은 700여 명의 젊은 성도들이 1950년대 초 러시아에서 공산주의 정부가 눈치 채지 못하게 모일 수 있느냐는 것이었다. 그러나 물론 당국자들이 눈치를 챘다. 그 행사가 끝났을 때 세 명의 목사들은 체포되었고 3년형을 선고받았다.

지금 나에게 그 이야기를 하고 있는 사람들은 "성령께서 그 모임에 임재하셨기" 때문에 세 명의 목사들은 되풀이해서 같은 벌을 받는 고통도 기꺼이 감수했을 것이라고 확신 있게 말했다.

젊은이들을 함께 모이게 하는 주요 목적은 흩어진 성도들을 한 곳에 모이게 하자는 것이었다. 그리고 또 하나의 목적은 하나님께서 다른 사람들에게 역사하시는 것을 듣게 하여 기독교 공동체를 경험하며 기뻐하자는 것이었다. 컨퍼런스를 시작할 때─사전에 생각이나 계획 없이─젊은이들에게 흥미로운 도전이 주어졌다. 그들 중 성경을 가지고 있는 사람은 아무도 없었다. 또한 찬송가나 복음성가나 그 외의 종교적인 어떤 기록도 갖고 있지 않았다. 그래서 세 명의 목사들은 얼마나 많은 성경의 진리가 젊은이들 모임에 현존하고 있는지 알아보기로 결정했다.

그들은 "이것은 게임과 같은 거예요. 이번 주 매일 아침 여러분들이 소그룹으로 만나기를 바랍니다. 우리는 신약의 4복음서-마태, 마가, 누가, 요한복음-를 여러분들이 얼마나 많이 알고 있고 암기하고 있는 지 알았으면 합니다. 여러분의 그룹에서 복음서를 얼마나 많이 알고 있는지 봐 주세요. 찬송가와 복음성가에 대해서도 마찬가지입니다. 얼마나 많이 기억하고 있는지 알아봅시다."

컨퍼런스가 끝날 무렵 그들이 각각의 소그룹들의 노력을 비교해 보았을 때 젊은이들은 몇몇 군데 실수한 것 외에는 4복음서를 모두 기억해 냈다. 그들은 또한 1,200개에 이르는 찬송가와 복음성가를 기억해 냈다.

나는 소련에서 수십 년간 공산주의의 압력을 받으면서 기독교가 어떻게 살아남고 부흥할 수 있었는지 한순간에 깨달았다. 또한 무엇이 그렇게 많은 러시아 성도들을 강하게 하고 신실하게 했는지도 깨달았다.

컨퍼런스에 대한 이야기를 들었던 날, 나는 몇 명의 젊은이들을 만났다. 그들은 실제 살아 있는 미국인을 보고 흥분했다. 그들은 자신들의 영어를 연습하고 싶어 했다. 그들 중 많은 젊은이들은 전날 나에게 이야기를 해 주었던 목사들의 손주들이었다. 나는 1950년대 젊은이들이 얼마나 많은 성경과 찬송가와 복음성가를 알고 있었는지 자랑스럽게 말했던 목사들의 손주들에게 물었다: "요즘 교회에서 젊은이들은 성경을 얼마나 많이 알고 있죠?"

그들은 서로를 바라보고 쭈뼛쭈뼛하며 "많이 알지는 못해요"라고 대답했다.

나는 그들에게 4복음서에서 인용할 수 있는 구절이 얼마나 많이 있느냐고 물음으로써 그들을 당황시키고 싶지 않았다. 그래서 나는 그들에게 복음서에 나오는 이야기를 얼마나 많이 알고 있느냐고 물었다.

"성경에 나오는 책 이름은 얼마나 많이 알고 있죠?"

그들은 "얼마 되지 않아요"라고 대답했다.

나는 그 젊은이들이 내 질문에 대한 자신들의 대답으로 인해 당황했는지는 모르겠다. 그러나 나는 러시아 교회가 "자유"를 맞은 첫 십년 동안 힘을 많이 잃은 것을 보았다. 공산주의 아래서 교회는 살아남고 부흥할 방법을 찾았다. 성경과 거룩한 노래들이 그들의 생명력이었다. 지금, 교회가 더 자유로운 시대에 성경과 거룩한 노래들은 예전만큼 중요해 보이지 않았다.

내가 러시아에서 들은 많은 이야기들은 하나님의 신실하심과 섭리를 찬양하는 것이었다.

한 목사가 체포되어 감옥에 갔고 그의 아내와 아이들은 시베리아로 보내졌다.

한 겨울 밤, 멀리 떨어진 황폐한 오두막집에서 세 명의 아이들이 마지막 남은 빵 조각을 나눠 먹고 마지막 차를 마신 후 여전히 배가 고픈 채 침대에 올랐다. 무릎을 꿇고 기도한 후에 그들이 물었다. "어머니, 음식을 얻으려면 어디로 가야 하죠? 우리는 배가 고파요! 아버지는 우리가 어디에 살고 있는지 알고 계실까요?" 그들의 어머니는 하늘에 계신 아버지께서 그들이 어디에 살고 있는지 아실 것이라고 그들을 안심시켰다. 지금은 오직 그 분만이 공급해 주실 분이었다. 그들은 기도하며 하나님께서 공급해 주시기를 간구했다.

30킬로미터 밖에서 한밤중에 하나님께서 한 집사를 깨우셔서 그에게 말씀하셨다. "일어나라. 말에게 마구를 채우고 말을 썰매에 매고 교회가 수확한 야채들과 회중들이 모은 고기와 그 외의 음식들을 싣고 마을 밖 멀리 살고 있는 목사의 가정에 그것들을 가져다주어라. 그들이 굶주리고 있다!"

그 집사는 얼떨떨해하면서 대답했다. "그러나 주님, 저는 그렇게 할 수가 없습니다. 밖이 영하의 날씨라서 말도 얼고 저도 얼 것입니다!"

성령께서 그에게 "너는 가야만 한다! 목사의 가족들이 곤란 중에 처해 있다!"라고 말씀하셨다.

그 집사는 항변했다. "주님, 주님께서도 사방에 늑대가 있는 것을 알고 계십니다. 늑대들이 말을 잡아먹을 것이고 그런 다음에는 저도 잡아먹을 것입니다! 저는 다시는 돌아오지 못할 것입니다."

그러나 성령께서 그에게 말씀하셨다. "너는 돌아올 필요가 없다. 너는 꼭 가야만 한다."

그래서 그는 성령께서 명하시는 대로 했다.

그 다음날 새벽이 되기 전에 그가 허름한 오두막집의 문을 세게 두드렸을 때, 그 소리가 그 어머니와 아이들을 놀라게 했을 것이다. 그러나 그들이 두려워서 망설이며 문을 열었을 때 그리스도의 몸의 지체인 매우 작은 사람이 현관 앞에 서 있는 것을 보고 얼마나 기쁘고 놀랐을지 상상해 보라. 그는 큰 가방을 가지고 왔고 그들에게 "우리 교회가 이 음식을 여러분들을 위해 모았으니 잘 먹기 바라오. 이 음식이 떨어지면 더 가져 올 것이오."

그 이야기를 듣고 난 후, 오랫동안 나는 하나님께서 그 집사에게 명하신 마지막 명령을 생각하고 있었다. **"너는 꼭 가야만 한다."**

너는 돌아올 필요가 없다. 너는 꼭 가야만 한다.

그 집사는 돌아갔다. 그렇지만 하나님의 명령은 분명한 것이었다.

너는 꼭 가야만 한다. 너는 꼭 가야만 한다. 돌아올 것이 불분명할지라도 너는 꼭 가야만 한다.

그 집사의 용기 있는 순종이 그 이야기 속에 살아 있다. 그 이야기는 그 가족에게 대대로 이어져 내려오고 있었다. 그 이야기는 한 성도의 순종과 하나님의 기적 같은 공급을 잘 설명해 주고 있다.

러시아에서 보낼 일정이 거의 끝나갈 무렵 하루는 빅토르가 카티아를 만나라고 나를 데려 갔다. 그녀가 갖고 있는 자료에 의하면 그녀가 말하는 사건은 1917년에 발생했다.

카티아는 개신교 목사인 할아버지가 경찰이 와서 그를 체포하고 감금할 것이라는 통지서를 받았을 때 일곱 살이었다고 말했다. 그는 그에게 주어진 짧은 시간을 자신의 주변을 정리하는 일과 가족의 성경책을 집 뒤뜰에 묻는데 사용하였다. 그의 희망은 당국자들이 그를 데려갈 때 성경책을 몰수당하지 않게 하는 것이었다. 카티아는 할아버지가 체포되어 감옥으로 끌려가는 것을 보지 못한 듯했다.

몇 주가 지난 후에 그녀의 가족들은 면회를 허락받고 그녀의 할아버지가 혹독한 겨울을 지낼 수 있도록 옷과 음식과 돈을 가져오는 것이 허락되었다. 카티아는 "철조망 울타리 너머로 할아버지의 형제자매들과 자녀들과 손주들이 줄을 서서 할아버지에게 작별인사를 할 때 무장한 교도관이 얼마나 주의 깊게 보았는지"에 대해 말했다.

나는 그녀가 이야기를 하는 중에 끼어들며 물었다: "할아버지에 대한 이야기를 가족들에게 한 적이 있나요?"

그녀는 하지 않았다고 말했다. 그래서 내가 제안했다. "이야기를 더 하기 전에 당신의 딸과 사위와 손주들을 불러 오세요."

나는 그녀에게 "당신의 가족들은 당신이 태어났을 때부터 당신의 할아버지에 대해서와 당신의 삶과 신앙에 대해서 들을 필요가 있어요. 그러니 당신의 가족들을 여기에 우리와 함께 앉게 해서 당신의 이야기를 듣게 합시다"라고 말했다.

그녀는 조그만 펜션에 살고 있었다. 그녀는 내가 그녀의 자녀 중 한 명에게 차와 설탕과 우유와 과자를 사러 보내자고 제안했을 때 기뻐했다. 차와 과자를 먹은 후에 카티아의 자녀들과 손주들이 작은 거실 바닥에 앉았다. 나는 카티아에게 처음부터 다시 시작해 달라고 요청했다. 그녀가 이야기를 할 때 나는 그녀의 이야기를 귀 기울여 듣는 한편 가족들의 반응에 주의를 기울였다.

그녀는 그녀의 할아버지가 체포되어 감옥에 갇힌 이야기와 가족들이 면회 간 이야기, 그리고 무장한 교도관들이 지켜 보는 가운데 가족들이 줄지어 서서 철조망 너머의 할아버지에게 작별 인사를 한 이야기들을 해 주었다. 카티아는 계속해서 말을 이어 나갔다. "내가 손을 내밀어 뾰족한 철조망 사이로 할아버지의 손을 잡으려고 했을 때, 나는 다시는 할아버지를 보지 못할 것이라고는 생각하지 못했어요."

그녀는 가족 중 아무도 할아버지가 2주 후에 순교 당하시리라고는 상상도 못했다고 말했다. 카티아 가족은 경찰과 감옥의 보고서를 받았다. 카티아는 그 서류들을 펴서 우리가 볼 수 있도록 우리에게 넘겨 주었다.

카티아는 철조망 울타리 너머로 할아버지에게 작별인사를 할 때 마지막까지 있었던 사람은 그녀의 할머니였다고 말했다. 카티아의 할머니가 마지막으로 할아버지의 손을 잡았을 때, 할아버지는 할머니에게 접혀진 작은 쪽지를 주었고, 할머니는 그것을 손으로 꼭 쥐어 잡은 후에 얼른 안주머니에 넣었다.

집으로 돌아와서 카티아의 할머니는 그 쪽지를 꺼내 보았다. 그 쪽지에는 할아버지가 가족들 성경책을 어디에 묻었는지 쓰여 있었다. 할아버지는 그것을 파내서 식구들을 다 모아 놓고 성경책 앞표지 안에 숨겨 놓은 접혀진 쪽지에 쓰여 있는 것을 읽으라고 했다. 카티아의 할머니는 할아버지가 말한 그대로 행했다. "30명쯤 되는 가족들이 다 모였어요. 할머니는 성경책을 열고 할아버지가 남겨 놓은 쪽지를 펼쳐서 할아버지가 마지막으로 우리에게 하신 말씀을 읽으셨어요."

카티아는 할아버지의 쪽지는 가족에게 영적인 마지막 유언과 같다고 말했다. "할아버지가 제일 마지막으로 쓴 것은 쪽지 아래 부분에 쓰여 있었어요. 할아버지가 가족들에게 주신 마지막 메시지는 우리에게 요한계시록 2장 10절—죽도록 충성하라—을 모두 읽고 영원히 기억하라는 것이었어요"라고 카티아가 말했다.

70년이 지난 후, 카티아는 할아버지의 마지막 말씀을 잘 기억하고 있을 뿐 아니라 자신이 사는 지역의 사람들이 길에서 자신에게 다가와 목사였던 그녀의 할아버지를 기억하고 그들이 얼마나 그 분을 존경했는지 말하고 카티아와 그녀의 가족들에게 존경받는 믿음의 본을 보여 준 것에 대해 고마워한다고 말했다.

카티아가 그녀의 이야기를 마쳤을 때 나는 그녀의 딸과 사위가 일어나서 그녀를 안아 주는 것을 보았다. 그녀의 딸은 눈물을 흘리며 말했다. "어머니, 우리는 그런 일을 전혀 몰랐어요." 그녀의 손주들은 그녀의 주위에 몰려들어 그녀를 안고 뺨에 뽀뽀를 하고 그녀가 어렸을 때 얼마나 용감했는지에 대해 말했다.

그렇게 특별한 가족들 모임의 일부가 되는 것은 나에게는 특별히 거룩한 순간이었다. 나는 카티아의 할아버지가 70년 전에 준비해 놓은 믿음의 족보에 증인이 되는 것처럼 느꼈다. 지금 그 믿음의 족보는 그 가족의 4대와 5대로 내려오며 후손들의 믿음을 강하게 하고 있었다.

모스크바 공항은 도착했을 때와 마찬가지로 떠날 때도 별로 따뜻함이 느껴지지 않았다. 내 곁을 지나는 대부분의 러시아 사람들은 여전히 피곤해 보였고 아래를 내려다보며 걷고 있었다. 그들은 여전히 시야를 아래쪽으로 향하며 눈 맞춤을 피하였다.

그러나 내 마음은 힘을 얻었다. 그 때는 왜 그랬는지 몰랐다. 지금 돌이켜보건대 러시아에서 믿는 사람들과 함께했던 시간이 나를 변화시켰다. 또는 적어도 러시아에서의 경험이 나를 변화시키기 시작했다.

나는 내가 들었던 간증을 정리하고 내가 배운 것을 이해하는 데 평생이 걸릴 것이라고 생각했다.

나는 고심하며 작성한 긴 질문 목록을 가지고 첫 여행을 시작했다. 다섯 번째 인터뷰에서 드미트리를 만날 때쯤 나는 내 질문 목록이 내가 얻고자 하는 것에 대한 열쇠가 아니라는 것을 깨달았다.

나는 내 질문들에 대한 짧고 직접적인 답변들에서는 내가 찾고 있는 진실을 발견하지 못했다. 질문을 하기 전후에 믿는 사람들과 나눈 개인적인 이야기 속에 지혜와 통찰력이 아름다운 선물로 포장되어 있었다.

나는 한편으로는 큰 기대감과 다른 한편으로는 많은 불확실성 속에서 모스크바에 도착했다. 그리고 한 가지 확실한 느낌을 가지고 떠났다: 그것은 내가 여정을 막 시작했지만 내가 올바른 길로 가고 있다는 것이었다.

다음 목적지는, 봄이 겨울과 다르듯이 러시아와는 매우 다른 우크라이나였다.

21장

사는 법을 배우기; 죽는 법을 배우기

우크라이나 사람들의 정신은 내가 러시아에서 본 것과 매우 대조를 이루어서 나는 우크라이나의 수도인 키예프에서 비행기에서 내리자마자 그 차이점을 발견했다. 공항과 호텔에서 일하는 사람들은 친절하고 우호적이었다. 러시아 사람들은 과거에 매여 있었던 반면에 내가 만난 우크라이나 사람들은 더 나은 미래에 대한 높은 소망으로 새롭게 맛보는 자유를 음미하고 있는 것처럼 보였다. 그들은 고개를 들고 발걸음을 가볍게 하며 걸었다. 그들은 나와 거리에서 마주칠 때마다 눈을 맞추며 미소를 지었다. 내가 인터뷰한 사람들은 그들의 신앙에 미친 공산주의의 영향과 미래에 대한 희망과 꿈에 대하여 말하는 것을 꺼리지 않았다.

우크라이나에서 믿는 사람들 중에 내가 첫 번째로 만난 사람은 50대 후반의 목사로 그가 속한 교단의 최고 지도자였다. 그는 흥이 나서 우크라이나에서 빠르게 변하는 영적 기후를 경험한 이야기를 해 주었다. "지난주에 우크라이나 군대의 지도자들 모임에서 저를 초청해서 공개적인 군 행사에서 기도해 달라고 요청했어요. 물론 그 초청을 받아들였죠. 기도하기 전에 저는 얼마 전까지만 해도 그들과 그 외 정부 당국자들이 저를 국가의 적으로 여겼던 때를 생각했어요. 또한 몇 달 전까지만 해도 그들은 저를 체포하려고 노력해 왔다는 사실을 생각했어요. 그런데 그랬던 그들이 저에게 기도 요청을 했어요. 저는 그들 앞에서 기도하고 하나님께서 우리 나라에 허락하신 큰 변화에 감사하며 전율을 느꼈어요!"

키예프에서 내가 만난 사람들은 낙관적이고 자부심에 가득 차 있었다. 그러나 새로운 독립적인 우크라이나에 대해서 말할 때 지난 수십 년간 공산주의 치하에서 견디었던 어려운 역경에 대한 기억을 지우지는 않았다. 사실 그러한 기억들이 현재의 낙관주의에 영감을 주었는지도 모르겠다. 어쨌든 최근의 변화는 기쁨으로 받아들여지고 있었다.

우크라이나에서 들은 믿음에 관한 몇몇 이야기들은 러시아에서 들었던 이야기와 비슷했다. 많은 이야기들이 영감을 주는 동시에 혼란을 주었다. 우크라이나 성도들이 러시아 성도들보다 더 힘들었는지는 잘 모르겠다. 그러나 과거에 대한 이야기를 할 때 우크라이나 사람들은 자신들이 겪었던 고통에 대해 더 개방적으로 자세하게 이야기했다.

나는 나와 기꺼이 이야기하기를 원하는 코스티안틴이라는 사람을 만났다. 그는 또한 내가 그들의 교단에서 잘 알려진 지도자인 자신의 아들 알렉시를 만나기를 권했다. 그들과 이야기를 하면서 나는 코스티안틴이 공산주의 치하에서 믿음을 지키느라 오랜 시간을 감옥에서 보냈다는 것을 알았다. 그의 아들은 자신의 아버지가 이야기를 더 편안하게 할 수 있도록 통역을 자청했다.

코스티안틴은 목사가 아니었다. 그러나 교회에서 매우 활동적인 성도여서 그 지역의 당국자들은 그와 두 명의 장로들이 소련의 노동 캠프에서 재교육을 받아야 한다고 결정했다. 감옥에 갇혀 있는 동안 그 지역의 당국자들은 많은 교회들을 무너뜨렸고 2백 명이 넘는 목사들을 같은 노동 캠프에 보냈다. 그 목사들은 국가에 큰 위협이 되어 다른 죄수들과 격리 조치될 것이라는 소문이 빠르게 퍼져 나갔다. 노동 캠프의 교도관들은 목사들 중 한 명도 감옥에서 살아남지 못하도록 가장 혹독한 방법으로 다루도록 교육을 받았다.

당국자들은 목사들이 사형당하기를 원하지는 않았다. 그 대신 그들은 더 심한 일을 시켰다. 그들은 목사들에게 가장 기본적인 도구(부러진 삽이나 막대기)들을 주고 얼어붙은 땅에 참호 파는 일을 시켰다. 하루에 해야 할 분량을 채우지 못하면 목사들은 매일 벌을 받았다.

물론 하루에 해야 할 분량은 채우기가 불가능했다. 목사들은 밤마다 막사 뒤로 불려가 속옷만 입은 채 차가운 얼음물에 적셔졌고 딱딱한 빵과 물만이 저녁식사로 주어졌다. 그런 후에 잠을 자기 위해 얼어붙은 감방으로 가야 했다.

공식적인 고문은 없었다. 때리는 것도 없었다. 그러나 코스티안틴에 따르면 2백 명이 넘는 목사들이 질병과 그 외 "자연적인 이유들" 때문에 노동 캠프에 감금된 지 석 달 안에 죽었다. 코스티안틴은 목사들이 믿음을 부인하는 것을 거절했기 때문에 강제 노동 수용소로 보내져 죽게 되었다는 것을 알고 있었다. 그들의 용기와 확신은 코스티안틴에게 시련을 이길 힘을 주었다. 그는 그들의 신실한 믿음의 본을 결코 잊지 않으리라고 결심했다.

코스티안틴이 노동 캠프에서 풀려났을 때 그의 아내는 이미 죽었고 십대인 아들 알렉시는 몇 년 동안 친척집에서 살고 있다는 사실을 알

게 되었다. 그는 아들을 함께 만나 아내의 무덤에 찾아갔다. 그 다음
주일날 코스티안틴은 아들을 데리고 교회로 갔다. 그 날 코스티안틴은
모든 목사들이 노동 캠프에서 죽은 용감한 목사들과 같은 결심을 한
것은 아니라는 것을 알았다.

그의 교회의 새로운 목사는 자신의 지위를 지키기 위해 공산주의 당
국자와 타협을 했다. 코스티안틴이 노동 캠프에서 풀려난 후 처음으로
아들과 함께 교회에 갔을 때 그 목사는 또 하나의 타협을 하려고 했다.

그 목사는 강단에 서서 성도들을 슬프게 바라보았다. 그는 망설이
며 사과하는 투로 정부에서 새로운 법을 만들었다고 말했다. 바로 그
날부터 26세 이하의 사람들은 누구도 교회에 참석해서 예배를 드릴 수
없다는 것이었다. 그의 목소리는 감정에 겨워 쉰 것처럼 들렸다. 그는
새로운 법이 나쁘다고 말했다. 그러나 그는 회중들에게 교회가 지속되
기를 원한다면 새로운 법을 따라야 한다고 말했다. 그는 26세 이하의
사람들은 즉시 교회에서 나가라고 권면했다.

회중 가운데 누군가가 당국자에게 보고할 것을 알면서 코스티안틴
은 알렉시가 일어나서 교회를 떠나려고 할 때 아들과 함께 일어섰다.
두 사람은 함께 교회 밖으로 나오면서 다시는 그 교회에 나가지 않으
리라 맹세했다. 코스티안틴은 "저 교회는 더 이상 내가 전에 출석했던
그 교회가 아니다"라고 말했다.

코스티안틴이 이야기를 마쳤을 때 나는 알렉시가 눈물을 흘리는 것
을 보았다. 그는 중년이었다. 그는 아버지 앞에 무릎을 꿇었다. 코스
티안틴은 알렉시가 마치 어린 아이인 것처럼 그의 머리를 쓰다듬었다.
알렉시는 아버지를 올려다보며 말했다. "아버지, 저는 아버지가 자랑
스러워요! 아버지가 그런 일을 겪으신 줄 몰랐어요!"

코스티안틴은 슬프게 미소 지으며 말했다. "나는 네가 알아야 한다고 생각하지 않았단다. 그리고 너에게 상처를 주고 싶지 않았단다. 하지만 지금은 네가 알게 되어서 기쁘구나."

알렉시는 아버지의 시련에 대해 자세히는 알지 못했지만, 아버지의 확신과 용기가 그 자신으로 하여금 예수님을 믿는 사람이 되게 하고 사역에 대한 부르심에 응답하게 하고 사람들에게 정신적 지도자가 되게 하는 데 영감을 주고 영향을 미친 믿음의 족보에 대해서는 항상 충분히 잘 알고 있었다.

코스티안틴이 알기로는 모든 목사들이 공산주의의 반대에 부딪혔을 때 강한 확신을 유지한 것은 아니었다. 내가 러시아와 우크라이나에서 들은 바에 따르면 타협한 교회 지도자들은 다양한 방식으로 다루어졌다. 몇몇 경우에 목사가 확신을 굽히지 않고 복음을 전한 이유로 감옥에 가면 그 지역의 정부 당국자들은 협조적인 목사를 임명하여 강단에 서서 회중을 이끌도록 하였다. 그러나 정부에서 임명한 새 목사가 첫 주일 교회에 도착하면 교회 성도들(주로 나이든 여성들)이 서로의 팔을 잡고 새 목사가 강단에 서는 것을 저지함으로써 새 목사를 경멸했다. 만약 새 목사가 성도들의 저지를 뚫고 강단에 서면 여성 성도들은 성도석에 앉아 나머지 회중들과 함께 찬양을 불렀다. 새 목사(감옥에 가지 않기 위하여 타협을 했다고 생각되는)가 정부에서 승인한 설교를 하려고 하면 여성 성도들은 조용히 일어나 등을 뒤로 하고 앉았다. 그들은 설교가 끝나고 마지막 찬양을 부를 때까지 교회 뒤쪽을 바라보며 앉아 있었다.

구 소련 통치 아래서 많은 교회 지도자들은 그들의 믿음을 타협하기를 거절했다. 그들의 확신이 회중들에게 감명을 주고 영감을 주어서 오늘날까지 성도들은 그런 목사들을 기억하고 존경한다. 지금 구 소련의 전 지역에서는 주일 예배 때 목사가 성전에 들어올 때마다 목사의 집무를 경외하는 마음에서 회중들이 모두 일어난다. 목사가 단상에 올라가 강대상 뒤로 갈 때까지 회중들은 경외심이 충만한 가운데 침묵하며 서 있다.

그런 교회들 중에 몇몇 교회들에 강사가 되어 성전에 걸어 들어가는 동안, 나의 러시아 형제들과 우크라이나 형제들과 나란히 서 있는 동안, 그런 식의 존경심으로 환영받을 때 나는 그럴 만한 자격이 전혀 없음을 느꼈다. 나는 그 순간 나의 존재가 아주 작아지는 것 같아 단상에서 내려와야만 할 것 같이 느껴졌다. 나는 내가 결코 노력하여도 얻을 수 없고 대가를 지불할 수도 없는 존경을 받고 있다고 느꼈다.

살고 죽는 것에 대해 선택을 하지 않은 또 다른 목사들이 있었다. 그들을 체포할 때 당국자들은 그들이 죽을 것이라는 사실을 알았다. 목사들이 할 수 있는 유일한 선택은 자신들의 믿음을 지키고 주님을 영광스럽게 하면서 죽을 것인지, 아니면 그 분의 이름을 부인하면서 죽을 것인지에 대한 것뿐이었다. 오늘날 러시아와 우크라이나에 있는 교회들은 끝까지 강하게 믿음을 지켰던 목사들을 기억하고 있다. 믿는 사람들은 그들의 신실함에 대해 존경하면서 박해 아래서 배운 가슴 아픈 교훈들을 소중히 새기고자 노력하고 있다.

종종 한 가지 의문이 내 마음속에 떠오른다: **어떻게 그렇게 많은 러시아 성도들과 우크라이나 성도들이 그들을 박해하는 공산주의 통치 아래서 자신들의 믿음을 강하게 지킬 수 있었을까?** 그 분야를 전문적으로 연구하는 사람으로서 나는 그 문제에 대한 분명하고 실제적이며 객관적인 답을 얻고 싶었다.

그러나 나는 단순히 전문적인 연구원만은 아니었다. 나는 여전히 슬픔이 많은 아버지였고, 상처를 입어서 치유가 필요한 사람이었다. 나는 수천 명의 사람들이 굶어 죽는 것을 무력하게 지켜 본 실패한 구호 사역자였다. 나는 객관성을 유지하기가 힘들었다. 종종 인터뷰를 하면서 불쑥 마음속에서 이런 말이 튀어 나왔다: "어떻게 당신(또는 당신의 가족 또는 당신의 교회 또는 당신 주변의 사람들)은 이렇게 사는 법을 배웠습니까? 어떻게 당신은 그렇게 죽는 법을 배웠습니까?"

내가 첫 번째로 만난 사람들 중 한 사람이 다음과 같은 이야기를 하면서 나에게 답을 주었다.

"나는 어제처럼 그 날을 기억하고 있습니다, 닉. 나의 아버지가 팔로 나와 내 누이와 형을 끌어안고 부엌으로 데려가서 테이블에 앉히고 이야기를 하셨어요. 어머니가 울고 계셔서 저는 뭔가 잘못되었다고 생각했죠. 아버지는 우리에게 이야기를 하시느라 어머니를 보지 못하셨죠. 아버지는 우리에게 목소리를 낮춰 말씀하셨어요. '얘들아, 너희들이 알다시피 나는 우리 교회의 목사다. 하나님께서 그 일을 하라고—다른 사람들에게 그분에 대해 이야기하라고—나를 부르셨단다. 내일 공산주의 당국자들이 나를 체포하러 올 것이다. 그들은 내가 예수님에 대해 설교하는 것을 막기 위해 나를 감옥에 가둘 것이다. 그러나 나는 하나님께 순종해야 하기 때문에 설교를 멈출 수가 없다. 너희들이 많이 보고 싶을 것이다. 그러나 내가 없더라도 하나님께서 너희를 지켜주실 것을 믿는다.'"

"아버지는 저희들 한 사람 한 사람을 안아 주셨어요. 그런 다음 말씀하셨죠: '이 나라 모든 곳에서 공산주의 당국자들이 예수님을 믿는 사람들을 모으고 그들의 믿음을 부인하라고 요구했다. 때로 그들이 거절을 하면 당국자들은 그들의 모든 가족들을 데려다가 한 줄로 세우고 목매달아 죽였단다. 나는 우리 가족에게 그런 일이 일어나기를 원하지 않는다. 그래서 나는 그들이 나를 투옥시키면 너희와 너희 엄마를 살려 주기를 기도하고 있단다.'"

"아버지는 잠시 말을 멈추었다가 우리와 눈을 맞추고 난 후 말을 이어가셨습니다. '그러나, 내가 감옥에 있는 동안에 내 아내와 아이들이 예수님을 부인하기보다 목매여 죽임을 당했다는 소식을 듣는다면 나는 감옥에서 가장 자랑스러운 사람이 될 것이다.'"

그가 이야기를 끝냈을 때 나는 충격을 받았다. 나는 그런 이야기를 결코 들어 본 적이 없었다. 내가 다녔던 교회에서도, 순례 여행을 하면서도 그런 얘기를 들어 본 적이 없었다. 어떤 아버지가 자신의 가족보다 믿음을 더 소중히 여겼다는 말을 들어 본 적이 없었다.

나 자신의 생각에 거의 사로잡힐 뻔했지만 나는 그와 비슷한 성경적인 예들에 대해 생각했다. **나는 그것이 우리 이야기의 한 단면이라고** 조용히 결론지었다. 그러나 그것은 또한 알려지지 않은 이야기들의 한 단면이기도 하다.

나에게 제 정신이 아닌 것처럼 들리는 또 하나의 의문이 있었다. **이 것이 정말로 하나님께서 그렇게 살도록 그의 백성들에게 의도하신 것인 가? 과연 나는 기꺼이 그렇게 살고 더 나아가 그렇게 기꺼이 죽을 정도로 부활에 대해 확신이 있는가?**

다른 기회에 나는 다른 사람에게 같은 질문을 했다: "어떻게 그렇게 살고 그렇게 죽는 법을 배웠나요?" 그 사람은 이렇게 대답했다:

> "우리 부모님이 우리를 함께 모이게 했던 때가 기억납니다. 그때 아버지께서 말씀하셨어요. '얘들아, 이 지역에서 공산주의 당국자들이 믿음을 부인하기를 거절하는 사람들을 천천히 굶겨 죽이고 있다. 만약 우리 가족이 예수님으로 인해 굶어 죽어야 한다면 기쁨으로 그렇게 하자꾸나.'"

그와 같은 이야기에 내가 어떻게 해야 했을까? 나는 그와 같은 경험—그 아버지의 말씀—이 그 가족에게 무엇을 의미하는지 상상할 뿐이었다.

"어떻게 그렇게 살고 그렇게 죽는 법을 배웠나요?" 그 질문에 대한 대답은 위의 두 가지 이야기에 의해서만 얻은 것이 아니라 러시아와 우크라이나에서 들은 많은 증언에 의해서도 얻었다. 사실 내가 그 질문을 하든지 안 하든지 나는 내가 들은 거의 모든 이야기에서 답을 얻을 수 있었다.

또한 자신들의 믿음을 위해 일어서서 타협한 목사님에게 등을 돌려 앉은 나이든 여성분들 이야기에서도 답을 얻을 수 있었다.

어떻게 그렇게 많은 러시아 사람들과 우크라이나 성도들이 거의 1세기에 걸친 공산주의의 박해 속에서 그들의 믿음을 강하게 지킬 수가 있었을까? 어떻게 그들은 그들이 했던 것처럼 사는 법과 죽는 법을 배웠을까? 나는 계속해서 같은 말을 들었다: "우리는 그것을 우리 아버지와 어머니, 할아버지와 할머니, 증조할아버지와 증조할머니에게서 배웠어요."

우크라이나에서의 시간이 거의 끝나갈 무렵, 러시아에서 보냈던 마지막 날들, 특별히 박해가 "해가 동쪽에서 뜨는 것"처럼 일상적이었다는 말을 들었던 날이 생각났다. 나는 우크라이나 친구들이 박해에 대해서 러시아 사람들과 같은 견해를 가졌는지 궁금했다.

나는 또 다른 성도들과 함께 하며 그들이 감옥에 갇히고 박해를 받았던 이야기를 들었다. 나는 다시 한 번 그들의 간증과 이야기에 감명을 받았다. 우크라이나에서 보낼 시간이 얼마 남지 않았을 때, 나는 "왜 이런 이야기들을 책으로 내지 않았는지 이해할 수가 없습니다. 전세계의 믿는 사람들은 여러분들이 내게 해 주는 이야기를 들어야 합니다. 여러분들의 이야기는 놀랍습니다. 그 이야기들은 영감을 주는 증언들입니다! 저는 그와 같은 이야기를 들어 본 적이 없습니다!"라고 말했다.

한 나이든 목사님이 손을 뻗어 내 어깨를 잡았다. 그리고 다른 손으로 나의 팔을 세게 잡고 내 눈을 쳐다보며 말했다. 그는 "성경 읽기를 그만둔 것이 언제입니까? 우리의 모든 이야기들은 성경에 있습니다. 하나님께서 이미 성경에 써 놓으셨습니다. 하나님께서 이미 그 분의 이야기를 말씀해 놓으셨는데 왜 굳이 우리 이야기를 책으로 써야 하겠습니까? 당신이 성경을 읽으면 우리 이야기가 거기에 있는 것을 볼 수 있을 겁니다."

그는 잠시 멈췄다가 나에게 다시 물었다. "성경 읽기를 그만 둔 것이 언제입니까?"

내가 대답하기도 전에 그는 친근한 미소도 짓지 않고 등을 두드리며 격려해 주지도 않고 인사도 없이 나가 버렸다.

그의 확신에 찬 질문은 지금도 내 마음 속에서 메아리치고 있다.

22장

두려움인가 자유인가?

　그 후 며칠 동안 동유럽에 사는 성도들을 통해 들은 많은 간증들은 러시아와 우크라이나에서 들은 이야기를 생각나게 해 주었다. 여기서 이름을 밝힐 수 없지만 내가 방문한 곳 중 가장 가슴 아픈 곳은 교회가 거의 박해를 받지 않은 구 공산권 국가였다.

　그 이유에 대해 알 때까지 그것은 긍정적인 것처럼 보였다. 그러나 인터뷰를 통해 밝혀진 사실은, 공산주의가 시작될 때부터 그러한 나라들의 교회들은 로마서 13장에서 사도 바울이 언급한, 위에 있는 권세들에게 복종하라는 말씀을 완벽하게 받아들였다. 교회들이 그 말씀을 너무나 강조해서 그리스도의 중요한 가르침을 비롯하여 많은 성경 말씀을 무시하거나 받아들이는 데에 실패했다.

　예를 들어, 그 나라들의 교회들이 믿음의 중심을 지키기 위해 당국자들과 잘 지내자는 전략을 구사했을 때 그들은 예수님께서 제자들에게 명하신 마지막 명령－가서 제자 삼으라－을 쉽게 잊어버렸다. 정부에서는 그 교회들이 위협을 거의 받지 않아 곧 쇠퇴하여 없어지리라는 결론을 지었기 때문에 성도들을 통제하기 위한 조직적인 박해를 할 필요가 없었다. 타협을 한 교회들은 스스로를 속박하였다.

그 성도들은 그들의 믿음을 다른 사람들과 나누는 것과 자신들의 믿음을 지키는 데 실패했다. 그들은 교회 본부에서 얼마 떨어지지 않은 곳에서 수천 명의 유대인들이 학살당했을 때 그 일을 다른 사람들에게 말하지 못했다. 그들은 공산주의 지도력이 그들의 교단 본부를 간섭하는 것을 허용했다. 그들이 거의 모든 것을 포기했는데 박해에 부딪힐 이유가 있었겠는가?

이전에 철의 장막(Iron Curtain)의 나라에서 작은 개신교 그룹이 잠깐 동안 같은 함정에 빠진 적이 있었다. 몇십 년간의 박해 끝에 점차적으로 언제, 어디서, 어떻게 그들이 예배를 드리는지에 대해서 정부가 알게 되었다. 그동안 그 성도들은 공산주의 치하에서 종교적 자유를 잃은 것에 대해 분개했다. 목사들 중 한 명이 영국에 가서 신학을 공부할 수 있게 해 달라고 정부에 지원서를 제출했다. 이에 대해 **기적적으로** 공산주의 정부가 승인을 해 주었다.

3년 동안의 공부를 마친 후에 그 목사는 귀국했다. 다른 목사와 만난 자리에서 그는 자신의 경험을 이야기했다. "내가 유일하게 배운 한 가지 중요한 것은 우리가 자유롭다는 것입니다! 우리는 자유롭습니다. 왜냐하면 우리의 자유는 정부가 아니라 하나님께로부터 오는 것이니까요. 우리는 자유롭게 행할 권리가 있습니다!"

그 다음 해에 그 목사들은 획기적인 것처럼 보이는 그 생각을 실제로 적용하는 것과 그 말의 의미를 찾고자 고심했다. 그 해에 목사들은 금식하고 기도했다. 그들은 이 자유가 로마서 13장의 가르침과 어떻게 관련되어 있는지 이해하려고 노력했다. 결국 반이 넘는 목사들이 자신들을 억압하는 공산주의 정부에 보낼 편지에 서명을 했다. 편지에는 다음과 같은 말이 쓰여 있었다:

성경에는 위에 있는 권세들을 존중하고 복종하라고 가르치고 있습니다. 수년간 우리는 그렇게 해 왔습니다. 그러나 성경은 또한 정부에 속한 권세와 하나님께 속한 권세를 구별하라고 가르치고 있습니다.

그 편지에서 그들은 그 차이점을 분명히 말하려고 노력했다. 그들은 정부에 대항하거나 타도할 의도가 없다는 것을 당국자들에게 분명히 했다. 그러나 그들은 자신들이 하나님께 복종하고 하나님께서 제자들에게 하라고 말씀하신 것을 하려고 한다고 정중하게 설명했다. 그들은 또한 성령께서 그들에게 자유를 주신 것과 하나님의 일을 하도록 힘을 주신 것에 대하여 설명했다. 그 날부터 그들은 그들의 믿음의 성경적이고 역사적인 역할—복음을 선포하고 교회들을 세우고 공공장소에서 믿음을 증언하고 새 성도에게 세례를 베풀고 그들이 선택한 때와 장소에서 예배를 드리는 것—을 이행하리라 결심했다.

교회 지도자들은 그 편지를 보냈다. 그런 다음 그들은 두렵고 떨리는 마음으로, 그러나 한편으로는 확신 가운데 무슨 일이 일어날지 기다렸다. 그런데 놀랍게도 정부에서는 아무런 응답이 없었다. 그들이 자유를 선포한 결과, 유일한 한 가지 변화는 그 자유를 실행할 수 있다는 것이었다. 마침내 그들은 다시 그리스도의 몸의 일부가 되었다.

영국에 3년 동안 신학을 배우러 갔다 온 나이든 목사를 포함하여 자유를 선포한 편지에 서명을 하고 편지를 보낸 몇몇 지도자들과 이야기를 하면서 나는 러시아에서 들은 이야기를 그들과 함께 나누었다. 내가 감옥에서 매일 아침 찬송가를 불렀던 드미트리의 이야기를 하자 그들은 즉시 관심을 가졌다. 그들은 내가 자신들의 나라를 떠나기 전에 만나서 인터뷰해야 할 성도가 있다고 말했다. 그들은 "그를 꼭 만나야만 합니다"라고 주장했다. 그는 우리가 인터뷰를 한 교회 아래쪽에 살고 있었다.

작은 아파트의 삐걱거리는 계단을 4층까지 올라가서 우리는 백발의 구부정한 호남형의 남자를 만났다. 그는 젊은 시절에 큰 영향력을 미쳤던 사람임이 틀림없어 보였다. 그는 우리를 자신의 아파트 안으로 초대했다. 오래된 가구들로 말미암아 그 방은 박물관처럼 보였다.

거기에 살고 있는 타비안이 개인적인 역사에 대해 말할 때 우리는 과거로 돌아갔다. 그는 2차 대전 후 그의 나라가 공산주의 정부가 되기 전 소련의 식민지하에 있을 때 10년간 전통적인 정교회에서 일으킨 비밀 운동의 일원이었다. 그들은 자신들을 "하나님의 군대(The Army of God)"라고 불렀다. 그들은 성경을 읽으면서 예수님께서 그 분을 따르는 제자들이 이 땅에서 그 분의 뜻을 이룰 수 있도록 성령을 보내실 것이라는 말씀을 알게 되었다. 그들은 또한 성령께서 그들에게 그리스도의 일을 할 수 있도록 능력을 주신다는 것을 알게 되었다.

그들이 자신들의 믿음을 실천했을 때, 자신은 물론 다른 사람들의 관심을 끌었다. 국가에 속해 있던 기존 교회는 그들의 활동을 반대했다. 소련 점령군들은 그들이 위험한 사람들이라고 선언했다. 새로운 공산주의 정부도 그들을 반역자라고 고발했다. 타비안과 많은 성도들이 체포되어 투옥되었다. 기존 교회도 이러한 투옥에 관계가 있었다.

타비안은 육체적, 정신적으로 당한 많은 고문들을 기억했다. 소련에서 세뇌 전문가가 그 나라의 경찰과 감옥 관계자들을 훈련시키기 위해 왔다. 고문의 종류는 단순했지만 매우 효과적이었다. 예를 들어, 죄수들의 음식에 많은 양의 소금을 집어넣고 동시에 물의 양은 줄여서 주었다. 어느 때는 발이 바닥에 닿지 않도록 죄수들의 손목을 묶어 매달았다. 죄수가 잠을 못 자게 하는 것은 흔한 일이었다. 며칠 동안 잠을 안 재우기도 했는데, 잠이 들려고 할 때마다 매를 때리거나 죄수가 앉아 있던 의자를 넘어뜨려서 쓰러지게 했다.

다른 공산주의 나라들의 경우에 당국자들은 그들이 보기에 위협적으로 보이는 성도들의 영혼이나 자아 정체성을 파괴시키려고 노력했다. 감옥에 투옥된 성도들은 자신의 원래 인격의 가장 작은 부분을 지키는 것조차도 많은 에너지가 소모되었다. 많은 사람들이 그 전쟁에서 졌다. 몇몇 성도들은 독방에 몇 년 동안 격리되기도 했다. 어떤 경우에는 네 명이 수용되어야 할 방에 오십 명을 들여보내기도 했다.

타비안은 감옥에서의 학대에 대해서 솔직하게 있는 그대로 이야기했다. 전통적인 교회 지도자들이 배신을 하고 비밀 운동에 대한 정보를 제공해 준 것에 대해 이야기할 때 그의 표정은 고통스러워 보였다. 나는 그가 그의 아내가 죽었다는 소식을 들었을 때 느꼈던 무기력한 슬픔에 대해 이야기했을 때 그에게서 더 깊은 고뇌를 보았다.

그러나 그는 매우 다른 목소리로 그를 강하게 한 것에 대해 말했다.

"나는 많은 노래를 썼어요. 하나님께서 가사와 멜로디를 주셔서 나의 영혼을 위로하여 주시고 나에게 힘을 주셨어요."

"얼마나 많은 곡을 쓰셨어요?"라고 내가 물었다.

그는 미소를 지으며 대답했다. "약 6백여 곡쯤을 썼어요."

그 사실은 내가 그 사람을 만나야 한다고 주장한 성도들에게서 들은 바를 확인시켜 주었다. 그들은 이미 나에게 타비안의 이름이 그 나라의 성도들에게 널리 알려져 있다고 말해 주었다. 공산주의가 되기 전에 정교회는 예배에서 전통적으로 오래된 음악을 사용하였다. 그러나 타비안이 감옥에서 풀려난 이후로 믿는 사람들은 매주일 아침 예배를 드릴 때 예배 음악으로 타비안의 노래를 부르고 있다.

자연스럽게 나는 그의 노래 중 하나를 불러 달라고 부탁했다. 타비안은 두 곡을 불렀다. 그가 노래할 때 나는 그가 그를 박해하는 사람들을 어떻게 침묵하게 했는지 이해할 수 있었다.

그의 집에서 나오면서 나는 언젠가 타비안이 천국에 올라가 그가 감옥에서 예수님을 위하여 만든 노래들을 천사들의 성가대가 부르는 것을 듣게 되는 날을 상상했다.

또 다른 동유럽의 나라에서 나는 교훈적이고 생각을 일깨워 주는 이야기를 들려 준 성도를 만났다.

유젠은 공산주의 치하에 사는 동안에 믿음 때문에 박해받는 성도들을 지원하는 한 기독교 단체의 잡지를 대표하는 한 서구 사람과 인터뷰를 했었다. 그 기자가 유겐에게 공산주의 정부에 의해 어떻게 취급받았는지에 대해 물었을 때 그는 지역의 당국자들이 그를 고문하고 폭행했다고 말했다. 그는 때때로 그들이 그의 바로 앞에 서서 그가 비켜설 때까지 그를 노려봄으로써 위협하기도 했다고 말했다.

유겐은 누군가 (그는 경찰이 그랬을 것이라고 의심했다.) 드라이버로 자신의 차에 펑크를 내고 망치로 차 유리를 깨뜨렸다고 말했다. 그는 그의 자녀들이 믿는 가정의 아이들이라고 반 아이들 앞에서 어떻게 조롱거리가 되었는지에 대해서도 말했다. 방과 후에 그의 자녀들을 남게 한 후 학교 관계자는 이렇게 말하곤 했다: "네가 반 아이들 앞에서 당황스런 일을 겪는 것은 너희 아버지가 목사이기 때문이다. 너희들이 친구가 없는 것도 그 때문이다."

공산주의자들은 만약 그들이 부모의 믿음을 불신하게 하고 명예를 실추시키면 아이들을 부모에게서 돌아서게 할 수 있으리라 믿었다. 그렇게만 할 수 있다면 교회들은 한 세대 안에 소멸될 것이었다.

유겐의 이야기를 들은 기자는 매우 놀란 표정으로 말했다. "공산주의 정부가 당신과 당신 가족에게 행한 일은 옳지 않아요! 당신의 이야기를 우리 잡지에 써서 사람들로 하여금 당신을 위해 기도하게 해야겠어요!"

유겐은 고개를 가로저으며 말했다. "오, 그러지 말아요! 나와 우리 가족에게 일어난 일들은 여기에서는 일상적인 일이죠. 그것은 우리가 견뎌야 할 작은 십자가이지요. 언젠가 내가 투옥되어 고문을 받고 죽음의 위협을 받는다면 그 때 우리 가족의 이야기를 공개하세요. 그러면 당신 나라에서 우리를 위해 개입할 것이고 사람들이 우리를 위해 기도할 거예요. 그러나 지금은 아닙니다! 우리는 작은 일을 크게 만들어 우리를 박해하는 사람들을 당황시키거나 문제를 일으키고 싶지 않아요."

그 기자와 선의의 기독교 단체는 유겐으로부터 그와 같은 부탁을 받았지만 그들은 그의 부탁을 거절했다. 유겐의 부탁에도 불구하고 그들은 유겐을 돕기 위한 일을 할 수 있다고(그리고 해야만 한다고) 믿었다. 유겐의 이야기가 공개되었다. 그 잡지는 유겐과 그의 가족을 박해로부터 보호하기 위한 글을 썼다: "이 기사에 나오는 지역의 이름 뿐 아니라 사람들의 이름도 바뀐 이름입니다. 그러나 이야기만큼은 사실입니다. 이것이 공산주의 정부가 믿는 사람들에게 행한 일입니다."(그런데 놀랍게도 무작위로 사용한 이름이 실제로 있었다!)

그 잡지는 이야기의 중심인물의 이름을 가명으로 했다. 그들은 그의 아내와 아이들을 위해서도 가명을 사용하였다. 그들은 그 나라에서 사용하는 이름을 무작위로 사용하였다. 도시의 이름을 무작위로 선택하면서 그 잡지 편집자는 그 지역에 실제로 믿는 사람들이 있으리라는 생각을 하지 못했다. 그들은 잡지 기사에 무작위로 선택한 도시와 이름들을 사용하면 안전할 것이라고 생각했다.

유겐의 나라의 당국자들이 우연히 그 잡지를 보게 되었다. 그들은 모든 가능성을 염두에 두고 가명으로 된 지역과 이름들이 나온 기사를 읽었다. 심지어 그들은 기사에 쓰여 있는 도시로 가서 조사를 했다. 그들은 즉시 열두 개도 넘는 알려지지 않은, 국가에서 허락하지 않은 가정교회가 그 곳에서 활동하는 것을 알게 되었다. 그들은 신속하게 각 교회에서 사람들을 체포하고 투옥시켰다.

자신의 인터뷰가 간접적으로 그러한 비극을 초래하게 된 유겐은 두려워하며 가슴 아파했다. 수년이 지난 후 그는 또 다시 그런 일이 일어나지 않도록 노력하면서 자신의 이야기를 나와 함께 나누었다.

그것이 내가 15년을 지나고 나서야 이 이야기를 쓰는 이유이다.

유겐의 경고는 매우 중요한 것이었다. 사실 나는 그 때 그 곳에서 믿음을 위해 박해를 받는 세계 각처의 성도들을 지원하고 돕기 위하여 유겐의 이야기를 조심스럽게 하기로 결심했다. 내 희망은 이 이야기가 가장 중요한 것이 무엇인지 강력하게 설명해 주기를 바라는 것이다: 만약 우리가 박해받는 성도들의 이야기를 하면서 조심하지 않는다면 우리는 그들로 하여금 박해를 더욱 심하게 받게 만들 것이다. 성경은 우리들에게 영적으로 억압받는 형제자매들을 위하여 기도하라고 가르치고 있다. 때로는 그 가르침 이외에 그들의 이야기를 나누는 것은 도움이 되지 않으며 지혜로운 일이 아닐 때도 있다. 가장 좋은 의도일지라도 우리는 나눔의 결과에 대해서 확신할 수 없다.

예수님을 위하여 박해를 받는 것은 한 가지 일이다. 내가 들은 놀랍고 능력 있는 이야기뿐 아니라 소말리아에서 내 개인적인 경험이 나로 하여금 하나님께서는 그 분의 영광을 위하여 박해도 기꺼이 사용하신다는 사실을 확신하게 했다. 그러나 어리석음과 부주의함으로 박해를 받게 하는 원인을 제공하는(의도적이 아니었을지라도) 사람들은 다른 문제다. 그렇게 박해를 받게 되는 것은 얼마나 비극인가!

소말리아를 떠나면서 나는 그렇게 하지 않기로 결심했다. 예수님의 말씀에 의하면 그를 믿는 사람들은 "이리 가운데 양"이다. 그러나 그의 양이 불필요하게 어리석거나 부주의할 이유는 없다. 그것이 내가 이런 여정을 시작한 이유들 중 하나다: 다른 사람들의 경험을 통해 배우는 것이다. 지금까지 내가 들은 것에 용기를 얻은 만큼 나는 배울 것이 훨씬 더 많은 것을 알게 되었다.

23장

침묵하기를 거절하다

나는 그 다음에 내게 이야기해 줄 스토얀에게 전화를 하기로 했다. 그의 이름은 "굳건히 서다" 또는 "머물다"라는 뜻이며 동유럽에서는 흔한 이름이다. 스토얀은 60대쯤 되어 보이는 활기 넘치고 친근감 있는 사람이었다. 우리는 그의 나라의 수도에서 만나기로 했다. 내가 어떤 사람이고 무슨 일을 하는지 설명을 들은 후, 스토얀이 그의 이야기를 하기 시작했다.

그는 먼저 그의 부모님에 대한 이야기로 시작했다. 2차 대전 후에 공산주의자들은 그의 나라에서 권력을 강화시키기 시작했다. 마침내 그들은 정부를 장악했다. 수십 년간 당국자들은 성도들을 탄압했다. 스토얀이 열두 살이 되었을 때, 개신교 목사였던 그의 아버지를 투옥시켰다. 그의 아버지는 십 년 동안 감옥에 갇혀 있었다.

그는 눈물을 글썽이며 아버지가 받은 잔혹한 수감생활에 대해 말했다. "처음에 그들은 시내 비밀경찰이 있는 곳에 아버지를 가두었어요. 매일 아침 교도관 중 한 명이 자신의 인분을 가져와서 아버지가 아침

식사로 먹을 빵 조각 위에 뿌렸어요."

스토얀은 감정적이고 심리적인 박해의 영향이 어떤 육체적인 학대보다 더 깊은 상처를 남긴다고 말했다. 아버지에 대한 소식을 전혀 듣지 못한 채 9개월이 지나갔다. 그의 어머니는 마침내 자신의 남편이 다른 죄수들과 함께 멀리 떨어져 있는 노동 수용소로 이송될 것이라는 통지를 받았다.

교도관들은 그의 아버지가 이송되기 전에 한 시간 동안 면회를 허락했다. 스토얀과 그의 어머니는 면회 당일에 비밀경찰 내에 있는 잘 알려진 고문 시설이 있는 곳으로 갔다. 그들은 자신들의 사랑하는 남편들과 아버지들과 아들들을 만나러 온 다른 가족들과 함께 축구장 크기의 운동장으로 안내되었다.

그는 "방문객과 죄수들을 분리시키려고 길게 줄지어 세워 놓은 테이블 맞은편에서 죄수들이 뛰어 나왔어요. 그런데 우리 아버지는 보이지 않았어요. 어머니와 나는 앉아서 기다렸어요. 우리는 꽤 오랜 시간 기다렸어요. 마침내 면회 시간이 다 되어갈 무렵 담당관의 명령을 받은 한 죄수가 넝마 보따리 같은 것을 들고 우리 쪽으로 다가와 그 보따리를 한 테이블에 올려놓았어요"라고 말했다.

스토얀은 그때를 회상하며 말했다. "우리 어머니가 제 손을 잡고 그 테이블 쪽으로 갔어요. 나는 간신히 눈을 뜨고 나를 응시하는 듯한 파란 눈을 보고 해골처럼 마른 그 사람이 아버지라는 것을 알았죠. 나는 아버지의 손을 잡고 내 얼굴을 아버지의 얼굴 가까이에 대고 속삭였어요. '아버지, 저는 아버지가 자랑스러워요! 저는 열세 살이 되었어요.' 어머니는 아버지가 무엇을 가장 원하시는지 알고 계셨죠. 그래서 어머니는 작은 신약 성경을 아버지의 모자 밑에 넣어 드렸어요. 그런데 교도관이 어머니가 무엇을 하는지 보았어요. 그는 뛰어와서 성경책을 빼앗고 책임자를 불렀어요. 그는 책을 한 번 힐끗 보고는 화를 내며 그 책을 땅에 던져 버렸어요. 우리 주변에 많은 사람들이 있었는데 그는 어머니에게 소리를 쳤어요. '네 남편이 여기에 있는 이유가 이 책 때문이고 네 하나님 때문인 줄 모르는가? 나는 네 남편을 죽일 수 있고 너와 네 아들도 죽일 수 있어. 그럼 나는 그 일로 박수를 받을 거야.'"

스토얀은 수십 년 전에 일어났던 일을 기억하고 있었다. 그는 그 일이 마치 어제일인 것처럼 말을 이어나갔다. "우리 어머니는 그 책임자를 보고 말씀하셨죠. '당신이 옳아요. 당신은 나의 남편 뿐 아니라 나도 내 아들도 죽일 수 있어요. 그러나 그 무엇도 예수 그리스도 안에 있는 사랑에서 우리를 떼어 놓을 수 없어요!'"

스토얀은 "나는 어머니가 자랑스러웠어요"라고 말했다.

공산주의 정부가 목사인 그의 아버지를 도시 외곽에 있는 강제 노동 수용소로 이주시킨 후에 당국자들은 스토얀의 나머지 가족들도 그들이 살던 도시에서 먼 곳에 있는 집시 마을로 추방시켰다. 어느 날 밤에 경찰이 집으로 찾아와 그의 어머니와 스토얀과 세 명의 어린 동생들에게 한 시간 정도 짐을 쌀 시간을 주었다. 그들 각각에게 두 개의 가방만이 허용되었다. 그들은 한 번도 가 본 적이 없는 곳으로 가기 위해 야간열차에 실려졌다.

그렇게 기차를 타게 되자 모든 것을 잃었다는 느낌에 스토얀의 어린 동생들은 울기 시작했다. 그들은 어머니에게 두려움에 떨며 물었다: "우리 집에 무슨 일이 일어난 거예요? 엄마, 우리는 어디에서 살게 되나요? 우리가 어디로 가는지 아빠가 어떻게 알 수 있을까요? 우리에게 무슨 일이 일어날까요?"

스토얀의 어머니는 충격을 받은 아이들에게 아무런 대답을 할 수가 없었다. 그녀가 아이들을 안심시키기 위해 한 말은 "하나님께서 공급해 주실 거란다, 애들아"라는 말이 전부였다.

그런 다음 그녀는 아이들과 함께 찬송가를 불렀다. 기차가 목적지에 거의 다 왔을 때, 한 낯선 사람이 두려워하며 함께 모여 있는 가족에게 다가와 어머니에게 물었다: "당신 가족이 감옥에 투옥되어 있는 목사님의 가족들입니까?" (그가 물을 때는 목사의 이름을 언급했다.) "네, 맞아요"라고 어머니가 대답했다.

그 남자는 말을 이었다. "우리 교회가 어젯밤에 기도모임을 가졌습니다. 기도하는 중에 성령께서 우리가 드린 헌금을 가지고 이 기차에 타서 그것을 당신에게 드리고 당신 가족을 새로운 집으로 인도하라고 말씀하셨어요." 그는 그녀에게 작은 헝겊가방을 주고는 목소리를 낮춰 말했다. "이 돈으로 6개월은 충분히 지내실 수 있을 겁니다. 이 돈이 다 떨어지면 더 가져오겠습니다."

아버지가 투옥된 나머지 기간 동안 스토얀의 가족들에게 두 번의 면회가 허용되었다.

면회는 한 시간만 허락되었다. 어쨌든 그 목사와 그의 가족들은 살아남았다. 그것은 어느 누구에게도 쉬운 일은 아니었다.

하루에 세 번씩 스토얀은 지역 경찰서에 보고해야만 했다. 1955년에 공산주의 당국자들은 그를 대학에서 내쫓았다. 정부에서 투옥시킨 다른 목사들처럼 스토얀의 아버지는 미국이나 영국의 스파이로 고

소당했다. 그들은 스토얀의 아버지를 "정치범"이라고 불렀다. 그의 가족들도 연관이 되어 있었기 때문에 비밀경찰은 스토얀의 대학 기록에 "공화국의 적"이라고 날인을 하고 졸업하기에는 부적당하다고 선고했다. 그는 군대에 징집되었다. 그는 거기에서도 승진을 못하고 허드렛일만 했다.

스토얀의 나라에서는 그 해에 만 명의 "정치범"들이 죽었다. 그의 아버지가 시련을 딛고 살아남았으리라는 희망은 거의 없어 보였다. 교도관들이 아버지에게 사형집행 날짜가 잡혔다고 알려 주었다. 그들은 그를 밖으로 데리고 가서 기둥에 묶고 그에게 믿음을 부인할 마지막 기회를 주었다. 그들은 그가 만약 믿음을 부인하지 않는다면 총살을 당할 것이라고 말했다.

그는 등을 곧게 세우고 똑바로 서서 크게 외쳤다. "나는 그리스도를 부인하지 않을 것이오." 교도관들이 그에게 크게 분노했다: 사실 그들은 사형을 집행하겠다고 협박할 권한이 전혀 없었다. 그들은 실제로 전혀 다른 명령을 받았다. 그들은 기둥에서 그를 풀어 주면서 심한 욕과 저주를 계속 퍼부었다. 그런 다음 놀랍게도 그들은 그를 데리고 감방이 아니라 감옥의 담쪽으로 가서 문을 열고는 한 마디 설명도 없이 감옥 밖으로 내던졌다. 그는 너무나 당황해서 무엇을 어떻게 해야 할지 몰랐다.

드디어 그는 감옥에서 풀려난 것을 실감하기 시작했다. 그는 무작정 길을 따라 걸었고. 한참 뒤 자신이 가족들의 새 집으로 가고 있음을 깨달았다. 그 날은 토요일이었는데 그가 도착한 집에는 아무도 없었다. 그가 집주변을 둘러보았을 때 인근에 한 교회가 눈에 들어왔다. 그가 교회문을 열고 들어가 보니 그의 가족과 다른 성도들이 그를 위해 기도하고 있었다. 즐거운 재회 후에 그는 마침내 다시 설교를 할 수 있게 되었다.

몇 달 후, 어느 주일날 한 할머니가 그에게 도움을 청했다. 그는 그 할머니를 몰랐었다. 그녀는 자신에게 당뇨병을 앓고 있는 아들이 있는데, 그 아들이 최근 실명을 했고 죽을 날이 가까이 다가왔다고 했다. 그는 고통을 완화시킬 약물 치료를 필요로 했다. 불행하게도 그 할머니는 아들을 위해 약을 구할 방법이 없었다. 스토얀의 아버지는 그 약을 얻도록 도와주겠다고 약속했고, 약속한 대로 그녀에게 약을 구해주었다.

그가 약을 가지고 그 할머니의 아파트에 갔을 때 그녀는 아들을 소개시켜 주기 위하여 그를 방으로 인도했다. 그녀는 약을 구입해 준 것에 대해 감사하며 아들을 위해 기도해달라고 요청했다.

스토얀의 아버지가 방에 들어갔을 때 그는 할머니의 아들을 보고 깜짝 놀랐다. 침대에 무력하게 누워 있는 중년 맹인남자는 그가 감옥에 있었던 처음 9개월 동안 매일 아침 그가 아침 식사로 먹을 토스트에 인분을 넣었던 교도관이었다.

"오, 주님! 제가 당신을 실망시키지 않게 하소서!" 스토얀의 아버지는 목소리를 낮추고 낮은 목소리로 기도했다. 자신이 누구라고 말하거나 관련이 있다는 사실을 말하지 않고 스토얀의 아버지는 마음으로 자신을 고문했던 사람을 용서했다. 그는 그 할머니를 도와 그 남자의 고통을 덜어 줄 약을 구해 주었고, 그 남자를 위해 기도해 주고 난 후, 하나님의 은혜를 새롭게 더 깊이 이해하며 경외심 가운데 집으로 돌아왔다. 그는 하나님의 은혜에 압도되었다. 그 경험은 그의 삶과 가족들의 삶을 변화시켰다.

그의 아버지가 감옥에서 풀려날 무렵 스토얀은 군생활을 마쳤다. 그는 유리공장에서 일을 했고 통신학교를 통해 신학공부를 하기로 했다. 그러나 경찰이 그의 아파트에 쳐들어와 책과 그가 쓴 설교를 폐기했기 때문에 그의 계획은 연기되었다.

1962년에 스토얀은 통신학교 공부를 마치고 목사가 되었다. 그러자 유리공장에서 해고되었고 그 후에 그는 통신학교를 통해 또 다른 신학 학위를 받았다.

1966년에 그는 자신의 모국어로 된, 나라에서 금지한 두 권의 성경책을 갖게 되었다. 그 일을 계기로 그는 그의 집에 밀수입한 자료들을 번역할 비밀 센터를 시작하자는 생각을 하게 되었다. 그 후 20년 동안 그는 20권의 기독교 서적을 번역했다. 그 책들의 저자들은 코리 텐 붐, 데이비드 윌커슨, 빌리 그레함처럼 유명한 사람들이었다. 스토얀은 비밀 출판 네트워크를 조직했다. 그가 책을 인쇄하고 동유럽을 통해 수천 권의 책을 배부한 자세한 사항은 내가 그를 만난 1988년 여름까지도 비밀이었다.

그는 비밀경찰이 그의 활동을 의심했다고 말했다. 한번은 경찰이 그를 체포해서 감옥에 넣었다. 그러나 수년간 투옥되었던 그의 아버지와 다르게 그의 감옥 생활은 몇 달 동안이었다. 당국자들은 그가 불법적인 종교 자료들을 가지고 있으면 그를 더 오랫동안 가두었을 것이다. 그러나 그들은 그것들을 찾아내지 못했다.

스토얀이 나에게 최근에 있었던 머리가 쭈뼛하게 올라갔던, 그러나 기적적으로 위기를 모면했던 이야기를 해 주었다. 한번은 그가 집에 경찰이 기다리고 있다는 연락을 아슬아슬하게 받았다. 그는 집에 아무 일도 없었다는 듯이 빈손으로 돌아오기 위해 자동차 한 대 분량의 성경책들을 그의 아내와 함께 숲속에 밤새도록 숨겨 놓았다. 또 한 번은 경찰이 갈색 종이로 포장한 성경책 더미 위에 앉아서 그의 부하들에게 스토얀의 집을 이곳저곳 수색하도록 명령했다. 나는 이틀 내내 스토얀의 이야기를 들으며 한 달 정도 이야기할 시간이 있었으면 좋겠다고 생각했다.

나는 이번 여행에서 관찰했던 것들을 정리하면서 큰 감동을 받았다.

러시아에서는 자신들의 이야기를 세상뿐만 아니라 서로에게도 숨기고 있는, 지치고 경계심 많은 사람들을 만났다.
우크라이나에서는 봄처럼 피어나고 있는 자유를 즐기고 있는 성도들을 만났다. 그들은 그들의 이야기들을 공개적으로 이야기했으며 기쁨으로 그 일을 하고 있었다.
오늘날 장벽들이 더 이상 존재하지 않는 동유럽에서는, 시민들이 문이 활짝 열려 있는 그들 나라들의 국경들을 자유롭게 다시 왕래하게 되었다. 그들은 지난날들의 기억들과 경험들을 되돌아보기 시작했다.

수십 년간의 극도의 어려움에도 불구하고, 스토얀의 이야기들은 매우 즐거웠고 소망으로 충만했다. 그는 박해를 받는 동안 사람들이 하나님께서 어떻게 그를 따르는 사람들에게 힘을 주시고 생존하게 했는지 알았기 때문에 많은 사람들이 무리지어 그리스도에게로 몰려들었다고 확신 있게 말했다. 그는 박해받는 동안, 가정이 성도들에게 있어서 믿음을 지키고 박해를 이겨낼 수 있는 가장 중요한 곳임을 배웠다고 말했다.

스토얀과의 인터뷰가 끝나갈 무렵, 나는 스토얀이 그의 인생의 보물인 믿음의 경험으로부터 얻은 지혜와 영감들과 결론들을 정리하는 데 오랜 시간이 걸릴 것임을 알았다. 내가 스토얀에게 인터뷰에 응해 주어서 감사하다고 했을 때 그는 미소를 지으며 겸손하게 말했다. "나는 내가 내 조국의 감옥에서 고통을 받았다는 것이 대단히 기쁘고 하나님께 감사합니다. 그리고 닉, 켄터키에서 예수님을 자유롭게 증거할 수 있기를 바랍니다."

그의 말이 나의 영혼을 찔렀다. 나는 그의 눈을 똑바로 바라보며 말했다. "오, 아녜요! 그렇게 말하지 마세요. 나에게 그런 부담을 주지 마세요. 그렇게 하는 것은 내가 당신에게 결코 갚을 수 없는 큰 빚을 지는 것입니다!"

스토얀이 다시 나를 똑바로 쳐다보며 말했다. "닉, 그것은 십자가의 빚입니다!" 그가 몸을 앞으로 내밀어 그의 손으로 나의 가슴을 찌르며 계속해서 말했다. "나의 기쁨을 빼앗아 가지 마세요! 나는 나의 조국에서 고통받은 것에 대해 기쁘게 여기고 있습니다. 그러니 당신의 나라에서 자유롭게 증거하십시오."

"박해받는 동안 결코 포기하지 않았던 것들을 자유 안에서도 결코 포기하지 마십시오! 그것이 예수 그리스도의 부활의 능력에 대하여 증거 하는 것입니다!"

스토얀의 그러한 말들이 미국으로 돌아오는 동안 자주 생각났다. **가 장 심한 박해 아래서도 그와 다른 성도들이 포기하기를 거절했던 것들을 나는 자유 안에서 포기하지는 않았는가? 그랬는가?**

인터뷰에서 들었던 말들이 계속 내 귓가에서 맴돌았고 그들의 얼굴 이 계속 떠올랐다. 그렇게 짧은 시간에 나는 많은 삶의 이야기들을 들 었다. **한 달도 안 되는 시간에 이러한 체험을 하였다. 그것이 가능한 일인 가?** 나의 마음은 내가 발견한 것들로-내가 보았던 모든 것들과 내가 들었던 모든 것들, 내가 경험했던 모든 것들로 가득 찼다.

진실을 사실화하기 위하여 나는 나의 마음을 가족들에게, 그 다음 나의 동료들과 부모님들께, 마지막으로 우리의 새로운 가족이 된 대학 생들에게 열기 시작했다.

몇 주 후에 학생들이 우리 집에 모였다. 나는 나의 여행에 대하여 간 단하게 되돌아보고자 했다. 그러나 그들은 내가 들었던 이야기들을 듣 고 싶어했다. 그래서 나는 그들에게 여행에서 들었던 이야기들을 하기 시작했다.

나는 그들에게 드미트리와 그의 가슴에서 우러나오는 노래들에 대 하여 말해 주었다. 또한 카티아와 "죽도록 충성하라"는 그녀의 할아버 지의 교훈에 대해서, 심한 눈보라 속에서도 음식을 가져다주기 위해 그의 말을 썰매에 맨 신실한 집사에 대해서, 박해가 "동쪽에서 해가 뜨 는 것" 같다고 설명했던 러시아 목사님에 대해서, 마지막으로 이 세상 의 수백만 명의 성도들이 "박해는 정상적인 것"이라는 사실을 이해하 기 시작했다고도 말해 주었다.

또한 나의 지난 과거들에 대해서도 고백했다. "나는 45세가 되도록 어떻게 이렇게 중요한 것을 깨닫지 못하고 살았는지 모르겠어요. 여러분들은 내가 이러한 것을 이미 이해했을 것이라고 생각할 것입니다: 나는 아프리카에서 15년간 살았습니다. 그리고 나는 신학을 공부했습니다. 나는 예수님께서 그의 제자들에게 그의 이름을 위하여 고난을 받게 될 것이라고 말씀하셨음을 압니다. 그러므로 우리는 그 어떤 고난에도 놀라지 말아야 합니다."

나는 천천히 말했다. "그러나 어찌되었든 우리는 고난을 당하면 두려움에 빠집니다." 그리고는 내가 언제 성경읽기를 그만 두었냐고 질문하며 나를 책망했던 우크라이나 목사에 대하여 말해 주었다.

거기에 있던 학생들은 깨어졌고, 1950년대 후반 모스크바에서 열렸던 젊은이들의 모임에서 거의 모든 참석자들이 신약성경의 4복음서를 정확하게 암기한 러시아 젊은이들에 대하여 듣고 자신들의 죄를 깨달았다. 내가 "거의 1세기 동안 구소련의 교회의 성도들이 공산주의 아래서 다음 세대에게 물려 주었던 것들을 '자유'를 찾은 첫 10년 동안 잃어버렸다"는 슬픈 이야기를 해 주었을 때, 많은 대학생들은 즉시 자신을 되돌아보았다.

시간이 너무 늦었고 이야기들이 거의 끝나가고 있었다. 그러나 한 사람도 떠나고 싶은 마음이 없는 것 같았다. 나는 계속해서 이야기해 주었다.

먼저 감옥에서 6백 곡의 노래들—현재 매주일마다 그의 나라의 모든 교회에서 불리고 있는 노래들—을 만든 타비안에 대하여 말해 주었다. 우리가 믿음으로 부르고 심령으로부터 부르는 노래들에 대해서, 그리고 인터뷰에서 많은 성도들이 시련의 때에 영적인 힘을 주는 근원으로 성경과 좋아하는 음악을 꼽았던 것에 대해서도 말해 주었다.

드미트리와 타비안이 그들의 심령으로 부른 노래들을 녹음한 것도 들려 주었다. 그들의 노래를 듣고 우리는 모두 함께 울었다. 이어서 스토얀과 그의 가족에 대하여 말했다. 그들에게 그의 아버지의 고통과 그의 어머니의 용감한 믿음이 그의 삶을 위대하게 만든 믿음의 족보를 어떻게 계승했는지에 대해서도 말해 주었다. 그리고 스토얀과 마지막으로 한 대화에 대해서도 말했다. "스토얀과 다른 많은 성도들이 박해 가운데서도 결코 포기하지 않는 것들을 자유 안에서 포기"한 것에 대하여 하나님의 용서를 구해야 할 필요를 느꼈다고 고백했다.

밤은 더 깊어 갔다. 그러나 학생들은 계속 우리 곁에 머물러 있기를 원했다. 루스와 나는 노래하고, 기도하며 울고 있는 학생들을 남겨 두고 잠자리에 들기 위해 이층으로 올라갔다.

그 다음 주에 학생들이 더 많은 친구들과 함께 다시 왔다. 그들은 지난주에 들었던 이야기들을 다시 한 번 해 달라고 요청했다. 단언컨대 하나님께서 우리에게 거룩한 무엇인가를 맡기셨다.

나는 내가 찾고 있던 것에 대하여 모든 답을 얻지는 못했다. 게다가 몇 가지 질문들을 더 가지고 집으로 돌아왔다. 그러나 러시아와 동유럽에서 나는 새로운 희망을 찾았다. 그것은 비록 작았지만 분명히 희망이었다.

팀이 죽은 후 나는 나의 믿음을 만약 모가디슈와 같은 잔인한 곳에서 적용한다면 과연 어떻게 적용해야 할지 모른 채 아프리카를 떠났었다. 루스와 나는 그리스도께서 그의 제자들에게 주신 "세상으로 가서 제자를 삼으라"는 가르침에 순종하여 소말리아로 갔다. 우리는 예수님의 부활의 권능에 대한 성경의 가르침들을 굳게 믿었다.

오늘날 성경에서 말한 부활의 권능들을 이 세상에서 찾을 수 없다면, 나는 문제에 빠질 것이다. 만일 부활의 권능들이 존재하지 않고 일어나지 않는다면, 나는 해결해야만 하는─나의 핵심을 뒤흔드는 중요한 질문에 빠질 것이다: **지난 15년간 나는 무엇을 위해 살았는가? 그리고 앞으로 남은 나의 인생 동안 무엇을 위해 살아야 하는가?**

우리는 박해위원회(Persecution Task Force)를 조직하여 이 세상에서 기독교를 가장 적대시 하는 곳에서 어떻게 제자를 양성할 수 있는지를 연구하기 위해 연구 목표들을 설정하였다. 그것이 우리의 가장 시급한 목표였다. 그 외에 나는 일찌감치 내가 추구하는 것이 개인적이라는 것을 알았다. 나는 내가 답을 얻기를 간절하게 원하는 한 가지 질문을 갖고 러시아를 떠났다: **만일 오늘날 믿음의 권능에 대하여 성경이 가르치고 있는 것이 사실이 아니라면 어떻게 해야 하는가?**

그러나 러시아에서 집으로 돌아오는 동안 한 가지 다른 질문이 내 마음에 떠올랐다. 그것은 인터뷰에 응해 주었던, 생명을 드렸던 특별한 사람들로부터 오는 질문이었다. 그것은 희망의 실마리를 주는 질문이었다: **만일 신약성경의 부활의 권능이 예수님을 믿는 제자들에게 일어났던 것 같이 오늘날 우리 시대에도 부활의 권능이 믿는 성도들에게 실제로 일어난다면 어떻게 할 것인가?**

부활의 권능이 현실에서 실제로 일어날 수 있는지 의아했다. 그러한 질문들을 가진 채 나의 여정은 계속되었다.

24장

비밀스러운 만남

박해에 관한 인터뷰를 할 때부터 루스와 나는 어떻게 믿음이 험난한 시기에 적대적인 곳에서 살아남았는지 알려면 중국 본토를 방문하는 것이 중요하다고 생각했다. 중국에 가자는 결정은 쉬웠다. 그러나 중국 여행에 대한 자세한 사항을 계획하고 실행에 옮기는 일은 쉽지 않았다.

우리는 중국에서 일해 본 적이 없었다. 그 곳에 여행을 간 적도 없었고, 개인적으로 아는 사람이 하나도 없었다. 우리는 중국에서 접촉할 사람을 아는 사람과 연결되기를 바라면서 중국에서 사역하고 있는 선교단체에 연락을 취했다. 우리에게는 중국 성도들 사이에서 신용과 신망이 있는 그룹이나 개인이 필요했다. 우리에게 문을 열어 줄 수 있는 누군가가 필요했다.

그러나 그런 그룹이나 개인을 찾는 것은 쉽지 않았고 문은 거의 닫혀져 있었다. 우리를 도와줄 수 있으리라고 생각한 사람들도 그렇게 할 수 없다고 말하거나 또는 말할 수 없는 어떤 이유 때문에 도와주지 못하겠다고 말했다. 여행에 대한 일정을 우리 스스로 계획하거나 개인적으로 연락을 취하는 것이 힘들었을 뿐만 아니라 우리의 의도나 목적에 대해 대화하는 것조차 힘이 들었다. 루스와 나는 이메일을 보내고 전화를 하고 도움을 요청하면서 몇 주간을 보냈다.

마침내 우리는 데이비드 첸이라는 사람을 소개받았다. 그는 미국에서 교육받은 중국 태생의 목사이며 신학교 교수였다. 더 좋은 점은 그가 중국에 있는 가정교회지도자들에게 정기적으로 신학과 성경 공부를 시키기 위해서 백 번도 넘게 중국에 다녀왔다는 것이다. 그는 공산주의 치하에서 중국 내 기독교의 성장에 대하여 평생에 걸쳐 연구를 하고 있었다.

데이비드는 그 해 가을에 중국에 다녀올 예정이라고 말했다. 그는 또한 나와 연락을 취하여 나의 일이 잘될 수 있도록 도울 것이라고 말했다. 일이 잘되면 데이비드와 내가 함께 중국에 갈 가능성도 있었다.

"무엇을 아느냐가 중요한 것이 아니라 누구를 아느냐가 중요하다"란 옛 격언이 실감났다.

데이비드의 소개와 협력으로 중국 내 넓게 퍼져 있는 네트워크의 문이 열렸다. 데이비드의 신뢰성 있는 추천에 힘입어 중국의 성도들은 마음의 문을 열었고 어떤 경우에는 나를 돕기 위해 그들의 가정과 가정교회의 문도 열어 주었다. 며칠이 안 되어 7주간에 걸친 여행에 대한 상세한 계획이 세워졌다.

나는 중국과 중국 문화에 대한 첫 소개를 홍콩에서 받았다. 나중에 중국 본토에서 나를 만나기로 한 데이비드 첸은 내가 미국을 떠나기 전에 중국의 유산과 기독교 역사에 대하여 속성으로 알 수 있는 과정을 내게 알려 주었다. 또한 그는 일 년 전에 있었던 정권 교체로 인하여 지역 교회들이 어떻게 영향을 받았는지에 대해 나와 이야기하기로 동의한 수많은 성도들을 홍콩에서 만날 수 있게 해 주었다. 1세기 반이 넘게 영국령이었던 홍콩은 이제 중국의 통치를 받고 있다.

내가 만난 홍콩 성도들은 많은 사람들이 두려워한 국가권력의 교체가 이루어졌을 때 미래에 대한 걱정과 염려가 많았다고 말했다. 사실 미래에 대한 불확실성과 두려움이 만연해서 1997년 7월 중국이 홍콩을 인수하기 전 몇 년에 걸쳐 75%의 개신교 목사들이 홍콩을 떠났다. 많은 목사들은 정치적이거나 종교적인 이유 때문이라고 주장하면서 대만이나 서구의 나라들로 떠났다.

홍콩에 남은 교회지도자들과 성도들은 중국 당국자들이 지금까지 약속을 잘 지켜왔다고 말했다. 중국 당국자들은 홍콩이 계속해서 매우 다른 스타일의—더 서구적이고 자본주의적이며 덜 권위적이며 심지어는 민주적인—정부를 이어나가도록 허락하고 있었다. 홍콩의 성도들에 따르면 그들이 직면한 가장 큰 문제는 훈련받고 경험 많은 교회 지도자들을 갑자기 잃은 것에 대해 어떻게 대처해야 하느냐에 관한 것이었다. 나는 그렇게 많은 목사들이 홍콩을 떠났다는 사실에 관심이 생겼지만 혼란스러웠다.

홍콩의 뒷골목을 걷고 있었을 때 나는 내 생애에서 내가 그렇게 눈에 띄고 외계인 같고 완전히 다른 곳에 있는 것 같이 느낀 적은 처음이었다. 이러한 것들이 나를 불편하게 한 것은 예상 밖이었다. 그것은 또한 나로 하여금 몇 주간에 걸쳐 방문할 홍콩과 같이 서구화된 곳이 아닌 중국 본토에는 무엇이 기다리고 있을지 약간의 궁금증을 자아냈다.

데이비드 첸이 나에게 중국으로 각자 가는 것이 더 좋을 것 같다고 말했을 때 예기치 않았던 문화 충격은 나의 염려를 더욱 가중시켰다. 데이비드는 여행을 갈 때마다 중국의 당국자들로부터 가정교회와 함께 사역하는 그의 일을 의심 받을 위험과 체포될 위험이 가중된다는 것을 알았다. 데이비드는 내가 중국에 가 본 적이 없었기 때문에 중국에 억류될 가능성은 거의 없을 것이라고 확신 있게 말했다. 그러나 내가 그 사람과 여행을 하게 된다면 그가 미국 사람과 여행을 하고 있다는 것 때문에 그를 조사하려고 할 것이며 그렇게 되면 그들은 어떻게 해서든 그가 중국을 방문한 진짜 목적을 알아낼 것이다. 그러면 나도 같이 잡혀서 입국을 거절당하거나 그 나라에서 쫓겨날 것이다.

　"내가 당신을 곧 따라갈 것입니다." 데이비드가 말했다. "그 때까지는 내가 없어도 안전할 것입니다. 당신이 처음 만날 사람들은 영어를 매우 잘합니다. 그들은 당신과 인터뷰를 하려는 사람이 영어를 못하면 통역을 해 줄 것입니다. 당신이 처음 가는 도시의 기차역에서 만날 젊은 부부가 당신을 잘 돌보아 줄 것입니다. 거기에서 3일을 머문 후에 그들은 당신이 두 번째 만나는 사람들을 어떻게 만나야 하는지 알려 줄 것입니다."

　"그런데 그들을 어떻게 알아볼 수 있죠?"라고 내가 물었다.

　데이비드는 미소를 지으며 말했다. "걱정하지 마세요. 그들이 당신을 알아볼 겁니다."

　그러나 나는 좀 더 확실히 알고 싶었다: "그러나 그들이 어떻게……."

데이비드는 웃으며 내 말을 가로막으며 말했다. "걱정하지 마세요, 닉. 그들이 알 겁니다!"

홍콩의 철도역에서 중국 본토로 가는 열차를 기다리면서 나는 중국 인구의 반이 휴가를 맞아 홍콩에 왔다가 홍콩에서 산 물건들을 가방에 하나 가득 넣고 집으로 돌아가고 있다고 생각했다.

나는 내가 만날 사람들이 어떻게 나를 알아볼 것인지에 대해 물었을 때 데이비드가 왜 웃었는지 깨달았다. 나는 키가 컸기 때문에 수천 명의 사람들을 내려다 볼 수 있었고, 그들의 머리는 모두 검은색이었다. 그리고 거기에는 아프리카 사람이나 유럽 사람이나 라틴 사람은 한 사람도 없었다. 기차역에는 온통 중국 사람들과 나만 있었다.

그 많은 군중들이 갑자기 가장 가까이에 있는 기차에서 천천히 열리고 있는 문들을 향하여 파도처럼 몰려 들어갔다. 운 좋게도 나는 기차에 밀어 넣어진 첫 승객들 사이에 있었다. 나는 수용 인원을 훨씬 넘게 태운 객차에서 가까스로 자리를 잡고 앉았다.

기차가 나의 목적지인 남부의 한 도시에 도착했을 때 사람들이 너무 빨리 내려서 나는 방향을 잡을 수가 없었다. 그저 사람들의 물결에 휩쓸려 기차역 쪽으로 나왔다. 나는 데이비드 첸의 말을 믿고 그의 친구들도 그가 말한 대로 믿을 만한 사람들일 것이라고 기도하는 외에는 선택의 여지가 없었다. 기차역에서 걸은 지 얼마 안 되어 누군가가 나를 스치는 듯이 건드리며 내 손을 살짝 쳤다. 내가 돌아보았을 때 나와 눈을 맞추고 자신들을 따라 거리 쪽으로 나오라고 가볍게 몸짓하는 젊은 부부를 보았다. 커브 길에서 그들은 택시를 불러 내 가방을 트렁크에 싣고 나에게 뒷좌석에 앉으라는 손짓을 했다.

그들은 택시 기사에게 목적지를 말했다. 내가 생각하기에 최종 목적지는 아닐 듯한 곳까지 우리는 택시를 타고 45분 동안 조용히 갔다. 택시가 가기를 기다린 후에 그들은 나를 데리고 미로처럼 생긴 꼬불꼬불한 길을 몇 블록 지난 뒤 발걸음을 천천히 했다. 그들은 조심스럽게 우리의 앞뒤를 살피더니 어떤 집의 조그만 현관으로 통하는 문으로 재빨리 들어갔다.

그들은 3층에 있는 그들의 아파트로 나를 안내하여 문을 닫은 다음에야 안심하며 자유롭게 말했다.

다니엘과 리디아 왕은 그날 저녁 늦게 어두워진 후에 나를 데리고 시내로 가서 외국인 방문객들이 등록하고 머물 수 있는 정부 소유의 "공식적인" 관광호텔로 갈 것이라고 말했다. 그들은 그 때까지는 그들의 아파트가 안전하게 이야기할 수 있는 좋은 장소라고 말했다. 우리가 이야기를 시작했을 때 리디아가 차와 과자를 가져왔다.

왕 부부는 자신들이 지역 가정교회의 지도자들이라고 말했고, 그런 연유로 데이비드 첸을 만났다고 말했다.

나는 데이비드에게 감사하며 그를 존경한다고 말하고 그는 나의 훌륭한 조언자라고 설명했다. 나는 중국을 방문한 목적을 간략하게 말하고 러시아와 동유럽에서 들은 이야기들 중 몇 가지를 말해 주었다. 또한 아프리카에서 있었던 때를 비롯해서 내가 겪어온 이야기를 조금 해 주었다. 이어서 소말리아에서 고민했던 내용을 말하고 그 고민들이 나를 중국까지 인도했다고 말했다.

나는 그들에게 그들이 조심하는 이유를 이해한다고 말하고, 소말리아에서는 성도들이 외국인과 연결되어 있다는 사실만으로 죽임을 당할 수도 있다고 말했다. 나는 다니엘과 리디아에게 그들이 어떤 안전 장치를 해 놓았든지 기꺼이 따르겠다고 말하고 그들을 불필요한 위험 속에 빠뜨리는 것을 원하지 않는다고 말했다.

그들은 그 날 오후 그들이 비밀 경로를 통해 아파트로 온 이유는 최근 몇 달 동안 지역 당국자들의 감시의 수위가 높아졌기 때문이라고 설명했다. 그들의 가정교회 성도들 중 한 명이 미행을 당했다고 한다.

"우리도 미행을 당했을까요?" 내가 궁금해하며 물었다.

"그렇지 않을 거예요." 리디아가 대답했다. "그러나 앞으로 며칠은 불확실해요."

"그게 무슨 뜻이지요?" 내가 그녀에게 물었다.

"만약 누군가가 오늘 우리를 미행했다면 당신이 여기 있는 동안에 무엇을 하며 또 무슨 일이 일어나는지 알기 위해서 우리를 주시할 거예요." 다니엘이 설명했다. "그들은 당신이 떠날 때까지 증거를 수집하는 것에 만족할 겁니다. 만약 문제가 발생하면 우리 집에 와서 우리를 체포할 거예요."

리디아는 염려하는 내 표정을 보고 미소 지으며 나를 안심시키려 노력했다. "걱정하지 마세요. 다니엘과 저는 오늘 기차역까지 오가는 동안 많이 조심했어요. 아무도 우리를 보지 못했어요. 미행당하지 않은 것이 확실해요."

다니엘이 덧붙여 말했다. "만약 우리가 미행당해서 발견된다 해도 소말리아에 있는 당신의 친구들처럼 죽느냐 사느냐의 상황이 될 가능성은 거의 없어요. 그러니까 아무 염려하지 마세요. 여기는 중국이고 체포당한 대부분의 성도들은 보통 3년 정도의 형을 선고받습니다."

나는 그가 그런 말들을 아무렇지도 않게 하는 것을 보고 놀랐다. 나는 걱정을 많이 했다: 나는 불안했다. 나 자신 때문이 아니라 나의 방문 때문에 그들이 투옥되는 것은 아닐까 하는 생각 때문이었다.

"당신들이 위험할 수도 있는데 왜 나보고 오지 말라는 말을 안 했죠?" 내가 물었다.

"우리는 위험을 기꺼이 감수하려고 했어요." 다니엘이 단호한 어조로 말했다.

나는 그에게 말했다. "내가 알았더라면 위험을 감수하려고 했을지 모르겠어요." 나의 그런 반응에 두 사람은 놀라는 것처럼 보였다. 나는 소말리아에서 배웠던, 예수님 때문에 받는 박해는 어떤 것이든 인내해야만 한다는 확신을 갖는 것의 중요성에 대한 교훈을 설명했다.

나는 계속 설명을 이어 나갔다. "내 말은 만약 당신들이 예수님을 예배하거나 증거하는 것 때문에 당국자들과 문제가 생긴다면 하나님은 그를 통해 영광을 받으실 것입니다. 당신과 가장 가까운 사람들이─가족, 친구들, 이웃들, 심지어 당신의 사건을 아는 당국자들까지─당신이 한 일이 무엇인지, 당신이 예수님을 위하여 한 일들의 결과를 보고 이해한다면 하나님은 그 분의 영광을 위해 박해를 사용하실 것입니다. 그러한 박해는 믿지 않은 사람들로 하여금 하나님에 대하여 생각하게 할 것입니다."

"그러나 누군가 당신들이 나를 기차역에서 만나서 같이 걸어가는 것을 본 것 때문에 당신들이 나(또는 또 다른 서구인들)와 관련이 되어서―그리고 만약 누군가가 우리가 아파트에 같이 들어가는 것을 본 것 때문에 체포된다면 하나님께서 축복해 주실지 모르겠어요."

"일례로 당신들을 아는 사람들 중에는 당신들이 예수님을 위하여 박해받는 것을 전혀 이해하지 못할 수도 있어요. 만약 당신들이 다른 성도들과 예배를 드리다가 체포된다면 체포당하는 이유가 분명하죠. 그러나 외국인과 관련이 된다면 많은 동기가 있을 수 있어요. 예를 들어 사람들은 당신들이 경제적인 이유 때문에 그렇게 했다고 말하거나 당신들이 이 나라를 떠나려는 계획을 세우고 있다고 추측할 수도 있어요. 심지어 그들은 당신들이 정치적인 어떤 일에 관련되어 있다고 생각할 수도 있어요."

"그러면 주님께서 사람들을 예수님께로 부르시는데 어떻게 박해를 사용하실 수 있을까요? 성경은 하나님께서 우리의 유익을 위하여 모든 것을 사용하신다고 말씀하고 있어요. 그러나 나는 우리의 불필요한 행동이 그 분이 일하시는 것을 더 어렵게 할 때 그 분이 우리에게 상을 주실 것이라고는 생각하지 않아요."

나는 계속해서 말을 이어나갔다. "소말리아에서 내가 배운 것은, 나는 나의 말과 행동과 내가 했던 일들 때문에 다른 사람이 고통받는 것을 결코 바람직하지 않다는 것이었어요. 나를 위해 박해받는 것은 예수님을 위해 박해받는 것과 같은 것이 아닙니다. 나 때문에 고통받는 것은, 특히 그 고통이 나의 짧은 생각, 정보 부족, 어리석은 결정이나 행동의 결과라면, 슬프고 불필요한 것이 될 거예요. 그것은 잘못된 것이고 심지어 죄가 될 수도 있어요."

다니엘과 리디아는 내가 말하는 것에 매우 흥미가 있는 것처럼 보였다. 그들도 문제의식이 있는 것처럼 보였다.

리디아가 먼저 입을 열었다: "당신이 말하는 것을 이해하고 감사드려요. 그것은 맞는 말입니다. 그러나 다니엘이 우리가 기꺼이 위험을 감수하고자 하는 이유에 대해 당신에게 말할 때 언급하지 않은 것은- 그리고 당신이 이해해야만 하는 것은-우리는 당신과 같은 방문객을 오지 말라고 결코 말하지 않는다는 것입니다. 우리는 그렇게 할 수가 없어요! 또 그렇게 하지도 않고요."

나는 그녀의 요지를 잘 이해하지 못했다. 그래서 그녀에게 물었다. "왜 그런 거죠?"

"방문객을 환영하지 않는다는 것은 우리가 믿는 모든 것과 위배되기 때문이죠. 또한 그것은 우리가 우리의 존재 자체를 부인하는 것입니다." 그녀는 손님을 접대하는 것은 중국 문화에서는 가장 중요하게 여기는 가치 중의 하나라고 설명했다. 누군가에게 오지 말라고 하는 것은 생각할 수도 없는 것이라고 했다. 모든 중국 사람들은 그것을 부끄럽게 여기며 잘못된 것으로 여긴다고 말했다. 그녀는 "방문객이나 손님의 요청을 거절하는 것은 결코 옳은 일이 아닙니다"라고 말했다.

나는 갑자기 우리가 무엇에 대하여 이야기하고 있는지 깨달았다. 나는 서로 다른 문화 속에서 사는 사람들의 다른 가치관을 존중하는 훈련을 받았다. 중국 사람들은 손님 접대를 중요하게 생각한다(아랍 사람들과 그 외의 이슬람교 문화도 마찬가지다). 그러한 가치관을 개의치 않는 것은 수치스러운 일이라고 생각한다.

그 때 나에게 그런 종류의 가치관들은 한 문화에만 국한된 것은 아니라는 생각이 들었다. 나는 어렸을 때 배운 것들과 소말리아에서 경험한 것들과 최근 러시아와 동유럽을 방문했을 때 인터뷰했던 것들에 대해 생각했다. 나는 갑자기 모든 사람들을 한 방에 동시에 모이게 하고 싶었다! 나는 그 모든 가치관들과 생각들이 문화 간에 서로 통할 수 있는지 궁금했다. 그렇게 될 수 있는지 의구심이 들었다.

중국 문화에서는 손님 접대를 중요하게 여기고 있다는 리디아의 이야기를 들으면서 나는 서로 다른 문화의 가치관의 차이를 극명하게 드러냈던 소말리아에서의 경험에 대해 생각해 보았다.

아프리카의 사하라 사막 남부지역에 사는 사람들은 관계를 매우 중요하게 여기기 때문에 많은 아프리카 부족들에게는 가치관을 진실보다 우위에 두는 경우가 종종 일어난다—대부분의 서구인들은 두 개의 가치를 모두 높이 평가한다. 그러한 견해의 차이가 심각한 오해와 불필요한 갈등과 심지어는 비극적인 결과를 초래할 수 있다. 아프리카 사람들은 자신들이 문제의 발단이 되는 것을 원하지 않아서 진실을 말하지 않거나 중요한 정보를 숨기기도 한다. 그들은 또한 다른 사람들이 원하지 않는다면 진실을 말하지 않을 수도 있다.

그런 일이 일어나면 미국 사람들은 아프리카 사람들을 보고 속인다고 생각하거나 믿을 수가 없다고 생각하고 심지어 도덕성이 부족하다고 생각한다. 그러나 아프리카 사람들은 문화적인 가치관이 더 중요하다고 배워 왔기 때문에, 배운 것을 실천하는 것은 그들의 높은 인격과 신뢰성을 표현하는 것이라고 느낄 것이다. 그들에게는 관계를 손상시키는 어떤 말을 고의적으로 하는 것은 진실을 말하는 것보다 훨씬 더 나쁜 일이다.

소말리아에서 일한지 얼마 지나지 않아 나는 그런 문화 간의 오해에 부딪혔었다. 내가 새로 고용한 오마 아지즈에게 안전에 대한 조언을 구한 적이 있었다. 나는 그에게 도시의 어떤 지역에서 열리는 모임에 참석해야만 하는데, 그 도시가 안전한지에 대하여 물었다.

오마 아지즈는 안전할 것이라고 말했다. 나는 그 모임에 참석하기 위해 출발했다. 내가 목적지에 거의 도착했을 때 그 곳에서 총격전이 벌어졌다. 내 오른쪽과 왼쪽에서 총소리가 들렸다. 나는 살기 위해 뛰었다. 내가 모임장소에 안전하게 도착하여 무슨 일이 있었는지 말하자 소말리아 직원들은 그곳은 혼자 가서는 안 된다고 나에게 말해 주었다. 그들은 "그 곳이 모가디슈에서 가장 위험한 곳 중 하나라는 사실은 모든 사람들이 알고 있어요"라고 말했다.

나는 너무 화가 났다. 그 다음에 오마 아지즈를 보았을 때 나는 그가 나를 거의 죽을 뻔하게 했었다고 나무랐다. 나는 왜 나에게 거짓말을 했어야만 했는지 대답하라고 그를 다그쳤다. 또한 왜 나를 그런 위험에 처하게 했는지에 대해서도 그가 대답해 주기를 원했다. 나의 질문에 대한 그의 즉각적이고도 퉁명스러운 반응에 나는 더욱 충격을 받았다. 그가 "내가 당신에게 진실을 말할 의무가 있는지 잘 모르겠어요"라고 말했을 때 그는 완벽한 변명을 하고 있다고 믿었다.

오마 아지즈에게 있어서 관계는 노력해서 얻는 것이고 진실은 때가 되면 드러나는 것이었다. 나에게 있어서 진실성은 관계를 발전시키는데 매우 중요했다. 우리는 관계와 진실이 서로 강하게 연결되어 있다는 것을 잘 알았다. 그러나 보는 관점은 매우 달랐다.

우리가 문화적인 가치관의 다른 점을 이해하고 받아들였을 때 우리는 우리 두 사람이 같은 것을 원하고 있다는 사실을 깨달았다. 오마 아지즈는 우리의 관계가 가장 어려운 상황에서도 지속될 정도로 깊고 강하기를 원했다. 내게 있어서 진실과 정직은 좋은 관계를 형성할 수 있는 필수적인 요소였다.

우리가 서로의 가치관을 이해하고 존중했을 때 우리는 내가 이전에 가져 본 적이 없는 깊은 우정을 나누게 되었다. 나는 내목숨을 맡길 수 있을 만큼 오마 아지즈를 신뢰할 수 있게 되었다. 그리고 실제로 그렇게 했다. 그는 내가 그에게 잘해 주고 있다는 것을 알았고, 나는 종종 그에게 그 사실을 증명해 보였다. 우리는 관계와 진실이 모두 다 중요하다는 것과 서로 상충될 필요가 없다는 것을 알았다. 우리가 깊은 관계를 맺을 때 우리의 삶을 더욱 풍성하게 할 수 있을 것이다.

나는 그 기억을 다니엘과 리디아와 함께 나누었다. 그들에게 정직한 의사소통을 위해 노력하고 타문화에 대하여 좀 더 이해하고자 노력하며 서로 다른 가치관에 대하여 배려하고자 노력하면, 대부분의 갈등은 해결되거나 피할 수 있다고 믿는다고 말했다.

내가 계속해서 말을 이어 나갔다. "손님을 잘 접대해야 한다는 문화적 가치관을 중요시하고 지키려는 당신들에게 한 가지 제안을 하겠어요. 당신들의 안전을 지키는 데 있어서 불필요하게 타협하지 않고 또한 가정교회 사역을 하면서 다른 사람들을 위험에 빠뜨리지 않는 방법을 제안할게요. 다음에 외국인과 만날 때는⋯⋯."

"잠시만요!" 리디아가 흥미를 갖고 끼어들었다. "당신이 말하는 것을 들어야만 하는 친구들이 있어요. 그들에게 전화를 걸어서 오라고 해야겠어요. 그러면 우리 모두에게 한 번에 이야기해 줄 수 있잖아요."

나는 다니엘과 리디아가 친구들에게 전화하는 것을 들었다. 그들은 친구들에게 말했다. "오늘 저녁 우리 집에 외국인 손님이 오셨어요. 그가 우리에게 매우 흥미로운 이야기를 해 주고 있는데 당신도 들었으면 해요."

곧이어 15명의 가정교회 교우들이 왕 부부의 작은 아파트에 모였다. 다니엘은 간략하게 나를 그들에게 소개시켜 주었고 내 배경에 대해 간략하게 말한 다음에 내가 중국에 온 목적에 대해서도 말해 주었다. 그는 그의 친구들에게, 수십 년간의 공산주의 치하에서 국가와 지역의 당국자들의 탄압에도 불구하고 어떻게 믿음을 지킬 수 있었는지에 대해서뿐만 아니라 어떻게 중국 전역에 말 그대로 폭발적으로 믿음이 퍼져 나갔는지에 대해서도 배우러 왔다고 말했다.

나는 잠시 대화를 멈추고 지금까지 왕 부부와 나눴던 대화의 요점을 새로운 사람들에게 설명했다. 나는 내가 그들과 함께 있는 것이 다니엘과 리디아에게와 그 자리에 모인 사람들에게 또한 전체 가정교회 사역에 위험을 야기할지도 모른다는 두려움에 대해 말했다. 나는 내가 거기 있는 것이 그들을 위험하게 할 수 있다는 사실을 인정했다. 나는 나의 방문을 허락한 다니엘과 리디아의 결정에 의문을 가졌었다고 말하고-그리고 그들은 결코 손님을 거절하지 않는다고 말했다고 말했다. 나는 다시 한 번 나를 위해 박해받는 것과 예수님을 위해 박해받는 것의 차이에 대한 요점을 말해 주었다.

나는 다음부터는 외국인이 가정교회가 어려움이나 위험에 처해 있거나, 특히 불편할 때에 방문을 요청한다면, 이를 거절할 수 있는 단순하면서도 명료한 전략이 있어야 할 것 같다고 제안했다. 그들은 방문하기를 원하는 사람에게 그의 방문을 환영하며 그를 만날 시간을 기다리고 있다고 은혜스럽게 말할 수 있다. 그런 다음에는 왜 이때가 방문하기에 최적의 시간이 아닌지에 대해서 솔직하게 설명해야 할 것이다. 마지막으로 그들은 그 사람이 더 좋은 시간에 방문할 수 있도록 제안할 수도 있을 것이다. 그리고 그들이 방문했을 때, 그들은 그들의 방문이 의미 깊게 결실을 많이 맺도록 최선을 다해야 할 것이다. 또한 하나님께서 사람들이 계획을 잘 짜고, 일을 잘할 수 있도록 인도하여 주시도록 기도할 수 있을 것이다.

그러한 접근은 그들의 문화와 기독교적인 가치관을 지키며, 동시에 손님을 푸짐하게 대접하는 그들의 참된 정신도 유지할 수 있게 할 것이다. 그들은 방문객들에게 어떤 경우에도 결코 어긋나지 않는 합리적이고 실제적인 계획을 제시할 수 있을 것이다. 그들은 그들 자신의 안전을 위협하는 요소와 타협하거나 불필요하게 다른 성도들을 위험에 빠뜨리지 않고도, 손님을 잘 대접할 수 있을 것이다. 그들은 외국인에게 결코 "아니오"라고 말할 필요가 없을 것이다: 그들은 단지 "오늘은 안 됩니다"라고 말할 수 있을 것이다.

그 다음 3일 동안 나는 가정교회 성도들이 나에게 가르쳐 준 것으로 인해 더욱 용기를 얻었다. 나는 각 사람들이 그리스도를 인격적으로 알게 된 놀라운 이야기들과 하나님께서 가정교회 사역을 통해 역사하시는 놀라운 이야기들을 들었다.

내가 가장 감사했던 것은 공산주의 국가인 중국에서 믿는 사람들의 삶의 모습이었다. 내가 인터뷰한 몇몇 사람들은 공산주의 정부는 시민들이 무엇을 믿든 믿음에 대해서는 실제적으로는 관여하지 않았다고 말했다. 그들은 정부가 오랫동안 종교를 탄압한 것은 믿음에 대한 것이 아니라 통제하기 위한 것이라고 말했다.

나는 물론 중국의 "한 자녀 정책"에 대해 알고 있었다. 내 새로운 친구들은, 강제로 낙태를 시키면서까지 법을 집행하는 것은 정부가 개인의 삶을 통제하는 것의 일환이었다고 설명했다. 정부는 사람들의 주거지를 지정해 주었고 그들이 다른 곳으로 이사하는 것에 대해서도 개입하였다. 또한 정부는 아이들이 다닐 학교도 지정해 주었다. 학교 당국은 학생들이 교육을 계속 받을 것인지, 받는다면 어디에서 받을 것인지 결정해 주었다. 정부는 각 사람의 직업도 정해 주어서 그 사람이 어디에서 일할지, 월급은 얼마를 받을지에 대해서도 결정해 주었다.

젊은 사람들은 감독관으로부터 허락을 받아야 결혼을 할 수 있었다. 그들은 결혼을 허락해 달라는 신청서를 내고 정부가 승인해 주기를 기다렸다. 부부가 함께 살기를 원하면 그들은 직장과 지역 정부 당국의 허락을 얻어야 했다.

임신을 하려면 사전에 허락을 받아야 했으며, 임신을 하면 보고를 해야 했다. 예기치 않았거나 계획에 없었던 임신을 했을 경우 첫 아이라고 해도 낙태를 해야 하는 경우도 있었다. 허락된 한 아기만 낳으면 그 다음부터는 임신하는 것을 강제적으로 금지했고, 임신했을 경우에는 정부가 명령하는 대로 낙태를 해야만 했다. 많은 직장에서는 허락되지 않은 임신을 알아내기 위해 임신이 가능한 모든 여성들을 상대로 정기적으로 임신 검사를 했다.

중국 내 다른 곳으로 여행을 가는 여성들은, 그들이 그곳에서 허락받지 않은 아기를 몰래 낳으려는 것이 아니라는 사실을 증명하기 위해 임신 검사를 받아야 했다. 이러한 개인적인 사정으로 이루어지는 임신 검사 비용은 한 달 월급보다도 더 많았다.

임신 정책을 피하려고 하거나 한 자녀 정책을 거절하는 여성은 엄청난 대가를 지불해야 했다. 정부에서는 가정마다 한 자녀에 대한 신분증만 허락했기 때문에 허락받지 않고 낳은 아기는 신분증도 없었다. 정부쪽에서 보면 그 아이는 존재하지 않는 아이였다. 그 아이는 학교도 다닐 수 없었고 직장을 가질 수도 없었다.

시민들의 모든 것을 통제하는 정부도 전능하신 하나님의 능력은 알아차리지 못했다. 정부는 정부 위에 있거나 정부 이외의 누군가(보이든 보이지 않든)에게 복종하고 헌신하는 모든 종교에 대하여 의심을 했다. 정부는 그러한 위협을 용인할 수 없었으며, 용인될 수도 없었다.

나는 갑자기 "예수님은 주님이시다"라고 말하는 것이 얼마나 위험한지 깨달았다. 성도들의 믿음은 정부에게 치명타일 것이다."

나는 또 다른 인터뷰에서 받은 교훈에 감동을 받았다.

당국자들이 일곱 아이들의 아버지인 가정교회 목사를 체포해서 투옥시켰을 때 그들은 그 아내도 집에 감금시켰다. 그녀가 갈 수 있도록 허락받은 곳은 시장에 가는 것뿐이었다. 그러나 그것은 의미가 없었다: 시장에 가더라도 음식을 살 수 있는 돈이 없었기 때문이다. 그녀는 신실한 가정교회 성도들에게 음식을 부탁하는 수밖에 없었다. 그러자 그들은 그녀에게 음식을 넉넉하게 공급해 주었다.

그녀가 시장에 갈 때 그녀는 커다란 주머니가 있는 헐렁한 겉옷을 입었다. 시장의 이곳저곳을 오가며 사람들 사이를 천천히 걷고 있을 때 사람들이 그녀를 여기저기에서 끌어 당겼다. 집으로 돌아왔을 때 그녀의 주머니는 토마토와 양파와 그 외의 음식들로 가득 차 있었다. 때로는 돈이 들어 있기도 했다. 그녀는 항상 여덟 명의 가족이 하루를 먹기에 충분한 음식을 가지고 집으로 돌아왔다.

때로 일곱 명의 아이들이 심하게 배가 고팠을 때 그 어머니는 현관 계단 앞에 놓인 치킨을 보고 놀라기도 했다. 하루는 그녀의 장남이 도시 가까이에 있는 일자리를 제공 받았다–그런데 생각지도 않았던 자전거가 그 집의 현관 앞에 놓여 있었다. 뜻밖의 일로 말미암아 그는 자전거를 타고 출퇴근을 할 수 있었다.

가정교회 네트워크는 함께 모일 수 있는 교회 건물도 없었고 사람들이 주일 날 아침 성도석에 앉아서 예배드릴 예배당도 없었다. 그러나 그들은 서로 사랑하며, 성도들이 필요한 것을 서로 공급하여 주며 관심 가운데 돌보아야 하는 것이 무슨 뜻인지 알았다.

그들은 서로를 위한 교회가 되어야 한다는 뜻이 무엇인지 알았다. 나는 그들의 예가 다른 성도들에게 영감과 도전을 줄 수 있다고 믿었다.

25장

두 장의 여분의 속옷

나는 중국의 남부에서 비행기로 데이비드의 친구들 중 두 명이 마중 나오기로 한 공항이 있는 다른 지역의 주요 도시로 갔다. 그들의 차의 뒷자리에 앉아 밖을 구경하고 있는데 그들 중의 한 사람이 핸드폰을 꺼내어 짧게 통화를 했다. "손님이 도착하셨습니다. 우리가 정각에 모시고 가겠습니다."

전화를 끊은 후, 그는 그들의 가정교회의 안전상의 이유 때문에 전화로 집회에 대하여 의논이 필요할 때 수시로 숫자를 바꾸어 연락하는 제도를 만들었다고 설명했다. 그들은 절대적으로 필요할 경우가 아니면 장소나 사람들의 이름을 결코 사용하지 않았다. 당국자들이 우연히 그날 그의 통화 내용을 들었을지라도 그들은 우리의 계획들을 눈치 챌 수 없었을 것이다.

한번은 우리가 늦은 오후에 교통체증이 심한 주요 도로로 가고 있었을 때, 운전사가 매우 지쳐서 상황이 촉박하다는 사실을 완전히 잊어버렸다. 우리가 길을 잃고 한밤중이 될 때까지 도시 주위와 안을 이리

저리 돌며 헤맸기 때문에 나를 초대한 사람들을 만나기까지 시간이 아주 오래 걸렸다. 우리는 드디어 안으로 길게 뻗어 있는-시 정부에서 지은-별빛 하늘 위로 거대하게 솟아 있는 회색 콘크리트로 지어진 직사각형의 15층짜리 아파트에 도착했다.

나는 나를 안내하는 사람들의 뒤에 바짝 붙어 그들을 따라 아파트의 뒤쪽으로 재빨리 돌아갔다. 또한 그들을 따라 아파트 뒤에 있는 비상문으로 재빨리 들어가 복도로 연결되어 있는 뒷계단으로 서둘러 올라갔다. 그리고는 조용히 한 아파트의 문을 두드렸다.

문이 열리자 일곱 명의 가정교회 목사들과 복음전도자들이 나를 맞이했다. 그들 중에 네 명은 그들의 믿음 때문에 최근까지 감옥에 있었다고 했다. 그들은 감옥에서 금방 풀려 나왔으며 나와 인터뷰하기 위하여 이 도시에 며칠 더 머물렀다고 말했다. 우리와의 만남 후에 그들은 그들의 가족들과 재회하기 위해 드디어 집으로 가게 될 것이다. 그들 중에 한 사람이 영어를 할 수 있어서 그는 다음 며칠 동안 인터뷰할 때 통역해 주기로 했다.

이곳은 오로지 중국인들만 살도록 허용된 곳이었기 때문에 나는 4일 동안 아파트 안에서만 지내야 했다. 반면에 나의 중국인 친구들은 그들이 원하는 대로 이곳저곳을 자유롭게 다녔다. 그들은 신선한 공기가 있는 곳에서 산책을 하기도 했다. 그들은 가까이에 있는 식품점에 가서 이것저것 먹을 것을 사기도 했다.

감옥에서 금방 풀려난 네 사람은 그들의 자유를 만끽했다. 그들의 이야기는 매우 놀라운 것이었다.

특별히 나는 장 목사에게 관심이 갔다. 그는 여든 세 살이었으며, 감옥에서 나온 지 3일이 되었다. 장 목사는 성인이 된 이후 그의 전 삶을 복음 전하는 것과 가르치는 데 드렸다. 그리고 그러한 특권에 대하여 비싼 대가를 치렀다. 그는 마오쩌뚱 정부의 새 공산주의 정부가 기독교(그리고 서구)의 영향력을 중국으로부터 몰아내기 시작했을 때의 초기를 기억할 만한 연세였다.

밤사이에 다른 나라에서 온 선교사들이 사라졌다. 교회건물들이 사라지거나 술집으로 개조되었다. 수많은 성도들과 장 목사와 같은 교회 설립자들이 체포되어 혹독한 노동캠프로 보내지거나 재교육 프로그램에 보내졌다.

장 목사는 세 번 감옥에 갔었다. 처음으로 감옥에 갔었던 때는 그가 초신자였던 때였다. 두 번째는 그가 사람들이 예수님을 믿도록 인도하고 교회를 세울 계획을 하고 있었을 때였다. 세 번째로 감옥에 갔을 때는 가정교회를 인도하고 있었을 때였다.

그와 같은 박해는 중국에서는 흔히 있는 일이었다. 성도들이 감옥에 가는 것은 매우 당연한 것이었고, 감옥에서 다른 믿는 자들을 만나는 것은 일반적인 일이었다. 그들은 감옥에서 성경공부와 교제를 하기 위해 작은 모임을 만들었다. 그들은 그들의 믿음을 서로 나누었고, 믿지 않는 동료 죄수들을 인도했으며, 감옥의 다른 곳에서도 작은 교회들을 세우고자 계획하면서 서로에게 힘을 주었다. 놀랍게도 중국의 감옥 안에서 거대한 교회가 세워지고 있었다.

감옥 안에서 셀 수 없이 많은 새 성도들이 훈련을 받았다. 그들은 석방되어 그들의 가정으로 돌아갔고, 중국의 모든 지방과 지역들에 흩어졌다. 집으로 돌아간 후 그들은 그 지역에 있는 가정교회에 합류하거나 새로운 가정교회를 시작했다. 그러한 가정교회들이 중국 전역으로 들불과 같이 퍼져 나갔다.

데이비드 첸이 이미 나에게 중국 기독교 역사와 그 영향력에 대하여 잘 설명해 주었다. 그리고 나 스스로도 더 조사를 하였다. 나는 역사적인 주요 추세나 사건들에 대하여 이해를 잘했다고 느꼈다. 세계사에서 기독교의 빠른 확장에 적극적으로 동참한 사람의 이야기를 듣는다는 것은 내가 이해하는 데 큰 도움이 되었고, 무엇보다 나에게는 큰 특권이었다.

장 목사는 복음의 좋은 영향력들이 정부의 박해 때문에 사라져 가는 가운데서 살아남았을 뿐 아니라 자신이 사역하는 동안 성도들이 기하급수적으로 늘어나는 것을 보았다. 목사들이 너무 많아서 감옥에 가둘 수 없게 되자, 공산당은 그들의 전략을 바꾸었다. 그들은 그들이 "외국 종교"라고 부르는 기독교의 부흥을 통제하고 제한하기 위하여 정부에서 공식적으로 인정하고 승인한 "자체 교회"를 만들었다.

그 전략은 너무 미약했고 너무 늦었다. 1960대 초까지 가정교회들은 너무 빠르게, 너무 멀리까지 퍼져 나가서 더 이상 퍼져 나갈 곳이 없었다. 심지어 장 목사와 같은 영향력 있는 대부분의 지도자들이 다시 체포되어 감옥에 갇혔어도 믿음의 횃불이 빠르게 퍼져 나가는 것을 막을 수 없었다.

세계 제 2차 대전 이후 기독교가 불법이라고 선언되었을 때 중국의 성도들의 수는 수십만 명이라고 추산되었다(이것은 19세기 중반까지 중국에 들어오는 것이 허용되지 않았던 서구 복음전도자들이 거의 1세기에 걸쳐 이룬 열매였다. 마오쩌둥의 문화혁명 때까지 공산주의자들의 박해는 계속되었으며, 중국 전 지역에 있는 가정교회에서 수백만 명의 중국 성도들이 비밀리에 예배를 드렸다. 1983년까지 중국에 성도들의 수는 천만 명 정도 될 것이라고 추산되었다.).

기독교에 대한 정부차원의 박해가 50년이 넘은 1998년에 내가 중국을 방문하였을 때 중국에 성도가 얼마나 많이 있는지 아무도 확실하게 몰랐다. 많은 전문가들은 일억 명도 더 될 뿐 아니라 날마다 늘어나고 있다고 추산했다.

중국을 떠나기 전에 나는 네 명의 가정교회지도자들을 개인적으로 만나기로 계획을 세웠다. 그들은 가정교회의 수가 천만 개도 더 될 것이라고 주장했다. 내가 아파트에서 만났던 일곱 명은 모두 그런 가정교회들을 섬기는 사람들이었고 모두 복음전도자들이었다.

장 목사는 그런 모든 것들이 일어났던 것을 보며 살았던 것 같았다. 사도 바울과 같이 그는 그의 상황에도 불구하고 만족하는 것을 배웠다. 그는 감옥 안에 있든지 감옥 밖에 있든지 복음을 변함없이 전파했고, 예수 그리스도를 따르기를 원하는 모든 사람들을 훈련시켰다. 장 목사는 또 다른 측면에서 사도 바울과 같았다. 그는 그의 삶을 사도 바울이 디모데에게 했던 것같이 젊은 성도들에게 조언하거나 훈련시키는 데 쏟아 부었다.

20대부터 40대의 연령대에 있는 우리와 함께 있는 다른 여섯 명의 사람들은 장 목사가 그리스도께로 인도하고 수 년 동안 조언해 준 그의 "디모데"였다. 장 목사는 기쁨으로 자신의 믿음의 순례에 대하여 이야기했다. 그리고 다른 여섯 명의 사람들과 함께했던 여정에 대하여 감사했다. 이틀 동안 나는 장 목사가 영적인 순례를 하는 동안 하나님의 신실하심과 보호하심과 필요한 것들을 공급하여 주셨던 많은 이야기들을 자세하게 들을 수 있었다.

장 목사에 대하여 가장 감동스러웠던 것은, 그의 훌륭한 삶의 내용들보다 더 감동을 주었던 다음 며칠 동안에 있었던 그의 태도였다. 젊은 사람들이 그들의 이야기를 하고 있을 때, 그는 방 한쪽에 앉아 눈을 감고 들었다. 나는 그가 하나님을 찬양하는 노래들을 흥얼거리곤 하는 것을 보았다. 그러면서 그는 다른 사람들이 하는 이야기들을 진지하게 들었다. 그는 젊은 사람들이 그들의 이야기를 하는 동안 만족하여 기쁨의 미소를 지으며 자랑스러움과 동의의 표현으로 반복하여 고개를 끄덕이곤 하였다.

장 목사는 감옥에서 며칠 전에 나왔고 동전 한 푼 없었다. 그가 가진 것이라고는 그의 등에 걸치고 있는 옷들과 두 장의 여벌의 속옷뿐이었다. 그는 돌아갈 집도 없었으며 그를 데려갈 생존하고 있는 가족도 없었다. 그는 그의 여생을 신약의 사도들과 같이 중국을 여행하면서 가정교회들을 방문하며 살기로 했다. 그는 성도들이 계속해서 주님을 신뢰하고, 주님의 예비하심을 믿는 그들의 믿음 안에서 강하여지도록 격려하기로 했다. 그는 체포되어 감옥에 다시 가지 않는다면, 체포되어 감옥에 다시 들어갈 때까지 그렇게 할 것이다.

일반적인 면에서 볼 때 장 목사는 인생을 힘들게 살았다. 그는 그의 모든 수고에 대하여 구체적으로 보여 줄 만한 손에 잡히는 것이 전혀 없었다. 그럼에도 불구하고, 그는 더 만족해하는 것 같았고, 평강의 영으로 더 충만한 것 같았으며, 내가 만났던 그 어느 누구보다도 삶의 기쁨을 더 많이 알고 있는 것 같았다.

공항에서 나를 마중 나왔었고, 인터뷰 약속들을 잡아 주었던 두 사람들은 우리가 어떻게 지내는지 알기 위해 날마다 아파트에 들렀다.

그들이 올 때마다 나는 나에게 이러한 기회를 아낌없이 마련해 준 것에 대하여 감사하다고 말했다. 나는 내가 듣고 배운 것들에 대한 큰 기쁨을 전달하고자 노력했다.

3일 동안 나는 장 목사와 그의 영적인 자녀인 세 사람의 이야기를 모두 들을 수 있었다. 그것은 최고의 체험이었다. 나는 나의 중국 친구들에게 감사했지만 좁은 아파트 안에서만 지냈던 것이 나를 지치게 했다. 그것은 사실이었다. 4일 동안의 수면부족 때문에 나는 거의 한계에 도달해 있었다.

데이비드 첸의 두 친구들이 말했다. "지금 막 감옥에서 나온 세 사람이 있습니다. 시내에 있는 호텔에 예약해서 당신이 그들과 다음 인터뷰를 하도록 준비하겠습니다." 나는 그러한 변경에 대하여 감사했으며 잠을 잘 잘 수 있을 것 같은 기대감으로 감사했다.

호텔로 들어서면서 나는 관광객 등록 데스크 뒤에 있는 경비원을 주목했다. 그의 단 한 가지 임무는 문으로 들어오는 사람마다 주목하여 보는 것이었다. 그는 특히 외국인 호텔 손님들과 개인적으로 말하는 중국인들에게 관심을 두는 것 같았다.

나는 나를 안내한 사람들에게 최근에 석방된 사람들이 다음날 인터뷰를 하러 내 방에 오는 것이 안전한지 물었다. 그들은 이 도시에서는 아무도 그들을 알지 못할 뿐만 아니라 알아볼 수도 없을 것이라고 장담했다. 그들은 곧 이 지역을 떠나 집으로 갈 것이므로 지역 담당관들과 심각하게 부딪힐 일이 없을 것이라고 했다. 그들은 나의 염려에 대하여 강하고 확실하게 대답했다. "2,3일 정도는 '충분히 안전'할 것입니다." 나는 새로운 거처가 이전의 아파트보다 훨씬 더 나에게 맞았기 때문에 그들이 그렇게 생각하는 것에 대하여 기뻤다.

세 번 더 하게 될 인터뷰에 대하여 기대가 되었다. 그러나 세 성도들에 대한 인터뷰는 이틀에 걸쳐 모두 같이 한꺼번에 했다.

삼십대로 보이는 이 세 사람의 복음전도자들은 서로 같은 체험을 많이 했기 때문에 모두 함께 인터뷰를 하기로 결정했다. 사실 가장 은혜스러웠던 것들 중의 하나는 그들이 모두 같은 시간에 체포되었다는 것이었다. 그들은 또한 같은 판결을 받았으며, 심지어는 같은 감옥에 수감되었다. 그들이 감옥에 함께 있었던 것은 하나님이 주신 놀라운 축복이었다고 말했다. 그들은 또한 내가 그들을 만나기 며칠 전에 같은 시간에 석방이 되었다.

내가 그들 중에 한 사람에게 질문하면, 다른 두 사람은 그들 자신의 생각으로 답변을 이어갔다. 때때로 그들은 각각 그들 자신의 문장으로 마무리를 했다. 그들은 거리낌 없이 서로를 놀리거나 잘못된 기억을 고쳐 주었으며 서로 이런 저런 회상을 하며 즐거워했다.

그들의 이야기는 소말리아에서 보았던 것들을 기억나게 해 주었으며 러시아와 동유럽 나라 등 이전에 철의 장막이었던 나라들에서 했던 인터뷰의 한 일면을 다시 확인하게 했다: 종종 심리적인 박해는 신체적인 박해보다 더 깊은 상처를 주고 더 큰 상처들을 남긴다.

이 세 사람들은 심리적인 상처와 신체적인 학대로 고통스러웠다고 말했다. 아무튼 그들은 그들의 단결된 우정 안에서 서로 힘을 주었기 때문에 무너지지 않고 살아남을 수 있었다. 체포되기 전에 그들은 가정교회의 설립자들로서 함께 섬겼다. 그들은 체포된 후에도 함께 믿음으로 수년간의 감옥 생활과 혹독한 대우를 견뎌냈다. 감옥에서 그들은 함께 수백 명의 죄수들을 그리스께로 인도했다. 그리고 감옥에서 나온 지 일주일도 안 된 지금 그들은 나의 호텔 방에 앉아 있었다. 그들은 자신들이 감옥에서 함께 받았던 고문의 한 부분을 나에게 사실적으로 재현해 주었다. 그들의 익살스러운 몸짓은 마음을 밝게 해 주었고 심지어는 즐겁게 했다. 그들은 자신들의 뛰어난 유머 감각이 신체적인 박해를 견디는데 효과적인 도구였다고 말했다. 그럼에도 불구하고 그들의 미소 짓고 있는 이면에는 깊은 상처가 있는 것이 분명했다.

그들은 가장 기억에 남은 장면을 연출하기 위하여, 나에게 호텔방 가운데 반 수세식 변기가 있다고 상상해 보라고 했다. 그런 다음에 그들 중 두 사람이 다른 한 사람의 두 손목과 팔꿈치를 세게 잡고는 그의 양팔을 뒤틀어 뒤로 한 다음에 위로 올렸다. 그들은 다른 한 사람의 얼굴을 상상 속에 있는 "변기통"에 가까이 집어넣었다.

"오늘은 어떤 종류의 환대를 받을지 봅시다." 그들이 조롱하며 말했다. 그들은 교도관들이 "죄수"의 양팔을 비틀면서 그의 얼굴을 바닥에 있는 "변기통"으로 점점 가까이 다가가도록 힘으로 누르는 것을 흉내 냈다. 만일 변기에 배설물이 있으면 교도관들은 비꼬듯이 말했다. "오늘은 운이 좋은 날이다. 좋은 환대를 받았군. 오늘은 컬러 텔레비전이야." 만일 변기통에 소변만 있게 되면, 교도관들은 비웃으며 말했다. "재수 없어, 너에게는 흑백 텔레비전뿐이다!" 그런 다음 교도관들은 죄수들의 머리를 변기통 안에 밀어 넣을 수 있도록 "죄수"들이 무릎을 꿇을 때까지 더욱 사악해졌다.

그들이 나에게 설명하면서 재현했던 것은 끔찍했다. 나는 그들이 겪었던 가혹했던 경험을 겨우 상상할 수 있었다. 진실은 그들이 지금 그러한 박해에 대하여 웃고 있다는 것을—특별히 그들이 감옥에서 나온 지 며칠밖에 안 되었지만—실제적으로 재확인시켜 주는 것이었다. 이러한 종류의 끔찍스러운 이야기를 하면서 유머에 대하여 말한다는 것은 비정상적인 것같이 보일 수 있다. 그러나 유머는 심리적으로 건강에 좋은 도구이다.

심리적으로 과도한 스트레스의 경고를 주는 가장 분명한 징후는 소말리아의 구호요원들에게서 보았던 것 같이 유머의 적절한 감각을 잃어버린 것이었다. 우리 직원들이 유머 감각을 잃어버렸다는 것은, 그들이 감정적인 휴식과 회복이 절대적으로 필요함을 말해 주는 것이었고 그 때는 쉼과 회복의 시간을 가졌다.

수년간 이러한 공포스러운 고통을 견뎌 냈음에도 불구하고 그들은 자신들을 위하여 휴식을 취하고 회복할 기회가 전혀 없었음을 나는 깨달았다. 교도관들은 끊임없이 그들을 학대했다. 그들은 3년이라는 긴 시간 동안 계속된 끔찍한 대우와 박해를 견뎠다. 아무튼 그들은 그들이 받았던 끔찍한 박해에 대하여 이야기할 기회를 가졌을 때, 그들은 건강했으며 유머러스했다. 그들의 영혼을 망가뜨리기 위해, 그들이 믿음을 전파하지 못하도록 협박하기 위하여 가해진 박해는 그렇게 하는데 실패했다. 감옥에서 풀려난 그들의 영혼은 강건했으며 그들의 믿음은 활기찼다.

수년간 감정적으로, 육체적으로 잔인하게 박해를 받은 후에 이 세 친구들은 기쁨으로 자유의 품에 안겼다. 그들의 간증은 유머러스했고 희망을 주었다. 그들의 삶은 성도들의 공동체와 성도들 간의 교제와 믿음 안에서 찾을 수 있는 강건함의 증거였다.

26장

감옥의 힘

　나는 그 지방을 떠나서 다음 목적지로 향했다. 내가 어디에 가든 여행을 시작할 때부터 나는 나의 모든 안전 문제를 책임진 중국 사람들(그리고 주님)을 신뢰해야만 했다. 나는 그 문화에 전혀 익숙하지 않았기 때문에 뜻하지 않은 큰 실수를 피하는 최선의 방법—그리고 아마도 유일한 방법—은 나를 도와주는 사람들을 믿는 것이라고 생각했다. 내가 가장 두려워했던 것은 나로 인해 그 지역의 성도들이 의도하지 않은 위험에 빠지는 것이었다: 나는 내 실수로 말미암아 성도들이 박해를 받는다는 것은 상상조차 할 수 없었다. 때로는 다른 사람들을 믿는다는 것은 하나의 도전이었다.

　지금까지 중국에서 일어난 일들을 비추어 볼 때, 그 다음 도시에서 나를 만나기로 한 사람이 내 호텔 방에 전화를 걸어 호텔에서 몇 블럭 떨어진 레스토랑에서 자신을 포함한 자신의 친구인 성도들을 만나자는 제안 때문에 놀랐다. 그 때까지 중국에서 한 번도 공공장소에서 만남을 가진 적이 없었다. 사실 중국에 도착한 이래 나는 비밀스럽게 다녔다.

나는 약속된 장소로 걸어서 갔다. 레스토랑 안내인에게 내 이름을 말하자 그는 나를 계단 가까이 복도 아래쪽에 이중문으로 되어 있는 개인 응접실로 안내하였다. 그곳에는 이미 열두서너 명의 사람들이 와 있었다. 그들은 삼삼오오 모여 선 채로 잡담을 하고 있었다.

내가 방에 들어가자 모임의 주관자인 듯한 사람이 나를 환영했다. 그는 나를 몇몇의 복음전도자들에게 소개하고 다른 지역에 계신 가정교회개척자들을 서로 연결해 주기 위하여 이 자리를 마련했다고 말했다. 그리고는 나에 대한 간단한 소개와 더불어 중국을 방문한 이유를 설명해 달라고 부탁했다. 그는 또한 내가 궁금해 하는 것들에 대하여 질문할 시간을 주겠다고 말했다. 그리고 헤어지기 전에, 개인적으로 인터뷰하기를 원하는 사람과 약속을 할 수 있다고 말했다. 그러나 나는 48시간 내에 베이징으로 가야 했기 때문에 그들과 오래 인터뷰할 수 없었다.

나는 그의 계획이 마음에 들었다. 그는 저녁식사를 하기 전에 나에게 한 사람 한 사람을 소개시켜 주었다. 방에 있던 젊은 사람들 중 한 사람-약 25세쯤 되어 보이는-은 개인적으로 인터뷰 약속 시간을 간곡히 정하고 싶어 했다. 우리는 그 날 저녁 늦게 인터뷰를 하기로 했다.

그 모임을 주최한 사람이 나에게 다가와 속삭이며 말했다. "그는 언젠가는 하나님께서 크게 쓰실 사람이에요. 그러나 그가 말하는 것을 온전히 믿지는 마세요. 그는 아직 감옥에 갔다 오지 않았어요." 이런 말은 내가 중국에 있으면서 흔히 듣는 말이었다. 한 개인에 대하여 영적으로 성숙하다고 인정하거나 존경하는 것은 그 사람이 믿음으로 인해 얼마나 많은 고통을 겪었는지와 비례되곤 했다. 만약 어떤 사람이 개인적인 박해나 고통을 아직 경험하지 않았다면 신뢰는 그런 일이 있을 때까지 지연되었다. 가장 인상 깊었던 것은 박해와 고통은 필연적으로 받는 것이라는 생각이 저변에 깔려 있다는 것이었다!

모임을 주최한 사람이 환영 인사를 몇 마디 했다. 그는 모임에 참석해 준 것에 대해 모든 사람들에게 감사하다며, 그 날 저녁 스케줄에 대해 간략하게 설명했다. 곧이어 그들은 식사 기도를 할 때 큰 소리로 할 것인지의 여부를 놓고 20분 동안 토론을 했다. 한 중년 남자가 그렇게 해야 한다고 강하게 주장했다. 우리는 그가 서서 얼굴을 들어 하늘을 향하고 큰 소리로—마치 하나님께서 잘못 들으시리라고 생각하는 양— 장황하게 저녁식사에 대한 축복기도를 이어가는 동안 머리를 숙이고 눈을 감고 있었다.

그가 기도를 막 시작하였을 때, 나는 약간의 소동 소리를 들었고 웨이터가 복도로 사라지는 것을 보았다. 그의 발소리로 추정컨대 그는 매우 빠른 걸음으로 가고 있었다. 몇 분 후에 나는 누군가 우리가 있는 응접실로 급하게 오는 소리를 들었다.

기도는 여전히 계속되고 있었다. 그의 기도는 매우 열정적이었다. 그는 기도를 끝낼 것 같지가 않았다. 갑자기 다가오던 발걸음 소리가 멈추었다. 양복을 입은 한 남자가—레스토랑 주인임에 틀림이 없는— 놀람과 걱정이 가득 찬 얼굴로 문쪽에 서 있는 것을 살짝 엿보았다. 기도가 끝날 것 같지 않자 그는 복도 쪽으로 나 있는 이중문을 닫고 보초한 사람 남겨 두고 떠났다. 웨이터가 오고 갈 때를 제외하고 그 날 저녁 내내 이중문은 닫혀 있었다.

그 후 30분 동안 그들은 성도들이 식사기도를 할 때 개인적으로 해야 할 것인지 아니면 공개적으로 해야 할 것인지의 여부를 놓고 열띤 토론을 벌렸다. 그 때 나는 그 특별한 가정교회 사역이 식사기도 때문에 분열되지 않을까 염려가 되었다. 마침내 그들이 나를 돌아보며 물었다. "어떻게 생각하세요?"

나는 그들에게 레스토랑 같은 곳에서 큰 소리로 기도하는 것 때문에 박해를 받을 수도 있는지 물었다. 그리고 그것으로 인한 박해가 예수님 때문인지 아니면 공개적인 장소에서 큰 소리로 기도한 것 때문인지에 대하여 물었다. 그들은 이 문제에 대해서 중국말로 길게 토론했다. 마침내 사람들 사이에 평화가 찾아왔다. 나는 그들이 음식을 놓고 공개적으로 기도하는 것에 동의했다고 생각했다.

불행하게도 그들은 자신들이 도달한 결론에 대해서는 나에게 말해 주지 않았다.

식사 후에 사람들에게 나에 대해서 몇 마디 할 기회가 주어졌다. 나는 그들에게 나 자신과 나의 믿음의 삶에 대하여 간략하게 말해 주었다.

인터뷰할 사람들과 친해지고 기본적인 공감대를 형성하기 위하여 항상 했던 것처럼 나는 그들에게 소말리아에서 경험한 것들을 요약해서 말해 주었다. 소말리아에서 내가 느꼈던 좌절과 고민했던 질문들에 대해 간략하게 소개한 후, 소말리아에서의 경험이 어떻게 나를 이곳까지 오게 했으며, 왜 내가 그들을 만나고자 했는지에 대해서도 설명했다. 나는 박해를 겪는 전 세계의 성도들에게 용기를 줄 지혜를 구하고 있다고 말해 주었다. 나는 순례를 하면서 지금까지 인터뷰한 것들과 배운 것들을 설명하기 위해서, 내가 들은 이야기들 중에서 모범적인 이야기 하나를 해 주었다.

나는 그들에게 그들 자신의 삶을 간략하게 말해 달라고 부탁했다. 우리는 자유롭게 질문할 시간을 가졌다. 나는 그들에게 궁금한 것은 무엇이든 질문해도 좋다고 말했다. 우리는 매우 활기차고 의미 있는 교제의 시간을 가졌다. 나는 몇 가지 특이한 주제들에 관심이 갔다.

내가 들은 바에 의하면, 그 방에 있는 대부분의 가정교회지도자들은 자신의 믿음 때문에 최소한 3년의 감옥 생활을 한 번씩 경험했다. 나는 앞서 방문했던 곳에서도 그와 같은 사실들을 보았었다. 놀랍게도 감옥 생활을 한 사람들 중 아무도 감옥에서의 경험에 대해 말할 때 분개하지 않았다. 그리고 아직 감옥에 갔다 오지 않은 사람들도 언젠가는 그들도 감옥에 갈 수 있다는 가능성에 대해 특별히 두려워하지 않았다.

내가 만나고 있는 중국 성도들은 박해를 원하지는 않았다. 그러나 그들의 태도는 박해를 묵묵히 받아들이겠다는 것처럼 보여졌다. 그들의 태도는 "만약 박해가 온다면"이 아니라 "박해가 올 때"에 더 가까웠다. 전에 러시아 목사가 내게 했던 말이 생각났다. 여기에서도 "박해란 해가 동쪽에서 뜨는 것과 같다"는 그 목사의 말이 적용되는 것 같았다.

내가 중국에서 만난 모든 성도들은 믿음 때문에 감옥에 갔다 왔거나-또는 감옥에 갔다 온 사람들을 알고 있었다. 그들은 박해를 겪으면서 영적인 뿌리가 더 깊어지고 믿음이 더 성숙해지고 다른 성도들과 교제하는 것을 깊이 감사하는 많은 영적인 형제자매들을 개인적으로 알고 있었다. 그들 자신들도 또한 박해를 통해 주님과의 관계를 더욱 튼튼히 했다. 한 가정교회지도자가 질문했다: **"감옥이 우리에게 어떤 곳인 줄 아세요? 그곳은 우리가 신학교육을 받는 곳입니다. 중국에서의 감옥은 당신의 나라에서 교회 지도자들을 훈련시키는 신학교와 같아요."**

이 얼마나 놀라운 통찰력인가! 그것은 내가 장 목사에게서 본 지혜에 대해 설명해 주는 것이었다. 그는 영예롭게도 그러한 "신학교"를 세 군데나 졸업하였다.

나는 내가 받은 교육과 훈련에 대해 생각해 보지 않을 수 없었다- 그것은 그들이 받은 교육과 훈련과는 비교가 되지 않았다.

그 날 저녁 또 하나의 흥미로운 토론이 벌어졌다. 토론을 하는 가운데 나는 나의 여행에 여러 가지 면에서 도움을 준 한 가지 질문을 했다: "만약 내가 여러분들의 고향 지역에 가서 안 믿는 가족이나 친구들이나 가정교회 성도들의 이웃들을 방문해서 내가 여러분들의 교회 성도들에게 '저들은 어떤 사람들입니까? 그들에 대해 나에게 무엇을 말해 줄 수 있습니까?'라고 묻는다면 그들은 무엇이라고 답할까요?"

많은 사람들이 즉시 대답하기 시작했다. 내게 인상 깊었던 대답은 자신의 교회의 이웃 사람들이 "그 사람들은 죽은 사람을 다시 살린 사람들입니다!"라고 말할 것이라고 말한 남자의 대답이었다.

"정말로요?" 나도 모르게 이 말이 튀어 나왔다.

그 방에 있던 몇몇 사람들이, 특히 나이 든 남자가 미소 지으며 고개를 끄덕였다.

나는 깜짝 놀랐다.

그의 말을 증명이라도 하려는 듯이 사람들은 자신들의 교회에서 일어난 일들을 말하기 시작했다. 그 이야기들은 치유받은 이야기, 기도에 대한 기적적인 응답의 이야기, 초자연적인 일들이 일어난 이야기

등등 오직 하나님의 역사하심에 의해서만 설명될 수 있는 것들이었다. 이러한 기적들은 그들이 믿음으로 사는데 이정표가 되는 것 같았다. 이러한 기적들은 그들의 마음에 하나님의 능력을 믿는 믿음을 굳게 했다. 또한 그러한 기적들은 불신자들을 천국으로 인도하는 이야기였다.

이 놀라운 이야기들로 인하여 나는 하나님이 진정 어떤 분이신지 다시 한 번 생각하였을 뿐만 아니라 몇몇 점들을 서로 연결하도록 도와주었다. 중국에서 내가 인터뷰했던 것들은 옛 소련에서 가설로 시작했던 것이 사실임을 증명하는 또 하나의 설득력 있는 증거였다. 그 가설은 확신이 되고 있었다.

하나님은 오늘날 지구상에서 러시아와 중국 같은 곳에서 그 분의 권능을 보여 주시는 것처럼 보였다. 하나님은 1세기 신약 시대의 교회에서 사용하셨던 기적적이고 초자연적인 방법을 사용하시는 것처럼 보였다.

박해를 받는 성도들은 나에게 그렇게 역사하시고 계시는 하나님에 대하여 가르쳐 주었다. 그리고 나는 배울 것이 아직도 많다는 것을 깨달았다. 나는 배울 것이 얼마나 더 많이 있는지 상상할 수 없었다.

27장

중국에서의 도로 여행

　다음 도시에 도착했을 때 나에게 몸짓으로 신호를 보내는 한 남자가 보였다. 적어도 나는 그가 나에게 몸짓으로 신호를 보냈다고 생각했다. 그의 동작이 너무나 미묘해서 나는 확신할 수가 없었다. 그는 내가 가는 길을 흘깃 보더니 내가 주차된 차들의 행렬을 따라 걸을 때 나의 발걸음을 지켜보는 것처럼 보였다. 나에게 약간의 주의를 기울인 것 외에는 아무런 환영의 표시나 아는 척을 하지 않았다. 심지어는 그 사람 주위에 서 있는 사람들도 내가 가는 쪽으로 고개를 돌리지 않았다. 나는 그들이 다른 사람을 기다리고 있다고 생각했다. 그 남자가 내게 몸짓으로 신호를 보냈다는 확신이 전혀 없었다.

　공항에서 나는 위험에 처했다고 생각하지 않았다. 그러나 갑자기 내가 접촉할 사람을 찾는 데 문제가 생긴 것은 아닌지 불안해졌다.

　나는 이름도 모르는 중국의 또 다른 도시에 이제 막 도착했다. 나는 지금까지도 지도에서 그 도시의 이름을 찾지 못할 것 같다. 더구나 아는 사람이 한 사람도 없었으며 나를 맞으러 누가 올 것인지에 대해서도 아는 바가 없었다. 이 세상의 그 누구도 그 시간에 내가 어디에 있는지 아는 사람이 없다는 생각이 들었다. 나마저도 내가 그 때 어디에 있는지 확실히 알지 못했다.

설상가상으로 루스나 그 외의 미국에 있는 사람에게 어떻게 연락을 해야 하는지도 몰랐다. 그 지역의 가정교회에서 나를 환영하리라고 생각했지만 가정교회를 찾는 것 자체가 쉽지 않았다. 그러나 13억 인구가 사는 나라에서 나 홀로 오랫동안 있을 것 같지는 않았다.

나는 용기를 내어 밴 뒤에 모여 있는 남자들에게 가까이 다가갔다. 나는 그들에게 경계심을 느끼는 대신 호기심과 기대감으로 가득 찼다.

내가 처음에 본 남자가 마침내 나를 돌아보며 "립켄 박사님이십니까?"라고 조용히 물었다. 다른 사람들은 밴 옆으로 다가와서 차 문을 열고 승차하기 시작했다. 나는 "이 사람들이 데이비드가 접촉한 사람들이군. 그렇지 않으면 내 이름을 알리가 없지"라고 생각했다. 나는 더 이상 그 문제에 신경 쓰지 않기로 했다. 이 시점에서 다시 돌아갈 수도 없었으니까.

나는 고개를 끄덕였다. 그 남자도 고개를 끄덕이며 정중하게 미소를 지었다. 그가 자기소개를 하는 동안 우리는 짧게 악수를 나누었다. 그는 주차장을 둘러보더니 내 가방을 들어 주었다. "당신이 차에 타고 난 후에 가방을 드릴게요." 그는 문이 열려 있는 밴으로 가라는 몸짓을 하면서 나에게 말했다. "뒷자리가 당신 자리예요."

내가 밴에 오르자 차에 있던 사람들이 미소를 지으며 따뜻하게 나를 맞아 주었다. 우리 모두는 악수를 하며 자기소개를 했고 나는 12인승 밴의 뒷자리에 가서 앉았다. 그 사람들은 모두 친절해 보였다. 나는 그들이 비밀경찰은 아닐 것이라고 생각했다.

내가 자리에 앉자 그들이 다시 내 가방을 주었다. 나는 그들이 나를 맞이하러 온 사람들인지 아직 확신이 가지 않았다. 조금 후에 그 그룹의 지도자가 전화를 하며 운전석에 앉았을 때 마음이 한결 가벼워졌다. "손님이 도착하셨습니다. 다른 사람들을 먼저 차에 태웠으며, 지금 2번 지역을 벗어나고 있습니다. 그리고 7시에 11번 지역에 도착할 것입니다." 이 말은 내가 전에 들은 적이 있었던 가정교회의 기본적인 안전 통신 규약이었다. 나는 비로소 안심할 수 있었다.

그러나 나의 평온함은 오래 가지 않았다. 운전석에 앉은 지도자가 나를 바라보며 미안하다는 어투로 말했다: "내일 목적지에 도착할 때까지 18시간을 달려야 합니다. 그 때까지 눈에 띄지 않게 누워 계셔야 합니다. 당국자들이 보면 안 되니까요. 목적지까지 가는 동안 휴식을 취하시고 원하시면 주무셔도 됩니다."

"네." 나는 가능한 한 밝게 대답했다. 나는 사람들의 눈에 뜨이지 않도록, 그러나 편안한 자세로 앉으려고 노력했다. '맙소사! 뒷자리에서 이렇게 불편한 자세로 밖을 보지도 못하고 18시간을 달려야 한다니 괴로운 도로 여행이 될 것 같군!' 나는 마음속으로 생각하지 않을 수 없었다.

데이비드 첸과 마지막으로 이야기했을 때 그는 나에게 다음 목적지에서 기다리겠다고 약속했다. 그는 또한 다음 목적지는 내가 가 본 적이 있는 큰 도시들하고는 매우 다를 것이라고 말했다. 그는 그 곳이 "시골이지만 중국에서 매우 경치가 좋은 곳"이라고 말했다.

나는 데이비드의 말을 전적으로 믿어야만 했다. 나는 하늘과 빌딩 꼭대기와 가로등과 스쳐 지나가는 나무들만 겨우 볼 수 있었다. 그러한 풍경들과 더불어 아스팔트의 느낌과 경적 소리와 그 외에 밖에서 들리는 차 다니는 소리들이 우리가 아직도 도시에 있다는 사실을 말해 주었다. 그것이 내가 아는 전부였다.

보통 때는 이런 시간에 같이 탄 사람들과 이야기를 하려고 했을 것이다. 그러나 이런 상황에서 서로를 소개하는 것은 부적절해 보였다. 나는 주로 생각을 하며 시간을 보냈다.

차를 타고 가면서 중국에서 지금까지 방문했던 장소들에 대해 생각해 보았다. 또한 나와 인터뷰한 성도들의 얼굴을 각각 마음속에 그려 보려고 노력했다. 너무나 많은 사람들을 만났기 때문에 그들을 모두 기억할 수도 없었다.

지금까지의 중국 여행에서 이미 나는 나의 인생에서 가장 힘든 경험을 했다. 나는 문화 충격에 대하여 몇 가지 새롭고 예상하지 않았던 결론에 이르렀다. 아마도 이러한 문화적인 충격은 당연한 것이었지만, 나는 그들의 문화를 날마다 조금씩 배워 나갔다. 첫째, 문화 차이가 크면 클수록 여행객이 감수해야 할 문화적인 충격은 더욱 커진다. 두 번째, 문화적인 충격이 크면 클수록 매일 다른 문화에 적응하기 위해 더 많은 에너지가 필요하다.

다시 말하지만 그러한 나의 결론은 당연한 것이었다. 내가 지금까지 했던 모든 여행 중에서 중국에서와 같은 문화 충격을 경험한 적이 없었다. 나는 서유럽과 동유럽과 아프리카와 다른 많은 지역을 여행했다. 그러나 중국은 나에게 다른 세상처럼 보였다.

나의 경험과 빠른 언어습득 능력에도 불구하고 나는 사람들의 말을 한 마디도 알아들을 수 없었다. 그들의 언어와 방향 표지판과 빌딩에 걸린 광고들과 신문의 머리기사와 식당의 메뉴조차 알아볼 수 없었다. 나는 항상 다양한 민족의 음식을 즐겼다. 그러나 이번 여행에서는 눈으로 보고, 냄새를 맡아 보고, 맛을 보아도 모르고 심지어는 재료도 무엇인지 모르는 음식들을 먹었다.

이 외에도 적응해야 할 것들이 많았다. 계속해서 적응을 해야 할 것 같았으며 그러한 날들이 영원히 지속될 것처럼 보였다. 육체적으로도 매우 부담이 컸다. 동시에 나는 낯선 광경들에 압도되고 흥분되어서, 감정적으로나 영적으로 흥분된 상태와 체력이 부치는 상태를 반복했다. 어떤 날은 아드레날린 호르몬만으로 견뎠다. 저녁이 되면 나는 종종 내가 연료를 다 써 버린 엔진처럼 연기를 내 뿜으며 간신히 달리고 있는 열차와도 같다고 느꼈다.

성경 말씀에 나오는 것처럼 마음은 원이로되 육신이 약하였다. 낯선 사람들과 함께 뒷자리에 앉아 18시간의 여행을 하면서 나는 문화충격으로 인한 스트레스가 얼마나 클 것인지를 예상하지 못한 것은 이번 여행을 계획하면서 잘못 계산한 것들 중 하나였음을 깨달았다. 이번 여행에서 비용을 절약하면서도 우리가 방문하기를 원하는 곳을 방문하고 인터뷰할 사람들을 얼마든지 만나고 또한 내가 하고자 하는 일들을 능히 할 수 있을 것이라고 생각했다. 우리는 중국 여행에서 부딪히게 될 지역 간의 거리와 기후, 지형의 차이점과 육체적으로 부딪힐 어려움들을 과소평가했다.

지도에서 줄을 긋는 것은 쉬웠다. 그리고 버스나 기차나 비행기 티켓을 예약하는 것도 생각했던 것보다 쉬웠다. 이로 인하여 우리는 중국이 미국과 같은 크기라는 사실을 깨닫지 못했다.

차 안에서 사람들이 서로 농담을 주고받으며 웃었다. 그들은 나에게 그들이 이미 서로 잘 알고 있다고 말했다. 의심의 여지없이 그들은 서로 교제할 기회를 갖게 되어 행복한 것처럼 보였다. 그들은 여행을 즐기고 있었다. 나는 방문객이었으므로 이 시점에서는 그들이 나누는 성도들 간의 교제의 기쁨에 동참할 수 없었다.

그 때 나는 낯선 땅에서 혼자 있다는 외로움을 다시 한 번 느꼈다. 그런 느낌은 중국에 처음 입국했을 때 느꼈는데 그 때까지 여전히 남아 있었다. 나는 내가 무엇을 하든 어디에 가든 누군가 항상 나를 보고 있다는 느낌을 떨쳐낼 수 없었다. 몇몇 사람들만이 나를 쳐다보는 것이 아니라 모든 사람들이 나를 쳐다보았다! 우리들 중에 누군가가 나와 함께 있었다는 것이 알려지면, 단순히 그 이유 때문에 그들이 감옥에 갈 수 있다는 사실을 깨달은 데에서 오는 스트레스도 있었다. 나는 내 안전에 대해서는 크게 걱정하지 않았다. 내 신분이 드러나면 당국자들은 나를 가까운 공항으로 데려가 집으로 가라고 할 것이다. 그러나 나는 그들의 안전이 무거운 짐처럼 느껴졌다.

차는 드디어 속력을 내기 시작했고 나무들만 보이기 시작했다. 이제는 빌딩도 거의 없었고 가로등도 없었다. 나는 우리가 도시를 벗어났다는 것을 알았다. 누군가 밴 뒷자리에 누워서 18시간을 눈에 띄지 않게 가고 있다고 생각할 사람은 없을 것이라고 확신하고, 나는 우리가 있는 곳이 어디인지 알기 위해 천천히 일어나 앉았다. 운전사가 거울로 내가 앉아 있는 것을 보더라도 크게 개의치 않을 것이다. 나는 그 이유를 알고 있다고 생각했다.

그는 사람이 많은 도시를 통과할 때는 아주 조심스럽게 천천히 운전을 하였다. 그러나 지금은 쾌청한 날씨 가운데 훨씬 빨리 차를 몰았다. 엷은 색의 차문 유리를 통해 내가 서구인이라는 것을 알아볼 사람은 아무도 없을 것 같았다. 그러나 나는 경계를 풀지 않았고 누군가가 나를 보는 순간 즉시 숨을 준비를 하고 있었다. 그러나 얼마 가지 않아 나는 좀 더 편안해질 수 있었다. 일어나 앉을 수 있었고 차 안팎에서 무슨 일이 일어나는지 보는 것만으로도 기분이 좋아졌다.

불행하게도 내가 예상했던 것만큼 편안하지는 않았다. 창문 밖을 내다보자, 나는 다소 이해하기 어려운 문화적 독특함을 발견했다. 개인적인 공간에 대한 중국 사람들의 개념은 사람들로 가득 찬 길거리와 사람들로 인산인해를 이루고 있는 시장처럼 복잡한 그 나라의 간선도로와 같았다. 중국 사람들은 서로 밀치지 않고 누군가와 부딪히지 않는 한 충분한 공간을 가지고 있다고 믿는 것 같았다.

도로에서 목격한 것들은 그것이 사실임을 증명해 주었다. 나는 그 사실을 우리가 시속 100km 이상으로 2차선 도로의 흐름을 따라 달리고 있을 때 깨닫게 되었다. 다른 밴이나 트럭들이 지나갈 때마다 우리 차와 불과 몇 센티미터 떨어져서 지나갔다. 운전사를 포함하여 우리 일행은 계속해서 웃으며 잡담을 나누었다. 그들은 내 인생에서 가장 심한 도로 여행을 하고 있는 나에 대해 개의치 않는 것 같았다. 차라리 나는 아무것도 보지 않고 누워 있는 것이 더 낫겠다고 느꼈다.

잠시 후에 차가 속력을 더 내기 시작했다. 나는 머리를 들어 뒷좌석

너머로 우리가 달리고 있는, 미국의 4차선으로 된 진입로처럼 생긴 고속도로를 구경하였다. 우리는 최소한 시속 140km로 달리고 있었다. 도로는 새로 만든 것 같았으며 부드럽고 안전해 보였다. 나는 잠시 잘 수 있겠다고 생각하면서 다시 누웠다. 그러나 잠이 채 들기도 전에, 차가 갑자기 방향을 바꾸는 바람에 내가 내 앞좌석을 붙잡지 않았다면 바닥에 떨어질 뻔하였다. 이번에는 아예 밖을 내다보지도 않았다. 나는 차라리 모르는 게 더 낫다고 생각했다. 얼마 후에 차가 다시 방향을 바꾸었을 때, 나는 방금 차가 피해서 지나온 마차를 보기 위해 일어나 앉았다. 당나귀가 끌던 그 마차는 중국 전통 복장을 한 농부가 타고 있었는데 뒤에는 농산물을 가득 싣고 있었다.

운전사는 그가 속도를 내는 것만큼 흥겹게 웃으며 수다를 떨었다. 그는 가정교회가 성장하는 속도처럼 빠르게 운전하고 있었다.

마침내 우리는 "고속도로"를 빠져나와 작은 시골길로 접어들었다. 우리는 먼지 나는 밤길을 몇 마일 더 달린 후에야 길에서 보이지 않는 이층짜리 농가 뒤에 차를 세웠다. 운전자가 "오늘 밤은 여기에서 머물 것입니다. 내일 아침에 다시 출발하여 어두워지기 전에 목적지에 도착해야만 합니다"라고 설명했다.

우리를 기다리고 있었던 것처럼 보이는 한 중년 여자가 문을 열어주며 환영하였고 차를 대접하였다. 그리고는 내가 중국에 도착한 이래 방문했던 집 중에서 가장 크고 좋은 2층으로 우리를 안내했다.

다음 날 새벽에 일찍 일어나 나는 조용히 세수를 하고 옷을 입었다. 다른 사람들이 일어나기 전에 모든 준비를 마치고 싶었다. 나는 발뒤꿈치를 들고 조용히 계단을 내려와 부엌으로 갔다. 유니폼을 입은 한 남자가 방을 가로질러 가는 것이 보였다. 우리는 서로 놀라서 얼어붙은 듯이 섰다. 그가 입고 있는 유니폼이 무엇인지는 몰랐지만 그의 모습은 권위 있는 사람처럼 보였다. 나는 서서 그를 정면으로 바라보았다. 그는 시선을 내 뒤에 있는 어떤 것에 두고 있는 것처럼 보였다. 그는 마치 내가 거기에 없는 것처럼 보고 있었다. 나도 당연히 거기에 없기를 바랐다.

우리는 서로 한 마디도 하지 않았을 뿐만 아니라 아는 체도 하지 않았다. 그는 그의 발뒤꿈치로 빠르게 돌아서서 그의 뒤에 있는 테이블에서 무언가를 집더니 부엌문 밖으로 사라졌다. 나는 시동 켜는 소리와 동시에 큰 차가 집 앞에 있는 도로를 향해 자갈길을 천천히 달리는 소리를 들은 후에도 오랫동안 가슴이 두근거리고 무릎이 떨렸다.

몇 분 후에 운전했던 사람이 부엌에 왔을 때 나는 그에게 무슨 일이 있었는지 말하고 혹시 그 남자가 누군지 아느냐고 물어보았다. 내 질문에 답하는 대신, 그는 아침 일찍 혼자 아래층으로 내려오지 않도록 말하는 것을 잊었다고 말했다. 나는 미안하다고 사과한 후 그 사람이나 다른 사람들을 위험에 빠뜨릴 의도는 없었다고 말했다. 그러나 그는 새벽에 나와 만났던 그 사람에게 더 신경이 쓰이는 것처럼 보였다.

그는 그 장교가 왜 나에게 한 마디 말도 하지 않고, 나를 보고도 못본 척 했는지에 대해 설명했다. 만약 그가 조사를 받게 되면, 그는 그날 아침 집에서 나와 같은 사람을 만난 적도, 이야기한 적도, 본 적도 없다고 말할 수 있다고 설명했다. "그는 우리의 좋은 친구이고 우리 가정교회 사역을 지원하고 있습니다." 운전사가 말했다. "정부가 그렇게 높은 군대 장교가 성도라는 사실을 전혀 생각하지 못할 것이기 때문에 우리가 여기 있는 것이 안전합니다. 그와 그의 가족은 큰 위험을 무릅쓰고 그들의 집을 사용하도록 허락했습니다."

우리 여정의 둘째 날은 첫째 날과 비슷했다. 한 가지 다른 것은, 우리가 정오쯤에 한 큰 도시를 통과할 때, 거리를 걷고 있는 외국인 관광객들이 많이 눈에 띄어서 우리 일행은 점심 식사를 하러 레스토랑에 들어가도 안전할 것이라고 결정했다.

오후가 되었을 때 나는 몹시 피곤해서 가끔씩 코를 골며 잤고, 저녁 때쯤 밴이 흔들리는 바람에 잠에서 깨어났다. 나는 다시 일어나 앉았다. 그리고 우리가 탄 차가 바퀴자국이 두 줄로 나 있는 비포장도로를 달리고 있는 것을 볼 수 있었다. 푸르게 우거진 나무들이 길 양쪽에 늘어서 있었다. 나뭇가지들이 머리 위를 덮개처럼 덮고 있어서 하늘이 거의 보이지 않았다.

나무 외에는 아무것도 보이지 않는 길을 약 8킬로미터 정도 달린 후에, 우리는 갑자기 수십 개의 농지들이 모여 있는 잘 정돈된 자그마한 농장으로 들어갔다. 그 농장은 흰 울타리로 둘러싸여 있었다.

우리는 농지 사이에 있는 두 줄의 바퀴자국을 따라 달렸다. 운전기사는 오래된 녹슨 문이 열려져 있는 한 전형적인 농가 앞에 차를 세웠다. 정확하게 말하면 그 집은 농가는 아니었다. 건물 안의 벽 주위로 1인용 객실이 길게 늘어서 있었다. 가까이에서 자세히 보니, 벽은 투박해 보였지만 쓸모가 있어 보였고 돌멩이와 자갈들로 되어 있어 방음도 잘될 것 같았다. 매구간마다 일정하게 긴 나무기둥들이 난관을 고정시키기 위하여 땅속에 박혀 있었다. 그리고 온 건물은 흰색으로 회칠이 되어 있었다. 이곳은 출입을 통제하고 철통같은 보안을 위하여 벽으로 둘러싼 소말리아의 안전가옥과는 달랐다. 이곳은 마치 우리를 환영하기 위하여 마련된 장소 같았다. 나는 마치 누군가의 집에 초청받은 것 같았다.

데이비드 첸은 먼저 도착하여 나를 기다리고 있었다. 그는 그와 친분이 있는 170명의 가정교회 성도들과 함께 나를 기다리고 있었다! 그들은 우리가 도착한 것을 전혀 개의치 않고 마당에 삼삼오오 앉아 있거나 서서 이런 저런 잡담을 나누고 있었다.

데이비드는 나를 두 명의 가정교회지도자들에게 소개한 후, 이 지역의 지도자들의 안내로 숙소가 있는 건물을 둘러보고 통역을 하기 위하여 우리와 동행했다. 그 건물은 약 300평쯤 되는 건물로서 흙벽돌로 된 담으로 둘러싸여 있었으며 마당에 있는 잔디는 짓밟혀져 있었다. 부엌과 몇 개의 개인 숙소들은 바깥쪽 벽에 붙어 있었다. 숙소들이 서로 떨어져 있었기 때문에 다른 방으로 가려면 반드시 마당을 지나가야만 했다.

나는 작은 방들의 크기를 보고 마당에 모여 있는 사람들을 보며 물었다. "이 많은 사람들이 어디에서 잠을 잘 수 있을까요?" 안내하는 사람이 대답을 했고 데이비드가 통역을 했다: "여기에서요. 사람들이 이야기하고 있는 바로 이곳에서요."

나를 초대한 사람들이 나의 놀란 표정을 보고 재빨리 나를 안심시켰다. "그러나 당신은 방에서 잘 거예요. 그리고 우리가 모인 사람들을 훈련시키는 동안 당신은 방에서 사람들을 인터뷰할 수 있어요." 그들은 내가 숙박할 곳을 보여 주기 위해 방으로 나를 안내했다. 방은 아주 작았지만 편히 쉴 수 있을 것 같았다. 그들은 "이제 우리와 함께 가시죠. 당신과 함께 방을 쓸 나이 많으신 지도자들 중 세 분을 소개시켜 드리겠습니다"라고 말했다. 나는 세 명뿐이라는 말에 기뻤다.

데이비드 첸은 이곳의 가정교회가 중국 전체에서 가장 부흥하고 있는 곳 중의 하나이며 가장 다양하다고 말했다. 이곳에 모인 성도들과 지도자들은 나와 함께 밴을 타고 온 사람들과 마찬가지로 도시 출신의 교육을 받은 사람들이며 비교적 현대적이고 세련된 방식으로 사는 사람들이었다. 적어도 중국에서는 그랬다.

　또한 이곳의 대부분의 지역에 복음이 전파되었으며, 20세기의 현대 문명이 닿지 않은 외딴 벽지에 사는 사람들에게도 복음이 전파되었다. 가장 외딴 지역에서 온 몇몇 가정교회지도자들은 바깥 세상에 대하여 아는 것이 없었다.

　데이비드의 말에 의하면 내가 그날 저녁식사를 하면서 호기심에 가득 차 있었다고 한다. 그러나 식사 후에 내가 사람들에게 정식으로 소개되었을 때 나는 심히 놀랐다. 목사들 중 한 분이 손을 들고 질문을 했다. 그의 질문은 다음과 같았다: "다른 나라에 사는 사람들도 예수님에 대해 알고 있나요? 아니면 오로지 중국에서만 알려진 것인가요?"

　나는 그런 질문을 받아 본 적이 없었다–또한 그런 생각을 해 본 적도 없었다. 나는 어디에서부터 답을 해야 할지 몰라 수초간 골똘히 생각했다. 데이비드가 통역을 하는 가운데 나는 그들에게 수백만 명의 미국인들과 많은 다른 나라 사람들이 예수님을 믿으며 따르고 있다고 말했다. 나는 그들에게 다른 나라의 성도들이 그들–가정교회를 섬기는 중국 성도들–을 알고 있다고 말해 주었다. 그리고 다른 나라의 많은 성도들이 그들과 그들의 가정교회를 위해 기도하고 있다고 말해 주었다.

"잠깐만요, 잠깐만요!" 그들이 소리쳤다. 그들은 내가 말한 것을 믿을 수가 없는 것처럼 보였다. 한 남자가 이렇게 물었다: "당신의 나라 사람들이 우리가 예수님 믿는 것을 안다고요? 그들이 우리가 믿음 때문에 고통받고 있는 것을 안다고요? 그들이 우리를 잊지 않고 우리를 위해 기도하고 있다고요?"

나는 그들에게 대답했다: "네, 물론입니다. 우리는 항상 여러분들을 사랑하고 있어요. 우리는 여러분들을 잊은 적이 없었어요. 우리는 오랫동안 여러분들을 위해서 기도해 왔어요." 거기에 모인 성도들이, 다른 나라의 성도들이 자신들을 알고 있고 기억하고 있으며 또한 기도해 주고 있다는 사실을 깨닫는 순간은 거룩한 순간이었다.

그 중 젊은 여자 성도가 물었다. "다른 나라 사람들도 예수님을 안다면, 그들도 우리처럼 박해를 받나요?" 나는 두 이슬람 나라에서 탄압받는 성도들에 대해서 말해 주었다. 거기에 모인 가정교회지도자들이 갑자기 조용해졌다. 조금 전까지만 해도 그들은 박수를 치고 소리를 지르며 큰 소리로 질문을 했었는데 지금은 조용히 침묵하고 있었다. 그들은 꼼짝도 하지 않고 앉아 있었다.

나는 나와 가까이 지냈던 이슬람교 나라의 성도들-가장 탄압적인 환경 속에서도 감동적인 믿음을 보여 준-에 대하여 이야기하면서 분위기를 띄워 보려고 노력했다. 그러나 그들은 여전히 꼼짝도 하지 않았으며 질문도 하지 않았다. 나는 박해에 관한 많은 이야기를 하고 난 후 반은 죽은 것처럼 지쳐 버렸다.

나는 데이비드에게 작은 소리로 말했다. "이것으로 끝내야겠어요. 할 이야기는 다한 것 같아요. 나는 너무 지친 것 같아요. 오늘 밤에는 더 할 이야기가 없어요!" 나는 마당 한 가운데 놓인 작은 단상에서 내려와 내가 잠 잘 방으로 갔다.

다음 날 아침 6시에 나는 밖에서 나는 시끄러운 소리에 잠이 깼다. 나는 경찰이 왔다고 생각했다.

정신을 차리고 밖을 보니 경찰은 보이지 않았다. 내가 본 것은 중국 가정교회지도자들과 복음전도자들이 마당 이곳저곳에 누워 있거나 앉아서 울고 불며 소리를 지르고 있는 모습이었다(내게는 그렇게 보였다). 많은 사람들이 자신들의 머리를 잡아당기고 있거나 옷을 부여잡고 있었다.

나는 데이비드가 길 맞은편으로 가는 것을 보고 그에게로 달려갔다. 나는 그에게 "무슨 일이 일어난 거지요?"라고 물었다.

그는 나에게 조용히 들어 보라고 말했다.

"당신도 알다시피 저는 중국어를 한 마디도 모르는데, '일단 들어 보라'는 게 무슨 뜻이지요?"

그가 다시 한 번 말했다. "일단 조용히 해 보세요, 닉." 내가 채 말도 하기 전에 그는 내 팔을 잡고 울며 소리 지르는 사람들 사이로 나를 데려갔다. 조용히 하였을 때 내가 어젯밤에 그들에게 말한 두 이슬람 나라의 이름들이 들리기 시작했다. 그 두 나라의 이름들이 열정적인 기도 속에서 들리고 또 들렸다.

데이비드가 가던 길을 멈추고 나를 돌아보았을 때 그의 얼굴에는 눈물이 흐르고 있었다. "이 사람들은 당신이 지난밤에 들려 준 진실로 박해받는 사람들의 이야기를 듣고 감동을 받았어요. 그래서 예수님이 모든 나라에 전파될 때까지 당신이 말한 ＿＿＿＿＿와 ＿＿＿＿＿(그는 두 나라 이름을 거론했다.*)의 성도들을 위해 매일 아침 한 시간 일찍 일어나 기도하기로 하나님 앞에 서원했어요."

그 순간 나는 왜 중국 성도들의 수가 수십 만 명에서 수억 명이 되었는지 알게 되었다.

---

* 십 년이 지난 지금까지도 나는 안전상의 이유로 이 두 나라의 이름을 말할 수 없다. 알카에다나 지하디스트(이슬람 과격주의자―역주)는 물론이고 그 나라의 보안 당국에서 이 책을 읽게 된다면 그들은 그 나라에 있는 성도들을 찾아낼 것이며 또한 그들을 반대하는 사람들을 죽이기 위한 명분으로서 내가 거론한 나라들을 이용할 것이다.

28장

박해를 위한 준비

나는 중국에서 대부분 1대 1로 성도들과 대화하며 인터뷰를 했다. 공산주의 정부의 정책과 그들의 무자비하고 거침없는 박해와 여행 중에 부딪혔던 위험들 때문에 나는 이처럼 큰 집회를 가질 것이라고는 꿈에도 생각하지 못했다: **170명이 넘는 가정교회지도자들이 한 장소에 모였다. 그리고 그들은 모두 나와 인터뷰하기를 원했다. 나는 너무 떨렸다!**

이상했던 점은 집회에 참석한 사람들이 나보다 더 흥분한 것처럼 보였다. 이 여행을 계획하였을 때, 데이비드 첸은 가정교회 성도들이 비밀스럽게 모일 때 몇 가지 반드시 지켜야만 하는 규칙이 있다고 말했었다. 수십 년간 지속된 박해를 통해, 그들은 모임이 30명 미만이고, 그리고 모임을 3일 미만으로 할 때 주목받는 것을 피할 수 있음을 배웠다. 그것이 지역 성도들이 매주마다 다른 시간에 모임을 갖는 이유였다. 또한 지역교회의 성도의 수가 30명 이상으로 늘어났을 때 15명으로 나누는 이유였다. 그들은 가능하면 "30명과 3일"의 한계를 엄격히 지켰다. 30명 이상이 모이거나 3일 이상 모임이 지속될 때 발각될 확률은 훨씬 더 컸다.

나는 물론 데이비드와 그의 중국 친구들에게 안전상에 문제가 생긴다면 그들의 뜻에 기꺼이 따르겠다고 말했다. 나는 이 말을 데이비드가 가정교회지도자들을 위한 모임을 돕고 인도하기로 계획을 세웠다고 했을 때 이미 말했었다. 데이비드는 이번이 나에게 한 장소에서 많은 성도들을 만날 수 있는 가장 좋은 기회일 것이라고 말해 주었다. 그 기회가 이루어질 가능성이 많은 것 같아서 나는 식사비용과 교통비를 기쁨으로 보조해 주겠다고 말했다.

나는 모임을 주최하는 사람들이 기대하지 않았던 나의 보조에 힘입어 모임을 더 크게 일주일 내내 하려는 계획을 세웠음을 늦게까지 알지 못했다. 그들은 본능적으로 엄격하게 안전 사항들을 준수했다. 그들은 또한 이것이 전례에 없던 훈련이요, 교육이며, 격려가 될 것이라고 믿었다. 그들은 그러한 모임은 위험을 감수할 만한 가치가 있다고 생각했다. 데이비드에 의하면, 가정교회 사역 이래로, 그렇게 많은 지도자들이 훈련과 예배와 교제를 갖기 위하여 모인 적이 없었다고 했다. 나는 그러한 모임에 참가한다는 것 자체만으로도 특권이라고 생각했다. 나는 어서 빨리 인터뷰할 시간이 오기를 고대했다.

첫날 아침 늦게 농장 사람들이 한쪽에서 훈련을 받고 있을 때, 나는 여덟 명의 가정교회지도자들과 함께 "내 방"으로 갔다. 그들은 내가 각각 따로 인터뷰하리라는 것을 알았지만 다른 사람들의 이야기도 듣고 싶어 했다. 나도 그들의 의견에 동의했다.

먼저 인터뷰한 세 사람들의 믿음의 이야기들은 나에게 기운을 북돋아 주었다. 내 안에서 연구에 대한 의욕이 되살아났다. 지금까지 인터뷰를 하는 동안 나는 개인적으로나 영적으로 깊은 감명을 받았다. 세 사람은 각각 최소한 한 번씩은 감옥에 갔었다. 그들은 각각 그들의 믿음 때문에 고통받는 동안 심각한 도전을 만났고 이에 굴복하지 않고 승리했다. 그들은 자신들의 가정교회 사역에서 체험한 하나님의 권능의 역사하심에 대하여 나에게 기쁨으로 말해 주었다. 그들은 하나님께서 그들의 가정교회를 놀랍도록 성장하게 하신 것에 대하여 말하고 싶어 했다. 성도들의 수가 수백 명에 불과했던 것이 수백만 명으로 늘어났다.

　그들의 이야기를 들으면서, 나는 중국에서 일어나고 있는 부흥의 영적 의미가 무엇인지 깨달았다. 그들의 이야기는 이 세상의 기독교인들에게 잘 알려지지 않았지만, 모범적인 사례를 대표하는 것이었다. 그들은 억압받는 환경에서 태어났다. 심지어 그들과 농장 한편에 있는 그들의 동료들은 세상이 알지 못하는 영적 부흥의 증인들이었다. 그리고 그들은 영적 부흥에 기여했다. 하나님은 신실하고 용기 있는 예수님의 제자인 그들과 그들과 같은 셀 수 없는 많은 사람들을 사용하여 인류역사상 전례 없이 복음을 널리, 빠르게, 더 많은 사람들에게 전파하고 계셨다. 지난 50년간의 중국 공산주의 치하에서의 교회 성장은 예수님 이후 초기 몇 세기에 걸쳐 일어났던 교회 성장보다 더 크게 일어났다.

　중국의 이러한 대부흥이 우리 시대에 일어났다. 그러나 우리는 그것을 알지 못했다.

각각의 인터뷰는 매우 흥미로웠고, 계시적이었으며, 교훈적이었다. 인터뷰는 각각 약 세 시간 정도 진행되었다. 그러나 충분하지 않았다. 나는 인터뷰를 끝내기가 싫었다. 그러나 한편으로는 다음 사람과의 인터뷰가 기다려졌다. 그들의 이야기들은 믿을 수 없을 만큼 놀라웠다.

구소련에서 일어났던 것과 같이, 그들의 이야기는 성경의 이야기들이 되살아나고 성인들이 다시 이 땅 위에서 걸어 다니고 있는 것 같았다. 그리고 나는 갑자기 그들 가운데 있는 나 자신을 발견하였다.

그들의 이야기에 푹 빠져 들어가면서 나는 나 자신에게 질문했다: "하나님의 권능에 대한 이러한 놀라운 간증들을 들은 다음에 나는 무엇을 해야 할 것인가?" 나는 소말리아에 대한 상한 마음이 있었다. "이것이 바로 소말리아에서 필요한 것이다"라고 조용히 기도했다. "이와 같은 뜨거운 믿음이 소말리아에서 얼마나 많이 필요한가! **오! 소말리아, 소말리아! 암탉이 새끼들을 모으려 함과 같이 하나님께서 그들을 모으시기를 얼마나 원하시는가!**"

첫날이 거의 끝나가면서 나는 충격에 빠졌다. 나는 아홉 시간 동안 인터뷰를 했다. 그중 세 사람과의 인터뷰는 믿어지지 않는 놀라운 이야기였다. 세 사람들의 인터뷰를 들은 다른 지도자들이 모여 서로 무엇인가를 의논하였다. 그들 중의 한 사람이 나에게 서툰 영어로 나에게 말했다: "립켄 박사님, 죄송합니다. 우리는 서로 의논한 결과 이런 식의 인터뷰는 그만 하기로 결정했습니다."

나는 심장이 거의 멈추는 것 같았다. 나는 뭐가 잘못된 것인지 몰랐다. 나는 이의를 제기하였다. "그러나 나는 계속하고 싶습니다. 나는 여러분들로부터 많은 것을 배우고 있습니다."

나는 할 말이 없었다. 내가 그들에게 상처 주는 말을 했는지 아니면 그들의 문화에 어긋나는 일을 했는지 알고 싶었다. 나는 앞에서 이의를 제기했던 것에 대해 사과하는 것이 지혜롭다고 생각하여 말했다. "죄송합니다. 그러나 우리가 지금까지 들었던 이야기들은 매우 격려가 되고 매우 중요한 것입니다. 이곳 모임에 나와 인터뷰할 수 있는 다른 사람들이 있으리라 확신합니다." 나는 그들의 결정을 쉽게 받아들일 수 없었다. 나는 이 기회를 놓칠 수 없었다.

중국인 대표가 미소를 지으며 인터뷰하는 동안 통역을 해 준 데이비드 첸을 보며 말했다. 데이비드가 나에게 미소를 지으며 통역을 했다. "당신이 제대로 이해를 못한 것 같습니다"라고 그가 말했다.

데이비드는 "그들은 이러한 종류의 인터뷰들이 매우 마음에 든다고 합니다"라고 말했다.

"중국인 대표가 말하기를 당신이 그들의 많은 경험들을 자세하게 이야기하도록 돕는다고 합니다. 그들은 당신의 인터뷰가 그들에게 매우 유익하다고 생각하고 있습니다. 그래서 나머지 인터뷰는 모든 사람들 앞에서 하기를 원합니다. 만일 우리가 그렇게 하면 모든 사람들이 들을 수 있을 것입니다."

나는 그들이 안내하는 대로 밖으로 나와 작은 단상에 앉았다. 지도자 중 한 사람이 내가 이곳에 온 목적에 대하여 간략하게 설명한 후, 그들에게 우리가 하루 종일 인터뷰한 것들이 매우 은혜스러웠으며 교육적이었다고 말했다. 그는 컨퍼런스에 참석한 모든 사람들이 인터뷰들을 듣게 하자는 그들의 결정을 말했다(데이비드는 나에게 작은 소리로 통역해 주었다).

나의 공개적인 첫 인터뷰를 위하여, 중국인 대표는 "종교적인 범죄"

에 해당하는 3년의 감옥 생활을 끝내고 최근에 지도자로 임명된 두 명의 성도들을 나오게 했다.

조용한 방에서 나는 각각 사도행전의 이야기들을 생각나게 하는 세 사람의 놀라운 인터뷰를 막 끝냈다. 그리고 지금 나는 170명의 증인들 앞에서 잘 모르는 두 사람과 이야기를 하고 있다. 지금까지 나는 나와 인터뷰했던 사람들의 지혜와 성숙한 믿음 때문에 감동을 받았었다. 그러나 이 두 사람에 대한 나의 첫 인상은 그리 좋은 편이 아니었다. 그들은 영적으로 성숙한 것 같지 않았다. 그들은 내가 중국에서 만난 성도들 가운데 믿음이 가장 약해 보였다.

지금은 내가 그렇게 생각한 것에 대하여 부끄럽게 생각하지만, 나는 그들이 인터뷰하기에 부적합하다고 즉시 결론을 내렸다. 그들은 예수님에 대하여 아주 조금만 아는 것 같았다. 그들과 약 10분 정도 인터뷰를 한 후에 나는 인터뷰를 끝낼 방법을 찾았다. 사실은 공개적으로 인터뷰한 것이 상황을 더 나쁘게 만들었다. 그것은 굴욕적인 경험이었다. 몇 개의 형식적인 질문을 한 후에, 나는 그들을 무대에서 내려가게 했다. 그들은 어리둥절해하며 사람들 사이를 지나 멀리 마당 한구석에 있는 나무 아래 가서 앉았다.

다음으로 인터뷰한 사람은 한 형제와 자매(형제는 목사였으며, 자매는 복음전도자였다)였다. 감사하게도 그들과의 인터뷰는 훨씬 좋았지만, 내 방에서 했던 인터뷰에는 미치지 못했다. 나는 이러한 방식으로 하는 인터뷰를 좋아하지 않았다.

하루 15시간의 인터뷰로 인하여 나는 녹초가 되었다. 나는 오늘은 더 이상 인터뷰를 하지 않고자 했다. 나는 휴식이 필요했다. 나는 마지막으로 "감사합니다"라고 말한 후 단상에서 내려와 내 방으로 가고자 할 때 지도자 중 한 사람이 내게로 뛰어와 물었다. "립켄 박사님, 어디로 가십니까?" 나는 통역하는 사람을 의아한 표정으로 바라보며 말했다. "글쎄요, 나는 아직 아무데도 가지 않은 것 같은데요."

그가 계속해서 말했다. "당신은 우리한테서 많은 자료들을 얻었어요. 이제는 당신 차례입니다. 우리는 당신으로부터 배우고 싶습니다!" "제가 무엇을 가르쳐 드릴까요?" 내가 물었다. 그가 말했다. "당신은 신학교를 다녔죠?" 나는 고개를 끄덕였다. 그가 계속해서 말했다: "그리고 당신은 전 세계를 다니면서 박해에 대하여 사람들과 인터뷰를 했습니다." 나는 다시 한 번 고개를 끄덕였다. "그러면 당신은 우리를 가르칠 수 있습니다." 그가 계속했다. "여기에 170명의 지도자들이 있습니다. 그들은 대부분 복음전도자이거나 교회 설립자들입니다. 또한 지역교회 목사님들도 몇 분 계십니다. 우리 중 약 40퍼센트만이 믿음 때문에 체포되어 감옥에 갔었습니다. 그 말은 60퍼센트는 아직 감옥에 간 적이 없다는 것입니다. 감옥에 갈 경우를 대비해 어떻게 준비해야 하는지 말씀해 주시겠습니까? 우리가 믿음 때문에 감옥에 갈 경우를 대비하기 위하여 무엇을 해야 합니까?"

나는 항상 내가 교육을 잘 받은 사람이라고 스스로 생각했었다. 나는 수년간 공부했으며, 책을 많이 읽었다. 그러나 감옥에 갈 경우를 대비하기 위하여 어떻게 준비해야 하는 것에 대해서는 한 번도 공부한 적이 없었다. 사실 그러한 과목에 대하여 들어 본 적도 없었다. 나는 하나님께 마음속으로 간절하게 기도하는 수밖에 없었다: **주님, 단지 몇 분 전에 저는 인터뷰한 사람들로 인해서 짜증이 났습니다. 용서해 주십시오. 저는 지금 당신의 도움이 절실히 필요합니다. 주님, 당신이 제게 말씀하여 주지 않는 한 저는 이 사람들에게 그러한 주제에 대하여 가르칠 것**

이 아무것도 없습니다.

나는 다시 단상으로 올라갔다. 그리고는 주님께서 그 순간에 생각나게 하신, 러시아와 우크라이나와 동유럽, 중국의 다른 지방에서 만났던 성도들의 간증들 중 몇 가지 이야기들을 해 주었다. 1950년대에 모스크바에서 비밀리에 열렸던 역사적인 컨퍼런스에 대하여, 하나님의 말씀을 그들의 마음에 간직했던 성도들로부터 배운 것에 대하여, 그리고 17년간 감옥에 있었던 드미트리에 대하여 말해 주었다: 드미트리가 예수님께 기도의 표시로 암기했던 성경 말씀을 썼던 것과, 매일 아침 마음을 다하여 주님을 찬양하는 노래를 부르며 예배드렸던 것에 대해서도 말해 주었다.

나는 이러한 이야기들을 하면서 그들의 표정을 살폈다. 그들은 꼼짝도 하지 않고 듣고 있었다. 성령께서 이곳에 임재하셔서 역사하시고 계심을 느꼈다. 또한 그들이 이야기들 속에 있는 성경적인 원리들을 이해하고 있음을 느꼈다.

마지막 이야기를 반쯤 하였을 때, 뒤쪽의 한 구석에서 소동이 일어났다.

내가 조금 전에 인터뷰했던 두 형제들이 일어나서 팔을 흔드는 것이었다. 나는 그들이 무엇을 하고 있는 것인지 상상할 수 없었다. 나는 아무도 그러한 소동에 관심을 두지 않기를 바라면서 그들을 무시하고자 노력했다.

그러나 그들이 사람들 사이를 지나 단상 앞으로 뛰어나왔다. 나는 이미 늦었다는 것을 알았지만, 그들이 단상 위로 올라오는 것을 막고자 노력했다. 그들이 단상 가까이 왔을 때, 그들이 울고 있다는 것을 알았다. 그들은 단상에 올라 올 때까지 계속해서 흐느껴 울었다. 그들이 사람들에게 말했다: "여러분들이 어떤 이유로 박해를 받든지 간에 오로지 박해를 통해서만 성장할 수 있습니다." 그리고는 그들의 마음의 문을 열었다. 그들의 말은 고백처럼 들렸다: "여러분들은 우리가 체포되어 3년간 감옥에 갇혔다는 것 때문에 우리를 인정해 주고 지도자로 세웠습니다. 그러나 여러분들은 우리가 겪은 일들에 대하여 한 번도 질문한 적이 없었습니다."

"여러분 중 대부분이 감옥에 갔을 때 여러분들의 믿음을 나누었으며, 하나님의 말씀을 가르쳤고 수백 명 혹은 수천 명을 예수님께로 인도하였습니다. 여러분들은 12개의 교회를 개척하였고 가정교회 사역의 개척자들입니다. 주님께서 여러분들을 크게 사용하셨습니다."

"그러나 우리가 체포되었을 때, 우리는 예수님이 어떤 분이신지 아주 조금 알고 있었습니다! 우리는 어떻게 기도해야 하는지도 몰랐습니다! 성경책이 있는지도 몰랐습니다! 아는 찬송가가 별로 없었습니다! 우리는 오늘 여러분들에게 이것을 고백하고 여러분들의 용서를 구해야만 합니다. 우리는 감옥에 있던 지난 3년간, 그 어느 누구와도 우리의 믿음을 나눈 적이 없었습니다. 우리는 우리가 믿는 자들이라는 것을 숨겼습니다. 그런데 우리가 감옥에서 나왔을 때, 여러분들은 우리가 단순히 감옥에 갔었다는 것 때문에 우리를 지도자로 임명하였습니다. 이것은 사실이며, 우리는 감옥에서 예수님을 증거하지 못하였습니다. 부디 우리를 용서해 주시겠습니까?"

"여러분들은 이 사람이 하는 이야기에 귀를 기울여 들어야만 합니다! 그가 우리에게 말하고 있는 것은 모두 사실입니다. 여러분들이 무엇 때문에 감옥에 갔던지 간에 여러분들은 오로지 감옥에 있는 동안에만 성장할 수 있습니다."

내가 그들의 말에 보탤 말이 더 이상 없는 것 같았다. 나는 조용히 하나님께 용서를 구했다. 나는 이 두 형제와 인터뷰한 것에 대하여 후회를 했었다. 의심의 여지없이, 그들이 단상으로 올라온 데에는 하나님의 목적이 있었다.

이 모든 것들로 인하여 영적으로 기쁨이 충만해졌지만, 나의 몸은 컨퍼런스에 도착하기까지 중국을 가로지르는 4주간의 힘든 여정 때문에 매우 지쳐 있었다. 나는 비행기와 기차와 버스와 자동차를 탔다. 자치구의 경계를 몰래 넘기도 했고 안전가옥에 숨어 있기도 했다. 여러 날 동안, 새벽 해가 뜨기 전에 일어나 한밤중까지 인터뷰를 했다.

여전히 나는 지쳐 있었다. 그러나 나는 이곳에 온 것이 성스러운 기회임을 알았다. 어찌 되었든 나는 몇 가지 의미 있는 일을 했고, 저녁 식사 전까지 인터뷰를 했다. 컨퍼런스 지도자가 그들이 하루 종일 나와 인터뷰를 하였기 때문에, 저녁에는 원래 계획했던 대로 훈련하는 시간을 가질 것이라고 말했다. 그들은 데이비드와 나에게 남은 컨퍼런스 기간 동안 저녁에 성경공부를 인도해 줄 것을 부탁했다. 데이비드는 로마서를, 나는 누가복음을 택했다.

담대하고 신실한 가정교회지도자들에게 성경에 나오는 이야기를 가르치고 하나님의 말씀을 공부한다는 것은 영광이었다. 나는 그들의 삶과 사역들을 통하여 이미 많은 감명을 받고 많은 것을 배웠다. 그러나 나를 더 감동시켰던 것은 주말에 보았던 광경이었다.

어느 날 아침 나는 방에서 나오면서 깜짝 놀랐다. 몇몇의 남자들이

뜰에 모여 있는 가정교회지도자들 사이를 걷고 있었다. 멀리서 그들이 몇 권의 책들을 조각으로 뜯어내어 땅바닥에 앉아 있는 사람들에게 나누어 주는 것을 볼 수 있었다. 내가 가까이 갔을 때 나는 그들이 성경책을 작은 조각으로 떼어 내고 있는 것을 보고 충격을 받았다.

내가 놀래는 것을 보고, 데이비드 첸이 재빨리 설명했다: "여기에 모인 지도자들 가운데 오로지 7개의 가정교회지도자들만이 성경 복사본을 가지고 있습니다. 우리는 지난밤에 만나 의논을 하였습니다. 그리고 컨퍼런스가 끝나면 지도자들이 그들의 집이 있는 도시와 마을, 농장으로 돌아갈 때 적어도 쪽 복음서 한 권 정도는 가져가게 하자는 결정을 하였습니다. 우리는 각 지도자들에게 그들이 가지고 있는 복음서 가운데 그들이 아직 가르치기 어려운 복음서가 무엇인지를 물었습니다. 그리고 지도자들이 가르치기 어려운 복음서들을 여기 모인 다른 지도자들이 적어도 한 권씩은 가질 수 있도록 나누어 주고 있는 것입니다."

나는 창세기와 시편과 요한복음을 가진 사람들이 얼마나 기뻐할지 상상할 수 있었다. 그러나 빌립보서와 같은 얇은 복음서를 가진 지도자들을 생각하니 약간 슬펐다.

나는 이러한 중국 교회 지도자들의 믿음과 그들의 모범적인 삶을 통하여 영감을 받았을 뿐 아니라 나의 죄를 깊이 깨달았다. 15년이 지난 후에 돌이켜 보면, 심지어 오늘날까지도 중국 방문이, 특히 컨퍼런스에 참석했던 그 주가 영적으로나 개인적으로 또는 나의 목회에 가장 의미 있는 전환점 중의 하나였다.

그 당시 나는 그 컨퍼런스가 나의 삶과 나의 목회를 바꿀 것이라는 것을 느꼈다. 중국에서의 인터뷰와 모험은 계속되었다.

29장

하나님께서 책망하시다

가정교회 컨퍼런스에 참석한 사람들의 10%는 여자였다. 나는 그들에게 특별히 관심이 갔다. 모든 가정교회지도자들은 큰 위험을 감수해야 한다. 나는 그 여자들이 왜 그러한 위험을 기꺼이 감수하려고 하는지 매우 궁금했다. 뿐만 아니라 그들이 어떻게 지도자가 되었는지도 궁금했다. 나는 그들과 인터뷰할 기회가 오기를 학수고대했다. 그들은 어떻게 예수님을 알게 되었을까? 그들은 어떻게 지도자의 임무를 맡게 되었을까?

나는 계속해서 공개적으로 인터뷰를 했고, 이를 통해 놀라운 이야기들을 들을 수 있었다. 나는 전체 모임 사이에 있는 식사 시간과 휴식 시간을 이용하여 소그룹으로 나누어 시간을 갖게 했다. 모든 지도자들이 강한 사람들이라는 사실을 깨닫는 데는 시간이 오래 걸리지 않았다. 나는 그들이 영적으로 성숙하며 특별히 믿음에 대해서는 분명한 사람들이라는 사실을 알았다. 특별히 여자들은 열정적인 복음전도자들이었다. 그들의 열정은 **뼛속까지** 충만했다. 나는 그들이 쉬는 시간

없이 세 시간 동안 계속해서 예수님에 대해서 증거할 수 있으리라고 생각했다. 그들의 열정은 대단했다.

나는 컨퍼런스에 참석한 여자들이 자신의 지역뿐만 아니라 이웃 지역에도 교회를 개척한 사람들이라는 사실을 알게 되었다. 내가 그들에게 가정교회지도자들과 목사들을 보면서 가장 크게 도전받는 것이 무엇이냐고 묻자 그들은 그런 직책을 갖지 않았다고 설명했다. 그들은 "여기에 있는 모든 여자들은 복음전도자들이며 다만 교회를 개척하는 사람들입니다"라고 말했다. 나는 복음전도자와 교회개척자의 의미에 대해서 많은 것을 배우기 시작했다. 지금까지 나는 가정교회지도자나 목사가 되는 것은 가장 위험한 직책을 갖게 되는 것이라고 생각했다. 그러나 그 여자들의 말을 들은 후에 나는 궁금해지기 시작했다.

그들의 이야기에 따르면, 가정교회 사역에서 복음전도자가 되거나 교회를 개척하는 사역자가 되는 것은 회중을 인도하는 것보다 훨씬 더 위험한 책임이 따를 수 있다고 했다. 복음전도자나 교회를 개척하는 일은 믿지 않는 사람들에게 예수님을 증거하는 일이다. 사람들을 계속해서 만나야 하는 위험이 있고, 또 그들이 믿을 만한 사람들인지 결정하는 일은 늘 어려운 일이었다. 이러한 복음전도자들이 사람들을 신뢰해야 할 문제에 직면할 때 그들은 성령의 인도하심에 의지했다. 그들은 자신들의 믿음을 나누는 데에 열정적이었지만 그것이 얼마나 위험한 일인지도 알았다.

나는 그들에게 어떻게 복음전도자가 되고 교회개척자가 되었는지 물었다.

그들은 아무런 망설임 없이 대답했다. "그것은 상식이에요!"

"그게 무슨 뜻이죠?"라고 내가 물었다.

"교회가 개척되면, 지도자들이 종종 감옥에 가지요." 그들이 설명했다. "지도자가 공석이 되면 다른 사람들이 모임을 인도하게 됩니다. 때로는 그 지도자들도 감옥에 갑니다. 그러나 그럴 때마다 언제나 다른 사람들이 그들의 자리를 채우게 됩니다. 우리는 단지 훈련받은 대로 하는 것뿐입니다: 우리는 하나님의 말씀을 취하고 그것을 나눕니다. 그리고 사람들이 하나님의 말씀을 영접할 때 새로운 교회가 시작됩니다. 그것이 하나님께서 그 분의 교회를 성장시키는 방법입니다."

나는 전략의 명료함과 단순성에 놀랐다—그리고 그들의 절대적인 헌신에 대해서도 놀랐다. 그 여자들은 호칭이나 지위나 형식적인 격식에는 전혀 관심이 없는 것처럼 보였다. 그들은 예수님을 헌신적으로 증거했다: 그들에게는 예수님을 증거하는 것 외에는 중요한 것이 아무 것도 없는 것 같았다.

그 때 나는 권한과 지도력의 문제로 갈등을 겪고 있는 미국의 많은 교단들에 대해서 생각했다. 그러나 이들은 예수님을 증거하는 것이 가장 중요한 것임을 알고 있는 것 같았다. 만약 중국의 가정교회에서 지도력에 대하여 이견이 생긴다면, 그것은 누가 이 험한 세상에 나가서 가장 빠르게 열정적으로 복음을 잃어버린 자들에게 전파하여 그들을 예수님께로 인도할 것인가가 될 것이다.

이 여자들은 특히 교회 내의 책임감이나 호칭을 놓고 논쟁할 시간이나 의도가 전혀 없어 보였다.

주말에 컨퍼런스에 참석한 사람들 앞에서 마지막 인터뷰를 끝냈을 때, 나는 가정교회지도자들로부터 듣고 배운 것에 대한 감사한 마음이 밀려들었다. 비록 문화와 그동안 달려온 믿음의 여정은 달랐을지 모르지만, 이 형제 자매들과 영적으로 연합이 되고 하나가 되는 느낌을 받았다. 나는 그들에게 마음의 문을 열고 존경과 감사를 표했다.

거기에 모인 가정교회지도자들에게 말하고 싶었던 것은 다음과 같은 것들이었다: "우리가 어떻게 동역자가 될 수 있을까? 우리가 어떻게 계속해서 서로에게 배울 수 있을까? 어떻게 나나 서구의 교회들이 당신들과 동행하고 함께 사역을 할 수 있을까?"

그것이 내가 하고 싶은 질문이었다. 나는 그 질문을 해야만 했다. 그것이 내 질문이 의미하는 것이었다. 그러나 몸이 아프고 수면 부족 때문에 나는 거의 탈진되었다. 나는 끝으로 이러한 질문을 했다: "내가 어떻게 여러분을 도울 수 있죠?"

그 말을 한 순간 나는 내 입에서 나간 이 말이 그들에게 어떻게 들릴지 알았다. 나는 그러한 질문이 어떤 대답을 이끌어 낼지 알았다. 그들은 나의 그러한 질문을 재정적인 후원을 한다는 뜻으로 받아들였다. 그리고 자연스럽게 가정교회지도자들 중 한 사람이, 그들이 생각한, 내가 후원할 돈을 어떻게 쓸 것인지에 대해 의견을 제시했다.

"립켄 박사님." 그 사람이 말했다. "지금 4백 명의 지도자들이 감옥에 있어요. 그들의 가족들이 고통을 받고 있어요. 그들 중 많은 사람들은 자녀들 학비와 의식주를 해결할 돈이 없어요. 그들은 아무 것도 없어요. 이제 우리와 인터뷰를 하셨으니, 당신의 나라에 돌아가면 사람들에게 우리 이야기를 해 주세요. 당신이 그렇게 해 주시면 아버지나 남편이 감옥에 들어가 고통받고 있는 가난한 가정들을 도울 수 있는 돈을 모을 수 있을 거예요."

그것은 참신한 부탁이었다. 나는 그들의 이야기를 들은 후에 그 일을 내 평생의 일로 삼으리라고 그들에게 말할 정도로 좋은 의견이라고 생각했다. 나는 어디에 가든 이 헌신적인 가정교회지도자들의 이야기를 하리라고 다짐하였다. 확신컨대 이 세상에 이 사람들보다 더 도움이 필요하고 도움을 받을 만한 자격이 있는 사람들은 없었다. 확신컨대 서구의 교회들이 박해받는 이곳의 교회들을 지원하기 위해 모이는 것보다 더 고상한 이유는 없었다. 물론 나는 주님을 위해 희생한 중국 성도들의 고통받는 가족들을 도와주는 일에 헌신하기로 했다.

나는 여기에 모인 용감한 성도들을 바라보면서 미국으로 돌아가면 반드시 그들의 이야기를 하리라는 약속의 말을 하고자 했다.

그러나 입은 열었지만 아무 말도 나오지 않았다.

그들에게 확신을 주기 위하여 나는 다시 한 번 그들의 문제를 나의 문제로 여기고 최선을 다할 것이라고 말하고자 했다.

그러나 이번에도 입은 열었지만 아무 말도 나오지 않았다.

세 번째로 시도했지만 또 다시 아무 말도 할 수 없었다.

무슨 이유에선지 나는 갑자기 말을 하지 못했다. 이런 적은 한 번도 없었다. 나는 성령에 의해 말을 할 수 없었다.

그 때 나는 조용히 기도했다: **주님, 말씀해 주십시오. 당신의 종이 듣겠나이다.**

그리고 하나님께서 이 가정교회지도자들에게 전할 메시지를 내게 주셨다.

하나님의 음성을 처음 듣는 것이 아니었기 때문에 나는 그 분의 음성을 인지했다. 나에게 전하라고 주신 메시지에 대하여 나는 조용히 하나님께 따졌다. 나는 하나님께 왜 이 메시지가 잘못된 것인지 말씀드리려고 노력했다. 동시에 나는 그 메시지를 여기 모여 있는 회중들에게 말해야만 할 것 같았다.

이제는 사랑하는 친구들이 된 지도자들을 보면서 물었다. "가정교회에 출석하는 성도의 수가 얼마나 됩니까?" 그것은 이상한 질문이었다. 우리는 이 이상한 질문에 무슨 의미가 있는 것인지 여러 번 생각하고 또 생각했다. 얼마간의 시간이 지난 후 지도자들 중 한 사람이 대답했다. "당신에게 말씀드렸다시피 천 만 명 정도 됩니다."

"우리는 여기에서 잠깐 만났습니다." 나는 천천히 말했다. "여러분들은 제가 어떤 사람인지 전혀 모릅니다! 그리고 저는 여러분들의 삶이나 여러분들의 교회에 대해서 어떠한 권한도 없습니다. 저는 여러분들의 목사도 아니며 또한 지도자도 아닙니다."

"저는 이것을 말할 권리도 없고, 권한도 없다는 것을 압니다." 나는 계속해서 말했다.

"그러나 하나님께서 지금 내 마음에 말씀하고 계십니다. … 그 분이 내가 여러분에게 말하려고 하는 것을 못하게 하셨어요. 이제 저는 하나님께서 뭔가 다른 것을 말하라고 말씀하시는 것을 느꼈어요. 내가 느끼는 것이 옳다면-그리고 이것이 하나님께서 주신 말씀이라면-그렇다면 우리는 귀 기울여 들어야 할 것입니다."

나는 잠시 멈추고 크게 심호흡을 한 후, 힘들게 말을 꺼냈다: **"만약 천만 명의 성도들이 4백 가정을 돌보지 못한다면 여러분들이 그리스도의 몸을 위해 부름을 받았다거나 예수님을 믿는 사람이라고 말할 수 있습니까?"**

그 말에 아무런 반응이 없었다. 나는 사람들을 둘러보았다. 그리고 차갑게 침묵하면서 나를 응시하고 있는 170명의 얼굴을 보았다.

나는 더 이상 할 말이 없었다. 그리고 하나님께서 내 마음에 더 이상 말씀하지 않기를 바랐다.

나는 무엇을 해야 할지 몰라 단상에서 내려왔다. 내가 사랑하게 된 사람들에게 상처를 준 것 같아 두려웠다.

나는 의자에 힘없이 홀로 앉아 있었다. 몇 분이 지나갔다. 인정 많은 내 친구 데이비드가 내 옆에 앉아서 내 말이 맞다면서 나를 위로해 주었다.

시간이 얼마나 지났는지 몰랐다. 그 시간이 내게는 영원처럼 느껴졌다. 나는 한 여자가 울기 시작하는 것을 보았다. 몇몇 사람들도 울고 있었다. 마침내 모든 사람들이 우는 것 같았다. 약 삼십 분 정도 시간이 흐른 것 같았다. 마침내 한 사람이 흐르는 눈물을 닦으며 일어섰다.

강단에 올라오더니 내 앞의 오른쪽에 서서 말했다. "립켄 박사님, 당신이 옳아요. 미국으로 돌아가면 당신과 당신의 아내가 하나님께서 당신들에게 분부하신 일을 계속하시길 부탁드려요. 우리는 여기에서 하나님께서 우리에게 분부하신 일을 계속할게요. 만약 천만 명의 성도들이 4백 가정을 돌보지 못한다면 우리가 그리스도의 몸을 위해 부름 받았다거나 예수님을 믿는 사람이라고 말할 수 있느냐는 당신의 말씀이 맞습니다. 이제 미국으로 가서서 당신의 일을 하세요. 우리는 여기에 남아 우리 일을 할 것입니다. 우리가 4백 가정을 돌볼 것입니다!"

그것은 은혜스러운 결론이었다. 가정교회지도자들은 하나님과 하나님의 메시지를 거절하지 않았다. 그들은 내 말을 하나님께서 주신 메시지로 받아들였다. 하나님의 지시에 순종하여 그들은 그들 가운데 고통받는 가족들을 돌보겠다고 다시 한 번 서원했다.

동유럽에 있었던 때와 마찬가지로 중국에서도 그 날 그 날 일어났던 일들을 되돌아볼 기회가 거의 없었다. 나는 내가 배우고 경험한 것들에 대하여 생각할 시간이 거의 없었다. 대부분 하루하루 살아가기에 급급했다. 나는 내가 보았던 것들을 이해하고 있는지조차 궁금했다

잠시 휴식을 취하기 위하여, 우리는 두 서너 시간 동안 중국에서 가장 유명한 명소로 손꼽히면서 내가 항상 구경하고 싶어 했던 한 도시를 잠깐 둘러보기로 계획했다. 그러나 실제로 내가 그곳에 도착했을 때, 나는 구경할 힘이 전혀 없을 정도로 지쳐 있었다. 나는 그냥 쉬고 싶었다.

의자에 앉아 휴식을 취하는 동안, 나는 내가 홍콩에 도착한 이후 메모해 두었던, 기억이 잘 나지 않는 의문스러운 항목들을 구체적으로 정리했다. 내가 발견한 것들을 통해 박해와 믿음 성장의 기본적인 패턴을 찾아보고, 초기에 관찰했던 것들을 되짚어 보는 시간을 잠깐 동안 가질 수 있었던 것은 큰 선물이었다.

그리고 나의 여정에서 만났던 각기 다른 사람들과 장소들 사이에 있는 차이점들을 이해하기 시작했다. 나는 동유럽의 성도들과 내가 방문했던 중국의 성도들 사이에 상당한 문화적 차이가 있음을 보았다—어떤 것은 작았고 어떤 것은 컸다. 나는 사실 어떠한 차이가 있을지 기대했었다. 차이점들이 있는 것은 분명했지만, 그들의 태도에 있어서 무엇이라고 분명하게 말할 수 없는 문화적 차이가 있음을 감지했다. 내가 생각할 수 없는 무엇인가가 분명히 있었다.

나는 구소련에서 수십 년간의 탄압을 견딘 성도들의 변함없는 신실

함에 감동을 받았었다. 공산주의 치하에서 받은 고통은 살아남은 많은 성도들에게 여전히 무거운 짐으로 남아 있었다. 심지어 많은 시간이 지난 후에도 그들은 경계심을 풀지 않았고 지쳐 보였으며, 마음의 깊은 상처가 남아 있었다. 그들의 고통은 공산주의가 몰락한 지 10년이 지난 후에도 여전히 생생했다. 그와는 대조적으로 같은 1998년도에 만난 중국 성도들은 매우 편안해 보였으며 낙천적이고 매우 밝았다.

중국의 성도들도 여전히 그들의 믿음 때문에 체포되고 투옥되는 위협 아래 살고 있었다. 그러한 위협으로 인해 그들은 끊임없이 경계하고 안전에 주의를 기울여야 했다. 성도들이 예배를 드리기 위해 모이거나 나와 같은 외국인 성도를 만날 때 그들은 더 큰 위험한 상황에 처해진다. 열악한 상황임에도 불구하고 중국의 성도들은 항상 기뻐했다. 나는 그들이 위험을 무시하거나 경시하는 것을 들어보지 못했다. 그들은 그것을 결코 가볍게 여기지 않았다. 그들은 고통스럽지만 그들의 실제적인 삶의 현실을 알고 있었다. 그러나 그들은 여전히 큰 기쁨 가운데 살고 있었다.

나는 장 목사가 구석에 앉아 미소 지으며 콧노래를 부르면서 그의 제자가 나와 인터뷰하는 것을 지켜보는 그의 얼굴에서도 그러한 큰 기쁨을 보았다. 베이징에서 만난 대학생들의 열정과 활기 속에서도 그것을 보았다. 그 학생들은 그리스도께 헌신함에 따르는 손해와 예수님을 따르는 모험을 기꺼이 받아들였다. 하나님께서 부르셔서 사명을 맡기신 것에 감사하는 여자 복음전도자들의 목소리에서도 기쁨이 넘쳐나는 것을 보았다. 또한 자신들이 견딘 고난에 대하여 재미있게 이야기할 뿐만 아니라 나까지도 웃게 만든 세 목사들의 행동에서도 그 큰 기쁨을 보았다.

내가 중국 남부에서 중국인을 처음으로 만났을 때, 성도들을 박해하는 정부의 일차적인 의도가 무엇인지를 알게 되었다. 공산주의자들은 예수님의 교훈을 반대하지 않았을 뿐만 아니라 심지어는 무엇을 가르치든 상관하지 않았다. 공산주의자들은 기독교인들이 무엇을 믿든 관심이 없었다. 그들의 관심은 전혀 다른 곳에 있었다. 정부 외에 어떤 것이나 누군가에 대한 충성은 정부의 권위와 통제에 대한 심각한 도전으로 받아들여졌다. 그들이 가장 관심을 갖는 것은 정치적인 충성심이었다. 그들은 그리스도의 주권—정부나 그 외의 어떤 권력과도 견줄 수 없는—을 표명하는 사람들로부터의 위협을 분명히 알고 있었다.

중국을 떠날 무렵, 나는 중국을 많이 이해하게 되었다. 중국의 마지막 방문지에서 다른 그룹의 지도자들(사역이 활발한 다른 가정교회를 대표하는)을 만나 인터뷰한 후에 훨씬 더 많이 이해하게 되었다.

나는 공산주의자들이 실제적으로 언제부터 어떻게 탄압을 하게 되었는지 물었다. 그들은 다음과 같은 시나리오의 답을 주었다:

비밀 경찰은 가정교회가 모임을 갖는 장소의 소유자인 성도를 정기적으로 괴롭힙니다. 경찰은 "이 모임을 그만 두시오! 만약 모임을 그만두지 않으면 당신의 집을 몰수하고 당신을 거리로 쫓아내겠소"라고 말합니다. 그러면 집 주인이 이렇게 대답할 것입니다. "내 집을 원하십니까? 내 농장을 원하십니까? 그렇다면 내 재산을 다 예수님께 드렸으니 그 분과 말해 보세요."
비밀 경찰은 어떻게 대답해야 할지 모를 것입니다. 그래서 그들은 이렇게 말할 것입니다. "우리는 예수에게 가는 방법을 모르오. 그러나 당신에게는 올 수가 있소! 우리가 당신 재산을 가져가면 당신과 당신 가족들은 살 곳이 없어질 것이오."

그러면 가정교회 성도들은 이렇게 말할 것입니다. "우리는 일용할 양식 뿐 아니라 피난처도 주실 하나님을 믿으니 괜찮습니다."

"당신이 계속 그러면 우리는 당신들을 때릴 것이오!"라고 박해자가 그들에게 말할 것입니다.

"그러면 우리는 우리를 치유하여 주시는 예수님이 계시니 괜찮습니다"라고 성도들이 대답할 것입니다.

"그러면 우리는 당신들을 감옥에 가둘 것이오!"라고 경찰이 위협할 것입니다.

성도들의 대답은 예상된 것입니다. "그러면 우리는 감옥에 갇힌 사람들에게 자유롭게 복음을 전하여 그들을 자유롭게 해 줄 것입니다. 우리는 자유롭게 감옥에 교회를 세울 것입니다"

"만약 그렇게 하면 우리가 당신들을 죽일 것이오!"라며 낙담한 당국자가 맹세할 것입니다.

그러면 가정교회 성도들은 흔들리지 않고 일관성 있게 대답할 것입니다.

"그러면 우리는 하나님 나라에 들어가 예수님과 영원히 살게 될 것이니 괜찮습니다."

나는 동유럽 여행에서 집으로 돌아오면서 나 자신에게 이렇게 질문했었다: **신약성경에 묘사된 부활의 능력이 오늘날 전 세계의 성도들에게 여전히 실제이며 효력이 있는 것인가?**

나는 그렇다고 확신하면서 중국을 떠났다. 나는 부활의 능력을 발견했고 그 능력으로 살아가고 있는 수백만의 중국 성도들에게서 많은 것을 배웠다. 나는 그들로부터 부활의 능력에 대하여 들었고 그들의 활기찬 모습에서 그것을 느꼈으며, 여전히 중국 전역에서 박해를 견디고 있는 많은 사람들의 삶과 사역에서 부활의 능력에 대한 감격적인 증거를 보았다.

나는 부활의 능력을 더 잘 이해하고 싶었고 부활의 능력을 체험하고 싶었다.

30장

꿈과 비전

박해위원회의 조언과 우리가 조사한 것에 기초하여 루스와 나는 성도들을 탄압하는 45개 나라를 목록화했다. 1998년 여름과 초가을에 걸친 두 번의 첫 여행을 마친 후, 우리는 나머지 나라들을 방문하기 위한 계획을 구체적으로 세웠다.

러시아와 동유럽과 중국을 다녀온 후에 우리의 계획은 동남아시아와 인도와 그 주변국들과 중앙아시아를 거쳐 이슬람교가 지배하는 곳인 페르시아 만과 중동, 아프리카의 뿔을 거쳐 우리가 처음 여정을 시작했던 북 아프리카로 돌아오는 것이었다.

조건이 허락된다면 중국에서 귀국하는 길에 이슬람교가 매우 엄격한 한 나라에 들려 며칠간 머무르고자 계획했다. 우리의 원래 계획은 다음해에 이슬람 국가들을 방문하기로 되어 있었지만, 기회가 찾아왔고 우리는 문이 열렸다고 생각했다.

내가 그곳에 머무르는 동안, 이슬람교를 믿었던 43세 된 한 성도가, 한 서구인이 이슬람교도들이 어떻게 예수님을 믿게 되며, 적대적인 환경에서 믿음으로 살고자 할 때 그들이 부딪히는 어려움이 무엇인지 알기 위하여 방문했다는 소식을 입소문을 통해 들었다. 나는 아직까지도 그가 어떻게 내가 그곳을 방문한다는 것과 내가 머무르게 될 장소에 대하여 알게 되었는지 전혀 모른다.

소문을 들은 프라마나가 나를 만나기 위하여 29시간의 여행을 했다. 그는 가난한 그의 나라의 열대지방에서 외떨어진 농촌에서 지금까지 살아왔다. 그는 버스를 타 본 적이 한 번도 없었고, 고속도로를 달려 본 적도 없었다. 그런데 그가 그의 나라에서 큰 도시 중 하나인 도시에서 머무르고 있는 나를 찾아왔다. 그는 도착하자마자 당연하다는 듯이 아무렇지도 않게 말했다: "나는 당신이 하고 있는 일이 무엇인지 들었습니다. 당신은 나의 이야기를 들어야 합니다."

그가 속한 부족의 인구는 약 2천 4백만이었다. 그의 부족 가운데 기독교인은 오직 세 명뿐이었으며 교회는 없었다. 그가 어려서부터 배우고 믿었던 단 한 가지 종교는 이슬람교와 관련된 민속종교였다. 프라마나는 자연스럽게 코란을 접했다. 그는 사실 아랍어를 할 줄 몰랐기 때문에, 마치 마술사가 주문을 외우듯이 책에 있는 말들(입에서 입으로 전해져 내려오는)을 뜻도 모르면서도 암기해야만 했다. 그는 물론 모하메드에 관한 이야기를 알고 있었다. 그러나 그는 누군가가 예수님을 부르는 소리를 들어 본 적이 없었고, 성도를 만나 본 적도 없었으며 성경책이 있다는 것도 몰랐다.

"5년 전까지만 해도 나의 삶은 엉망이었습니다." 그가 말했다. "우리 부부는 자주 싸웠습니다: 나는 아내와 이혼하고자 했습니다. 자녀들은 제멋대로였고, 가축들은 잘 자라지도 않았으며, 새끼도 낳지 않았습니다. 농작물들은 시들어 죽어가고 있었습니다. 그래서 저는 도움을 얻기 위해 가장 가까이에 있는 이슬람교 사원의 이맘(이슬람공동체의 우두머리—역주)을 찾아갔습니다." 프라마나가 계속해서 말했다. 그 지역에서 점을 치기도 하는 이맘이 그에게 말했다. "알았네, 이것이 자네가 해야 할 일들이네. 가서 하얀 닭을 한 마리 사서 내게로 가져오게. 그러면 내가 자네를 위하여 그것을 신에게 제물로 바치겠네. 그런 다음 자네 집으로 돌아가 삼 일 동안 밤낮으로 기도를 드리게. 세 번째 되는 날에 자네는 자네의 모든 문제들, 자네의 부인과의 문제, 아이들의 문제와 가축들의 문제, 농작물에 대한 문제들에 대한 답을 얻을 것이네."

프라마나는 그가 말해 준대로 했다. 그는 그의 마을로 돌아갔고, 기도를 하였으며, 금식을 하면서 기다렸다. 그가 계속해서 말했다: "나는 한밤중에 몸은 보이지 않고 오직 소리만 들렸던 세 번째날 밤을 결코 잊지 못할 것입니다. 그 소리는 '예수를 찾아라. 복음을 찾아라' 였습니다."

이 이슬람교도는 그것이 무슨 뜻인지 전혀 실마리를 찾을 수가 없었다. 그는 예수가 어떤 과일을 의미하는지 아니면 어떤 바위나 나무를 의미하는지 알 길이 없었다. 프라마나는 또한 몸이 보이지 않는 소리가 이렇게 말했다고 나에게 말했다, "침대에서 일어나, 산을 넘어 해변가 아래쪽에 있는 _____(그가 한 번도 가 본 적이 없는 한 도시)로 가라. 새벽녘에 그 도시에 도착하면 너는 두 남자를 보게 될 것이다. 그들을 보게 되면, 그들에게 _____거리가 어디냐고 물어라. 그들이 너에게 그 길을 가르쳐 줄 것이다. 그러면 그 거리에서 이 주소를 찾아라. 주소를 찾게 되면 문을 두드려라. 그리고 문이 열리면 그 사람에게 네가 왜 그 곳에 갔는지 말하라."

프라마나는 성령에게 불순종 할 선택의 권리는 없음을 알고 있었다. 그는 가르쳐 준대로 해야만 한다고 생각했다. 그래서 그는 갔다. 그는 심지어 그의 아내에게 아무 말도 하지 않고 떠났다. 이 여행은 꼬박 2주가 걸렸으며 그의 가족들은 그가 어디에 있는지 알 수도 없었다.

프라마나는 아무 생각 없이 침대에서 일어나서, 산을 넘은 후 다음 날 새벽에서야 해변가에 있는 그 소리가 가라고 한 도시에 도착했다. 그리고 그가 찾고자 하였던 그 거리가 어디인지 말해 준 두 사람을 만났고, 그 거리에서 그가 가지고 있던 주소가 적힌 건물을 찾아냈다. 문을 두드리자, 잠시 후 한 노신사가 문을 열며 물었다. "무엇을 도와드릴까요?"

프라마나가 큰 소리로 말했다: "저는 예수를 찾으러 왔습니다. 저는 복음을 찾으러 왔습니다!" 그 순간, 노신사의 손이 그의 셔츠를 낚아채더니 그를 아파트 안으로 잡아끌어들였다. 그리고는 문을 세차게 닫았다. 그를 잡아끌었던 손을 놓으며 큰 소리로 말했다. "당신과 같은 이슬람교도들의 이런 멍청한 덫에 걸릴 만큼 나는 어리석지 않다!"

프나마나가 깜짝 놀라 당황해하며 대답했다. "저는 선생님이 바보인지 아닌지는 모르겠습니다. 저는 방금 선생님을 만났습니다. 제가 여기에 온 이유는 따로 있습니다." 프라마나는 노신사에게 그가 오늘 여기에 오게 된 경위를 말해 주었다.

살아 계신 하나님께서 그에게 환상 가운데 나타나셔서 그가 속한 2천4백만 명의 부족 가운데 세 명뿐인 성도 가운데 한 사람인 노신사의 집으로 가라는 명령에 순종하였다. 충격을 받은 노신사가 그에게 복음에 대하여 가르친 후 그리스도에게로 인도하였다. 그리고 예수님을 받아들이고 기독교로 개종한 그를 2주 동안 훈련시켰다.

그것은 5년 전의 일이었다. 지금 프라마나는 또 다른 여정을 했다. 그 여정은 나를 찾아서 자신이 했던 놀라운 경험들을 말하기 위함이었다. 그는 나를 찾기까지 29시간이 걸렸고, 예수님을 만난 후 자신의 변화된 삶을 간증하기를 간절히 원했다. 지난 5년 동안 그는 많은 축복을 받았고 고난과 시련을 겪었지만 그의 삶은 완전히 변했다.

나는 내가 머물고 있는 호텔에 그를 위하여 방 하나를 더 빌렸다. 그와 3일 동안 했던 인터뷰는 내가 했던 인터뷰들 가운데 가장 기억될 만한 인터뷰 중 하나였다. 우리는 그를 위로하고자 노력했고, 우리도 그를 통해서 위로를 받았다. 우리는 그의 진실한 믿음과 성장에 크게 감동을 받았다. 우리는 성도간의 교제를 할 기회가 전혀 없는 적대적인 곳에서 그의 믿음이 성장한 것을 보고 크게 감동을 받았다.

나는 내가 프라마나와 이 나라의 다른 부족들 가운데서 서너 명의 기독교인들을 만나기 전에, 이미 중국에서 수집한 중국 성도들에 대한 최근의 자료들의 엄청난 변화를 보고 놀랐었다. 이름, 장소, 날짜, 회상, 영상, 이야기, 녹음, 기록, 정보, 사진, 생각, 세부항목, 관찰 등 이러한 모든 것들도 나의 마음에 있는 모든 느낌들을 표현하기에는 역부족이었다. 집으로 돌아오면서 나는 내가 지금까지 보고 들은 것들을 서로 잘 연결하여 제대로 정리할 수 있을지 염려가 되었다.

그때(1998년 가을) 나는 앞으로 계속될 여정에서 인터뷰를 통하여 중요한 교훈들을 배울 수 있으리라는 확신이 커지고 있음을 느꼈다. 나는 다음 여정에서도 매우 은혜로운 이야기들을 듣게 될 것임을 알았다. 그리고 나는 나를 크게 변화시킨 수많은 이야기들을 이미 들었다는 것을 알았다.

지금까지 나는 개인적인 인터뷰를 많이 했다. 그리고 그 이야기들은 죽음과 파괴와 속임수와 의심의 이리들이 판치는 이 세상에서 양과 같이 살다가 지치고 한계에 부딪힌 한 영혼에게 소망을 다시 갖게 할 만큼 권능이 있었다.

집으로 돌아온 후, 나는 루스와 대학생들과 함께 모임을 가졌다. 우리는 내가 본 것들을 잘 정리하기 위하여 다같이 의논을 했다. 대학생들과 함께한지 일 년이 넘은 지금, 그들은 우리 가족의 일부가 되었다.

하나님께서 우리 마을의 교회와 대학생들을 우리가 소말리아와 팀의 죽음 이후 받은 상처로 힘들어했던 우리의 마음을 조금씩 치유하는데 축복된 도구로 사용하셨다. 뿐만 아니라 대학생들은 우리를 환영해 주었고, 우리를 감싸 주었으며, 우리 가족이 되어 주었고, 우리를 사랑하였으며 우리의 삶을 구원한 "교회"가 되어 주었다.

가장 은혜로웠던 때는 우리가 함께 모여 서로의 마음을 나눌 때였다. 우리는 우리의 삶에 대하여 이야기고, 함께 기도했다. 우리는 우리의 이야기들을 서로 나누었으며 자신의 이야기를 나누기를 원하는 학생들을 초대했다. 매주마다 우리 부부는 주님께서 우리의 삶 가운데 행하신 일들에 대하여 학생들에게 정직하게 터놓고 말할 수 있는 특권을 누렸다. 그리고 우리는 주님께서 그들의 삶 가운데 행하신 일들을 기쁨으로 들었다.

캠퍼스 생활 첫 해에는 우리가 수년간 살았던 아프리카에 대하여 많은 것들을 이야기해 주었고, 많은 질문에 대답을 해 주었다. 말라위에 사는 사람들의 영적인 굶주림, 인종차별 정책을 펴고 있는 남아프리카에서 부딪혔던 도전, 소말리아 내전의 잔인함과 가뭄과 기근, 그리고 팀의 죽음으로 인한 우리의 아픔에 대해서도 마음의 문을 열고 허심탄회하게 말해 주었다.

학생들과의 관계가 깊어졌기 때문에 2년째부터는 여행에서 경험했던 것과 성도들을 격려했던 이야기를 하는 데 별 어려움이 없었다.

내 이야기를 관심 있게 들어 주는 청중들에게 이야기를 하면서 나는 내 마음속에 있는 기억들을 정리할 기회를 가질 수 있었고, 그 기억들을 더 선명하게 할 수 있었다. 무엇보다도 학생들에게 이야기하면서 나의 경험들을 하나하나 분석할 수 있었다. 학생들에게 내가 보고 들은 것들을 정확하게 전달하고자 했을 때, 인터뷰한 이야기들의 의미를 더 깊이 발견할 수 있었다. 또한 인터뷰한 이야기들이 다른 사람들에게도 좋은 영향을 줄 것임을 확신하게 되었다.

학생들에게 내가 만났던 중국의 많은 성도들에 대해서도 말해 주었다. 예수님의 죽으심과 부활 이후의 수세기 동안의 성장보다 공산주의의 억압 아래서 두 세대 만에 더 빠르게 더 넓게 퍼진 전례 없는 중국의 가정교회 사역의 성장에 대하여 설명해 주었다.

프라마나에게 "예수를 찾아라, 복음을 찾아라!"라고 말한 성령의 음성에 대해서도 말해 주었다. 소리가 가르쳐 준대로 한 도시에 있는 거리로 가서 그가 받은 주소로 건물을 찾은―그리고 그를 훈련시킨 한 노신사를 발견한―그의 순종에 대하여 이야기했을 때 많은 청중들이 그 이야기는 마치 예수님이 지시하신 대로 아나니아가 다소에 있는 사울을 찾은 이야기(사도행전 9장)와 많이 비슷하다고 간략하게 메모했다.

그러한 연결고리는 나로 하여금 학생들에게 내 경험을 전할 기회를 만들어 주었다. 나는 내 삶에 지속적으로 따라다녔던 한 가지 주제에 대하여 깊이 생각했다. 그것은 내가 대학교 학생 때 표면으로 드러났다. 신학생이 되었을 때 그 문제를 다시 인지하였다. 목사로 재직했을 때에도 그러한 생각은 변함이 없었다. 그러한 생각은 내가 예수님의 사랑과 말씀을 전 세계에 전하는 사명을 가지고 가는 특권이 있었을 때도 했었다. 이러한 생각을 품고 나는 성경을 연구하고 가르쳤다. 나는 사람들에게 꿈과 비전을 통해 말씀하시는 하나님에 대한 성경 이야기들을 분명히 믿었다. 하나님께서 병든 자를 고치시고 죽은 자를 살리시는 기적들을 행하셨음도 알고 있었다. 또한 역사 속에서 그러한 일들이 일어났었다는 것을 믿었다. 진심으로 그러한 기적들을 믿었다. **문제는 내가 하나님의 말씀, 특히 구약을 항상 거룩한 역사책으로만 보았다는 것이다. 나에게 있어서 구약은 하나님께서 지나간 과거에 행하신 고대의 기록일 뿐이었다.**

이러한 이유 때문에 최근에 한 인터뷰들이 나에게 깊은 영향을 주었다고 생각한다. 박해받는 성도들의 생생한 경험들이 나의 죄를 깊이 깨닫게 했다. 내가 들었던 모든 것들에 비추어 보았을 때, 이러한 결론에 도달할 수밖에 없었다: 하나님은, 의심의 여지없이 성경에 나와 있는 그가 행하신 모든 기적적인 일들을 오늘날에도 행하시고 계신다! 증거가 그것을 말해 주고 있었다. 이 세상의 가장 험난한 곳에서, 하나님을 신실하게 믿는 사람들 속에서, 하나님은 적어도 그가 태초부터 행하셨던 기적적인 일들을 여전히 행하시고 계셨다.

공교롭게도, 내가 방문했던 장소들 중 많은 곳들이 "구약의 장소들"

과 매우 흡사했다. 이러한 곳에 사는 사람들은 예수님에 대하여 아는 것이 없었다. 많은 사람들이 예수님의 사랑과 은혜의 복음을 들어본 적이 없었다. 그들은 또한 그들 가운데서 역사하시는 그리스도의 몸을 보거나 체험할 기회를 가진 적도 없었다.

그러나 어찌되었든, 하나님은 여전히 그를 찾고 있는 프라마나와 같은 사람들에게 자신을 드러내고 계신다! 신약성경에 묘사된 믿는 자들의 폭발적인 성장은 중국과 다른 많은 적대적인 환경에서 일어나고 있는 폭발적인 성장을 잘 묘사해 준다.

소말리아에서 행해진 끔찍스러운 악들을 보고 난 후, 나는 하나님께서 인간의 고통의 본질에 대하여 진정으로 이해하고 계시는지 가끔 의문이 들었음을 우리 동역자들에게 정직하게 고백했다. 정말 하나님께서 인간의 고통을 알고 계시는지 궁금했었다. 하나님께서 인간의 고통에 대하여 무엇을 할 수 있는지 궁금했었다. 내가 좋아한 성경의 이야기들이 단지 역사에 불과한 것인지 궁금했었다.

특히 하나님께서 우리가 함께 살았던 소말리아 사람들을 알고 있다는 것에 대한 확신을 거듭해서 해야만 했다. 하나님께서 우리가 살았던 소말리아 사람들을 돌보고 있다는 확신이 필요했다. 하나님께서 소말리아의 고통에 대하여 무엇인가를 하실 수 있다고 믿고 싶었다. 하나님이 과거에만 계셔서 역사하셨던 분이 아니라 오늘날에도 살아 계시고 역사하는 분이심을 단순하게 확신하기에는 상황이 너무나 절망스러웠다. 그러나 하나님은 그의 사랑과 그의 권능을 지금 여기에서 여전히 보여 주시고 계신다.

내가 들었던 이야기들이 나를 구원해 주었다. 하나님은 여전히 이 타락한 세상에서 우리와 함께하고 계신다. 하나님은 살아 계셔서 역사하시고 계신다. 하나님은 그가 항상 역사하셨던 것 같이 오늘날에도 역사하고 계신다. 그리고 인터뷰한 이야기들을 통하여 하나님께서는 나의 소망과 믿음을 다시 불타오르게 하셨다.

우리 모임에서 얻을 수 있었던 또 다른 중요한 영감은 박해를 반드시 받아야만 한다는 것이었다. 환경이 다른 성도들의 박해에 대한 견해가 서로 다른 것은 분명했다. 예를 들면, 미국의 성도들이 보는 박해의 견해는 중국의 가정교회의 성도들이 보는 박해와는 약간의 차이가 있다. 예를 들면 믿음 때문에 감옥에 가는 것을 신학교 훈련받는 것과 같다고 한다면, 대부분의 미국 성도들은 말도 안 된다고 생각한다. 중국의 성도들은 예수님의 절대적인 말씀의 가르침을 통해서 무엇인가를 배웠다: 박해는 한 개인의 믿음을 실제적으로 성장시킬 수 있다. 박해를 받기 전에는 한 개인의 믿음에 대하여 인정하기를 주저한다. 그러나 박해와 고난을 받은 후에는 비로소 믿음이 있다고 인정해 준다. 심지어는 박해를 이겨낸 성도를 동일인으로 여기지 않는다. 그리고 변화된 것을 기뻐하며 축하해 주기도 한다.

우리는 그러한 사실에 놀라지 말아야 한다. 신약성경에 나오는 제자들을 되돌아 볼 때, 그들의 변화된 삶과 믿음을 보게 된다. 한때는 그들은 두려움이 많은 사람들이었고, 도망가서 숨을 준비가 되어 있는 믿음이 약한 사람들이었다. 그러나 오순절 때 그들은 정반대의 사람들이 되었다. 갑자기 그들은 매우 용감해졌고 대중 앞에 서고자 했으며 예수님의 이름을 위하여 기꺼이 고난을 받고자 했다. **두려움으로 연약**

했던 제자들이 두려움으로부터 자유하게 되고 용감한 제자들로 새로이 변화된 것의 전환점은 예수님의 부활사건이었다. 어떤 의미에서 변화는 순식간에 일어났다. 순식간에 예수님의 제자들이 전혀 다른 사람이 되었다.

내가 인터뷰했던 이야기들은 1세기에 일어났었던 믿음의 이야기들과 매우 흡사했다. 박해를 당하고 견뎌낸 성도들은 믿음이 더 강해졌고 깊어졌으며 성숙해졌고 변화되었다.

나는 그 당시에는 몰랐다. 그러나 얼마 후 그 사실을 뒷받침하는 많은 증거들을 찾아내었다.

나는 동남아시아에 대한 다음 여정을 조심스럽게 계획했다. 나의 일정 가운데 첫 번째 방문지에 머무르는 동안 그 지역의 성도와 함께, 그 나라의 주요 도시의 거리를 걸으면서 이야기했던 때를 잊을 수가 없다. 여러 번 그랬던 것 같이, 나는 영감을 주는 이야기들에 완전히 압도되어 최대한 집중하여 듣는 사이에 잠깐 다른 생각을 했었다.

잠시 후, 나는 나와 함께 걷던 그 성도가 여전히 말하고 있는 것을 깨달았지만 나는 그가 무엇에 대하여 말하고 있는지 전혀 알 수가 없었다. 나는 미안하다고 말하면서 나의 새로운 친구에게 집중하지 못했다고 고백했다.

그 친구가 말했다 "괜찮습니다, 닉, 알고 있었습니다. 나는 선생님께 말한 것이 아닙니다. 나는 우리가 어디에 있든지 우리를 보고 계시며 우리가 오늘 해야 할 일을 아시는 주님께 이야기하고 있었습니다."

나는 그때 그런 식으로 예수님을 알고 싶었고, 그때 그런 식으로 예수님과 함께 걷고 싶었다.

동남아시아에서 마지막 날 아침에, 나는 다음 인터뷰 약속이 잡혀 있는 한 성도로부터 전화를 받았다. 그가 말했다. "누군가에게 미행을 당하고 있는 것 같아 오늘은 선생님을 만날 수 없을 것 같습니다"

나를 접대한 사람들이 국제공항에 서너 시간 일찍 가서 그들과 인터뷰할 것을 제안했다. 우리는 도시를 가로질러 공항 쪽으로 달려갔다. 그런데 갑자기 운전기사가 미로 같은 꼬불꼬불한 좁은 골목길을 질주하기 시작했다.

나는 너무나 놀랐다. 무슨 일인지 전혀 알 수가 없었다.

운전기사가 설명했다. "죄송합니다, 립켄 박사님. 저는 오늘 이른 아침에 박해 가운데서도 예수님을 적극적으로 증거한 우리 교회의 지도자가 시골에 사는 그의 씨족들을 방문한 후 계획했던 것보다 일찍 돌아온다는 소식을 들었습니다. 저는 그의 집이 우리가 있는 곳으로부터 멀지 않음을 알게 되었습니다. 그가 거기에 있다면 그를 만날 수 있도록 그의 아파트에 잠시 들렸다 가려고 합니다."

우리는 곧 도착하였고, 차에서 나와 오래된 아파트의 낡은 계단을 통해 4층으로 올라갔다. 우리가 문을 두드리기도 전에, 문이 열렸고 거기에 우리가 만나러 온 그 사람이 서 있었다.

그가 "성령께서 여러분들이 오늘 아침에 오신다고 나에게 말씀하셨습니다"라고 말하며 우리를 맞이했다. 그가 우리에게 그의 조그마한 집으로 들어오라고 몸짓하였을 때, 그의 식탁에 이미 네 개의 접시가 준비되어 있는 것이 보였다. 우리는 함께 아침식사를 했다.

나는 그 일이 일어난 정확한 시간을 알 수가 없다. 어떻게 그 사람은 네 사람이 아침식사를 하게 될 것을 알았을까? 만일 당신이 그에게 물었다면–그리고 내가 물었던 것 같이 그는 아주 짧게 대답할 것이다:

"주님께서 나에게 말씀하셨습니다."

결론적으로, 하나님은 여전히 그의 방식대로 활기차게 일하시고 계신다. 그리고 의심할 여지없이 그는 여전히 그와 함께 걷는 성도들에게 말씀하시고 계신다. 그 사람은 우리가 올 것이라는 것을 확신했다: 하나님은 그에게 분명하게 말씀하셨다. 그는 이에 순종하여 네 사람분의 아침식사를 미리 준비해 놓았다.

나는 하나님과 그와 같은 친밀한 관계를 맺고 싶다. 진심으로 그 사람과 같이 기도를 할 수 있기를 간절히 원했다.

31장

내가 만난 가장 강인한 사람

내가 동남아시아 여행에서 방문하기로 한 첫 번째 목적지에 도착하기도 전에, 나는 불안정하고 폭력이 난무한 중앙아시아의 두 나라 국경 지대에 거주하며 환자를 돌보고 있는 한 유럽인 의사에게서 이메일 한 통을 받았다. 그의 이메일은 매우 신중하고 조심스러웠다. 그의 메시지는 다음과 같았다: "립켄 박사님, 제가 아는 한 친구에게서 당신이 하고 있는 연구와 몇 년 전에 소말리아에서 일하셨다는 것에 대해 들었습니다. 저는 주님께서 당신을 _____(그는 그가 사는 지역을 거론했다)에 오게 하실 줄 믿습니다."

루스는 빡빡하게 계획된 여행 일정의 모든 비행기표를 이미 예약하고 구입해 놓은 상태였다. 나는 그에게 베트남과 대만, 캄보디아와 라오스, 미얀마를 방문할 예정이라고 대답해 주었다. 그리고 설명을 덧붙였다: "이러한 나라들이 내가 올해 방문하기로 계획한 나라들입니다. 당신이 있는 곳에는 내년 후반기쯤에나 갈 수 있을 것 같은데 괜찮겠습니까? 당신과 계속 연락할 것을 약속드리며, 다음에는 당신의 초청에 반드시 응하겠습니다.”

캄보디아의 킬링필드(Killing Field; 크메르루주의 폭력적인 통치기간(1975-1979)에 대량으로 학살된 시신들이 묻혀 있는 곳-역주)를 보기 위해 잠깐 들른 후 나는 방콕에 도착했다. 방콕에서 라오스와 미얀마 국경지대와 만나는 태국의 국경 지대인 “골든트라이앵글(Golden Triangle)” 지역에 살고 있는 카렌족(Karen: 세계에서 가장 긴 목을 가지고 있으며, 목이 긴 것을 아름다움의 척도로 여기며 일생 동안 수십 개의 황금빛 쇠고리를 목에 걸고 다님-역주)들과 잠시 시간을 보내기 위해 그곳에 갔다. 그 다음에 한때 버마라고 불렸던 미얀마로 갔다. 며칠 후에 다시 방콕으로 돌아왔고 그 곳에서 또 다른 이메일을 그 유럽인 의사로부터 받았다.

그의 두 번째 이메일은 더욱 강도가 높았다. “지금 와 주시면 감사하겠습니다.”

나는 간단하게 답을 했다: “미안합니다만 내년까지는 못 갈 것 같습니다.” 나는 그 때 계획한 대로 다른 나라로 가고 있는 중이었다. 그런데, 그 곳에 도착하기 바로 직전에 나와 인터뷰하기로 되어 있는 18명의 목사들이 체포되어 감옥에 있다는 전화를 받았다. 그 나라에서 나와 연락하는 사람이 말했다. “당신이 계획했던 것보다 더 오래 머물지 않는 한, 지금은 당신이 우리를 방문할 때가 아닌 것 같습니다!” 나는 그 나라를 방문하고 싶었지만 감옥에서 시간을 보내고 싶지는 않았다.

나는 일이 이상하게 돌아가고 있다고 생각했다. 심지어 이것이 하나님의 사인일지도 모른다고 생각하고 즉시 계획을 변경하여 방콕으로 되돌아갔다. 놀라운 일이라고 해야 할지 모르겠지만 나는 그 고집 센 의사에게서 이메일을 한 통 더 받았다.

이번에는 좀 더 직설적으로 답했다. 무례하게 보이기를 원하지 않았지만 나는 나의 계획대로 될 것이라는 확신이 있었다. 나는 그 점을 강조하며 그에게 답했다: "나에게 방문해 달라는 말은 그만해 주기를 바랍니다. 내년 말쯤이나 그 곳에 갈 수 있습니다!" 며칠 후 나는 방콕에서 다음 목적지로 갈 준비를 하고 있었다. 방콕을 떠나 다음 목적지로 가는 도중에 나는 전화를 한 통 받았다. 전화 내용은 나와 인터뷰하기로 한 목사들 중 몇 명이 교통사고를 당했고 몇 명은 병원에 입원 중이었고 다른 분들은 엄중한 감시를 받고 있다는 것이었다.

내게 전화를 한 사람은, "죄송합니다만 지금은 당신이 우리를 방문하기에 알맞은 때가 아닌 것 같습니다. 언제쯤 오시면 좋을지 다시 연락드리겠습니다"라고 말했다.

나는 다시 방콕으로 돌아갔다. 그 곳에 도착하였을 때 나는 그 유럽인 의사에게서 온 이메일을 보고 다시 한 번 놀랐다.

그는 다시 한 번 강하게 주장했다: "저는 하나님께서 당신이 여기에 오기를 원하신다고 굳게 믿습니다."

최근에 벌어진 일들과 내가 계획했던 곳들의 문들이 닫히는 것을 보면서 나는 갑자기 그의 요구에 마음이 많이 열렸다. 나는 겸손한 마음으로, 자존심을 버리고 그에게 전화를 걸었다, 내 소개를 한 후에 나는 더듬거리며 말했다. "갑자기 다음 두 주 동안 할 일이 없어졌어요. 그래서 그 곳에 갈 수 있을 것 같습니다."

나는 비행기로 그 나라의 수도에 도착한 후, 작은 도시로 갔다. 거기에서 다시 작은 비행기를 타고 국경 근처에 있는 작은 도시의 외곽에 있는 비포장 활주로에 도착했다. 내가 비행기에서 내리자마자 그 의사임에 분명한 사람을 발견했다. 그 사람 옆에는 내가 탄 비행기가 도착할 것을 기다린 듯한 다섯 명의 남자들이 전통적인 이슬람교도 복장을 하고 서 있었다.

그 의사와 인사를 나눈 후에 나는 "저 친구들은 누구죠?"라고 물었다.

"그들이 누군지 모르세요?" 그는 놀라며 대답했다.

"네, 삼십 초 전까지만 해도 당신도 모르는 사람이었어요"라고 내가 대답했다.

"립켄 박사님!" 그는 어깨너머로 그의 뒤에 서 있는 그들을 슬쩍 돌아보면서 말했다.

"당신이 이 사람들을 모른다면－그리고 나도 저들을 모른다면－우리의 안전에 심각한 문제가 생기게 됩니다. 그들은 당신을 만나러 왔다고 저에게 말했어요."

그가 정색하며 계속해서 말했다. "저는 지금 가 봐야만 합니다. 제 전화번호를 드릴게요. 모든 일이 잘되면 저에게 전화 주세요. 그러면 당신을 모시러 다시 오겠습니다."

그리고는 돌아서서 가 버렸다.

나는 당황이 되었지만 내가 항상 기도하고 있었던 내용이 생각났다. 나는 위험에 처했을 때 주의해야 할 사항들에 대하여 교육을 많이 받았다. 나는 이 사람들과 같이 갈 이유가 없었다. 작은 터미널을 향해 가방을 끌고 가면서 나는 얼마나 빨리 비행기를 탈 수 있는지에 대해서 생각했다. 그 사람들이 나를 따라왔다. 그들은 나를 멈추게 하려고 내 옷을 잡아당겼다. 나는 그들을 무시하려고 최선을 다했다. 마침내 그들 중 한 사람이 서툰 영어로 나에게 말했다. "선생님, 잠깐만요. 잠깐만 기다려 주세요. 우리는 예수님을 믿는 사람들입니다."

나는 즉시 가던 길을 멈추고 그들의 말을 들으려고 돌아섰다. 그들이 즉석에서 간략하게 말한 이야기들은 진실인 것 같이 들렸다. 내 자신의 판단과는 달리 하나님의 손길이 우리와 함께하심을 느꼈고, 나는 이름도 모르는 새 "친구들"과 함께 그들이 시내 근처에 빌려 놓은 방으로 갔다.

우리가 거기에 도착했을 때, 가구가 전혀 없어서 우리는 아파트 바닥에 앉았다. 그들은 나를 쳐다보며 미소만 지었다. 그들은 기다리는 것을 전혀 지루해하지 않는 것처럼 보였다. 나는 그들이 나에게 무엇을 기대하고 있는지 전혀 알 수가 없었다. 나는 평소보다 신중하게 나에 대해서 간단히 소개했다. 내가 어디를 방문했었는지, 세계를 여행하면서 내가 조사한 것이 무엇인지, 그리고 세계 여러 다른 나라에 있는 성도들과 왜 인터뷰하기를 원하는지에 대해서 말해 주었다. 나는 내가 이 세상의 한쪽 구석에 있는 이 작은 도시에 오게 된 경위에 대해서도 조금 이야기해 주었다.

그들 중 한 사람이 영어를 할 줄 알았다. 그는 내 말을 그들에게 통역하였다. 그가 말을 마쳤을 때 모두가 웃었다.

나는 당황했고 그들이 무엇을 그렇게 재미있어 하는지 알고 싶었다.

그들은 머리를 좌우로 흔들며, 웃으면서 말했다. "당신은 당신이 여기에 오게 된 이유를 알고 있다고 생각하는 것 같습니다. 그러나 우리가 당신이 여기에 오게 된 진짜 이유를 말씀드릴게요."

그들은 자신들의 개인적인 이야기를 간략하게 말해 주었다. 그들은 각각 영적인 질문을 갖게 된 꿈을 꾸거나 환상을 보았으며 오랫동안 답을 찾고 있었다. 그들은 각각 기적적으로 성경 복사본을 구하게 되었고 성경을 몇 번 통독한 후에 각각 예수님을 믿기로 스스로 자진하여서 결정했다. 그들 모두는 가족으로부터 배척당했고 버림을 받았다. 마침내 그들은 그들 나라로부터 도망쳐야 했다. 그들은 국경을 넘어 이 작은 국경도시로 왔다. 아무튼 그들은 서로 알게 되었고, 새로 발견한 그리스도에 대한 믿음을 서로 나누었다.

그들은 그 다음에 무엇을 해야 할지 몰랐지만, 이 작은 3층 아파트에서 자연스럽게 모임을 시작했다. 그들은 아무도 그들을 주시하지 않기를 바라면서 매일 밤 12시부터 새벽 3시까지 모임을 가졌다. 그들은 비밀스럽게 하나님의 말씀을 읽었고 서로 영적인 도움을 주며 격려하려고 노력했다.

두 달 전부터 그들은 다음과 같은 기도를 시작했다고 말했다: "오, 하나님, 우리는 어떻게 예수님을 따라야 할지 모르겠습니다! 우리는 이슬람교도로 자랐고 훈련받았습니다. 우리는 이슬람교 환경 속에서 이슬람교도로서 어떻게 처신해야 하는지 압니다. 그러나 우리는 이슬람교 환경 속에서 어떻게 예수님을 따라야 하는지 모릅니다. 주님, 우리에게 누군가를 보내 주십시오. 박해에 대해서 아는 사람을 우리에게 보내 주십시오. 다른 성도들은 어떻게 예수님을 따르고 있는지 알며 우리를 격려하고 가르쳐 줄 수 있는 누군가를 보내 주십시오."

내가 도착한 바로 그날 새벽, 바로 "이 작은 방"에서 그들이 함께 있었을 때 일어난 일을 설명할 때 내 등줄기가 서늘해지는 것을 느꼈다: "오늘 새벽 1시 30분에 우리는 함께 기도를 하고 있었는데 성령께서 우리들에게 공항에 가 보라고 하셨어요. 성령께서 우리들에게 비행기에서 내리는 첫 번째 백인에게 가라고 말씀하셨어요. 성령께서 그 사람이 우리 질문에 답해 주기 위하여 보내는 사람이라고 말씀하셨어요."

그들은 나에게 다시 한 번 미소를 지으며 말했다. "그것이 당신이 여기에 오게 된 이유입니다. 이제 당신은 하나님께서 당신을 부르셔서 여기에서 하라고 하신 일을 할 수 있어요. 당신이 우리를 가르치기 전에 한 가지 질문이 있어요: 지난 두 달 동안 어디에 계셨고 무슨 일을 하셨나요?"

나는 미안해서 머리를 좌우로 흔들며 사실대로 말했다. "글쎄요. 불순종하면서 지낸 것 같아요! 지난 몇 주 동안 여기에 오지 않으려고 최선을 다 했어요. 저를 용서해 주세요!"

그들은 나를 용서해 주었다. 그 다음 며칠 동안 우리는 서로 가르치고 배우면서 좋은 시간을 가졌다. 나는 각각 그들의 믿음의 간증을 들었고 그들이 언제 어떻게 예수님을 만나고 그 분을 믿게 되었는지에 대해 자세하게 물었다.

그들 중 한 명이 말했다. "저는 파란 책에 관한 꿈을 꾸었어요. 꿈속에서 한 메시지가 저에게 다가와서 말했어요. '이 책을 찾아라', '성경을 읽어라!' 저는 은밀하게 찾아보았지만 우리 나라 어디에서도 책을 찾지 못했어요. 그러던 어느 날 코란을 파는 서점에 갔는데 사방에 초록색으로 된 코란이 진열되어 있었어요. 그런데 서점 뒤쪽에서 색깔이 다른 책 하나를 발견했죠. 그래서 그 쪽으로 가서 두꺼운 파란색 책을 꺼냈는데 그것이 성경이었죠. 그 책은 우리말로 되어 있었어요. 저는 이슬람 서점에서 성경을 사서 집으로 가져왔고 다섯 번 읽었어요. 그게 제가 예수님을 알게 된 연유예요."

다음 사람이 말했다. "저는 예수님을 찾는 꿈을 꾸었어요. 그런데 어디에서 어떻게 찾아야 할지 몰랐어요. 그러던 어느 날 시장에 갔는데 한 번도 본 적이 없는 사람이 사람들 틈을 헤치고 저에게로 다가와서 말했어요. '성령께서 당신에게 이 책을 주라고 말씀하셨어요.' 그는 성경을 내게 주고는 군중들 사이로 사라졌어요. 그리고는 지금까지 그 사람을 보지 못했어요. 저는 그가 준 성경을 세 번 읽었어요. 그렇게 해서 예수님을 알게 되었고 믿게 되었어요."

다섯 사람들이 각각 조금씩 다르지만 같은 이야기를 나에게 말했다. 그들은 모두 평범하지 않은, 기적적인 방법으로 성경책을 갖게 되었다. 그들은 각각 예수님의 복음의 메시지를 읽었다. 그리고 각각 예수님을 따르기로 결심했다.

그들의 이야기를 들은 후에 나는 사도행전을 읽고 싶은 마음이 들었다. 전혀 다른 관점을 가지고 나는 빌립과 에티오피아 내시에 관한 이야기를 읽기 시작했다. 이 말씀을 읽으면서 나는 생전 처음으로 이런 질문을 하게 되었다: **어떻게 에티오피아 내시가 이사야서가 기록된 두루마리 성경 복사본을 갖게 되었을까?**

신약 시대에는 성경을 두루마리에 손으로 써서 복사하였으며 매우 희귀하고 비쌌다. 뿐만 아니라 유대인들은 거룩한 성경을 만질 수 있는 사람과 성경을 펴서 읽을 수 있는 장소에 대한 엄격한 규칙이 있었다.

이 모든 것에 비추어 볼 때, 그 에티오피아 내시가 성경의 복사본을 만지거나 성경을 펴서 읽거나 소유하는 것이 허락되지 않았을 것이다. 그러나 빌립은 그 에티오피아 내시가 가자의 사막 길에서 마차에 앉아 이사야 53장을 읽으면서 고민하고 있는 것을 본다. 나는 그날 밤 그 이야기를 읽으면서 그 에티오피아 내시가 유대인의 성경 복사본을 갖고 고향으로 가고 있다는 사실이 특이해 보였고 믿어지지가 않았다.

사실, 그것이 매우 특이해 보이고 믿어지지가 않아서 나는 나도 모르게 한 가지 의문이 떠올랐다: **"에티오피아 내시는 어디에서 그 책을 구했을까?"**

성령께서 내 마음에 말씀해 주셨다: **나는 이 일을 오랫동안 해 왔다. 만일 네가 복음을 들고 세상으로 나가면 나는 계속해서 그 일을 할 것이다.**

이 얼마나 멋지고 경이로우며 신비스러운 동역 관계인가! 우리는 에티오피아 여왕의 내시가 어떻게 해서 이스라엘로 영적인 순례를 오게 되었는지 분명하게 알 수는 없다. 그 무엇이 또는 누군가가(어떤 특별한 분이?) 그렇게 하게 했을 것이다. 어떻게 해서 그 내시는 하나님 말씀의 일부를 기적적으로 손에 넣게 되었을까? 그리고 그는 왜 아무도 없는 사막에서 바로 그 순간에 이사야서 53장을 읽고 있었을까?

나는 그 모든 질문에 대한 답을 알 수 없었다.

그러나 박해를 받고 있는 성도들과 인터뷰를 하고 난 후, 나는 하나님께서 에티오피아 내시와 빌립을 만나게 하기 위해서 많은 소소한 작은 기적들을 행하셨다는 사실을 비로소 믿을 수 있게 되었다.

하나님의 놀라우신 섭리 안에서 빌립과 내시와의 만남은 최적의 장소에서 최적의 시간에 이루어졌다. 2천 년 후에, 내가 비행기에서 내려와 기적적으로 예수님을 만난 다섯 명의 성도들을 만났을 때도 그와 똑같은 일이 벌어졌다. 그 날 내가 기도에 대한 응답이 되리라고 의도하진 않았지만 나는 분명히 그들의 기도의 응답이었다.

그 날 저녁 사도행전을 읽으면서 완전히 새로운 경험을 했다. 두 가지 생각이 내 마음에 떠올랐다: **이것은 하나님이 하신 일이고 지금도 하나님은 이 일을 하고 계신다.** 갑자기 현실의 세계가 성경의 세계와 전혀 다르지 않다는 생각이 들었다.

인터뷰를 몇 년간 지속한 후에야, 나는 다섯 명의 새 친구들의 이야기가 흔히 있는 일이라는 것을 알게 되었다. 여러 나라와 문화가 다른 곳에서 온 이슬람교도 출신의 성도들은 꿈과 환상을 통해 인도함을 받은 것에 대하여 나에게 말해 주었다. 그들은 기이하고 놀라운 사건들을 통해 성경책을 찾게 되었다. 그들은 여러 번 성경을 읽었고, 성경을 읽는 가운데 예수님께 관심을 갖게 되었다. 결국 그들은 예수님을 따르겠다고 인격적으로 결단했다. 믿음의 여정을 가는 많은 거룩한 순례자들은 최적의 시간에 최적의 장소에 갑자기 나타나 진리를 찾고 있었던 에티오피아 내시를 그 자리에서 예수님께로 인도한 빌립과 같은 사람들이다.

내가 그곳에 머물고 있는 동안에 유럽인 의사가 많은 인터뷰를 정해 놓았다. 몇몇 인터뷰는 이웃 나라 주요 도시에서 이루어졌다.

한 성도는 안전이 보장되는 비공개적인 장소에서 심지어 얼굴이나 이름도 알려고 하지 않는다면 인터뷰에 응하겠다고 했다. 나는 그의 요구를 받아들였다.

나는 그가 알려 준 대로 어떤 도시로 가서 그가 말해 준 아파트로 갔다. 그리고는 계단을 통해 3층으로 올라가 노크를 한 후 가구가 전혀 없는 작은 방으로 들어갔다. 거기에는 오로지 구석에 놓여 있는 큰 화분에 심겨진 나무 뒤에 서 있는 한 남자의 실루엣만이 있었다. 우리들 사이에는 희미한 전구만이 천장에 매달려 있었다. 전구에서 나오는 불빛이 나의 시야를 흐리게 했다.

규율은 매우 엄격했다. 나는 그 남자를 전혀 볼 수가 없었지만 그의 음성은 확실하게 들을 수 있었다. 그래서 메모를 하는 데에는 문제가 없었다. 그는 인터뷰를 녹음해도 좋다고 허락했다. 그러나 그가 누구인지, 어디에 사는지 알려고 하지 말 것과 이름도 사용하지 말 것을 강조했다.

나는 약 여섯 시간 동안 그의 이야기를 들었다. 나는 그가 내가 만난 사람들 중에 아마도 가장 강인한 사람일 것이라는 결론을 내렸다.

그의 나라가 침략을 받았던 초기에, 그는 침략자들을 격퇴하기 위하여 모인 15명의 군인들을 이끄는 분대장이었다고 말했다. 그는 침착하게 그의 경험에 대하여 자세히 설명했다: "나는 한밤중에 적군의 뒤편으로 몰래 접근하여 소리 없이 그의 목을 잘라서 전능하신 하나님께 제물로 바친다며 그의 피로 손을 씻고 알라의 이름을 부르며 크게 기뻐하였었습니다."

그의 묘사가 너무 생생해서 나는 나도 모르게 "얼마나 많은 사람을 죽였습니까?"라고 물었다.

"백 명까지 세고 그만두었어요." 그가 고백했다. "그 사람들은 제가 전투에서 죽인 것이 아니라 개인적으로 죽인 사람들입니다."

나는 그 숫자를 듣고 충격을 받았다. 얼마 지나지 않아 그는 꿈을 꾸기 시작했다. 그는 같은 꿈을 반복해서 꾸었다. 그 꿈은 그의 손에 피가 묻어 있는 꿈이었다. 밤마다 같은 꿈이 반복되면서 피 묻은 부위가 점점 넓어졌다. 마침내 그는 그 피가 팔까지 흘러 내려와 팔 아래로 떨어져 내리는 꿈을 꾸게 되었다.

같은 꿈을 계속해서 꾸면서 그는 그 피가 자신이 죽인 사람들의 피라는 것을 깨달았다. 그 꿈들이 너무 생생하고 무서워서 그는 밤에 잠

드는 것이 두려웠다. "나는 내가 미쳐가고 있다고 생각했어요." 그가
나에게 말했다. "깨어 있는 시간에도 그 피를 생각하면 너무나 화가 났
어요. 씻어도 보고 모래나 돌로 문질러 보아도 그 피를 없앨 수 없었어
요. 나는 내가 정말 완전히 미쳐 가고 있다고 생각했어요." 그는 계속
해서 말을 이어갔다. "그러던 어느 날 밤 꿈이 바뀌었어요. 나는 그 날
도 피가 팔에까지 흘러내리는 것을 무력하게 보고 서 있었죠. 그런데
내 앞에 한 남자가 서 있는 것이 보였어요. 그는 흰 옷을 입고 있었고
머리에는 상처가 있었어요. 그 뿐 아니라 그의 손과 옆구리와 발에도
상처가 있었어요. 그렇게 상처 난 남자가 나에게 말했어요. '나는 메시
아 예수다. 만일 네가 나를 찾아내어 나를 믿는다면 내가 그 피를 없앨
수 있다.'"

꿈에서 그에게 '예수를 찾으라'고 말했다. 그는 어떻게 찾아야 할 지
전혀 몰랐지만 예수님를 찾기 시작했다. 그가 성경 복사본을 얻는 데
에는 일 년 이상의 시간이 걸렸다. 그리고 그가 읽은 것을 이해하는 데
에는 더 많은 시간이 걸렸다. 때때로 그의 질문에 대답할 수 있는 사람
을 찾아보기도 했다. 그리고 마침내 그 남자는 예수님을 찾았다. 그가
예수님을 마음에 모셔 들였을 때 "나는 그 피를 없앨 수 있었어요. 예
수님께서 친히 그 피를 가져가셨어요"라고 그가 말했다.

그리고 다시는 악몽을 꾸지 않았다.

그 당시에는 그를 훈련시킬 만한 사람이 아무도 없었다. 그의 나라
에는 그가 출석할 수 있는 교회도 없었고 성경 공부하는 모임도 없었
다. 그는 혼자서 성경을 읽고 공부했다. 그리고 그는 성령께서 명하시
는 일들을 모두 순종하여 행했다.

마침내 그는 성경책과 쪽 복음서들과 그 외의 다른 기독교 자료들과

심지어는 예수님에 관한 영화를 산 너머에 있는 다른 나라에서 밀수입했다. 그는 2년 동안 그 일을 했다. 어느 날 높은 산중 하나인 산모퉁이를 돌아가고 있을 때, 과거 자신이 이끌던 15명의 분대와 좁은 길에서 맞부딪혔다. 그들은 자신들을 버리고 사라져 버린 그들의 상관을 찾아다니고 있었다. 그들은 또한 그들의 상관이 이슬람교를 배반했다는 소문을 들었다.

그들이 그를 발견했다. 그들은 그를 땅에 내던지고는 때리기 시작했다. 그들은 그를 때려서 죽일 작정이었다.

그러나 그들 중에 예수 그리스도를 믿는 사람이 있었다. 그가 기독교인인 것을 아무도 몰랐다. 그 사람이 담대하게 경고하듯이 말했다. "그만합시다! 우리 이 일에 대하여 생각을 좀 해 봅시다! 우리는 지금 바보 같은 짓을 하고 있는지도 몰라요. 우리가 지금 이 상관을 죽이면 그가 누구와 일하고 있는지, 누가 반역자인지 결코 밝혀내지 못할 거예요."

그 사람이 계속해서 말했다. "그러니 내가 그를 데리고 산 밑에 있는 도시로 가서 치료한 다음에 감옥에 집어넣겠소. 그가 말을 할 수 있을 정도로 건강해지면 우리가 알고자 하는 것들을 말할 때까지, 필요하다면 고문도 하면서 조사할 수 있을 것이오. 우리가 참고 그렇게 한다면 중요한 것을 알 수 있게 될 것이오."

그의 제안은 설득력이 있었다. 그들은 그의 계획이 합리적이라고 생각했다. 그들은 그들의 상관을 자신이 기독교인임을 숨기고 있는 이 선한 사마리아인에게 남겨 두고 떠났다. 그는 그를 당나귀 위에 싣고 아무도 모르게 산 아래로 내려왔다. 그리고 그는 그를 치료하여 주었고 그가 하던 일을 계속할 수 있도록 도와주었다.

이 어마어마한 이야기를 듣고 난 후 나는 내게 이 사람이 모습을 드러내지 않고 그림자나 음성으로만 인터뷰할 수밖에 없다는 사실을 기꺼이 받아들였다.

사람들이 말하려 하지 않는 것들과 말하기를 불편해 하는 것들에 대해서 수많은 사람들과 인터뷰를 하면서 들을 수 있었다. 거의 여섯 시간에 걸쳐서 이 남자의 삶의 이야기를 들으면서 나는 그에게 기꺼이 인터뷰에 응해 준 것에 대하여 존경과 감사를 표했다. 나는 그에게 그의 간증을 통해 내가 크게 영감을 받은 것에 대해 말했고, 주님께서 그를 만나 주시고 그를 통해서 하신 모든 일로 인해 그와 함께 하나님을 찬양했다.

함께 하나님을 찬양하면서 나는 그에게 한 가지 확인 질문을 했다. "당신은 나에게 당신이 결혼해서 아들들이 있다고 말했지요. 그리고 당신 아내와 자녀들을 그리스도께로 인도했다고 말했어요. 그리고 그들에게 심지어 세례도 주었다고 말했어요. 제가 궁금한 것은 그들이 지금 어디에서 당신의 사역을 돕고 있는가 입니다. 당신은 그 점에 대해서는 말씀하지 않았어요. 그들은 당신을 어떻게 돕고 있나요? 당신 가족들은 어떻게 지내고 있나요?"

나는 그 다음에 일어날 일에 대해 크게 기대하지 않았다.

그는 갑자기 어둠 속에서 뛰어 나오더니 내 앞에 섰다. 그는 상처 난 손으로 내 어깨를 세차게 붙잡으며 그의 강렬한 검은색의 두 눈으로 레이저를 쏘듯이 나를 쳐다보았다. 나는 본능적으로 그가 죽인 사람들의 수를 물었던 내 질문이 생각났다.

몇 시간 동안 나는 그의 영감 넘치는 이야기를 들었다. 그러나 지금 그는 나를 세차게 붙들고 흔들면서 "하나님께서 어떻게 그런 질문을 하실 수 있죠? 말씀해 주십시오! 하나님께서 어떻게 그런 질문을 하실 수 있죠?"라고 물었을 때 나는 무서웠다.

그 때가 내 가슴이 다시 뛰기 시작한 때라고 생각한다. 그가 내가 아닌 하나님께 화가 나 있다고 생각했다. 그가 "나는 그 분께 모든 것을 드렸어요! 내 몸은 망가졌고 나는 감옥에 갇혔었어요. 그리고 굶주렸고 매도 맞았어요. 나는 거의 죽을 뻔했어요!"라며 외쳤을 때 나는 혼돈으로부터 온전히 벗어날 수 있었다. 그의 말은 사도 바울이 그리스도를 섬기면서 받았던 모든 고난들과 매우 흡사했다.

"나는 예수님을 위해 기꺼이 죽을 준비가 돼 있습니다." 그가 호소하듯이 말했다. "그러나 내가 무엇을 두려워하는지 아세요? 밤에 잠자리에 들 때 나를 잠 못 들게 하는 것은, 나를 두렵게 하는 것은 내가 이미 그 분께 기꺼이 드린 내 아내와 내 아이들에 대하여 질문할지도 모른다는 생각입니다."

"어떻게 그 분이 그런 질문을 하실 수 있죠? 말씀해 주십시오! 어떻게 하나님께서 내 아내와 아이들에 대해서 물어보실 수 있죠?"

나는 잠깐 멈추고 주님께서 합당한 대답을 할 수 있도록 인도해 주시기를 기도했다: "형제님, 내 아내는 켄터키에 안전하게 있습니다. 그리고 두 아들들은 학교에 잘 다니고 있고요." 나는 그에게 티모시에 관한 이야기를 조금 들려 주었다: 내가 소말리아에 있었던 때에 대해 이미 이야기를 했었다.

마지막으로 내가 그에게 물었다. "개인적으로 나는 당신의 질문에 대답을 할 수 없어요. 그 대신 내가 내 자신에게 물었던 한 가지 질문을 당신에게 하고 싶어요: '예수님은 그럴 만한 가치가 있으신 분이신가요? 그 분은 당신이 생명을 드릴 만큼 귀하신 분이신가요? 그 분은 당신의 아내와 아이들의 생명을 드릴 만큼 가치가 있으신 분이신가요?"

그는 의심할 여지없이 내가 만났던 사람들 가운데 가장 강인한 사람이었다. 그가 흐느껴 울기 시작했다. 그는 그의 두 팔로 나를 껴안으며 내 어깨에 얼굴을 파묻고 울었다. 그가 마침내 울기를 멈추고 뒤로 물러서서 눈물을 닦았다. 그는 감정을 드러낸 것에 대해 자신에게 화가 난 것처럼 보였다.

그는 내 눈을 다시 한 번 쳐다보고는 고개를 끄덕이며 선언했다. **"예수님은 그럴 만한 가치가 있으신 분이십니다.** 예수님은 나와 내 아내와 아이들의 생명을 드릴 만큼 귀하신 분이십니다! 이제 하나님께서 나를 통해서 하시고 있는 일들을 그들도 하게 해야 할 것 같아요!"

그 말과 함께 내가 만난 가장 강인한 그 사람은 인사를 하고는 돌아서서 방에서 나갔다.*

---

* 이 사람을 만난 지가 12년이 넘었다. 최근에 나는 그와 그의 가족들이 하나님 나라의 일을 여전히 하고 있다는 소식을 들었다. 그는 여전히 내가 만난 사람들 중에 가장 강인한 사람이다!

32장

온 마음으로 부르는 노래

집으로 돌아오면서 나는 인터뷰하면서 들었던 이야기들이 신약 성경의 이야기들과 같아 보여서 다시 한 번 놀랐다. 인터뷰한 내용들을 가족들과 대학생들과 박해위원회와 함께 나누었을 때 그들도 같은 결론을 내렸다. 그것은 놀라운 발견이었다. 이야기들을 나눈 후에, 언제나 그랬듯이 우리는 박해받는 성도들에게서 들은 이야기들의 의미가 무엇이며 그것을 실제적으로 우리의 믿음생활에 어떻게 적용할 것인지에 대한 토론을 활발하게 했다.

특히 "내가 만난 가장 강인한 사람"에 대한 이야기를 들은 사람들은 감동을 많이 받은 것 같았다. 이때 나는 그 사람에 대한 또 다른 결론에 이르렀다. 나는 그가 두 가지 이유 때문에 믿음으로 인한 큰 고통을 감수할 수 있었음을 깨달았다. 첫째로 그는 박해의 본질과 박해하는 사람들의 의도를 파악하고 있었다. 둘째로 그는 누구를 위해 박해를 받고 있는지 알고 있었다. 그는 예수님이 어떤 분인지 알고 있었을 뿐 아니라 어떤 믿음의 대가를 지불하더라도 예수님을 위해서라면 그럴 만한 가치가 있다고 확신했다. 그것은 내가 전 세계를 다니며 만난 많은 성도들도 마찬가지였다. 그리고 그것은 내가 가장 최근에 인터뷰한 그 사람에게도 마찬가지였다. 그러한 결론은 우리가 믿음을 위하여 지불해야 할 대가가 무엇이며, 예수님을 위하여 어디까지 인내해야 하는지에 대한 긴 토론으로 이어졌다.

나는 내가 그 신성한 초대에 관심을 기울이기까지 하나님께서 어떻게 그 고집 센 의사를 사용하셨는지에 대하여 반복해서 말했다. 나는 네 번의 매우 직선적인 내용의 이메일을 받고 나서야 관심을 기울이기 시작했던 나의 어리석음과 무지함에 대하여 고백했다. 나는 하나님이 원하시는 곳에 내가 오기까지 그렇게 많은 수고를 하게 한 것에 대하여 마음이 편치가 않았다. 나는 기적적으로 이 세상의 한 구석에 있는 그 작은 도시에서 다섯 명의 이슬람교도 출신의 성도들을 만났다. 하나님의 간섭하심이 없었다면 나는 그 모든 경험들을 놓쳤을 것이다. 그들은 하나님께 그들을 도와줄 수 있고 격려해 주며 가르쳐 줄 수 있는 사람을 보내 달라고 기도해 왔다. 그리고 내가 그들의 기도의 응답이 되었다. 그러나 내가 하나님의 뜻에 바로 응하지 않았다는 사실이 나를 슬프게 했다. 우리가 나의 집에서 다시 모였을 때 우리는 하나님의 방향을 어떻게 하면 알 수 있는지에 대하여 이야기를 나누었다ー그리고 하나님께서 하시고자 하는 일을 우리가 얼마나 쉽게 놓치는지에 대해서도 말하였다. 우리는 하나님께서 그 분의 뜻을 이루시기 위하여 여러 모양으로 역사하시는 하나님의 놀라운 창의성을 찬양했다. 또한 우리가 얼마나 자주 그 분의 인도하심에 귀 기울지 못하는지—또는 않는지에 대해 겸손히 고백했다.

집에서 보내는 시간은 행복하고 편안했다. 가족과 함께 대화할 수 있다는 것은 또 다른 기쁨이었지만 나는 집에서 함께 이야기할 수 있는 더 많은 인터뷰들을 듣고 수집하기 위하여 하루라도 빨리 다시 여행을 가고 싶은 마음이 들었다.

이때 나는 인터뷰해야 할 이야기들이 더 많이 있고, 인터뷰를 통해 얻을 수 있는 교훈도 더 많이 있을 것이라고 확신했다. 나는 전에 방문하지 못했던 몇 개의 나라들을 방문하기 위해 동남아시아를 다시 방문하기로 했다. 나는 특별히 불교와 힌두교 문화권을 방문하기로 했다. 방글라데시와 파키스탄도 여행 일정에 넣기로 했다. 그 다음에는 이슬람의 심장부인 중앙아시아와 걸프 만 지역과 중동을 거쳐 마침내 마지막으로 이 여행의 출발지였던 북 아프리카와 동 아프리카로 되돌아가기로 계획을 세웠다.

몇 년에 걸쳐서 추진한 우리의 인터뷰는 너무나 많아서 그것들을 다 말하려면 몇 권의 책을 더 써야 할 것이다. 원래 루스와 나는 이 여행이 2년 정도 걸릴 것이라고 예상했었다. 그러나 이제는 이 일이 평생의 일이 되었다. 15년이 지난 후에도 우리는 박해받는 성도들이 어떻게 예수님을 따르고 있는지에 대하여 그들이 가장 지혜롭게 답할 수 있는 최적의 질문사항들을 여전히 연구하고 있다.

오직 하나님의 인도하심으로 말미암아 동남아시아에서 다섯 명의 성도들을 만날 수 있었다. 오직 주님만이 그들과의 약속을 성사시킬 수 있었다. 다섯 명의 성도들은 누군가가 오지인 중앙아시아의 국경 지역에 오기를 수 주간 기다리며 기도해 왔다. 돌이켜 보면 우리가 프로젝트를 시작할 때부터 하나님의 손길이 우리의 모든 스케줄을 섬세하게 인도하고 계셨음을 알 수 있다.

만약 우리가 하나님께 대한 의문들로 힘들어했던 이슬람권에서 답을 구하려고 했었다면, 만약 우리가 거꾸로 우리의 순례를 이슬람권에서 시작해서 중국으로 가고 그 다음에 러시아로 갔다면, 단언컨대 우리의 여정은 시간과 자원의 낭비가 되었을 뿐만 아니라, 심지어는 안 하니 만도 못하게 되었을지도 모른다. 그러나 우리는 러시아에서부터 우리의 여정을 시작했고, 우리가 만들었던 설문지(당시에는 지혜로운 방법이라고 생각했던)가 아닌, 성도들의 이야기를 들어 주는 평범한 방식으로 인터뷰를 했다.

그것은 분명히 성령의 역사였다. 하나님은 어떤 특정 개인과의 인터뷰만 예비하신 것이 아니었다: 하나님은 심지어 우리가 스케줄을 짤 때도 개입하셨다. 우리가 이슬람권 나라들을 첫 번째로 방문했다면 우리가 접촉해서 안전하게 인터뷰를 할 수 있는 성도들의 수가 다른 나라에 비해서 극소수였기 때문에 우리는 심히 낙담하거나 절망에 빠질 수 있었을 것이다. 박해에 대한 모범적인 이야기들이 너무 적어서 우리는 인터뷰한 것들로부터는 만족할 만한 결과들을 얻지 못했을 뿐만 아니라 박해에 대한 일반적인 의미나 종류와 형태에 대하여 정의를 내리기도 어려웠을지 모른다. 몇 개의 인터뷰만으로는 도움이 될 만한 유익한 교훈들을 전혀 배울 수 없었을 것이다.

반면에 러시아와 동유럽에서 시작함으로써, 우리는 살아남은 성도들이 박해를 받는 동안 어떤 도움을 받았으며, 어떤 어려움들을 겪었는지와 수십 년간의 박해 속에서 오랜 역사를 지닌 그리스도의 몸인 교회가 어떻게 성장할 수 있었는지에 대하여 배울 수 있었다. 우리는 많은 사람들을 인터뷰했다. 박해를 받으면서 믿음이 크게 성장한 많은 사람들과 거의 연속적으로 인터뷰를 했다. 중국에 머무르고 있는 동안에는 더 많은 인터뷰를 했다. 말 그대로 모든 지역에서 폭발적으로 성장하고 있는 중국의 가정교회에서는 믿음이 성숙한 많은 성도들을 만날 수 있었다. 수많은 사람들이 박해를 이겨냈을 뿐만 아니라 박해로 인하여 성장한 그들의 믿음에 대하여 증거할 수 있기를 열망했다.

그렇게 시작해서, 우리는 마침내 이슬람권으로 들어갈 준비가 되었다. 우리는 또한 그동안 관찰해 온 것들에 기초하여 인터뷰를 효과적으로 잘할 수 있는 방법과 방향에 대하여(긍정적인 면과 부정적인 면) 알 수 있게 되었다. 우리는 우리가 만들었던 첫 번째 설문지를 완전히 폐기하였다. 설문지 대신에 우리는 단지 성도들에게 그들의 이야기를 들려 달라고 요청했다. 수천 시간 동안 인터뷰하면서 우리는 박해 가운데 사는 성도들의 믿음의 공통점들과 박해의 유형들을 더 많이 발견할 수 있었다. 뿐만 아니라 우리 자신과 전 세계의 모든 성도들에게 최대한으로 도움을 줄 수 있는 교훈들을 얻을 수 있었다.

원래 우리는 이 지구상에서 가장 박해가 심한 곳에 살고 있는 사람들에게 서구식으로 만들어진 제자훈련 자료들을 적용하고자 하였다. 그러나 우리는 그 자료들을 사용하지 않았다. 대신에 우리는 성도들로부터 그들이 박해 가운데서 어떻게 예수님을 따랐는지, 어떻게 예수님을 사랑했는지, 어떻게 예수님과 날마다 동행했는지에 대한 이야기들을 들었다.

어떤 면에서 우리는 그러한 이야기들에 대해 이미 알고 있었다. 그러나 우리는 박해받는 성도들을 통해서 신약성경에서 볼 수 있는 예수님과의 사랑의 관계성을 다시 한 번 보게 되었다. 오늘날도 그들과 같은 예수님과의 사랑의 관계성은 우리의 삶을 변화시키고 있다.

수년간 서구의 성도들로 구성된 단체에서 이슬람 국가의 한 도시에 작은 병원 하나를 운영하고 있었다. 그 지역의 대부분의 사람들은 질이 좋은 의료혜택을 언제든지 받을 수 있는 것에 대하여 고마워했다. 규칙대로 사람들은 그곳에서 일하는 직원들의 종교나 배경에 대하여 기본적으로 개의치 않았다. 병원 직원들의 종교에는 관심이 별로 없었다. 그들에게 중요한 것은 병원에서 진료를 받는 것이었다.

그러나 몇 명의 극단적인 이슬람교도들은 그들의 믿음에 대하여 관심을 가졌다. 그리고 가장 적극적이고 노골적으로 의료사역을 반대하는 한 사람이 병원 정문 바로 맞은편에 살고 있었다. 그의 가게는 병원과 같은 거리에 있는 이슬람 사원으로부터 몇 건물 떨어진 아래에 있었다.

금요일마다 모하메드라는 이 가게 주인은 가게 앞에 나와서 예배를 드리러 사원으로 몰려가는 이슬람교도들을 향하여 병원직원들에 대한 비난을 퍼부었다. 그리고는 사원으로 가서 병원에서 기도하는 직원들은 악한 이교도들로서 매우 해로우며 착한 이슬람교도들을 속이고 있다고 비난했다. 그는 병원 직원들의 이름을 부르고 저주를 퍼부으며 비난했다. 그는 적개심으로 가득차서 병원과 연관이 되는 모든 사람들을 미워하며 증오했다.

그런데 얼마 후에 모하메드는 치유가 불가능한 암에 걸리고 말았다. 샤머니즘적인 그의 이슬람 커뮤니티에서는 그를 전염병 보균자라고 하며 그의 가게에 오지 않았다. 그는 병들어 죽어가고 있었고, 먹을 수도 없었지만 그의 가족들을 먹여 살려야만 했다. 병원 직원들이 그의 어려운 형편을 알고 출퇴근길에 그의 가게에 들리기 시작했다.

병원 직원들은 입에 담을 수 없는 심한 말로 그들을 공격하던 그의 가게에서 물건들을 샀다. 직원들은 그와 함께 이야기를 하며 그의 가족들에 대하여 물어보았다. 그들은 관심을 가지고 그의 건강상태를 정기적으로 확인하였다. 그들은 항상 그들이 그를 위하여 기도하고 있다는 사실을 말해 주었다. 차츰 그들은 그의 통증을 다루기 시작했으며— 심지어는 그의 몸을 씻겨 주기도 했다. 예수님의 제자들이 수 년 동안 그들을 박해하고 원수 노릇한 그를 이처럼 사랑하였을 때, 모하메드의 돌처럼 딱딱했던 가슴이 부드러워지기 시작했다.

임종하기 전까지 그가 지칭했던 "악한 이교도들"로부터 계속해서 도움을 받으며 병원에서 전문적인 치료를 받았다. 그는 이전에 그의 적이었던 병원 관계자들에게 자신이 인간으로서의 존엄성을 지키며, 평화스럽게 죽을 수 있도록 도와 달라고 부탁했다. 그는 55세의 나이에, 임종하기 직전에 예수님을 믿기로 결단하였다.

모하메드의 젊은 아내인 아이샤는 갑자기 네 명의 자녀를 둔 24살의 과부가 되었다. 그녀는 수년간 병원 관계자들을 향해 저주를 퍼붓고 온갖 나쁜 말을 하고 다닌 그녀의 남편을 병원 직원들이 사랑하고 돌보는 것을 지켜보았다. 그리고 남편이 살아 있을 때 그녀도 또한 예수님을 믿게 되었다. 그녀의 남편이 죽고 난 후, 아이샤는 그녀의 믿음에 대하여 담대하게 사람들에게 증거하였다. 아마도 그 지역에서 그녀가 가장 영향력 있는 복음전도자였을 것이다.

그녀의 이슬람 가족이나 친구들은 그녀를 잠잠케 할 수 없었다. 결국 당국자들이 그녀를 주목하기 시작했다. 그녀의 나라에서는 역사상 여자를 감옥에 가둔 적이 없었지만, 그들은 어쩔 수 없이 그녀를 체포해야만 했다.

그들은 그녀를 훈계하고 온갖 방법으로 협박하였다. 그들은 그녀를 정식 감옥에 가두는 대신 경찰서에 있는 미완성된 칠흑 같이 어두운 지하 감방에 집어넣었다. 그곳에는 빛이 전혀 없었으며 바닥은 흙으로 되어 있었다. 거미와 벌레들과 쥐들이 어둠속에서 그녀 주위에서 바쁘게 움직였다.

무서워서 포기하는 마음으로 절망하며 더 이상 견디지 못하겠다고 하나님께 울부짖으며 절규하려고 입을 연 순간, 절규 대신 하나님을 찬양하는 아름다운 멜로디가 그녀의 영혼으로부터 나왔다고 그녀는 우리에게 고백했다.

그녀가 노래를 부르기 시작했다. 자신의 노래 소리에 스스로 놀라기도 했지만 한편으로는 새 힘을 얻었고, 그녀의 마음속에 임재하시고 그녀와 함께 하시는 분이신 하나님을 새롭게 발견하게 된 기쁨에 감격하여 예수님을 경배하며 더 큰 소리로 예수님을 찬양하는 노래를 부르기 시작했다. 그녀가 노래를 부르기 시작했을 때, 지하 감방 위에 있는 모든 경찰관들은 신비스럽게도 아무 말도 하지 않았다.

그날 밤 늦게 문이 열리더니 불빛이 위로부터 어두운 지하 감방을 내려 비췄다. 경찰서장이 친히 아이샤를 끌어 올리며 말했다. "당신을 석방시킬 것이니 집으로 가도 좋소."

"제발 그러지 마십시오!" 그녀가 항의하듯이 말했다. "서장님께서는 그렇게 하실 수 없습니다. 지금은 한밤중입니다. 저는 한밤중에 혼자 서는 다닐 수 없습니다." 물론 경찰서장은 한밤중에 여자 혼자 다니는 것이 법에 저촉된다는 것을 알았다. 그녀는 이것이 그녀를 더 큰 문제에 빠뜨리게 하려는 그들의 계략일지도 모른다고 생각했다.

경찰서장이 말했다. "당신은 잘못 이해하고 있소. 염려하지 마시오. 한 가지 조건하에 내가 직접 당신을 집으로 데려다 주겠소."

아이샤는 그의 의도에 대하여 의심이 갔다. 그러나 곧 그의 마음에 나쁜 의도가 없음을 알게 되었다.

그 도시에서 영향력이 있는 사람들 중 하나인 그 경찰서장은 24세 된 아이샤를 보고는 난처하다는 듯이 머리를 가로저으며 말했다 "나는 아무것도 무서워하지 않는 당신이 이해가 가지 않아요!"

그는 한숨을 내쉬며 머리를 다시 한 번 가로저으며 말했다. "우리 집에 있는 모든 여자들은 무서움이 아주 많은데 당신은 아무것도 무서워하지 않더군요. 그래서 이 밤중에 내가 당신을 당신의 집까지 안전하게 바래다줄 것이오. 3일 후에 당신을 데리러 갈 테니 우리 집에 와서 우리 가족들에게 당신이 왜 무서움이 없는지에 대해 말해 주고 지금 불렀던 노래도 불러 주었으면 하오."

실제로 아이샤가 무서워했다고 나는 확신한다. 박해받고 있는 다른 많은 성도들처럼 그녀도 두려움에 사로잡혀 끌려 다니는 것을 원하지 않았다.

　나는 그러한 간증들을 이미 많이 들었기 때문에 지하 감옥에서 온 마음으로 부른 찬양이 이 젊은 여인의 믿음을 더 강하게 해 주었다는 것을 금방 이해하고 깨달을 수 있었다. 이 이야기는 내가 문화가 서로 다른 드미트리와 타비얀과 같은 성도들과 인터뷰한 이야기들과도 매우 흡사했다.

　사도행전을 되돌아보면서 나는 약 2천 년 전에 사도 바울과 실라가 감옥에 있었을 때를 회상했다. 감옥에서 사도 바울과 실라도 찬송을 했다.

　아이샤의 믿음과 같이 생명력이 넘치는 믿음은 적대적인 환경 속에서도 뿌리를 내릴 수 있을 뿐만 아니라 중심을 지키며 심지어는 믿음의 성장을 크게 할 수 있다. 그것은 부인할 수 없는 사실이다. 내가 다른 많은 지역에서 보았던 믿음의 요소들이 아이샤의 믿음의 여정에도 동일하게 있다는 것을 깨닫게 된 것은 매우 감동적이었으며 활력소가 되었다. 이전에는 발견하지 못했던 공통점들을 드디어 발견했다. 러시아와 중국과 동유럽과 동남아시아와 이슬람 국가와 그리고 2천 년 전에 고난 가운데 있는 성도들도 모두 동일한 이야기를 하고 있었다. 그들 모두는 생존하기 위하여 한 일이 똑같았으며 같은 하나님의 임재를 경험했다.

1992년 소말리아에서의 초창기 가장 암울했던 어느 날, 첫 번째인
지 두 번째인지 정확히 기억나지 않지만 모가디슈를 돌아보기 위하여
소말리 안내원들과 함께 폭탄자국들로 얼룩진 시내 거리를 걸어가고
있었다. 우리는 우리 거주지 주위에 있는 마을 사람들에게 우리가 도
움을 줄 수 있는 것들을 알아보려고 둘러보고 있었다.

 문제는 도와줄 것이 너무 많아서 조사를 한다는 것이 매우 어리석어
보인다는 것이었다. 마을 사람들은 너무나 많은 도움이 필요했다. 가
는 곳마다 방향을 바꿀 때마다 죽음과 파괴에 직면했을 때 어디서부터
그들을 도와야 할지 몰랐다.

 그러한 거리들을 지날 때마다 나는 내가 이전에는 결코 알지 못했
던 악의 실체들이 생생하게 느껴졌다. 그것은 마치 나의 심장을 조이
며 그들을 돕고자 하는 나의 소망을 천천히 쉬지 않고 쥐어 짜내며 소
멸시키고 있는 것 같았다. 그 결과 남겨진 것은 낙담과 절망뿐이었다.

 갑자기 어디선가 낙담과 절망뿐인 나의 마음을 꿰뚫는 듯한 소리가
들렸다. 처음에는 무슨 소리인지 분간이 가지 않았다. 다음에는 충격
이었다. 그리고 마침내는 감탄이 되었다. 그 소리는 어디선가 멀리서
부터 들려오는 것 같았지만, 마치 사막에 있는 오아시스에서 들려오는
폭포소리와도 같이 선명하게 들렸다.

 그 당시에, 이 지구상에서 가장 열악한 지역을 지나면서, 나는 천사
가 노래하는 것과 같은 아름다운 노랫소리를 들었다. 그 순간 나는 내
가 헛것을 들었다고 생각했다. 나는 가던 길을 멈추고 그 소리가 들려
오는 출처와 방향을 알아내기 위해 심혈을 기울였다. 안내인들도 가던

길을 멈추었다. 나는 그들도 그 노래 소리를 들었으리라고 확신한다.

"이쪽이다!" 내가 소리쳤고 우리는 다른 쪽으로 방향을 바꾸었다. 노랫소리가 좀 더 크게 들렸다. 그다음 모퉁이에서 우리는 노랫소리를 따라 다시 한 번 모퉁이를 돌았다. 소리가 점점 더 가까이에서 들려왔다. 우리는 드디어 노랫소리가 흘러나오는 조그마한 건물의 문 밖에서 멈추었다.

나는 대문을 힘차게 두드렸다. 관리인이 나와 우리를 돌려보내고자 했지만 나는 압력을 가하기도 하는 등 협상 끝에 작은 고아원인 그 건물 안으로 들어갈 수 있었다. 거기에는 어린이들이 모여 있었고, 한 젊은 소말리 여자의 에너지가 넘치는 지도 아래 어린이들이 온 마음으로 노래를 부르고 있었다. 그녀의 이름은 소피아였다.

물론 그 당시에는 소피아와 루스와 내가 10여 년간 아프리카의 3개국에서 예상치 못했던 많은 일들과 부딪히면서 마음 아팠던 이야기들과 즐거웠던 일들과 실망스러웠던 일 등 믿음 안에서 많은 어려운 일들을 함께 겪게 될 줄은 전혀 몰랐다.

그날 내가 고아원에서 그녀를 처음 만났을 때, 장기간에 걸친 잔인한 내전으로 인한 파괴와 폭력과 혼란으로 그녀는 이미 가족과 집과 직장을 잃어버린 상태였다. 심지어는 수년 전에 그녀를 예수님께로 인도했던 사람들도 그 나라를 떠난 상태였다. 육체적으로 그녀의 몸은 모두 망가졌으며, 무척 지쳐 보였고 믿을 수 없을 만큼 말라 있었다. 그녀의 키는 1미터 60센티미터 정도 되는 것 같았다.

그러나 가죽만 남은 그녀는 온 힘을 다하여 모가디슈의 폐허가 된 이 마을에서 30명의 고아들을 모았다. 도움의 손길이 나타날 때까지 고아들이 살아남을 수 있었던 것은 순전히 그녀의 의지로만 된 것 같이 보였다. 그들은 그녀에게로 가고 있었다. 이미 그녀는 그녀의 기도가 응답되어 누군가가 오기를 기다리고 있었다.

어려움에도 불구하고 그녀는 노래를 불렀으며 아이들에게도 노래를 가르쳤다.

내가 그녀에게 다가갔을 때 그녀가 속삭였다. "선생님은 예수님을 믿는 분이시죠? 저는 선생님 같은 분이 오시도록 기도하고 있었습니다."

소피아가 그 말을 하기 전에 나는 그녀가 예수님을 믿고 있다는 것을 알았다. 나는 그녀의 눈이 하나님의 사랑으로 빛나고 있는 것을 보았고 아이들은 하나님의 사랑을 노래하고 있었다. 나는 그녀에게 그녀의 이야기를 해 달라고 부탁했다. 나는 항상 미소 지으며 기쁨에 넘쳐 있는 그녀가 대부분의 소말리 사람들과 같은 비극적인 일을 겪었음을 알고는 매우 놀랐다. 내전 기간에 그녀의 남편은 죽임을 당했다. 그리고 그녀의 두 딸들은 두 달 전에 어디론가 사라졌다. 그녀는 그녀의 두 딸들도 죽었을 것이라고 추측했다.

그녀의 모든 가족들은 사라졌고 그녀가 사랑했던 모든 것들을 잃었다. 그러나 그녀는 이곳에서 자신과 같이 가족을 잃어버린 고아들을 돕기 위하여 최선을 다하고 있었다. 그녀는 어둠뿐인 이곳에서 빛을 비추고 있는 하나의 등대였다. 그녀의 온 마음으로 부르는 노래가 그녀의 믿음을 증명해 주었다. 그리고 동시에 그녀의 노래는 그녀의 믿음을 더 강하게 해 주었다. 그러한 노래들은 고아들의 영혼에 행복과 소망을 불어 넣어 주었다. 그리고 그녀의 노래는 모가디슈의 거리 밖으로까지 울려 퍼져 바로 그날 깊은 절망감으로 잠시 무기력에 빠져 있던 서구의 한 구호요원에게 새 힘을 주었다.

나는 어떤 도움이 필요한지 조사하고 있었고 구호활동을 시작할 가장 적절한 장소를 물색하고 있었다. 우리가 소말리아에서 무슨 일을 하든지 간에 나는 무조건적으로 소피아와 고아들을 도와주어야만 한다는 것을 그 자리에서 알았다. 그리고 우리는 그대로 했다.

이 이야기는 우리의 삶에서 일어나는 많은 일들 중 한 단면이며, 복잡하게 꼬인 한 개인의 이야기다. 몇 년 후, 나는 소피아의 딸들이 살아 있다는 것을 우연히 알게 되었고 그녀에게 이 기쁜 소식을 전할 수 있었다. 그들은 에티오피아에 있는 소말리 난민 수용소에서 살고 있었다.

나중에 나는 소피아의 시부모님들이 그녀가 아이들을 양육하거나 심지어는 만나는 것도 법으로 금지하여 그녀의 마음을 아프게 했을 때 그녀를 위로해 주었다. 그들은 예수님을 믿음으로 그들의 종교를 수용하지 않는 소피아에게 자신들의 손녀들을 양육하게 할 수 없다며 법적인 절차를 밟았다.

우리는 후에 이웃 나라에 사는 소말리 난민인 성도와 결혼한 소피아를 축복했다. 얼마 후에 우리는 소피아가 사는 지역의 산부인과 의사와 간호사들이 그녀와 그녀의 아기가 죽도록 방치해 두었다는 연락을 받고 그들을 구하기 위하여 비행기를 타고 급히 그 나라로 갔다.

그녀의 인생에 일어난 이 모든 일들이 그녀의 노래로부터 시작되었다니 놀랍지 아니한가!

지금까지 그랬던 것 같이, 나는 배우는 것이 느린 편이다. 결론을 내리기 전에 나는 왜 또 다른 인터뷰를 하려고 했는지 모르겠다. 그러나 인터뷰의 필요성 여부에 상관없이 나는 믿음으로 부르는 노래에서 발견할 수 있는 영적인 힘과 영향력에 대해 다시 한 번 생각해 보았다.

나는 믿음 때문에 감옥에 갇힌 한 성도의 이야기를 듣기 위하여 이슬람 국가인 중동의 또 다른 나라를 방문했다. 그는 24시간 교도관들의 감시를 받았지만, 작은 감방에서 날마다 예배를 드렸다. 어느 날 교도관들이 오더니 노래 부르는 것을 멈추라며 경고를 했다. 그들은 "그의 노래가 그들을 기독교로 개종하게 하지 못할 것이라며" 노래를 그만 부르라고 했다.

그 이슬람 교도관들은 온 마음으로 부르는 노래의 영적 영향력에 대하여 나보다 훨씬 빨리 인지하였을 것이다. 그러므로 그들은 수백 개의 인터뷰를 하지 않아도 그러한 결론에 일찌감치 도달하였을 것이다.

고난 받는 성도들의 많은 공통점들을 마침내 찾아냈을 때, 나는 믿음의 요소에 있어서 음악이 얼마나 중요한가를 알게 되었고, 이슬람 세계에서조차도 역사하고 있는 음악이 주는 영적 영향력에 대하여 알게 되었다. 그제야 비로소 나는 나의 삶을 변화시키고 있는 매우 중요하고 새로운 교훈이 무엇인지 이해하기 시작했다.

나는 예수님이 제자들에게 주었던 마지막 지상명령에 순종해야 한다고 항상 믿었고 예수님은 우리가 예수님의 말씀을 들고 세상 끝까지 가기를 간절히 원하신다는 것을 믿어 의심치 않았다. 또한 우리가 그러한 위대한 사명을 감당할 때 예수님께서 도와주실 것이라고 굳게 믿었었다. 소말리아에서 낙담이 되었던 이유 중의 하나는 하나님이 그곳에도 참으로 임재하고 계시는가에 대한 의심이 점점 커져 갔었기 때문이었다. 그리고 또 다른 의문도 있었다. 만일 하나님이 소말리아와 같은 곳에 임재하지 않는다면 그와 같은 곳에서 하나님의 도움 없이 사명을 감당하고자 하는 선교사들에게 하나님은 무엇을 기대하시는가?

성도들과의 인터뷰의 수가 점점 많아지면서, 나는 하나님은 무력한 분이 아니심을 깨닫기 시작했다. 이 세상을 변화시키는 데 있어서 하나님은 우리와 함께 일하시기를 원하시며 우리와 함께 일하시기 위하여 우리를 부르시지만, 전능하신 하나님은 우리가 불순종한다고 해서 아무 일도 못하시는 분이 아니시다.

나는 또한 모든 것을 아시는 하나님께서 그가 만드신 이 세상에서 일어나는 일—악이 아무리 심하게 만연할지라도—에 대하여 모두 알고 계시다는 것을 깨달았다. 영원무궁토록 살아 계시는 하나님은 이런 절망적인 곳에서 우리가 도와줄 준비를 하고 그곳에 갈 때까지 거기에 계셨다.

하나님께서 우리가 하나님의 일에 동참하는 것을 귀히 여긴다는 것을 깨닫는 것은 매우 중요하다. 그러나 더 중요한 것은 전능하신 우리 하나님께서 우리가 없어도 일하실 수 있다는 것과 모든 것을 아시는 하나님께서 그가 만드신 이 세상에서 일어나고 있는 악에 대하여 간과하지 않을 것이며, 영원하신 하나님께서는 우리와는 상관없이 항상 살아 계시다는 것을 깨닫는 것이다.

나의 여정에서 배울 수 있었던, 참으로 감격적이고 가장 크게 힘이 되었던 교훈은 하나님은 항상 살아 계시고 심지어는 이 지구의 가장 적대적인 곳에서도 항상 역사하시고 계시다는 것이었다. 나는 루스와 내가 소말리아에 가기 오래 전부터 하나님은 이미 그곳에서 일하시고 계셨음을 깨달았다.

낯선 나라에서, 특히 악이 난무하는 절망적인 나라에서는 위대한 사역을 혼자뿐이라는 생각으로 상처받으며 시작하기보다는 먼저 하나님께서 이미 그곳에서 하신 일이 무엇이고, 지금 하시고 계신 일이 무엇인지 알아보고 우리가 어떻게 계속해서 그곳에서 하나님의 일을 할 수 있는지 기도하면서 알아보는 것이 훨씬 더 효과적인 전략일 것이다.

하나님께서 자신을 드러내기 위하여 하신 일들이 무엇인지 발견한 후에, 우리가 해야 할 단 한 가지 일은 다른 사람들에게 하나님을 증거하는 것이다.

그러한 발견은 나로 하여금 다시 소망을 갖게 해 주었다. 그리고 나는 다시 노래를 불러야 할 때가 오지 않았나 생각하기 시작했다.

33장

만일 그 분이 살아 계신다면

지난 15년간 루스와 나는 과거 박해를 받았다거나, 현재도 박해를 받고 있는 72개 나라의 성도들과 7백 번도 넘는 심도 깊은 인터뷰를 하였고 녹음을 하고 문서화했으며 분석도 했다. 인터뷰 횟수는 지금도 매월 증가하고 있다.

루스와 나는 이 여정을 처음부터 함께했다. 우리는 소말리아에서 사역할 때도 처음부터 끝까지 함께했다. 박해받는 지역을 순례하는 동안, 우리는 우리가 방문하리라고는 결코 예상하지 못했던 지역을 다닐 때도 항상 함께했다(지금도 물론 함께하고 있다). 이를 통해서 우리는 이전에는 결코 알지 못했던 영적인 높이와 깊이를 알게 되었다.

내가 여행에서 했던 경험들을 루스도 항상 경험했다─심지어는 내가 혼자 여행할 때도 그랬다. 집에 돌아오면 나는 항상 여행에서 있었던 일들을 그녀에게 가장 먼저 말해 주었다. 그녀는 내가 여행을 갈 때마다 계획을 세우는 데에서부터 시작하여 보고에 이르기까지 나의 가장 훌륭한 동역자였다. 그녀는 또한 수천 시간 녹음된 인터뷰를 글로 옮겨 적었으며 우리가 발견한 것들을 정리하고 분석하는 일을 도왔다.

최근에 루스는 많은 인터뷰를 나와 함께했다. 뿐만 아니라 루스는 관습이나 문화적인 차이 때문에 내가 인터뷰할 수 없는 장소나 상황에서 나를 대신하여 많은 인터뷰를 했다. 예를 들어, 그녀는 이슬람 법 때문에 내가 인터뷰하지 못하는 나라에서 이슬람 출신의 여성들과 개인적으로 이야기를 할 수 있었다.

우리는 90명의 대학생들과 이제는 더 이상 만나지 않는다(그들 중 60명이 이 세상에서 가장 어두운 나라들 중 몇몇 나라의 잃어버린 사람들에게 예수님의 빛과 사랑을 나누어 주기 위해 나갔다). 그러나 우리는 더 많은 가족-세계적인 하나님의 가족-을 갖게 되었다. 나는 그 가족이 얼마나 많은지 안다고 생각했었다. 그러나 인터뷰를 통해서 나는 내가 전혀 몰랐던 새로운 많은 가족들을 만나게 되었다.

루스와 나는 우리가 인터뷰한 이야기들과 우리가 배운 교훈들을 서구의 교회에서 간증하였고, 많은 성도들이 믿음으로 살 때 받게 되는 고난과 박해에 대하여, 보다 더 성경적인 새로운 관점을 갖게 되었다. 우리는 고난과 박해가 우리의 믿음과 어떤 관계가 있는지 사람들과 자주 이야기했다. 그리스도 안에 있는 서구의 형제자매들이, 오늘날 우리의 믿음의 최대의 적은 공산주의나 불교나 힌두교나 무신론이나 이슬람교가 아니라는 사실을 깨닫기를 간절히 바란다. 우리의 가장 큰 적은 **잃어버림**이다. 잃어버림은 예수님께서 마태복음 28장 18-20절에서 제자들에게 전투적인 전략을 가지고 정복하라고 말씀하신 무서운 적이다. 예수님은 이 땅에 오신 목적을 선포하시면서 그 적에 대해 이렇게 말씀하셨다: "인자가 온 것은 잃어버린 자를 찾아 구원하려 함이니라"(눅19:10). 나는 이 세상의 모든 성도들이 "이슬람"이라는 말을 들을 때 가장 먼저 마음에 떠오르는 것이 소말리 해적이나 자살폭탄 테러나 지하드의 폭력주의자들이나 또는 테러리스트들이 아닌 하나님의 마음을 갖기를 희망한다. "이슬람"이라는 단어를 들을 때 우리는 이슬람교도들 한 사람 한 사람이 하나님이 사랑하는 잃어버린 사람들임을 알아야 한다. 또한 이슬람교도들 개개인이 하나님의 은혜와 용서가 필요한 사람들임을 알아야 한다. 이슬람교도들을 볼 때 우리는 예수님께서 그들 한 사람 한 사람을 위해 십자가 위에서 죽으셨음을 믿어야 한다.

우리에게 가장 큰 기쁨은 박해받는 성도들의 체험과 모범적인 이야기들을 수집하여 다른 지역에서 박해받는 성도들과 함께 그들의 영적인 지혜를 서로 나누는 것이다. 천만 성도의 중국 지도자들이 이슬람권의 나라에서 예수를 믿는 것 때문에 실제적으로 박해받고 있는 형제자매들을 위하여 날마다 아침 일찍 일어나 기도하도록 중국 성도들을 깨우는 것을 이슬람교 출신의 형제자매에게 말한다면 그 영향이 얼마나 클지 상상해 보라! 우리가 이슬람교 출신의 성도들에게 믿기 어려운 이 말을 해 주었을 때 그들은 눈물을 흘렸다. 그들은 울며 하나님께 기도했다. "오 하나님, 우리로 하여금 오래 살게 해 주셔서 중국에 가서 우리 형제자매들에게 우리를 잊지 않고 아침마다 기도하고 있는 것에 대해서 감사하게 해 주십시오."

　오늘날 신약시대의 성도들과 같이, 우리도 세상을 변화시키는 첫 증인이 될 수 있다는 것과 예수님의 부활의 권능을 체험하고자 하는 소원 가운데 영적인 도전을 갈망하는 기독교인은 얼마나 될까? 나는 우리도 할 수 있다고 믿는다. 그 일을 하는데 있어서 타임머신이 필요한 것은 아니다. 우리에게 필요한 것은 오늘날 이 세상의 가장 적대적인 곳에서 그리스도께 헌신하며 살고 있는 우리의 형제자매들을 만나 그들의 이야기를 듣는 것이다.

　루스와 내가 30년 전에 아이들과 함께 처음 아프리카로 떠났을 때, 나는 하나님께서 예수님이 누구시고 성경이 무엇인지 사람들에게 가르치라는 위대한 도전과 함께 우리를 세상으로 보내시는 것이라고 믿은 켄터키 출신의 젊고 순수한 시골 청년이었다. 그러나 이제 나는 하나님께서 우리를 세상에 보내신 이유는 예수님이 어떤 분인지 진실로 알고 하나님의 말씀대로 살고 있는 성도들을 통하여 우리에게 예수님이 어떤 분인지 가르쳐 주기 위해서였음을 안다.

　내가 가르쳐 준 것보다 배운 것이 훨씬 더 많았다.

　루스와 내가 15년 전에 박해받는 사람들을 찾아 이 여정을 시작했을 때 우리는 잘못된 질문을 하고 잘못된 답을 구했다는 사실을 이제는 안다. 우리가—하나님의 은혜와 수백 명의 신실한 성도들의 도움을 통해—발견한 것은 전략이나 방법이나 계획이 아니라 사람이었다. **우리가 발견한 것은 예수님이었다. 우리는 예수님께서 21세기에도 확실하게**

살아 계셔서 역사하고 계심을 깨달았다. 예수님은 박해받고 있는 성도들의 삶과 그들의 증언과 부활의 믿음을 통해 자신을 드러내셨다.

그들은 말로만 **예수님을 위하여** 산다고 한 것이 아니라, 날마다 **예수님과 동행했다.**

그들은 또한 박해에 대한 나의 관점을 바꾸게 해 주었다. 지난 수십 년 동안 서구의 많은 성도들이 예수님을 따르기로 선택한 결정 때문에 박해받는 전 세계에 있는 영적인 형제자매들에 대하여 관심을 갖고 그들을 구하기 위해 노력을 많이 했다. 그러나 우리는 박해받는 가정교회들을 방문하면서 하나님께서 그들을 사용하셔서 우리를 영적인 메마름과 연약함과 무기력함으로부터 벗어나도록 돕고 계심을 알게 되었다.

대부분의 미국 사람들처럼 나 역시 믿음으로 인한 고난이나 박해를 거의 받지 않았다. 나는 영적인 박해를 실질적으로 겪어 보기 어려운 환경에서 자랐다. 초기에 나의 질문들은 내 경험에 기초한 것이었다.

무엇보다 나는 성도들이 **박해받는 이유**를 알고 싶었다.

세상 사람들은 예수 믿는 사람들을 왜 그렇게 심하게 박해하는가? 그들은 왜 집에서 쫓겨나고, 매 맞고, 감옥에 가고, 심지어는 죽임까지 당하는 것일까?

왜 이슬람 출신의 여자 성도를 그녀보다 30살이나 많은 이슬람 남자에게 강제로 결혼시키면서까지 예수님을 증거하지 못하게 하고, 그녀의 영향력을 제한시키려는 것일까?

다시 거듭해서 나는 간절히 그 이유를 알고 싶었다.

그러한 의문이 생길 때면 우리는 이미 답을 알고 있다고 생각한다. 예를 들면, 이런 것들이다. "그런 곳에 사는 사람들은 교육을 못 받았을 것이다. 성도들에게 그런 고통을 주는 사람들은 무지한 사람들일 것이다. 무지가 박해를 불러온다."

또 이렇게 생각할지도 모르겠다: "더 나은 정부가 답이다. 만약 그들이 인간의 권리를 존중하는 서구의 민주주의를 받아들인다면 박해는 법을 어기는 것이 되고 그러면 박해는 없어질 것이다."

또 이렇게 답할지도 모르겠다: "만일 사람들이 조금만 더 인내한다면 우리는 모두 다 함께 평화롭게 살 수 있을 것이다. 위대한 인내가 박해를 끝나게 할 것이다."

그러나 그러한 가상적인 답변 중 그리스도인들이 믿음 때문에 받게 되는 박해의 근본적인 원인에 근접하는 답은 하나도 없다. 약 20여 년 간 박해받는 지역을 방문하고 자신의 믿음 때문에 고난당하는 수백 명의 성도들과 이야기해 본 결과, 확신 있게 말할 수 있는 것은, 오늘날 이 세상에서 일어나는 "종교적인 박해"의 첫 번째 원인은 **사람들이 그들의 삶과 마음을 예수님께 온전히 드리기 때문이다.**

이 진리가 암시하는 것이 무엇인지 생각해 보라.

수십 년 동안 서구의 교회들은 전 세계의 성도들이 더 이상 박해를 받지 않도록 기도하고 이를 위하여 노력해 왔다. 우리는 성도들과 교단들뿐만 아니라 심지어는 정부 관료들까지도 합세하여 박해를 멈추도록 요구하거나, 성도를 박해하는 국가의 압제적인 정부에 차별대우를 멈추도록 압력을 가하기도 한다. 때로 우리는 박해를 가하는 사람들의 처벌을 주장하기도 한다.

우리는 세상이 예수님을 영접하지 않은 것처럼 그의 제자들도 영접하지 않을 것이며 박해할 것이라고 예수님께서 친히 말씀하신 것을 잊는 것 같다. 하나님께서 박해를 끝나게 해 달라는 성도들의 기도를 들어 주시는 길만이 과연 박해를 멈출 수 있는 유일한 방법이 될는지……. 사람들이 더 이상 예수님을 그들의 주요 그리스도로 영접하지 않으면 어떻게 될까? 만일 사람들이 예수님을 구원의 주로 더 이상 받아들이지 않는다면, 박해는 즉시 멈출 것이다. 그 길만이 박해를 완전히 끝나게 할 유일한 방법이 될 것이다.

말도 안 되는 질문일지 모르지만, 여전히 계속해서 하나님께 박해를 멈추게 해 달라는 기도를 우리가 꼭 해야만 하는 것일까? 만일 우리가 그렇게 기도한다면, 우리는 우리도 모르는 사이에 사람들을 그리스도께로 오지 못하도록 간구하는 것이 될지도 모른다.

루스와 나는 박해받는 성도들 중 그 어느 누구한테서도 박해를 멈추게 해 달라는 기도를 우리에게 부탁하는 사람을 만나 본 적이 없다. 우리는 그런 요청을 받아 본 적이 없다. 그들은 오히려 우리에게 "그들이 박해와 역경을 통해서 더 신실하여지고, 더 순종할 수 있게 해 달라"는 기도를 부탁했다.

그것은 근본적으로 다른 기도이다.

왜 믿음이 좋은 수백만의 성도들이 박해받는 것을 당연시 여기는 환경에서 살고 있는 것일까? 가장 첫째 되는 기본적인 답은 그들은 그들의 삶을 예수님께 드렸다는 것이다. 두 번째 답으로는 그들이 예수님을 그들 혼자만 믿지 않겠다고 마음으로 굳게 결단하였다는 것이다.

그리스도를 만나게 되면 그들은 예수님의 희생적인 사랑과 죄 사함의 좋은 소식을 그들의 가족과 친구들과 이웃들에게 증거해야만 한다는 열정으로 불타오르게 된다. 이 열정 때문에 그들은 박해받는 것을 두려워하지 않게 된다.

무슨 뜻인가 하면, 그들이 박해를 완전히 피할 수 있는 길이 있다는 것이다. 만일 어떤 사람이 예수님을 더 이상 믿지 않기로 결정한다면, 박해받는 일도 없을 것이라는 것이다. 또한 만일 어떤 사람이 예수님을 믿기로 결정했을지라도 혼자만 은밀하게 믿는다면 박해받는 일은 거의 일어나지 않을 것이다.

그러므로 만일 우리의 목적이 박해를 덜 받는 것이라면, 그것은 아주 간단하다. 첫째, 예수님을 떠나라. 둘째, 만일 예수님을 믿게 되었을지라도 혼자만 조용히 믿어라. 믿음이 없고 예수님을 증거하는 일이 없는 곳에는 박해도 없다.

박해받는 이유는 사람들이 계속해서 예수님을 알고자 하고, 다른 사람들에게도 예수님을 전하고자 하기 때문이다.

박해받는 성도들이 우리에게 가르쳐 준 또 다른 중요한 교훈이 있다. 그것은 예수님을 믿는 것과 증거하는 것의 자유는 정부나 정치적인 제도와는 전혀 상관이 없다는 것이다. 또한 그것은 국민으로서의 권리나 정치적인 권리의 존재 여부와도 전혀 상관이 없다.

우리가 박해받는 성도들에게서 배운 가장 중요한 교훈 한 가지가 있다: 미국에 사는 우리가 자유하듯이, 오늘날 이슬람 세계와 힌두와 불교와 공산주의 나라에 사는 그들도 (그리고 당신과 나도) 예수님에 대하여 증거하는 것은 자유다. 그것은 정치적인 자유의 문제가 아니다. 그것은 간단히 말하면 순종의 문제다. 상급은 장소에 따라서 다르게 주어질 것이다-그러나 제자를 만들라는 그리스도의 부르심에 순종하는 것은 언제든지 가능하다. 모든 그리스도인들은-어느 곳에 있든-항상 선택의 자유가 있다.

예수님께서 그의 제자들에게 주신 마지막 지상명령은 모든 사람들에게 증인이 되라는 것이었다. 예수님의 지상명령은 서방세계나 민주주의 국가나 또는 "자유"가 보장된 나라에만 국한된 것이 아니었다. 그 명령은 무조건적이었다. 그것은 의견제시나 권고가 아니며 조건적인 것도 아니었다. 그것은 그를 믿는 모든 자들에게 주신-다른 모든 사람들에게 그의 말씀을 증거하라는 엄중한 명령이었다.

성경에서 말한 바와 같이 박해받는 성도들로부터 우리는 전 세계 모든 사람들에게 예수님을 증거할 자유와 책임이 그들과 동일하게 있다는 것을 배우게 되었다. 우리가 해야 할 질문은, "내가 그 일을 꼭 해야만 하는가?"가 결코 아니다. 우리가 해야 할 질문은, "순종을 할 것인가?"이다. 박해받고 있는 성도들은 이미 그러한 중요한 질문에 대한 답을 결정했다.

아마도 어떤 사람들은 아직 잘 이해가 되지 않았을지도 모른다. 우리가 답해야만 하는 질문은 우리가 어디에 살든 모든 사람들에게 소금과 빛이 되기로, 순종하는 마음으로 선택한 결과를 감당할 만한 용기가 있는가의 여부에 대한 것이다. 순종의 결과는 고난과 박해가 될지도 모른다. 그러나 순종은 자유다. 다시 한 번 말하지만, 박해 가운데 사는 성도들은 그들의 확고하고 두려움이 없는 믿음의 힘을 증명해 주었다. 누누이 말하지만, 그들은 순종하였다. 그들은 기꺼이 순종의 결과를 수용하였다. 억압이 가장 심한 곳에 사는 성도들도 예수님께 순종할 선택의 자유가 전적으로 그들에게 있다는 것을 알고 있다.

그러나 많은 그리스도인들은 그렇게 억압이 심한 곳에서 살고 있지 않다. 우리가 예수님에 대해 말하고자 할 때 가장 큰 두려움은 아마도 약간의 쑥스러움과 거절일 것이다. 사실 우리는 다른 지역에서 박해받는 성도들에 대하여 왜 우리가 굳이 관심을 가져야만 하는지 의문을 갖기도 한다.

그러한 질문에 대한 답은 간단하다. 우리가 박해받는 성도들에 대하여 관심을 가진다는 것은 우리가 그들과 일체감을 갖는 것이다.

얼마 전에 루스와 나는 세 명의 동료들이 이슬람 근본주의자들에게 순교당한 후에, 한 이슬람 나라에서 사역하는 사람들을 돕는 한 후원 단체의 회원으로 있었다. 두말할 것도 없이 그 기간은 매우 슬프고 암울하고 영적으로도 어려운 시기였다.

그럼에도 불구하고 당시 그곳에 있던 회원들 중 많은 사람들이 가장 많이 기억하는 것은 기쁨이었다: 물론 우리는 매우 슬펐다. 너무나 슬펐다. 그러나 기쁨도 있었다. 그 기간 동안 우리는 우리가 이 땅이 아닌 하늘에 속한 사람들이라는 것을 알았다. 그들은 순교를 통해서 예수님의 십자가의 죽으심에 동참했다. 그들은 예수님과 예수님의 증인들을 위하여 십자가를 친히 그 어깨에 짊어졌다.

그들의 순교를 통해 우리는 중요한 교훈 한 가지를 배웠다: 부활의 의미를 온전히 알려면, 우리는 먼저 십자가에 못 박혀 죽는 것을 체험하거나 또는 예수님을 증거하는 증인이 되어야만 한다는 것이다. 만일 우리가 고난받는 것을 너무 두려워하거나 희생하는 것을 싫어하거나 십자가에 죽는 것이나 박해받을 위험을 회피한다면 우리는 결코 부활의 믿음의 능력이나 놀라운 기적이나 기쁨을 체험할 수 없을 것이다. 고난을 회피하는 것은 또한 역설적일지 모르지만, 우리로 하여금 부활하신 예수님을 깊이 만나지 못하게 하는 가장 주된 요소가 될 수 있다.

우리는 전 세계 모든 곳에서, 순종하기가 가장 힘든 예수님의 가르침까지도 믿고 순종하는 충성스러운 성도들을 만났다. 그들은 누구든지 생명을 얻기를 원하는 자는 먼저 생명을 버려야만 한다는 예수님의 말씀을 이해하고 있었다.

그들은 선한 의지가 결국은 악을 이긴다는 것을 믿기 때문에 그러한 위험을 기꺼이 감수한다. 사랑이 궁극적으로는 미움을 이길 것이다. 그리고 부활의 믿음의 권능이 죽음을 영원히 이길 것이다. 그들은 성경의 마지막 장에 쓰여 있는, 예수님께서 다시 오실 것이라는 위대한 이야기에 대해서 알고 있다. 그들은 결국에는 하나님께서 영원히 다스릴 것임을 알고 있다.

잠시 이 세상에 머무르고 있는 동안 우리는 치열한 영적인 싸움을 계속 해야만 할 것이다. 사도 바울도 영적인 싸움에 대하여 말한 적이 있다. 1세기에 살았던 성도들은 사도 바울이 영적인 싸움에 대하여 서사시적으로 묘사한 내용을 이해했다. "우리의 씨름은 혈과 육을 상대하는 것이 아니요 통치자들과 권세들과 이 어둠의 세상 주관자들과 하늘에 있는 악의 영들을 상대함이라"(엡6:12). 오늘날 박해받는 성도들도 이러한 싸움에 대해 잘 이해하고 있다.

사실, 오늘날도 자신이 그리스도인이라고 생각하는 사람들은 개인적으로 이러한 영적인 싸움을 하고 있다. 예수님 때문에 고난과 박해를 받으며 살고 있는 신실한 그리스도인들은 그들이 지불하고 있는 대가와 어려움들이 무엇인지를 잘 알고 있다. 우리는 그들의 간증과 그들의 모범적인 삶을 통해 영감을 얻고 그들로부터 배워야만 한다. 그들이 겪고 있는 박해는 그들의 소망이 무엇인지 말해 주고, 악이 무엇이며 또 그 악함이 어떠한지를 매우 잘 드러낸다.

우리는 고난받는 성도들을 통해 사탄의 간교한 궤계와 궁극적인 목적이 무엇인지를 밝히 알게 된다. 수단방법을 가리지 않고 최선을 다하여 성도들을 공격하는 사탄의 근본적인 목적은 그리스도인들을 굶주리게 하고 매 맞게 하며, 감옥에 가게 하거나 고문받게 하고 죽이는 데 있지 않다. 사탄의 간교한 궤계는 그보다 훨씬 더 사악하다. 사탄의 궁극적인 목적은 매우 분명하다: 그것은 사람들로 하여금 예수님께 나아가지 못하게 하는 것이다.

사탄이 가장 원하는 것은 예수님을 외톨이로 만드는 것이다. 사탄이 원하는 것은 우리가 예수님을 떠나거나 예수님이 가장 중요한 분이심을 알지 못하게 하는 것이다. 만일 사탄이 그 일을 실패하면, 사탄은 성도들이 침묵하기를 바라고, 성도의 수가 줄어들기를 바라거나 사람들을 그리스도에게로 인도하는 것을 중지하기를 바란다.

사탄의 궁극적인 목적은 이처럼 분명하다.

우리가 이러한 영적인 싸움의 본질과 사탄의 간교한 전략을 이해하게 되면, 우리는 부르심 받은 성도들의 임무가 무엇인지 확실하게 알게 된다. 우리는 또한 신실하고 순종적인 증인이 되고자 하는 우리의 선택이 얼마나 중요한지를 깊이 이해하게 된다.

우리는 하루를 선택으로 시작한다. 그것은 내가 누구인가 하는 것이다. 그것은 우리가 박해받으며 사는 성도들과 함께할 것인가, 아니면 성도들을 박해하는 자들과 함께할 것인가이다.

우리는 예수님을 다른 사람들에게 증거할 것인가, 아니면 혼자만 조용히 믿을 것인가에 대한 선택을 해야 한다.

우리는 박해받는 성도들 편에 서서 그들의 모범적인 삶을 본받음으로써 믿는 자로서의 자부심을 가져야 한다. 반대로 예수님을 우리의 가족과 친구들과 우리를 박해하는 자들에게 증거하지 않으면, 우리는 성도들을 박해하는 자가 되는 것이다. 자신이 예수님을 믿는다고 여기면서-예수님을 증거하지 않는 사람들은-사실상 탈레반이나 북한의 잔인한 정권이나 중국의 비밀경찰이나 소말리아와 사우디아라비아와 같은 나라들 편에 서는 것이다. 그것은 또한 사람들이 예수님께 오는 것을 막는 것이 궁극적인 목표인 사탄을 적극적으로 돕는 것이다.

루스와 내가 서구 교회에서 이러한 것들을 이야기하면 사람들은 우리에게 미국 성도들도 박해를 받게 되리라고 믿는지에 대한 질문을 종종 받는다.

나는 대답 대신에 그들에게 이렇게 묻는다. "사탄이 이미 우리의 입을 막았는데 왜 잠자는 우리를 굳이 깨우려고 하는가? 사탄이 이미 그의 목적을 달성하였는데 왜 우리를 괴롭히겠는가?" 사탄은 어쩌면 이미 우리를 계속 자도록 그대로 두는 편이 낫다고 결론지었을 것이다.

우리의 문제는 단순히 관심의 부족이 아니다. 우리는 이 세상이 어떻게 돌아가는지 알고 있다. 우리가 이 책에서 보았듯이 박해받는 성도들이 믿음의 대가로 어떠한 희생을 감당하였는지 알고 있다. 우리는 오늘날 역사상 그 어느 때보다도 그리스도의 지체들이 어디에서 어떻게 살고 있는지에 대하여 잘 알고 있다.

우리가 축복받은 환경에서 살고 있는 것에 대한 감사한 마음만으로는 충분하지 않다. 또한 전 세계에서 고난받는 성도들을 기억하면서 기도하는 것만으로도 충분하지 않다. 전 세계에 있는 그리스도의 지체의 일부라는 자부심만으로도 충분하지 않다.

결론적으로 문제는, 우리는 무엇을 강조해야 하며 어디에 초점을 두어야 하느냐는 것이다. 전 세계에 있는 성도들을 기억하고, 관심을 기울이며, 그들을 위하여 기도하고, 그들과 함께하고 그들의 고통에 역점을 두었던 우리의 관심의 초점을 바꾸어야 한다. 간단하게 말하자면, 우리는 우리가 예수님께 순종하고 있는지 그렇지 않은지에 대하여 우리 자신에게 냉정하게 질문해 보아야만 한다. 예수님께서 우리에게 요구하고 계신다―그리고 우리가 순종하기를 원하신다―전 세계 어디든지 가서 예수님을 증거하도록 우리에게 명령하시고 계신다.

그것은 단순히 순종의 문제가 아니다. 만일 예수님을 주님으로 만났다면, 우리는 반드시 예수님께 순종해야 할 것이다. 그리고 만일 우리가 불순종한다면 예수님은 더 이상 우리의 주님이 아니다.

우리는 이렇게 묻지 말아야 한다: "왜 그들은 박해를 받는가?" 우리는 이렇게 질문해야 한다: "왜 우리는 박해를 받지 않는가?"

내 친구 스토얀이 한 말을 잊을 수가 없다. 그는 결단의 중요성과 이로 인한 영적인 전투가 어떤 것인지 모두 알고 있었다. 그가 나에게 말했다: "나는 당신이 당신의 나라에서 자유롭게 간증할 수 있기를 바랍니다. 만일 당신의 간증 때문에 내가 우리 나라에서 박해받는 일이 생긴다면 그것 또한 큰 기쁨이 될 것입니다." 그리고는 큰 소리로 외쳤다: **"우리가 박해받으면서까지 지켰던 것들을 자유롭다고 해서 잃어버리면 안 됩니다―그것이 바로 우리가 예수 그리스도의 부활의 권능을 증거하는 것입니다!"**

스토얀은 오래 전부터 스스로 결정했다. 그 결정은 그의 마음을 확고하게 만들었다.

당신과 나는 날마다 아침에 결정한다: 오늘 예수님을 증거하기 위해 나의 자유를 행사할 것인가, 아니면 침묵할 것인가?

34장

모든 것들이 기적이었다
그리고 새로운 여정을 시작하다

나는 하나님께서 예수님을 모르는 전 세계 사람들에게 성경을 가르치고, 그들이 하나님의 말씀을 그들의 삶에 실제적으로 어떻게 적용해야 하는지 가르치라고 루스와 나를 보내신다는 확신을 가지고 이 일을 시작했다고 고백한 적이 있다. 그러나 이제 나는 하나님께서 나에게 예수님이 누구시며 성경을 나의 삶에 어떻게 적용해야 하는지 가르쳐 주시기 위해 나를 세상으로 보내셨다는 것을 알고 있다. 하나님은 나보다 하나님을 훨씬 더 잘 알고 있으며, 날마다 하나님의 말씀에 순종하며 살고 있는 사람들로부터 내가 그들의 실제적인 믿음을 배우기를 원하셨다.

내가 이 여정에서 만난 많은 사람들은 믿음 안에서 내 개인적인 멘토와 친구가 되어 주었을 뿐만 아니라 그들의 모범적인 삶을 통해 나를 겸손하게 하고 영감을 받게 한 영적인 영웅들이었다. 그 중에서도 중국에서 만난 가정교회지도자들은 전 세계의 그 어떤 그리스도의 지체들보다도 나를 겸손하게 하고 영감을 주었으며 많은 것을 가르쳐 주었다.

외딴 지역의 가정교회운동은 숨겨져 있고, 외부 세계와 고립되어 있다. 그래서 일부 지도자들은 나에게 중국 이외의 다른 나라 사람들도 예수님에 대하여 알고 있는지, 예배를 드리고 있는지 궁금해했다.

내는 그들에게 이전에 나누지 못한 부분들을 좀 더 설명했다.

나는 그들에게 중국 외에도 이 세상에 수억 명의 그리스도인들이 있고, 지구상의 거의 모든 나라에 예수님을 믿는 사람들이 있다고 말해 주었다. 그 이야기를 듣자마자 그들은 박수를 치면서 큰 소리로 환호했다.

그런 다음에 그들은 미국에 대해서 물었다. 나는 미국에는 모든 도시와 시골에 크고 작은 수백만 개의 교회가 있으며 매주 수천만 명의 신실한 기독교인들이 예배를 드리기 위해 모인다고 말해 주었다. 그 말을 듣자 가정교회지도자들은 하나님께서 미국의 형제자매들에게 내려 주신 은혜를 축하하며 기쁨으로 눈물을 흘렸다. 그들은 흥분해서 나에게 다른 질문들을 퍼붓기 시작했다: 미국에서는 사람들이 어떻게 예수님에 대해서 배우는가? 미국 성도들은 성경책을 가지고 있는가? 예배는 어떻게 드리는가? 목사님들은 어디에서 훈련을 받는가? 질문들이 계속 이어졌다.

나는 그들에게 미국에서는 예수님의 말씀이 어떻게 적용되고 있는지에 대하여 이야기해 주었다. 그들은 그 내용을 듣고는 충격을 받은 것 같았다.

잠시 동안 침묵이 흘렀다.

갑자기 축하 분위기가 눈에 보이지 않게 천천히 미묘하게 변하기 시작했다. 나는 그동안 거의 질문을 하지 않았던 한 지도자가 울기 시작하는 것을 보았다. 그것은 기뻐서 우는 눈물이 아니었다. 그는 슬퍼 보였으며 심지어는 괴로워하는 것 같았다. 다른 사람들도 비슷하게 반응했다.

내가 그들의 문화로는 받아들일 수 없는 말을 하지는 않았는지 걱정이 되었다. 나는 무엇이 잘못되었는지 중국인 목사에게 물었다.

그는 괴로운 표정을 지으며 설명했다. "궁금한 게 있습니다. 하나님은 왜 미국 성도들을 그렇게 많이 사랑하셔서 우리보다 더 많은 축복을 주신 것입니까? 하나님께서 미국 성도들을 위해 그렇게 많은 놀라운 일을 하신 이유가 무엇입니까?"

나는 예상하지 못했던 그들의 질문에 충격을 받아 정신을 차릴 수가 없었다. 심지어는 무섭기까지 했다.

그 순간 그들의 삶에 역사하셔서 많은 기적들을 베푸신 하나님의 은혜를 나에게 들려 주었던, 중국에서 만난 새로운 친구들이 떠올랐다. 그들은 자신들이 감옥에 있었을 때 하나님께서 자신들을 사랑하셔서 새 힘과 용기를 주셨던 것에 대하여 나에게 들려 주었다. 또한 하나님께서 자신들을 당국자들로부터 끊임없이 보호하여 주셨고, 하나님 앞에 구한 기도마다 응답받았던 영감이 넘치는 많은 이야기들을 해 주었다. 하나님께서는 꿈이나 환상과 같은 초자연적인 방법을 통해서도 그들을 인도하셨다. 나는 이곳에 모인 가정교회지도자들에게 공산주의 치하에서 50년간의 박해에도 불구하고 가정교회 사역을 통하여 약 1억 명 정도의 중국인들을 예수님께로 인도한, 역사상 일어나지 않았던 폭발적인 성장에 대하여 말해 주었다 .

또한 내가 들었던 놀라운 치유의 이야기들도 해 주었다. 나는 죽은 사람이 다시 살아나는 것을 보기를 간절히 원했었다. 이 모든 기적들은 하나님의 살아 계심과 권능에 대한 부인할 수 없는 증거이며, 또한 이 모든 일들은 중국과 중국인들에 대한 하나님의 풍성한 사랑이자 부인할 수 없는 놀라운 은혜의 증거라고 말해 주었다.

내 친구들은 내 말과 설명을 들은 후 다음과 같이 말했다;

"립켄 박사님, 박사님도 알다시피 우리는 여기에서 비밀리에 만나고 있습니다. 우리는 박사님께 가정교회들이 종종 한밤중에 이 농장에서 저 농장으로, 이 집에서 저 집으로 옮겨 다닌다고 이야기했습니다. 박사님은 우리에게 미국에서는 목사님들이 어느 곳에서나 복음을 전할 수 있고, 성도들은 언제 어디서든 자유롭게 예배를 드릴 수 있다고 했습니다."

"박사님은 모든 가정교회 목사님들이 최소한 성경의 일부만이라도 가져가 성도들에게 가르칠 수 있도록 하기 위해 지도자들이 성경을 복음서별로 쪼개거나 페이지별로 나누는 것을 직접 보셨습니다. 그런데 박사님은 사무실 책꽂이에 개인적으로 일곱 종류의 성경을 가지고 있다고 하셨어요. 그리고 또한 많은 기독교 서적들을 소유하고 있고, 정기적으로 기독교 잡지와 신문을 구독하고 있다고 말씀하셨어요."

"우리 중에는 찬송가를 가지고 있는 사람이 아무도 없어요. 그런데 박사님은 모든 성도들이 찬송가를 가지고 있고, 서점에서 사거나 출판사에 주문을 할 수도 있다고 말씀하셨어요. 그리고 기독교 음악들이 라디오나 텔레비전에서 나온다고 하셨어요."

"박사님께서 미국에서는 모든 사람들이, 심지어 믿지 않는 사람들도 예수님의 생일을 나라의 휴일로 정하고 축하한다고 했어요. 그리고 어떤 교회들은 사람들의 관심을 끌기 위해서 예수님의 출생과정을 재현하며 기뻐한다고 하셨어요."

"우리는 너무나 많은 지도자들이 체포되어서 감옥이 목사님들이 신학교육을 중점적으로 받는 곳이 되었다고 말했어요. 그런데 미국에는 그리스도인 학생들을 특별히 훈련하는 학교가 있다고 하셨어요."

"박사님께서는 우리가 병든 사람들을 위하여 기도하였을 때, 많은 사람들이 기적적으로 나음 받은 것에 대하여 들었어요. 그런데 치유받은 사람들 가운데, 천 명 중 한두 사람 정도만이 하나님께 영광을 돌리거나 예수님께로 나옵니다. 그러나 박사님께서는 미국에서는 성도들이 기독교인 의사를 선택해서 갈수 있고 심지어는 기독교 병원에 원하면 갈 수도 있다고 말씀하셨어요."

"립켄 박사님, 그 중 어떤 것이 가장 큰 기적이라고 생각하는지 말씀해 주세요!"

그들이 그 질문을 했을 때 이번에는 내가 눈물이 났다. 그 순간 나는 내가 그 모든 것들을 얼마나 당연하게 여겼는지 깨달았다. 갑자기 수백만의 박해받는 성도들이 기적으로 여기는 것들을 나는 보통으로 여기고 있음을 보았다.

우리가 당연하게 여기는 것들이 사실은 모두 다 기적이었던 것이다.

중국의 가정교회 성도들이 나에게 그 사실을 깨닫게 해 주었다. 그 교훈 때문에 나는 오늘날도 여전히 우리와 함께 계셔서 기적을 행하고 계시는 하나님의 권능을 볼 수 있는 영적인 눈을 새롭게 갖게 되었고, 하나님께 감사하는 마음도 갖게 되었다. 나의 긴 여정의 과정에서 중국의 형제자매들과 이 세상에서 박해받는 다른 모든 성도들을 보면서 나는 내 교회와 예배, 성경과 믿음 등 그 외의 여러 가지 많은 것들에 대해서 되돌아보게 되었다.

지금 …

주님의 만찬에 대해 생각할 때마다 모가디슈에서 순교한 네 명의 소말리아 친구들과 함께했던 만찬이 생각난다. 성만찬식을 할 때마다 나를 위해서만이 아니라 거룩한 성찬식에 참여할 수 없는 세계의 수많은 형제자매들을 생각하면서 빵을 떼며 포도주를 마신다.

찬송가를 부를 때마다 나는 감옥에서 6백 곡 이상의 찬양곡을 쓴, 노래하는 성자 타비안이 생각난다. 그의 찬양곡은 그의 나라에서 매주 불리고 있다.

매주 일요일 아침마다 예배시간에 모두 일어서서 큰 소리로 힘차게 찬송가를 부를 때면 이 지구상에서 가장 적대적인 나라 중 한 나라가 생각난다. 그 나라의 성도들은 매주 다른 시간에 삼삼오오 비밀스럽게 만나서 이웃 주민들이 그들을 비밀경찰에 신고하지 않도록 조용히 예배드리고 그들이 좋아하는 "찬양"을 한다.

특별한 찬양—솔로로 부르는 헌금송이나 은혜로운 성가대 찬양—으로 감동을 받을 때면 경찰서 아래 지하 감옥에서 용기 있게 찬양했던 아이샤가 생각난다. 또한 1,500명의 감옥 동료들이 일렬로 서서 팔을 올리고 동쪽을 바라보며 드미트리가 온 마음으로 불렀던 노래를 부른 위대한 성가대가 생각난다.

책장에 있는 성경책들 중 내가 의도한 대로 가장 좋은 설교를 준비하기 위하여 어떤 번역본의 성경책이 좋을지 결정하고자 할 때 나는 은밀하게 모였던 컨퍼런스에서 작은 쪽복음을 소중히 움켜쥐고 집으로 돌아가던 중국의 가정교회 목사들이 생각난다. 그들은 성경의 다른 부분을 얻을 때까지 몇 페이지도 안 되는 성경으로 설교를 할 것이다.

또한 오십 년 전에, 러시아의 청년들이 암기만으로 네 개의 복음서를 다시 만들어 낸 모스크바에서 열렸던 청년들을 위한 컨퍼런스에 대해서도 생각이 난다.

오랫동안 박해와 어려움 속에서도 그들이 믿음을 지키고 살아남을 수 있도록 위로와 힘을 주었던 설교 말씀이나 "그들이 붙들었던 말씀"에 대하여 나와 인터뷰했던 수백 명의 성도들이 생각난다.

우리 부부는 좌절과 실패를 안고 소말리아를 떠났다. 나이로비에서 팀이 죽고 난 후에 우리는 지치고 무거운 마음으로 미국으로 돌아왔다. 우리가 들고 온 것은 여행가방 몇 개와 자질구레한 생필품이 들어 있는 작은 가방 하나와 십 년 동안 해외에서 사역하면서 갖게 된 마음의 상처들과 영적인 질문들을 가득 안고 돌아온 것이 전부였다.

15년이 지난 지금에 와서 그때를 뒤돌아 볼 때, 루스와 내가 켄터키에-오랜 대학 친구들과 다른 친구들과 가족들과 함께-머물러 있었다면 우리는 소망을 다시 회복하고 마음의 상처들도 치유되었으리라 생각한다. 아마도 그렇게 되었을 것이다. 그러나 솔직히 말하자면 우리가 여정을 시작하지 않았더라면 우리는 견고한 소망을 가질 수 없었을 뿐 아니라 마음의 상처들도 완벽하게 치유받을 수 없었으리라 생각한다. 그렇게 되었다면 전혀 다른 결과가 나왔을 것이다. 우리의 오랜 여정에서 만났던, 박해 가운데 살고 있는 성도들은 **우리가 무엇을 위해 부르심을 받았는지** 새로이 확실하게 이해하도록 도와주었을 뿐만 아니라 **우리가 어떤 사람이 되도록 부르심을 받았는지**에 대해서도 알 수 있게 해 주었다.

그들이 살아온 모범적인 삶-그들이 들려 준 이야기들-은 우리로 하여금 소망을 다시 갖게 해 주었고, 마음의 상처를 치유받을 수 있게 해 주었으며, 우리의 세계관을 변화시켰고, 우리의 갈 길을 다시 조정하게 하였으며, 우리의 믿음을 견고하게 해 주었고 우리의 삶을 변화시켰다. 영원히.

사미라는 루스와 내가 알고 있는 이슬람교 출신의 성도 가운데 가장 강하고 가장 용기 있는 사람들 중 한 사람이다. 젊고 미혼이고 고등교육을 받은 사미라는 연속적으로 꾼 꿈들과 환상들을 본 후에 자신의 삶을 예수님께 드렸다. 그녀는 기적적으로 성경을 갖게 되었고 혼자서 말씀을 읽기 시작했다. 그녀는 그녀가 가지고 있는 질문들과 믿음에 관한 문제들을 나이 많은 한 이맘과 상의했다. 이 가운데 하나님께서 친히 인도하여 주셔서 사미라는 자신의 마음을 예수님께 드렸다.

내가 사미라를 만났을 때 그녀는 이미 자신의 나라로부터 도피한 상태였다. 그녀는 중앙아시아의 두 나라 국경지역에 있는 난민촌에서 유엔을 도와 여성들의 대변인으로 일하고 있었다. 그녀는 머리끝부터 발끝까지 덮는 가장 보수적인 이슬람복장으로 인터뷰하는 방으로 들어와 나를 놀라게 했다. 나는 그녀가 문을 닫자마자 이슬람복장을 벗기 시작했을 때 더 크게 놀랐다. 그녀는 머리와 얼굴을 덮고 있는 히잡(이슬람 여성들이 외출시 얼굴과 가슴을 가리기 위해 사용하는 두건 같은 것—역주)을 벗었다. 그런 다음 그녀는 그녀의 온몸을 덮고 있는 긴 부르카(이슬람 여성이 외출 시 온몸을 가리기 위해 입는 검은색의 긴 외투같이 생긴 옷—역주)를 벗었다. 그 후 그녀는 부드럽게 미소지으며 내가 앉은 테이블의 맞은편 의자에 앉았다. 그녀는 매력적이고 세련된 서구의 젊은 여성처럼 밝은 색의 최신 블라우스와 미국인들처럼 청바지를 입고 있었다. 그녀는 부르카 안에 이런 옷을 입고 있었던 것이다.

그녀가 너무 갑자기 완벽하게 180도로 변해서 그녀의 변화를 최대한으로 묘사할 수 있는 단 한 가지는 이것밖에 없는 것 같다: 그것은 마치 아름다운 나비가 고치에서 나오는 것 같았다.

그녀는 능숙한 영어로 현재 유엔에서 자신이 하고 있는 일은 탈레반 민병대원들에게 강간당한 여성들을 대변하는 일이라고 말했다. 민병대원 지도자들은 그녀가 예수님을 믿는다는 이유와 그녀가 그들을 유엔 법정에 세우려고 하는 이유 때문에 그녀를 죽이려고 한다고 했다. 그녀는 30명 이상을 그리스도께로 인도하고 세례를 주었으며 그들을 훈련시키고 있었다. 그녀는 그녀를 보호해 줄 남자 성도들이 전혀 없는 환경에서 그 모든 일들을 했다.

나는 그녀가 자신의 영적인 여정에 대한 이야기를 해 주었을 때 놀라워하며 그 이야기들을 들었다. 주님은 놀라운 방법으로 그녀를 사용하고 계셨다.

우리가 만났을 때 그녀의 상관은 그녀를 보호하기 위해 그녀를 미국으로 보낼 수 있는 방법을 찾고 있었다. 나는 하나님께서 그렇게 절망적이고 어려운 곳에서 그녀를 어떻게 쓰실지 알 수 없었기 때문에 그녀에게 자신의 나라 사람들과 함께 난민촌에 계속 머물러 있도록 간청했다.

그러나 국제적인 정세가 바뀔 조짐이 조금씩 무르익어 가고 있었다. 사미라는 곧바로 중앙아시아를 떠나서 새로운 삶을 시작할 미국 중서부로 갔다.

여행에서 집으로 돌아왔을 때 나는 루스에게 사미라에 관한 이야기를 해 주었다. 우리는 그녀가 켄터키를 방문할 수 있도록 비행기 표를 예약해 주었다.

그녀는 우리 집에 일주일간 머물렀다. 우리는 사미라와 함께 켄터키 중부에 있는 중간 정도 크기의 교회에 예배를 드리러 갔다. 그 때 마침 주일예배시간에 세례식이 있었고, 한 가족이 전부-엄마, 아빠, 두 자녀-세례를 받았다.

세례식이 진행되는 동안-사미라는 나와 루스 사이에 앉아 있었다-나는 사미라가 몸을 비비 꼬거나 앞뒤로 흔들어 대며 안절부절 못하고 있는 것을 보았다. 그녀에게 갑자기 불안이 엄습한 것 같이 보였다. 나는 조용히 그녀에게 무엇이 잘못되었는지 물었다.

사미라는 내 옷을 잡아당기며 속삭였다: "저는 이 세례식을 믿을 수가 없어요! 사람들이 이렇게 평화스러운 분위기에서 세례 받는 것을 보고 있다는 것이 믿겨지지가 않아요. 게다가 전 가족이 다 받고 있어요! 아무도 그들을 총으로 쏘려고 하지 않고, 아무도 그들을 위협하지 않고, 아무도 감옥에 끌려가지 않고, 아무도 고문당하지 않고, 아무도 죽임당하지 않아요. 전 가족이 모든 사람 앞에서 자유롭게 세례를 받고 있어요! 저는 하나님께서 이런 일을 하시리라고는 꿈에도 생각하지 못했어요! 제가 이런 기적 같은 일을 보다니 믿을 수가 없어요."

나는 성도들 앞에서 진행되는 세례식을 보면서 미소 짓지 않을 수 없었다. 잠시 후 나는 사미라가 성도들을 둘러보며 혼란스러워 하고 이상하게 여기는 듯한 표정을 보았다. 나와 눈이 마주치자 그녀는 나에게 물었다. "왜 모든 사람들이 서 있지 않죠?"

"그게 무슨 말이에요?" 내가 속삭이며 물었다.

"왜 모든 사람들이 일어서서 하나님께서 베푸신 이 기적 같은 일에 환호하고 박수치지 않는 거죠? 저는 너무 기뻐서 가슴이 터질 것만 같아요! 너무 기뻐서 소리를 지를 것만 같아요!"

나는 하마터면 크게 웃을 뻔했다: "사미라, 소리 지르세요! 사미라가 소리 지르면 나도 함께 소리 지를게요!"

몇 분 동안 그녀는 소리 지르고 싶어 하는 것 같았다. 그러나 그녀는 소리를 지르지 않았고 나 또한 소리를 지르지 않았다.

그러나 루스와 나는 전 가족이 세례받는 것과, 우리에게 그것이 하나님의 기적임을 깨닫게 한, 지구상에서 가장 적대적인 곳에서 온 이슬람 출신의 기쁨이 넘쳐흐르는 사미라를 보면서 예배시간 내내 눈물을 흘렸다.

실로 모든 것들이 기적이었다!

전 세계에 박해받는 나라의 성도들이 스스로 찾아내고, 나에게도 가르쳐 준 것은 '이 세상에 예수님 같은 분은 없다! 그리고 예수님의 부활을 믿는 믿음의 권능에 비할 것은 아무것도 없다!'는 것이다.

박해받는 지역을 오랜 기간에 걸쳐 순례하면서 루스와 나는 예수님을 따르는 많은 충성스러운 성도들과 인터뷰하는 특권을 누렸다. 우리는 사미라, 타비안, 드미트리, 스토얀, 아이샤, 프라마나, 장 목사, 그리고 그 외의 많은 사람들과 인터뷰를 했다. 우리는 그들의 놀라운 이야기들을 들었다. 그것은 마치 성경책이 갑자기 펴지며 등장인물들이 그 속에서 튀어 나온 것 같았다.

　이제 나는 이 여정을 시작했을 때 얻기를 원했던 답과는 전혀 다른 질문을 겸손하게 하고 있는 나 자신을 발견한다.

　이제 나는 이렇게 질문해 본다:

　주님, 이제 저는 무엇을 해야 하나요? 당신은 노련한 조련사입니다—그리고 나의 믿음도 많이 성장한 것 같습니다—내가 구약을 공부할 때 나는 당신이 단순히 과거에만 있었다고 느꼈었습니다. 당신의 살아 계심과 당신의 부활의 권능과 당신의 영광과 당신의 말씀이 오늘날에도 동일하다는 것을 믿으면 모든 것이 변할 것입니다! 이는 오늘날 전 세계에 큰 기쁨의 복된 소식이 될 것입니다! 그러니 이러한 부활의 믿음으로 제가 무엇을 해야 할까요? 주님께서는 제가 어디로 가기를 원하십니까?

계속되는 여정을 위하여

이제 이 책을 끝까지 읽은 당신에게 묻고 싶다.

우리와 함께 하기를 원하는가? 어디에서부터 시작하는 것이 좋을지 알고 싶은가?

프라마나는 한밤중에 환상에서 들었던 "예수를 찾아라. 성경을 찾아라"는 성령의 음성에 순종하는 것에서부터 시작했다.

성령의 음성에 순종하여 나간다면, 당신은 이 세상에서 다양한 종류의 종교를 가졌던 셀 수 없는 수많은 성도들의 고백을 듣게 될 것이다: "이 세상에 예수님 같은 분은 없습니다. 오직 예수님만이 우리에게 부활의 믿음을 주실 수 있습니다!"

희생을 두려워하지 말라. 위험을 염려하지 말라. 내가 만났던 가장 강인했던 성도가 했던 말을 기억하라: "예수님은 그럴 만한 가치가 있는 분이십니다." 예수님은 우리가 모든 것을 드려도 아깝지 않으신 분이시다.

당신 자신의 영적인 여정을 시작해 보라. 부활의 믿음으로 살 때 주어지는 참 평강과 권능을 당신도 체험할 수 있다. 그러면 당신의 삶도 변화될 것이며 당신 주위도 변할 것이다.

나는 이 모든 말이 미친 것 같이 들린다는 것을 안다. 그러나 나는 그렇지 않다고 확신한다.

그것이 바로 …

하나님의 광기(The Insanity of God)이다.